Eva Weissweiler
Erbin des Feuers

Eva Weissweiler

Erbin des Feuers
Friedelind Wagner

Eine Spurensuche

Neuausgabe 2023

Mit neuem Vorwort der Autorin

Dittrich

Printed in Germany
ISBN 978-3-910732-11-7
Covergestaltung: Helmi Schwarz-Seibt, Leverkusen
unter Verwendung einer Abbildung

Erstauflage © 2013 by Pantheon Verlag, München,
in der Verlagsgruppe Random House GmbH
Satz: Ditta Ahmadi, Berlin

Inhaltsverzeichnis

Vorwort zur Neuausgabe I

Vorwort zur Erstauflage V

ERSTES KAPITEL
Siegfrieds Tochter 15

ZWEITES KAPITEL
Störenfriedelind 53

DRITTES KAPITEL
Liebe und Hass 87

VIERTES KAPITEL
Ein Entschluss reift 121

FÜNFTES KAPITEL
Exil und Krieg 149

SECHSTES KAPITEL
Im Niemandsland 205

SIEBTES KAPITEL
»Draußen vor der Tür« 241

ACHTES KAPITEL
»Flucht ohne Ende« 277

Danksagung 307

ANHANG

Anmerkungen 313

Literaturverzeichnis 347

Abkürzungsverzeichnis 351

Personenregister 353

Stammtafel 364

Vorwort zur Neuausgabe: Die ewig Unbequeme

Juli 2023. Eröffnung der Bayreuther Festspiele. Wie in schönsten Friedenszeiten waren sie alle wieder da: Angela Merkel im türkisen Seidenkostüm am Arm ihres Ehemannes Joachim Sauer, Ursula von der Leyen in königsblauem Plissee, zwei prominente Tatort-Ermittlerinnen, der bayrische Ministerpräsident, wahrscheinlich alle mit Frei- oder Ehrenkarten, denn schon allein die zum optischen Vollgenuss des »Parsifal« benötigte Augmented Reality Brillen konnte sich kaum ein normaler Sterblicher leisten, weshalb auch nicht alle Plätze ausverkauft waren.

Vor hundert Jahren, im Juli 1923, stand das Festspielhaus seit fast einem vollen Jahrzehnt leer. Das Kriegsende war noch nicht lange her. Dann war kein Geld da. Stattdessen: Rasende Inflation, bittere Not. Ein Pfund Brot kostete 1.254 Mark, eine Eisenbahnfahrt von Köln nach Berlin 924.000 Mark. Aber trotzdem fand noch im gleichen Jahr ein junger Mann namens Adolf Hitler den Weg nach Bayreuth, um in der markgräflichen Reithalle zu sprechen und die Familie des von ihm verehrten Meisters zu besuchen, ein wenig linkisch wirkend in seinen Lederhosen und der etwas zu kurzen Jacke. Es war der 30. September, auch als »deutscher Tag« bekannt, eine Erfindung völkisch-nationalistischer Kreise. Turn- und Gesangvereine, Studentenverbindungen und die SA waren angerückt. Hitler wurde mit nicht enden wollenden Heilrufen empfangen. Auch die fünfjährige Friedelind war tief beeindruckt, nicht ahnend, wer dieser »Onkel Wolf«, so sein Kosename, eigentlich war.

Erst im folgenden Jahr konnten die Festspiele wieder stattfinden. Hitler war allerdings nicht dabei. Er saß wegen seines

Versuches, die Republik zu stürzen, in der Festung Landsberg am Lech, wohin Winifred, Friedelinds Mutter, ihm Papier, Bleistifte, Federn und Tinte geschickt hatte, sodass er in aller Ruhe das Manuskript von »Mein Kampf« schreiben konnte. Statt seiner war Ludendorff nach Bayreuth gekommen. Es wurde die schwarz-weiß-rote Fahne gehisst. Am Schluss der »Meistersinger« erhob sich das Publikum und sang das Deutschlandlied. Jüdische Zuhörer wurden öffentlich angepöbelt. Die Presse, besonders im Ausland, war entsetzt. So ein Eklat durfte sich auf keinen Fall wiederholen. Aber es kam, wie man weiß, noch viel schlimmer.

Die Geschichte des Hauses Wagner und seiner Verstrickung in die Verbrechen des Hitler-Regimes ist in vielen Büchern und Filmen aufgearbeitet worden. Friedelinds Rolle darin bleibt extrem ambivalent. Für die einen ist sie die einzige Antifaschistin des Clans. Für die anderen Opfer patriarchaler Herrschaftsstrukturen. Für die dritten die ungeliebte Tochter einer bösen Frau. Für wieder andere eine Nestbeschmutzerin, die nicht nur ihre Mutter und ihre Brüder, sondern auch Richard Strauss, Germaine Lubin und viele andere Künstler in Misskredit gebracht hat, indem sie sie in ihrem Buch »Nacht über Bayreuth« spitzzüngig porträtierte.

Bei der Arbeit an dieser Biographie habe ich feststellen müssen, dass keines dieser Urteile zutrifft. Auf keinen Fall sollte man sie auf ihr einziges Buch reduzieren, das sie in jungen Jahren geschrieben hat, als Entwurzelte, in der Not des Exils, zum Teil im Gefängnis, überall streng überwacht, ob vom englischen oder amerikanischen Geheimdienst oder von Gestapo-Schergen, die Goebbels persönlich ihr auf den Hals gehetzt hatte, um es dem »dicken Biest« einmal richtig zu zeigen. Man sollte sie auch nicht an der berühmten Rede messen, die sie 1942 in einem New Yorker Sender für die »deutschen Hörer« gehalten hat, ein Hymnus auf den großen Menschenfreund Richard Wagner, der von den Nazis schmählich für ihre ideologischen Zwecke missbraucht worden sei. Der Text stammt nämlich gar nicht von ihr, sondern von Erika Mann, die sich gegenüber ihrem Vater damit brüstete, das dumme »Enkeltöchterchen« so richtig vorgeführt zu haben.

Um Friedelind halbwegs gerecht zu werden, muss man noch andere Quellen konsultieren: ihre größtenteils unveröffentlichten Briefwechsel, ihre Artikel in englischen und amerikanischen Zeitungen, ihre zahlreichen Interviews, in denen sie, so die Tochter Frank Wedekinds, manchmal »auf beunruhigende Art laut sagte, was sie dachte«, die Erinnerungen von Schülern und Schülerinnen ihrer Meisterklassen, Dokumente, die ihren Kampf um das kompositorische Werk ihres Vaters Siegfried belegen, den sie endlich aus dem Schatten des übermächtigen Richard herausholen wollte. Aus all dem musste ich das Fazit ziehen, dass sie voller Widersprüche war, dass sie von den einen geliebt und von den anderen gehasst wurde.

Sie war eben keine künstlerische Lichtgestalt wie ihr Bruder Wieland, keine Schönheit wie ihre Schwester Verena, kein schlauer Fuchs wie ihr Bruder Wolfgang, der es mit Geschick verstand, nach dem Krieg alte Freunde des Hauses als Sponsoren zu gewinnen, die jetzt hohe Posten in Wirtschaft und Industrie hatten: Teilnehmer am Hitler-Ludendorff-Putsch, SS-Leute und Wehrwirtschaftsführer, alle geläutert und demokratisiert, in »neuen Bayreuth« einträchtig neben Emigranten wie Bloch oder Adorno sitzend. Zu solchen Kompromissen war Friedelind nicht fähig. Schon 1939 hatte sie an ihre Tanten geschrieben, dass sie sich »nicht zermahlen« lasse: nicht von Hitler, nicht von Familienrücksichten, nicht von dem übermächtigen Mythos ihres Großvaters, den sie als Fluch und als Segen empfand. Opposition ist allerdings kein Beruf. Das war vielleicht ihre Tragik. Dass sie in den Wirren ihrer eigenen Biographie nie ihren Platz fand, sondern eine ewig Unbequeme und Unangepasste blieb, die der Familie und den Deutschen den Spiegel vorhielt, auch wenn es manchmal ein Zerrspiegel war. Aber hatte sie wirklich so Unrecht, als sie seit 1956 vehement zu mehr kulturellem Austausch mit der DDR aufrief oder 1968 vor dem Wiedererstarken einer »braunen Pest« in Deutschland warnte?

Nach dem Krieg zog sie es vor, im Exil zu bleiben, rastlos hin- und herpendelnd zwischen Amerika, England und der Schweiz. 1990 war sie ein letztes Mal in Bayreuth. Zusammen mit Leonard Bernstein, dem großen jüdischen Dirigenten, der wie sie selbst schon von tödlicher Krankheit gezeichnet war. Sie schleppten sich zusammen durch das Festspielhaus, gingen zu Wagners Grab und zur alten Synagoge, bevor sie wieder nach Luzern zurückfuhr, wo sie am Schluss ihres Lebens doch noch sesshaft geworden war. Manchmal wurde sie gefragt, ob sie kein neues Buch herausbringen wollte, eine Neuauflage von »Nacht über Bayreuth« zum Beispiel oder »Pardon my return«, eine Abrechnung mit der Bundesrepublik und dem »neuen Bayreuth«. Aber sie lehnte ab, sei es, weil sie zu krank war oder weil sich »nichts geändert« habe und sie sich »immer noch wie eine Kriminelle« verfolgt fühlte im »Land der Nazis«.

Friedelind Wagner starb im Mai 1991. Eine offizielle Rehabilitation hat sie nicht mehr erlebt. Erst im März 2022 traf der Stadtrat von Bayreuth die Entscheidung, eine nach Hans von Wolzogen, dem Mitgründer des völkischen »Kampfbundes für deutsche Kultur«, benannte Straße in »Friedelind-Wagner-Straße« umzubenennen. Für diese Entscheidung hat er sich viele Jahre lang Zeit gelassen. Nicht ganz so lang, wie das »Tausendjährige Reich« dauerte, aber immerhin.

Eva Weissweiler
im Juli 2023

Vorwort zur Erstauflage

Im Winter 1992 fuhr ich im Auftrag eines großen deutschen Verlages nach Sylt, um der dort lebenden 76-jährigen Gertrud Wagner beim Aufzeichnen ihrer Erinnerungen zu helfen. Es war ein Projekt, an dem schon mehrere Autoren gescheitert waren, denn fast niemand fand ihren Ton oder war bereit, ihre Geschichte zu glauben, in der sie die eigentliche Gründerin des »Neuen Bayreuth« war und ihr Mann Wieland eine eher untergeordnete Rolle spielte. Auch mir war diese Geschichte zu einfach. Ich wollte es genauer wissen. Darum verbrachte ich viel Zeit in ihrem auf der Tenne eines Bauernhauses gelagerten Archiv, das ich erst einmal provisorisch sortieren musste, eine riesige Sammlung von Briefen, Fotos, Bühnenbildskizzen, Tagebüchern und sonstigen Dokumenten, die bis heute noch nicht annähernd ausgewertet ist.

In diesem Konvolut stieß ich immer wieder auf Briefe und Postkarten einer gewissen Friedelind, ihrer späteren Schwägerin. Sie stammten größtenteils aus den frühen dreißiger Jahren und waren oft mit »Heil Hitler« unterschrieben. Gertrud und Friedelind Wagner waren begeisterte Mitglieder nationalsozialistischer Jugendorganisationen, in denen sie eine Art zweiter Heimat fanden und die Tatsache, dass sie »nur« Mädchen waren, kompensieren konnten. Friedelind hat sich später vom Nationalsozialismus radikal distanziert.

Obwohl diese Briefe von einer engen Freundschaft zeugten – die beiden Mädchen gingen zeitweilig auf dasselbe Gymnasium –, wurde Gertrud Wagners Stimme kalt, wenn ich sie nach Friedelind fragte. Von mehreren kleineren und größeren

Skandalen, in die sie verwickelt gewesen sei, war die Rede. Ansonsten: kein Kommentar. Es schien ein tiefes Zerwürfnis gegeben zu haben, dessen Ursachen mir aber damals nicht klar wurden.

Friedelind Wagner war 1991 mit 73 Jahren gestorben. Meine Erinnerung an die Nachrufe in den Zeitungen war also noch frisch. »Enfant terrible«, »schwarzes Schaf«, »Außenseiterin«, »Emigrantin« – das waren Begriffe, die immer wieder vorkamen und mich neugierig machten. Ich fragte Gertrud Wagner deshalb nach Friedelinds Buch, »Nacht über Bayreuth«, der großen Abrechnung mit ihrer Mutter und den Festspielen im Nationalsozialismus, das ich in Köln, wo ich wohne, nirgends auftreiben konnte, weder in einer Bibliothek noch antiquarisch. Nein, das Buch besitze sie nicht, sagte Gertrud Wagner. Sie habe es aus ihrer Bibliothek verbannt. Im Übrigen sei darin »alles gelogen«. Es sei »eine trübe Quelle«. So hieß es später auch in der Biographie, die Renate Schostack über sie schrieb.[1]

Vor kurzem fand ich in der Bayerischen Staatsbibliothek einen aus dem Jahr 1947 stammenden Brief Gertrud Wagners an Wielands ehemaligen Musiklehrer Kurt Overhoff, in dem sie das Buch ganz anders beurteilt: »Haben Sie ihr Buch gelesen? Wieland und Nickel[2] bestätigen Vieles daraus aus ihrer Kindheit als Wahrheit!!! – Im Gegensatz zu Tante Winnie.«[3]

1993 – Gertrud Wagner und ich hatten nach schweren Meinungsverschiedenheiten beschlossen, unsere gemeinsame Arbeit nicht fortzusetzen – fand ich »Nacht über Bayreuth« dann zufällig doch noch, und zwar im Exilarchiv der Deutschen Nationalbibliothek in Frankfurt, die damals noch »Deutsche Bibliothek« hieß. Es war ein abgewetztes Exemplar aus dem Jahr 1945, die bei Hallwag/Bern erschienene deutsche Übersetzung des englischen Buchs »Heritage of Fire«. Ich entlieh das Buch und verschlang es. Las über die greise Großmutter Cosima, die skurrilen Tanten Daniela und Eva, die alles dominierende Mutter Winifred, den freundlichen, aber wenig durchsetzungsfähigen Vater Siegfried, über Haus Wahnfried als Abenteuerspielplatz, das erste Erscheinen des »Führers«, die Festspiele in der Weimarer Republik und im Nationalsozialismus, die hochdramatische Mutter-Tochter-Beziehung und den Entschluss Friedelinds, Deutschland zu verlassen. Manche Nebenfiguren kamen mir blass oder auch stark überzeichnet, manche Dialoge etwas zu lang vor. Aber es gab Szenen von fast filmischer Präsenz und Plastizität, besonders Friedelinds Besuche in der Reichskanzlei oder die privaten Auftritte Hitlers am Rand der Festspiele.

Das Buch war für mich ein wichtiges Zeitdokument, und da es fast nirgends mehr greifbar war, begann ich, über die Möglichkeit eines Reprints nachzudenken. Ein junger Verleger und Autor – Volker Dittrich in Köln – war von dieser Idee sofort angetan und nahm mit Hallwag/Bern Kontakt wegen der Rechte auf. Die Antwort kam schnell. Nein, keine Einwände. Das Buch sei seit langem vergriffen und eine Neuauflage nicht geplant. Von Nachfahren oder Erben war nicht die Rede. Und da es immer hieß, Friedelind sei unverheiratet und kinderlos gewesen, recherchierten wir in dieser Richtung auch nicht weiter.

Was wir nicht wussten: sie hatte doch einen Erben, einen ehemaligen Schüler ihrer englischen Meisterklassen, Neill Thornborrow, der heute eine Konzert- und Theateragentur in Düsseldorf betreibt. Als sie Ende der siebziger Jahre von England nach Deutschland zurückging, kam er mit. Er war Pianist und arbeitete am Stadttheater Regensburg als Korrepetitor. Friedelind Wagner machte ihn zu ihrem Universalerben und übergab ihm ihr großes Archiv, in dem sich Briefschaften aus mehr als sechs Jahrzehnten befanden. Da er bislang nie damit an die Öffentlichkeit getreten war und auch nichts daraus publiziert hatte, konnten wir von diesen Hintergründen nichts ahnen. Erst im Jahr 2008, als ein heftiger Streit um die Nachfolge Wolfgang Wagners entbrannte, war sein Namen öfter im

Zusammenhang mit den Festspielen zu lesen, da er als potentieller Kandidat oder Mit-Kandidat gehandelt wurde. Der Berliner »Tagesspiegel« bezeichnete ihn als »weder blutsverwandt(en) noch adoptiert(en)« Erben Friedelind Wagners,[4] der »Spiegel« hingegen als ihren »Sohn«.[5] Friedelinds Nichte Nike Wagner weist auf eine starke Familienähnlichkeit hin: »ein zartes, aber ausgeprägtes Wagnerprofil, wie mit dem Silberstift nachgezogen.«[6]

Noch bevor das Reprint von »Nacht über Bayreuth« auf dem Markt war – es war lediglich im »Börsenblatt des deutschen Buchhandels« angekündigt – bekam Volker Dittrich Post von der Hamburger Anwaltskanzlei Servatius, die Friedelind Wagners Interessen schon in den sechziger Jahren vertreten hatte.[7] Sie vertrat inzwischen auch ihren Erben, Neill Thornborrow also, und gab sich als Friedelinds »Testamentsvollstreckerin« zu erkennen. Volker Dittrich wurde aufgefordert, »die Veröffentlichung der Neuauflage … mit sofortiger Wirkung zu unterlassen«, andernfalls habe er mit gerichtlichen Maßnahmen zu rechnen, die dann auch ergriffen wurden.[8] Der Gegenanwalt wies das Gericht auf § 2216 BGB hin, nach dem es zu den gesetzlichen Pflichten eines Testamentsvollstreckers gehöre, die angemessene Nutzung des ihm anvertrauten Nachlasses zu gewährleisten. Das tue er aber nicht, wenn er verhindere oder zu verhindern versuche, dass »ein von der Erblasserin im Exil geschaffenes und lange Zeit in Vergessenheit geratenes Werk einem deutschsprachigen Publikum zugänglich« gemacht werde.[9]

Nach langem Hin und Her und viel Streit über Einzelheiten durfte das Buch 1994 schließlich doch erscheinen und ist seitdem wieder im Handel erhältlich, auch in Fremdsprachen. Es wurde in der Presse viel diskutiert und all die alten Klischees oder Etiketten – »enfant terrible«, »schwarzes Schaf« etc. – kamen dabei wieder auf den Tisch. Eine seriöse Auseinandersetzung fand nicht statt.

Seit Mitte der neunziger Jahre erschienen viele familienbiographische Bücher über die Wagners, die zum Teil von der Familie selbst, zum Teil von »externen« Autoren stammten: Gottfried Wagners »Wer nicht mit dem Wolf heult«,[10] Wolfgang Wagners »Lebens-Akte«,[11] Nike Wagners »Wagner Theater«,[12] Renate Schostacks »Hinter Wahnfrieds Mauern«,[13] Brigitte Hamanns »Winifred Wagner oder Hitlers Bayreuth«,[14] Oliver Hilmes' »Cosimas Kinder«[15] und Jonathan Carrs »Der Wagner-Clan«.[16] In allen diesen Büchern kommt Friedelind vor, aber immer nur als Nebenfigur, manchmal mit Sympathie, manchmal mit Aggressivität beschrieben und fast zur bösartigen Karikatur überzeichnet.

Als ich 2011, zwanzig Jahre nach ihrem Tod, feststellen musste, dass es immer noch keine Biographie über sie gab und dass alte Bayreuther, die man nach ihr fragte, immer noch schweigsam oder gar feindselig reagierten, beschloss ich, Neill Thornborrow noch einmal anzusprechen.

Seine Antwort war klar und ablehnend. Kein Zugang zu seinem Archiv. Jedenfalls nicht für mich. Den Zugang habe schon eine Kollegin, Eva Rieger, die er voll unterstütze. Diese Reaktion erschreckte mich nicht, denn ich wusste ja, dass die Quellenlage schwierig sein würde, ob mit oder ohne Neill Thornborrow, ein Problem, mit dem auch Oliver Hilmes, Brigitte Hamann und andere zu kämpfen hatten, die sich mit der Familie Wagner befasst haben, denn die Familienbriefe sind über die verschiedenen »Stämme« verstreut, die fast alle miteinander verfeindet sind und nur ihre Sicht der Dinge zulassen. So schreibt Brigitte Hamann im Nachwort zu ihrer fast 700 Seiten langen Winifred-Wagner-Biographie, dass sie »weder Zugang zu Winifreds Nachlass noch zu dem ihres Mannes Siegfrieds bekommen« habe.[17] Zurzeit eskaliert der Streit wieder einmal. Festspielleiterin Katharina Wagner verlangt von Kusine Amelie Hohmann-Lafferentz die Herausgabe von Winifred-Wagner-Briefen, ohne die eine lückenlose Aufarbeitung der

NS-Geschichte der Festspiele nicht möglich sei. Bis jetzt sind die Briefe offenbar nicht in Bayreuth angekommen.

Inzwischen ist die von Thornborrow angekündigte Biographie über Friedelind Wagner erschienen. Die Autorin, Eva Rieger, ist eine mir seit langem bekannte, von mir sehr geschätzte Kollegin, die sich vor allem auf dem Gebiet der Frauenmusikforschung verdient gemacht hat. Das Buch ist gut recherchiert und in seinem Blick auf Friedelind nicht nur glorifizierend, was vermutlich dazu geführt hat, dass Neill Thornborrow sich davon distanziert und keine Interviews dazu geben möchte. Dennoch vertritt es einen orthodox-feministischen Ansatz, der sich in Sätzen wie »vieles wäre anders verlaufen, wenn sie als Junge geboren worden wäre« zeigt und den ich in dieser plakativen Ausschließlichkeit nicht teile. Denn Friedelind Wagner war durchaus nicht nur »Opfer«, sondern hatte mehr Chancen als die meisten anderen Frauen ihrer Generation, da ihr berühmter Name ihr Tür und Tor öffnete.

Trotz eines Umfangs von über 500 Seiten spart Eva Riegers Biographie einige wichtige Themen aus, vor allem die kritische Auseinandersetzung mit Friedelinds Hauptwerk »Nacht über Bayreuth« und ihren journalistischen Arbeiten aus der Exilzeit, die nur erwähnt, aber nicht zitiert und interpretiert werden. Das gilt besonders für die brisanten Artikel im Londoner »Daily Sketch«, die Joseph Goebbels veranlassten, wütend von einem »dicken Biest« zu sprechen, das »kompletten Vaterlandsverrat« begehe.

Es fehlt auch die gründliche Aufarbeitung wichtiger Briefwechsel Friedelind Wagners, z.B. mit Arturo Toscanini, den Tanten Daniela Thode und Eva Chamberlain, mit dem Regisseur Walter Felsenstein und amerikanischen Kollegen wie Irving Kolodin und Thomas Neumiller. Manches davon wird gestreift, aber nicht wirklich durchleuchtet, obwohl gerade diese Briefe besonders authentisch sind und viel über die politische Haltung der Autorin verraten. Diese Lücken habe ich in meinem Buch zu schließen versucht, indem ich sämtliche Handschriften noch einmal in den Archiven eingesehen und aufs Neue analysiert habe, insgesamt weit über fünfhundert. Auch das vom nationalsozialistischen und englischen Geheimdienst über Friedelind Wagner gesammelte Material bedurfte einer neuen, kritischen Sichtung, die zu unerwarteten Ergebnissen führte. Ergänzt wurden diese Recherchen durch Gespräche mit Menschen, die Friedelind kannten, vor allem mit dem Schauspieler und Kapitän Christoph Felsenstein (Berlin), dem Musikwissenschaftler und Regisseur Peter P. Pachl (Berlin) und der Sängerin Anja Silja (Zürich), denen ich an dieser Stelle herzlich danken möchte. Peter P. Pachl stellte mir außerdem die umfangreiche Korrespondenz zur Verfügung, die er zwischen 1974 und 1984 mit Friedelind Wagner geführt hat. Sie war damals Präsidentin der von Pachl ins Leben gerufenen Internationalen Siegfried-Wagner-Gesellschaft, die sich um eine Renaissance der Werke ihres Vaters bemüht.

Im Rahmen meiner Spurensuche gab es aber immer wieder kleinere Abschnitte, für deren Darstellung mein Quellenmaterial nicht ganz ausreichte, so dass ich auf Zitate von Eva Rieger und Brigitte Hamann zurückgreifen musste, denen das Thornborrow-Archiv im Gegensatz zu mir zur Verfügung stand. Diese Stellen habe ich im Anmerkungsapparat deutlich gemacht und von meinen eigenen Quellen-Recherchen abgehoben.

Die Hauptquelle für die Zeit von 1918 bis 1940 ist und bleibt »Nacht über Bayreuth«, ein zwar sehr authentisches, aber nicht immer zuverlässiges Buch ist, in dem die Autorin Korrekturen ihrer eigenen Biographie vorgenommen hat. Das gilt nicht nur für die berühmte Szene, in der Winifred ihrer leiblichen Tochter androht, dass man sie »ausrotten« und »vertilgen« werde, wenn sie nicht freiwillig aus dem Exil zurückkehre, sondern auch für bestimmte politische Aussagen, besonders für Friedelinds Beziehung zu Hitler, dem Nationalsozialismus und den Juden. In den Jahren 1930 bis 1939 hat sie sich langsam von der Hitler-

Anhängerin zur Hitler-Gegnerin, von der Antisemitin zur Anti-Rassistin entwickelt. Dieser Prozess findet in ihrem Buch, das für amerikanische Leser gedacht war, nicht statt. Glaubt man diesem Text, war sie vom ersten Moment an »dagegen«.

Friedelind Wagners Leben wird oft nur auf »Nacht über Bayreuth«, also auf die Zeit bis 1940, reduziert, was unfair und falsch ist. Besonders von 1959 bis 1967 leistete sie Großartiges als Leiterin der Bayreuther Festspiel-Meisterklassen, in denen sie vielen jungen Künstlern aus dem Opernfach zu einer internationalen Karriere verhalf, z.B. dem Regisseur John Dew, der Sängerin Ella Lee oder dem Dirigenten Peter Erös, um nur einige zu nennen. Besonders wichtig ist ihre Zusammenarbeit mit Walter Felsenstein und dem realistischen Musiktheater der DDR als Kontrapunkt zu Wieland Wagners abstrakt-stilisiertem Inszenierungsstil. Durch Auswertung der Korrespondenz Friedelind Wagners mit Felsenstein und Gespräche mit dessen Sohn Christoph habe ich versucht, diesen Punkt besonders herauszuarbeiten. Dabei spielt auch immer wieder das spannungsvolle Verhältnis zwischen der jungen Bundesrepublik und dem »anderen« Deutschland eine Rolle, ein Prozess, den die passionierte DDR-Reisende Friedelind Wagner aktiv beobachtet und kommentiert hat. In Friedelind Wagners Leben spiegelt sich fast das ganze 20. Jahrhundert vom Ersten Weltkrieg bis zur Wende. Sie hat die Weimarer Republik, den Nationalsozialismus, das Exil, das Wirtschaftswunder, den Kalten Krieg und die Zeit der Studentenunruhen miterlebt. Sie ist im wahrsten Sinne des Wortes eine »Zeugin des Jahrhunderts«. Sie ist aber auch interessant als Mitglied einer Familie, die bis heute dauernd in den Boulevardblättern vorkommt und zu Recht als Deutschlands »berühmteste« und »berüchtigtste« bezeichnet wird, eines so glamourösen wie neurotischen Clans, der seine Traumata von einer Generation zur anderen tradiert und es nicht schafft oder vielleicht sogar nicht *wünscht*, den »Familiendämon« wirkungsvoll in die Flucht zu schlagen.

ERSTES KAPITEL

Siegfrieds Tochter

(1918 – 1930)

Cosima

Bayreuth, im Januar 1918. Der letzte Winter des Ersten Weltkrieges war so kalt, dass sich die Teiche im Hofgarten in ein Archipel von Eisflächen verwandelt hatten. In Friedenszeiten wären die Kinder hier Schlittschuh gelaufen. Aber es gab keine Schlittschuhe mehr. Man hatte fast alle Schlittschuhe von Bayreuth konfisziert, um sie einzuschmelzen und Kanonen daraus zu machen. Schlittschuhe, Bratpfannen, Türklinken, Trompeten und Nussknacker.

Manchmal sah man morgens eine hohe Gestalt, die in Pelze gehüllt langsam ihren Weg ging: Cosima Wagner, einundachtzig Jahre alt, zerbrechlich, gertenschlank, weißhaarig, eine Frau mit scharfen, klugen Gesichtszügen. Meistens hatte sie den winterlichen Park ganz für sich. Aber es kam vor, dass Männer ihren Weg kreuzten, denen ein Bein oder ein Arm fehlte, die mit starrem Blick ins Nichts sahen oder unverständlich vor sich hinstammelten. Es waren Kriegsinvaliden, Kriegsneurotiker, Kriegsstotterer, wie man sie damals nannte. Einige wurden laut und beklagten sich in bitteren Worten über ihr Schicksal. Doch Cosima legte ihnen beruhigend die Hand auf den Uniformärmel und sagte:

»Sie dürfen sich aber sagen, daß Sie mit dazu geholfen haben, die Franzosen abzuwehren!«[1]

Wenn Cosima von ihrem Spaziergang zurückkam, wickelte sie sich in eine warme Decke, setzte sich in einen ihrer tiefen, bequemen Chintz-Sessel und trank ein Glas Bier. Auf dem Kaminsims stand eine Büste von Richard Wagner. Aus dem Fenster ihres hübschen Biedermeier-Boudoirs sah man in den winterlichen Gemüsegarten, an dessen Ende der Meister begraben lag, ganz schlicht, unter einer grauen, mit Efeu bewachsenen Marmorplatte ohne Inschrift. Fast täglich kam ihre Tochter Eva aus der Villa Chamberlain in der Lisztstraße zu ihr herüber und schrieb Briefe, die sie ihr in die Feder diktierte:

»Mit Begeisterung sind wir hier der Vaterlandspartei beigetreten, und ich konnte es mir nicht versagen, dem Herzog Johann Albrecht meinen Glückwunsch zu der Bildung dieser Partei auszudrücken, worüber ich von ihm ein warmes beredtes Telegramm erhielt.«[2]

Ihre Augen waren schlecht, so dass Eva ihr vorlesen musste. Aus dem Briefwechsel zwischen Goethe und Humboldt, aus neuen Erzählungen von Gerhart Hauptmann oder aus Aufsätzen von Evas Mann Houston Stewart Chamberlain, einem Engländer, in denen es meistens um »den« Juden, seine »zersetzende« Kraft und die Überlegenheit der »arischen« Rasse über die »semitische« ging.

Winifred

Winifred, Cosimas Schwiegertochter, ist schwanger, obwohl sie eigentlich selbst noch ein halbes Kind ist, knapp einundzwanzig, eine große, mädchenhafte Erscheinung, eine »dumme Pute«, wie sie sich selbst einmal scherzhaft genannt hat. Und doch schon Herrin von Wahnfried, künftige Festspielchefin, Mutter des lang ersehnten Erben Wieland, der daheim in der Wiege liegt und vor sich hinkränkelt. Er hat Verdauungsprobleme, gegen die er Rizinus-Öl bekommt.[3] Winifred schreibt in großen, krakeligen Buchstaben an den Leibarzt der Familie, um sich Rat zu holen. Nach der Geburt hat es lange gedauert, bis er anfing zu schreien. Zum Entsetzen der Ärzte war er blau angelaufen. Doch Winifred strahlte und sagte zu ihrem Mann:

»Gelt, Goldschniggelchen, nächstes Jahr kriegen wir wieder was Kleines, damit der Bub' Gesellschaft hat und sich nicht mopst!«[4]

Es sind schlechte Zeiten für Babys. In den Großstädten sterben sie wie die Fliegen an Unterernährung, Spanischer Grippe, Skorbut. Die Milch ist knapp. Brot, Kartoffeln, Eier und Fleisch sind streng rationiert. Das Einzige, was es im Übermaß gibt, sind Steckrüben und Hering. Doch Winifred mit ihrem Sinn fürs Praktische weiß sich zu helfen. Sie quartiert die Familie ins so genannte »Junggesellenhaus« um, ein Nebengebäude, das leichter und billiger zu heizen ist als das riesige Wahnfried, verwandelt den vom Meister konzipierten Park in einen Gemüsegarten, schafft ein paar Hühner an, tauscht, handelt, schachert, wenn nötig, auch mit Juden. Es gibt ungefähr dreihundert in der Stadt, mit denen sie sich größtenteils gut versteht, darunter den Schuhhändler Zwirn, der die feinen dünnen Turnschuhe, die »Schleichala« macht, den Textilkaufmann Dessauer gleich neben dem Rathaus oder den Besitzer des »Nürnberger Basars« ein paar Häuser weiter auf der Richard-Wagner-Straße.

Imponierend, wie sie es schafft, alle durchzubringen, diese feingeistigen, durch und durch unpraktischen Menschen, Schwiegermutter Cosima, Ehemann Siegfried, dessen Schwester Eva Chamberlain und deren Mann Houston, den englischen »Rasse«-Theoretiker und Wagnerianer, dazu noch die vielen Dienstboten, die man sich mitten im Krieg immer noch leistet, eine Pflegerin, eine Köchin, ein Küchenmädchen, einen Diener, zwei Zimmermädchen, einen Gärtner, ein Kinderfräulein … Nein, dank Winifred muss hier niemand hungern. Siegfried ist sogar ein bisschen zu dick, denn er liebt deftige fränkische Kost, nur sie selbst, die es am nötigsten hätte, kann nichts essen und erbricht sich während dieser zweiten Schwangerschaft immer wieder, so dass ihr Mann manchmal tadelnd zu ihr sagt:

»Aber Winnie, das gute Essen!«[5]

Drüben, im »Junggesellenhaus«, das später »Führerbau« heißen würde, sitzt Cosimas Sohn Siegfried an einem seiner Flügel und komponiert. Er ist neunundvierzig Jahre alt, nervös, überreizt, raucht viel und trinkt Unmengen von Kaffee. Eigentlich ist er unkompliziert, witzig und lebensfroh. Aber jetzt quälen in schwere Sorgen. Mit Beginn des Krieges hat er das Festspielhaus schließen müssen. Kostüme und technische Einrichtungen drohen zu verrotten. Die Künstler und zahlenden Gäste bleiben aus. Er hat kaum noch Einnahmen. Dazu kommt, dass der Urheberrechtsschutz für die Werke seines Vaters abgelaufen ist und alle Welt Wagner spielen darf, ohne dafür zu bezahlen.

Sein neustes eigenes Werk heißt »Der Schmied von Marienburg« und spielt im frühen 15. Jahrhundert in Westpreußen. Friedelind, Stieftochter des Bürgers Willekin, trifft sich heimlich mit ihrem Geliebten, einem Ordensritter. Doch der Stiefvater stört das Rendezvous und jagt den Rivalen mit Waffengewalt in die Flucht. Unter Einsatz ihres Lebens geht Friedelind auf die Suche nach ihm, findet ihn schließlich und überzeugt ihn, dem Priestergelübde zu entsagen.

Siegfried Wagner hat sich dem Genre der »Volksoper«, dem »harmlosen, sinnigen, deutschen Lustspiel«[6] in der Tradition von Marschner und Weber verschrieben, weil er nicht will, dass man eines Tages über ihn sagt: »Ah, er ahmt seinen Vater nach, dieser Zwerg!«[7] Anfangs hatte er damit großen Erfolg. Sein Opus 1, »Der Bärenhäuter«, wurde 1899 in vielen Städten aufgeführt, u.a. von Gustav Mahler in Wien. In nur einer Spielzeit erreichte es siebenundsiebzig Aufführungen, ein wahrer Kassenschlager. Es wurde sogar ins Englische, Französische und Ungarische übersetzt. Besonders publikumswirksame Teile wie der »Teufelswalzer« oder der »Muffelmarsch« erklangen in Kurkonzerten und Kaffeehäusern. Doch je mehr die Zeit fortschritt, umso mehr litt er unter der Konkurrenz komponierender Zeitgenossen, die andere, modernere Wege beschritten, expressionistische Textvorlagen benutzten und den Rahmen der Tonalität zu sprengen begannen, während er, ein Schüler Engelbert Humperdincks, bewusst bei der Melodie, der »schönen« Melodie blieb und für seine Libretti märchenhafte oder historische Stoffe benutzte, die so seltsame Titel hatten wie »Banadietrich«, »An allem ist Hütchen schuld« oder »Sonnenflammen«. Viele Kritiker und Kollegen verurteilten seine Werke, ohne sie jemals gehört zu haben. Es genügte ihnen, dass er der Sohn Richard Wagners war, weshalb er als Komponist lieber schweigen sollte.

»Achtbare Musik, nicht mehr; so etwas wie die Hausaufgabe eines Schülers, der bei Richard Wagner studiert hat, aus dem sich aber der Lehrer nicht viel machte«, spottete Claude Debussy.[8]

Es war nicht schwer, sich über ihn lustig zu machen, denn er sah nicht sehr männlich, nicht sehr heroisch aus, mehr Karikatur als Abbild seines berühmten Vaters. War dazu noch homosexuell, woraus er kein Hehl machte, »ein Heiland aus andersfarbiger Kiste«,[9] der »tänzelnd und parfümiert mit etwas zu hohem Kragen auf etwas zu hohen Absätzen über diese schöne Erde« schritt, wie es der bekannte Publizist Maximilian Harden einmal ausdrückte.[10] Schwager Chamberlain wünschte sich, es gäbe jemanden, der nach Berlin führe, um den »widerwärtigen Saujuden Harden« in der Redaktion seiner Zeitschrift »Die Zukunft« zu erschießen.[11]

War es nur Spaß, wenn Siegfried die schwangere Winifred zur Rede stellte, weil sie das teure Essen immer wieder von sich gab? Oder ekelte er sich etwa vor ihrem dicken Bauch und ihren geschwollenen Brüsten? Sie war zwar noch jung, aber nicht naiv, auch wenn sie sich selbstironisch als »dumme Pute« bezeichnete und von Cosima wie ein Schul- oder Dienstmädchen behandelt wurde. Natürlich wusste sie, dass Siegfried Beziehungen zu Männern hatte, dem jungen englischen Komponisten Clement Harris, dem Sänger Theodor Reichmann, dem Maler Franz Stassen, der sogar Trauzeuge bei ihrer Blitzhochzeit war. Natürlich ahnte sie, warum das »Junggesellenhaus« »Junggesellenhaus« hieß. Warum er auch jetzt noch für Tage und Wochen allein nach Berlin fuhr und »ganz erholt und angeregt durch die geistige Ablenkung durch kunst- und geistreiche, nette Menschen« wieder zurückkam.[12]

Aber was zählte das noch? Er war ja jetzt Vater. Als sie im Januar 1917 mit dem neugeborenen Wieland nach Hause kam, saß Cosima im japanischen Festgewand auf einem Sessel und nahm den Kleinen beglückt auf den Schoß. Dann setzte sie sich an den Flügel und spielte ein paar Takte aus dem Siegfried-Idyll, das Wagner zur Geburt seines einzigen Sohnes komponiert hatte.

Und jetzt, kaum ein Jahr später, schon wieder ein Kind. Siegfried wünschte sich diesmal ein Mädchen. Wenn sein Wunsch in Erfüllung gehen sollte, wollte er es wie die Heldin aus dem »Schmied von Marienburg« *Friedelind* nennen.

Friedelind

Der Winter ist in Bayreuth besonders trostlos, aber im Frühjahr verwandelt sich der Hofgarten in ein Paradies. Auf den Kanälen und Teichen zeigen sich die ersten Wasservögel, die bequemen Spazierwege sind »in lichtgrüne Schleier gehüllt und am tiefblauen Himmel wechseln Sonne und Mond sich strahlend ab«.[13] So hat es Siegfrieds Halbschwester Daniela, eine von Cosimas Töchtern aus der Ehe mit dem Dirigenten Hans von Bülow, einmal beschrieben.

Auch das Frühjahr 1918 war mild, eine Erlösung nach der monatelangen Kälte. Trotzdem glich der Gang durch die Stadt einem Albtraum. Im Hofgarten war ein Flugzeug abgestürzt. Die Fenster der Stadtkirche waren zertrümmert, und die Pfeifen der abgebrannten Orgel lagen auf der Straße, wo die Bürger vorsichtig ihre ersten Spaziergänge machten. Am 21. März hatte die deutsche Westoffensive begonnen. Cosima schwärmte: »Man glaubt, ein sagenhaftes Heldengedicht zu erleben, und Hindenburg erscheint einem wie ein Halbgott.«[14] Mehr als 230 000 deutsche Soldaten fielen in diesem »Heldengedicht«, in dem zum ersten Mal Chlor- und Giftgas eingesetzt wurden und junge Männer in ihren Schützengräben erstickten.

Am Gründonnerstag früh um sechs packte der Leibarzt der Familie, Doktor Ernst Schweninger, die in den Wehen liegende Winifred in einen Wagen und brachte sie ins Städtische Krankenhaus. Bis zur Geburt dauerte es einen vollen Tag. Es war der 29. März 1918, Karfreitag, für Christen eigentlich ein Trauertag, doch Friedelind würde ihn immer positiv deuten. Sie sei im Frühling geboren, ein »Karfreitagskind«, und alle Blumen auf der »Karfreitagswiese« gehörten ihr.[15] Sie kam mit den Füßen zuerst auf die Welt und stieß sofort einen kräftigen Schrei aus, hatte dicke Pausbacken, große Augen und die langen Finger von Uropa Liszt, Cosimas Vater. Winifred war stolz auf das Prachtkind. »Ein Riesenosterei«, schrieb sie an eine Freundin.[16]

Mutterliebe

Solange die Kinder klein waren, kümmerte Winifred sich gewissenhaft um ihr physisches Wohl, stillte sie, fragte Doktor Schweninger, wann sie zufüttern dürfe, kochte Spinat- und Karottenpürree, kontrollierte ihr Gewicht, ihren Stuhl, ihre ersten Schritte und führte sogar Buch darüber, genau, wie sie es auf der »Frauenschule« gelernt hatte. Doch kaum waren sie etwas größer, wurden sie an Emma, das Kindermädchen, delegiert, ein unverheiratetes »Fräulein« vom Lande, das sie wickelte, fütterte und auf den Schoß nahm, ihnen patriotische Lieder vorsang und sie bei Fliegerangriffen und Gewitter beschützte. Wieland würde später erzählen, er habe ihr näher gestanden als seiner Mutter und sich weinend auf der Toilette eingeschlossen, wenn sie Ausgang hatte.[17]

Winifreds Verhalten war nicht ungewöhnlich für ihre Kreise, in denen es als unnötig, ja als unschicklich galt, sich mit dem Nachwuchs mehr zu beschäftigen als unbedingt nötig. Wozu gab es schließlich Dienstboten? Wozu Hauslehrer? Auch Cosima hatte nicht viel Zeit mit ihren Kindern verbracht, sondern sich ganz ihrem »Lebenswerk«, Richard Wagner, gewidmet.-

Winifred übernahm diese Rolle. Für den Mann da zu sein. Alles andere seinetwegen zurückzustellen. Ihr gemeinsames Ziel hieß: Wiederaufbau der Festspiele. Sie war immer um ihn, meinte, ihn beraten, mit ihm reisen und seine Post erledigen zu müssen, Aufgaben, die früher seine Schwestern, Daniela und Eva, übernommen hatten. Für die Kinder könne im Notfall jemand anders sorgen, für den Mann doch schlecht [18] meinte Winifred, wobei es ihr sicher auch darum ging, ihn vor der homosexuellen »Gefahr« abzuschirmen.

Cosima, die von ihren Eltern Franz Liszt und Marie d'Agoult gleich nach ihrer Geburt zu einer Amme gegeben worden war, hatte nie erlebt, was das ist: Mutterliebe. Winifred auch nicht. Ihre Mutter starb, als sie zwei Jahre alt war. Sie war Schauspielerin und Malerin gewesen, deutsch-dänischer Herkunft, mit einem Journalisten, Tropeningenieur und Theaterkritiker verheiratet, dem Engländer John Williams, einem Abenteurer und Schuldenmacher, über den nur wenig bekannt ist, außer, dass er aus Wales stammte[19] und drei Kinder aus erster Ehe hatte.[20] Auch er starb früh – »an einer Leberkrankheit«, heißt es gelegentlich, was wohl heißen soll: Er war Trinker.

In dem großen Film, den Hans Jürgen Syberberg 1975 über sie machte,[21] erzählt Winifred offen und anschaulich über diese Jahre. Dass sie keine Erinnerung an ihre Eltern mehr habe, jahrelang hin- und hergeschoben wurde, zum Großvater, zu entfernten Verwandten nach Deutschland. Aber überall störte sie. Sie war einfach zu unerzogen und zu wild. »So wurde ich prompt nach England zurückgeschickt, und man steckte mich kurzerhand in ein Waisenhaus in East Grimstead – St. Margarete's Orphanage. Dort wuchs ich aus der ›nursery‹ in die Schule hinein.«[22]

Ein Waisenkind aus Sussex

Im Syberberg-Film schweigt sie über ihre Waisenhaus-Zeit. Auch ihr Enkel Gottfried bestätigte mir, sie habe, so redselig sie auch war, nie über diese Zeit gesprochen.[23] Nur einer Urenkelin erzählte sie kurz vor ihrem Tod, dass man ihr die Zunge mit scharfem englischem Senfpulver eingerieben habe, wenn sie beim »Lügen« ertappt worden sei.[24] Was sie nicht erzählte, war, dass Kirche und Staat Legionen von englischen Waisenkindern deportieren ließen, nach Afrika, Kanada, Neuseeland, Australien, angeblich, um »guten weißen Bestand« in das Empire zu bringen, während sie in Wahrheit als billige Arbeitskräfte missbraucht wurden.[25] Vielleicht entging Winifred diesem Schicksal nur, indem sie krank wurde. Sie entwickelte eine schwere Hautkrankheit, Neurodermitis wahrscheinlich, was den Umzug in ein trockenes, kontinentales Klima notwendig machte.

So kam sie mit neun Jahren zu den Klindworths, einem alten, kinderlosen Musikerpaar, fanatischen Wagnerianern und Vegetariern, die in der Obstbausiedlung »Eden« bei Oranienburg lebten. Die meisten »Edener« waren Antisemiten. Nur wer »deutsch«, »völkisch« und »arisch« war, durfte hier »siedeln«. Auch die Klindworths teilten diese Ansicht und übermittelten sie der kleinen Winifred, die unter Wagner- und Volkslieder-Klängen lernte, was ein »Jude« ist.[26]

Doch auch die Klindworths gaben sie wieder fort. Erst nach Hannover, wo sie anständig Deutsch lernen sollte, dann nach Berlin zu einem Musiker, der sich wahrscheinlich an ihr verging,[27] dann in das »Lademann'sche Institut« in der Nähe von Braunschweig, wo es fast so schlimm war wie im englischen

Waisenhaus: schwere Prügel, Schläge auf das nackte Gesäß, Preußentum, in die Kinderseele gebrannt. Es folgten weitere Stationen, wo sie Kochen, Zeichnen und Kinderpflege lernte. Dann, kurz vor Ausbruch des Weltkrieges, die Adoption, die aber nichts daran änderte, dass sie Engländerin blieb, im Krieg als »feindliche Ausländerin« galt, sich regelmäßig bei der Polizei melden musste und den Raum Großberlin nicht verlassen durfte.

Das war die Winifred, die Siegfried im Sommer 1914 kennenlernte und knapp ein Jahr später in Wahnfried heiratete. Sie war achtzehn, er sechsundvierzig. Sie eine schlanke, herbe, englische Schönheit, er ein kleiner, schon fast weißhaariger, zum Bauchansatz neigender Mann, der gern weiße Hosen, zitronengelbe Pullover und teure Breeches trug. Vor lauter Glück, endlich eine Familie gefunden zu haben, ahnte sie anfangs wohl noch nicht, dass er sie nur auf Druck seiner Schwestern heiratete, denn es galt zu beweisen, dass er *nicht* homosexuell war. Außerdem brauchte Bayreuth unbedingt einen männlichen Erben, der den Namen »Wagner« trug und das Meisterwort »Kinder, schafft Neues« in die Tat umsetzen würde.

Wahnfried-Idyll

5. November 1918. Karlsruhe. Großherzogliches Hoftheater, ein Prachtbau aus dem Jahr 1808, in dem schon Hector Berlioz aufgetreten ist. Fritz Cortolezis dirigiert die Uraufführung von Siegfried Wagners Opus 7, »Schwarzschwanenreich«. Seit 1910 hat das Stück in der Schublade gelegen. Erst jetzt, in den letzten Kriegstagen, kommt es zur Aufführung. Es spielt im Dreißigjährigen Krieg, in der Zeit der Hexenverbrennung, handelt von lüsternen Teufeln, schwarzen Schwänen, blutroten Wolken, von Folter, Scheiterhaufen, Hypnose, Inquisition, von einer Magd, die ihr Kind, eine Missgeburt, umgebracht und im Wald verscharrt hat, wo es jedoch plötzlich zum Leben erwacht und seinen verkrüppelten Arm anklagend aus der Erde hebt. Schon

auf der Generalprobe hatte sich gezeigt, dass diese Szene zu weit ging.[28] Den Hofdamen, die im Publikum saßen, wurde schlecht, so dass sie aufstanden und das Theater unter Protest verließen, auch wenn das Ganze »nur« eine Angstvision war, die der Mutter von ihrer Umwelt aufgedrängt wurde. Siegfried sah sich genötigt, die Szene zu ändern. Aber der Beifall blieb trotzdem lau. Es gab nur wenige Wiederholungen.[29]

Noch am gleichen Tag bricht die Revolution aus. Matrosen der deutschen Hochseeflotte in Kiel machen den Anfang. Kurt Eisner proklamiert die bayrische Republik, in der Arbeiter-, Bauern- und Soldatenräte die Macht übernehmen. Das Volk hat genug vom Krieg. »Kaiser zur Thronentsagung entschlossen«, melden die Zeitungen. Auch König Ludwig III. von Bayern tritt ab. Der Sozialdemokrat Friedrich Ebert wird Reichskanzler.

Für Winifred – gerade selber erst »deutsch« geworden – bricht eine Welt zusammen. Während viele Frauen nicht wissen, ob ihre Männer lebend aus dem Krieg zurückkommen werden, kann sie nicht fassen, dass er wirklich zu Ende ist, und schreibt an ihre Freundin Helene: »Herr Gott, wer hätte eine solche Wendung für möglich gehalten! Wie stolz war man auf sein deutsches Vaterland, und wie schämt man sich, dass solche Erniedrigung durch den Wurm im Inneren möglich wurde.«[30]

Und trotzdem. Am 24. Dezember wird Weihnachten gefeiert, auch in Wahnfried. Es ist Cosimas 81. Geburtstag. Zur Feier des Tages trägt sie ausnahmsweise nicht Schwarz, sondern Grau. Siegfried hat ein lustiges »Wahnfried-Idyll« komponiert, das wie eine Parodie auf das »Siegfried-Idyll« seines Vaters wirkt. *Kugeli! Kugeli! Dudeldazwi! Munter ist's jetzt in Wahnfried früh. Kaum kräht der Hahn sein Kiriki, machen die Kleinen ihr erstes Pipi!* Es gibt zwar noch keinen Stollen und keine Gans, aber das Kindermädchen Emma Bär hat ein paar Spielsachen besorgt und auf einem Tisch für die Kinder verteilt. Friedelind kann schon sitzen. Wieland läuft auf dicken, unsicheren Beinchen durch den Raum. Selbst Chamberlain, der Kämpfer für Recht, Rasse und Ordnung, ist gerührt und schreibt nach dem Fest an einen Freund:

»Voran ging nur das Evangelium und eine ganz wundervolle Andacht Luthers; dann aber herrschten der zweijährige Willfy[31] und die achtmonatige Mo.[32] Letztere saß aufrecht in ihrem Wagen, dicht am Baume mit weit offenen großen Augen, einen jeden anlachend und ihre Spielsachen energisch um sich werfend oder in den Mund steckend.«[33]

Wolfgang

28. Juni 1919. Vertrag von Versailles. Eigentlich hätten die Wagners jetzt ihren Frieden mit der jungen Republik schließen können. Denn sogar der sozialdemokratische Reichspräsident Philipp Scheidemann war empört über »dies dicke Buch, … mit dem einem ganzen großen Volke die Zustimmung zur erbarmungslosen Zerstückelung abgepreßt werden soll(te)!«[34] Aber die Wagners kannten nur Schwarz oder Weiß. Freund oder Feind. Die Republik war ihr Feind und die Sozialdemokratie ein Produkt jüdisch-bolschewistischen Ungeistes. Punktum.

August 1919. Schon wieder ein Kind. Cosima ist stolz. »Es wurde mir wieder ein Enkel geschenkt«, schreibt sie an einen fürstlichen Freund. »Er soll Wolfgang Manfred Martin heißen, demnach unter dem Schutzpatronat von Goethe, dem Hohenstaufen und Luther stehen; mit Rührung betrachte ich dieses kleine Wesen, dessen Entwicklung ich nicht erleben soll, das aber – ich bin dess' sicher! – in ernster Stunde meinen Segen über sich fühlen wird.«[35] Es war eine schwere Geburt nach vielen Stunden der Qual für die Mutter. Dazu die Angst um das Kind, das in Steißlage zur Welt kam und fast erstickt wäre. Kaum zu Hause, bekam es Lungenentzündung, während draußen eine schwere Grippe-Epidemie tobte, die vierte oder fünfte in diesen Jahren. Und trotzdem ging Winifred, kaum dass sie abgestillt hatte, wieder auf Konzertreise mit Siegfried. Offenbar hatte sie Angst. Mehr denn je. Denn seit dem »Zusammenbruch« der alten Ordnung gab es in jeder größeren Stadt Bars, Kneipen und Kabaretts, in denen Kokain, Morphium und Absinth konsumiert wurden und in denen Sex zwischen Männern kein Tabu mehr war, auch wenn das Gesetz ihn noch immer streng untersagte.

Doch ähnlich wie Cosima, die sich immer zwischen Mann und Kindern hin- und hergerissen fühlte, fiel es ihr schwer, diese Reisen zu genießen. Sie quälte sich mit Ängsten um ihre Babys, während die Musik, die Siegfried dirigierte, wie im Traum an ihr vorbeirauschte: »Sonnenflammen«, »Der Bärenhäuter«, »Banadietrich« und das furchterregende »Schwarzschwanenreich«, diesmal ohne verkrüppelten Kinderarm … Wolfgang, ihr Jüngster, habe zwar etwas zugenommen, sehe aber merkwürdig blass und elend aus, schrieb sie an Doktor Schweninger.[36] Bis sie es nicht mehr aushielt, nach Bayreuth zurückkehrte und Siegfried den Rest der Reise allein machen ließ.

Das Kind war in alarmierendem Zustand. Brechdurchfall. Apathie. Fast ein Pfund Gewichtsverlust. »Er ist sehr abgemagert und sieht nicht wie ein Viertel Jahr aus, sondern wie vier Wochen.«[37] Schweninger eilte von München nach Bayreuth, nahm sich ein Zimmer im »Anker« und kümmerte sich tage- und nächtelang um den kleinen Jungen, der ohne sein Eingreifen wahrscheinlich gestorben wäre.

Warum schweigt Bayreuth?

»Warum schweigt Bayreuth im Sommer 1920?«

Siegfried explodierte, wenn man ihm diese Frage stellte, und nannte in verschiedenen offenen Briefen die Gründe: Kohlennot, Wohnungsnot, Zwangseinquartierungen, Mangel an Unterkünften, Rationierung der Lebensmittel. Wie sollte man die Festspielgäste unterbringen, wie sie ernähren?

Umso größer die Provokation, dass ausgerechnet jetzt, im Krisensommer 1920, das Konkurrenzunternehmen der Salzburger Festspiele eröffnete. Und dass dabei wieder einmal die »Juden« das Sagen hatten: Max Reinhardt als Intendant und Hugo von Hofmannsthal, dessen »Jedermann« aufgeführt wurde. Wie war es möglich, dass man in Salzburg schaffte, was in Bayreuth unmöglich schien? Doch nur mit »jüdischem« Kapital, »jüdischer« Vetternwirtschaft, »jüdischer« Schieberei! Schon seit längerem spricht man in Wahnfried von einem gewissen Hitler, der im Februar 1920 im Münchener Hofbräuhaus aufgetreten ist und vor mehr als zweitausend Zuhörern das Parteiprogramm der NSDAP verkündet hat: Befreiung vom Versailler Diktat, Anschluss Österreichs an Deutschland, Rückerwerb Südtirols und der Kolonien, nieder mit dem jüdischen Kapital, mit der Republik, mit den Juden.

»Staatsbürger kann nur sein, wer Volksgenosse ist. Staatsbürger kann nur sein, wer deutschen Blutes ist. Kein Jude kann daher Volksgenosse sein.«[38]

Das ist genau das, was man auch in Wahnfried denkt. Man wird Hitler und seine Leute wohlwollend beobachten.

2. Dezember 1920. Geburt von Verena, ein besonders niedliches, blondes Kind, viel hübscher als die robuste, lebhafte Friedelind, die schon jetzt so laut ist, dass man sie »Krachlaute« nennt. Winifred hätte gern noch mehr Kinder gehabt. Doch Siegfried sagt, er habe nun seine Pflichten erfüllt, und verlässt das Eheschlafzimmer, worauf Winifred aufhört, auf ihr Gewicht zu achten, und sich in ein walkürenhaftes Kolossalweib verwandelt.

Und trotzdem. Der Mythos von der heilen deutschen Familie wird hochgehalten. Gerade jetzt. Wozu gut passt, dass alle Kinder bis auf Wieland semmelblond sind. Ein Fotograf wird engagiert, das ganze Quartett im Wahnfried-Park aufgenommen. Friedelind, vollmondgesichtig, mit dem Baby auf dem Schoß. Wolfgang blondgelockt wie ein Engel, unsicher lächelnd.

Wieland im Hintergrund. Er hat einen dunklen, mädchenhaften Pagenkopf mit langem Pony, trägt ein weißes Matrosenkleid über kurzen Hosen, sieht feiner und aristokratischer aus als die anderen, aber auch ein bisschen beleidigt und irritiert, so, als wisse er gar nicht, was er eigentlich auf dem Foto verloren hat. Aber egal. Man wird Postkarten drucken lassen und in alle Welt schicken, um für das arische Unternehmen der »Wagners« zu werben. Denn man braucht Geld, viel, viel Geld. Mit Kindern und Dienstboten umfasst die Familie fünfzehn Personen. Siegfried macht Konzertreisen über Konzertreisen, Berlin, Stockholm, Bergen, Kopenhagen, auf denen Winifred ihn nur noch selten begleitet. Es hat ja doch keinen Zweck und ist viel zu teuer. Deshalb ermahnt sie ihn, nur ja recht sparsam zu sein. Nicht ins Gasthaus zu gehen, sondern bei Freunden oder im Hotelzimmer zu essen. Sie behandelt ihn wie ein Kind, schickt ihm »Fressalien« nach, Sandwiches, Würste, Kuchen, Marmelade. Er soll alles aufessen oder verschenken. Keinesfalls wegwerfen. »Solltest Du was an Wurst übrig behalten, bring es ja wieder mit …, denn wir sind selber sehr knapp dran!«[39]

Chinesen, Juden und »Neger«

Um diese Zeit wurde Siegfried Wagner von einem harten Kern fanatischer Wagnerianer bedrängt, eine »deutsche Festspiel-Stiftung Bayreuth« zu gründen, die sich im Mai 1921 in Leipzig konstituierte. Um die Wiedereröffnung der Festspiele zu finanzieren, beschloss man, für Patronatsscheine zu werben, und brachte dazu einen Aufruf in Umlauf, in dem es hieß, dass Wagners Schaffen, der »reinste, erhebendste Ausdruck germanisch-deutscher Volksart«, unter den »Trümmern des Zusammenbruchs« begraben liege und nur von wahrhaften Deutschen gerettet werden könne, was im Klartext heißen sollte: nicht von Juden.[40] Der Chefredakteur der rechtsradikalen »Deutschen Zeitung«, August Püringer, forderte sogar einen regelrechten

»Arierparagraphen«, wie es damals »bei vielen deutschen Vereinen üblich war«.[41] Das war zu viel. Zumindest für Siegfried Wagner. Er war zwar, was »die« Juden betraf, ganz der Sohn seiner Eltern und pflegte von Jugend an Antisemitismen von sich zu geben,[42] hatte aber auch enge jüdische Freunde wie den Musikschriftsteller Ludwig Karpath oder den Bankier Eduard Speyer.[43] Deshalb beeilte er sich, Püringer einen offenen Brief zu schreiben, in dem es hieß, Richard Wagner habe die Juden in seinen Schriften immer wieder »angegriffen und beleidigt«. Umso schöner sei es, dass sie seine Musik trotzdem verehrten und sich freundschaftlich hinter die Bayreuther Sache stellten. Es sei weder »menschlich«, noch »christlich«, noch »deutsch«, ihnen die Tür zu verschließen, sie auszugrenzen. Im Bayreuther Festspielhaus gebe es keinen Rassismus, auch nicht, was die Auswahl der Künstler angehe. Ob ein Mensch »Chinese, Neger, Amerikaner, Indianer oder Jude« sei, spiele für ihn keine Rolle.

Friedelind las diesen Brief erst, als ihr Vater längst tot war. In ihrem »ungeheuren Gerechtigkeitssinn«[44] war sie sehr stolz darauf und zitierte ihn immer wieder als Beleg für seine Judenfreundlichkeit. Sie übersah allerdings, dass er am Schluss doch wieder antisemitische Töne anschlug und seine Lieblingsthese von der jüdischen Vetternwirtschaft und der Dominanz der Juden im Opernbetrieb anbrachte: »Wenn ich Jude wäre, würden meine Opern in allen Theatern aufgeführt werden. Wie die Dinge aber nun liegen, müssen wir warten, bis wir tot sind.«[45]

Barfuß in Bayreuth

Friedelind war vier, als die Familie aus dem Junggesellenhaus wieder nach Wahnfried umzog, das, endlich beheizbar, von Winifred in den alten, gepflegten Zustand zurückversetzt worden war, im Zentrum der große Saal mit Wagners Flügel, Schreibtisch und Bibliothek. Rundherum Kinderzimmer, Ankleideräume, Bäder, Bügelzimmer, Speisezimmer, gusseiserne

Wendeltreppen und sogar ein Aufzug, der die im Souterrain liegende Küche mit dem Esszimmer verband. Da der »Meister« ein großer Hundefreund gewesen war, lebten fast immer Hunde im Haus, die, kaum dass sie tot waren, durch neue ersetzt wurden. Der amtierende Hund von 1922 war der Skye-Terrier Putzi, Vertreter einer edlen englischen Rasse, die schon von Queen Victoria geschätzt worden war.

Friedelind beschreibt Wahnfried als Kindheitsparadies, in dem ihre Geschwister und sie sich mit Hühnern, Pferden und Hunden balgten, Nachlaufen an Wagners Grab spielten oder die Gäste ärgerten. Manchmal durften sie mit der Omama Doktor spielen, ihr den Puls fühlen, sie mit Teelöffeln füttern, ihr das weiße Haar öffnen und kämmen, durften in dem großen, zweistöckigen Salon herumtollen, zwischen Marmorstatuen von Lohengrin, Siegfried, Tannhäuser, Tristan, Stolzing und Parsifal, an denen sie ihre Jacken, Mäntel und Mützen aufhängten. »Wir taumelten glücklich durch unsere sorglosen Tage, bezaubert, doch nie in Furcht versetzt durch unsere atemberaubenden Vorfahren.«[46]

»Bunter Hund in Bayreuth.« So hat Friedelinds Neffe Gottfried mir einmal seine Kindheit in Wahnfried beschrieben. Immer etwas Besonderes, eine Ausnahme sein, immer von den Bürgern der Stadt beachtet werden. Keine »normale« Entwicklung möglich. So ähnlich ging es auch Friedelind und ihren Geschwistern. Sie waren berühmt und berüchtigt, weil sie barfuß auf der Straße herumliefen, sich mit Leidenschaft prügelten und ein raues, oberfränkisches Bauerndeutsch sprachen, das so gar nichts vom Geist Richard Wagners zu atmen schien. »Man erzählt sich von den Kindern Anekdoten wie von königlichen Prinzen früher«, schrieb die Neu-Bayreutherin Lotte Warburg in ihr Tagebuch. »Die Geschäfte preisen etwas an, indem sie nicht sagen ›Seine Königliche Hoheit hat es genauso … bestellt‹, sondern … ›mein Junge hat sich heute furchtbar geprügelt mit dem kleinen Wagner‹.«[47]

Ein junger Gast, Erich Ebermayer, Rechtsanwalt und Erfolgsautor aus gutem Hause, war entsetzt über das Benehmen der Kinder, denen jede Erziehung, jede »gute Stube« zu fehlen schien. Friedelind sei die Schlimmste gewesen, laut und rechthaberisch, ohne Respekt vor Fremden, mit Tischmanieren, die jeder Beschreibung gespottet hätten. »Der Gast«, heißt es bei ihm, »ist ein Freund Siegfrieds. Er erlaubt sich an diesem Mittag eine kritische Bemerkung zu einem Inszenierungsplan, den Siegfried ihm eben dargelegt hat. Er hat seine Bemerkung noch nicht zu Ende gebracht, als die Neunjährige an seiner Seite ihm haltlos und wütend einen Löffel heißer Suppe ins Gesicht schleudert. Der Gast erklärt Siegfried empört, dass er nicht neben einem Kind zu sitzen wünsche, das sich derart bei Tisch benähme. Aber Siegfried straft Friedelind nicht. Er lächelt. Er beruhigt den Gast. Er meint, es sei doch reizend, wie Friedelind für ihren Vater eintrete. Die Neunjährige triumphiert und duckt sich erst unter dem strafenden Blick Winifreds.«[48]

Siegfried hatte keine ausgeprägte Beziehung zu seinen Söhnen, vielleicht weil er Angst hatte, dass sie ihn eines Tages als Künstler überflügeln könnten. Umso mehr liebte er seine älteste Tochter, *seine* Friedelind, die zwar bei weitem nicht so anmutig und »schön« wie Verena war, aber in erfrischender Opposition zu ihrer Mutter stand und fast immer lachte und gute Laune hatte. So kam es, dass er sie zu seiner engsten Vertrauten machte und ihr Dinge erzählte, die viel zu hoch für sie waren, über seine Reisen, seine Jugendträume, seine Kompositionspläne und seine Libretti, vielleicht auch über seine Probleme mit Winifred. Es war die Zeit, in der sie vorhatte, ihren Vater zu »heiraten«, eine Idee, der er offenbar nicht widersprach. »›Eines Tages wirst *du* die Festspiele führen‹«, zitiert sie ihn in ihrem Buch. »… ›Natürlich‹, stimmte ich zu. ›Willst du mich nicht heiraten?‹ Es war nicht einfach, mir zu erklären, warum ein kleines Mädchen seinen Vater nicht heiraten kann.«[49]

Hitlers Antrittsbesuch

Frühjahr 1923. Inflationszeit. Ein Pfund Brot kostet 1254 Mark, eine Eisenbahnfahrt von Köln nach Berlin 924000 Mark. »Zum ersten Male«, notiert der Bayreuth-Chronist Herbert Conrad, »weilt der Führer noch als Unbekannter … in Bayreuth und wohnt im Hotel Anker. Vor dem ›Anker‹ erwartet ihn eine große Menschenmenge, nimmt ihn begeistert in Empfang und geleitet ihn im Triumphzug zum Parteilokal. Das geräumige Gastzimmer kann … die Menschen nicht fassen, die ihren Führer … hören wollen. Sie stehen noch dichtgedrängt vor dem Haus in der Kanzleistraße.«[50]

Friedelind schreibt, es sei schon damals, »an einem strahlenden Maimorgen des Jahres 1923«,[51] gewesen, als Hitler zum ersten Mal in die Villa Wahnfried kam. Nach Winifreds Aussagen und den Ermittlungen der Spruchkammer im Verfahren gegen sie war es aber erst im Herbst, genauer: am 1. Oktober.

Angenommen also, es sei im Oktober gewesen, einen Tag nach dem »Deutschen Tag«, an dem die Bayreuther auf die Leopoldshöhe pilgerten, um der Opfer des Ersten Weltkrieges zu gedenken. Hitler hatte abends in der markgräflichen Reithalle gesprochen und danach den todkranken Houston Stewart Chamberlain besucht, dessen Büchern er zentrale »Einsichten« zum Thema »Rasse« verdankte. Für den nächsten Tag hatte er sich bei den Wagners zum Frühstück angemeldet. Was dann geschah, liest sich bei Friedelind so:

»Ein junger Mann sprang aus dem Wagen und ging auf uns zu. Er sah recht gewöhnlich aus in seinen kurzen bayerischen Lederhosen, den dicken Wollsocken, einem rotblau karierten Hemd und einer kurzen blauen Jacke, die um seinen mageren Körper schlotterte; … Er schüttelte Mutter … die Hände und folgte schüchtern … in das Musikzimmer und in die Bibliothek. Voll Ehrfurcht starrte er auf die kristallene Opiumpfeife, die Cosima geschenkt worden war; er blieb vor einer

Schmetterlingssammlung stehen, die Richard Wagner in Neapel auf der Straße gekauft hatte, betrachtete lange die Platte von Großvaters letzter photographischer Aufnahme, die gegen das Licht aufgehängt war.«

Erst im Garten habe er sich ein wenig freier gefühlt und von seinen politischen Plänen gesprochen, unter anderem von einem Staatsstreich, den seine Partei für Ende des Jahres plane, um der Weimarer Republik ein Ende zu machen. Dabei sei seine Stimme lebhafter und lauter geworden, während ihre Geschwister und sie ihn umringt hätten wie ein Kreis »kleiner, verzauberter Vögel«.[52]

Staatsstreich

9. November 1923. Der geplante »Staatsstreich«, von dem Hitler den Wagners erzählt haben soll, wird Realität. Es ist der Marsch auf die Münchener Feldherrnhalle, der Hitler-Ludendorff-Putsch, der Versuch, die Weimarer Republik zu stürzen. Für den nächsten Tag war ein Konzert im Odeon-Saal geplant, ein reines Wagner-Konzert mit Werken von Vater und Sohn. Winifred und Siegfried waren in der Stadt, als der Putsch losging, wohl kaum zufällig, meinen kritische Stimmen, ein Verdacht, den Winifred selbst genährt hat, indem sie später vor dem Richard-Wagner-Verband deutscher Frauen erklärte: »Der 8. November sollte ja der Auftakt zur nationalen Revolution und der Umkehr werden. (Siegfried sollte) d a s Festkonzert dirigieren und war mit mir zu den Proben in München!«[53] Gegen diese Version spricht allerdings, dass ein großes Konzert mit Proben und Pressearbeit Monate Vorlaufzeit braucht, besonders, wenn international gefragte Solisten mitwirken wie in diesem Fall der dänische Heldentenor Lauritz Melchior.

Doch wie auch immer: Aus dem Konzert wurde nichts. Denn unmittelbar nach der Hauptprobe kam es zum Schusswechsel zwischen Putschisten und Polizei. Siegfried und Winifred waren dabei, als das Feuer eröffnet wurde.

Es habe ein riesiges »Durcheinander« geherrscht, schreibt Friedelind, die Berichte ihrer Eltern zusammenfassend. Sie hätten nicht gewusst, was mit Hitler und Ludendorff, den beiden Anführern, geschehen sei. Winifred sei nach dem Putsch wieder zurück nach Bayreuth gefahren, Siegfried aber über die Grenze nach Innsbruck, wo der ebenfalls beteiligte Hermann Göring schwer verletzt in einem Krankenhaus lag und von »seiner schönen schwedischen Frau«[54] gepflegt wurde. Siegfried habe den beiden, die völlig mittellos gewesen seien, Geld geliehen, damit sie weiterreisen und ihre Rechnungen bezahlen konnten. »Dies war meines Vaters einziger Beitrag zur Nazi-Bewegung.«[55]

Auch Siegfried reiste weiter und las in vielen Städten aus seinen »Erinnerungen«, die gerade erschienen waren, eine Hommage an die homoerotische Liebe und seinen Jugendfreund, den Maler und Komponisten Clement Harris, mit dem er als junger Mann eine Schiffsreise nach Südostasien gemacht hatte.[56] In seiner schwülen, exotischen Poesie und seiner erstaunlichen Offenheit lässt der Text viel von der Zerrissenheit seines Autors ahnen, die er selbst allerdings heftig bestreitet. Winifred dürfte sich kaum darüber gefreut haben, dass die Kinder und sie nicht einmal *en passant* darin vorkamen, sondern nur im Schluss-Satz kurz erwähnt wurden: »Ich freue mich meiner schönen, heiteren, klugen Gattin, ich freue mich über die vier Kinderchen, ich freue mich, dass ich zur Heimat eine solche hübsche, gemütliche Stadt wie Bayreuth habe.«[57]

Winifred fuhr also zurück in die »hübsche, gemütliche Stadt« und verteilte Flugblätter, auf denen sie leidenschaftlich für Hitler warb, hielt Volksreden im »Lokal der Hitlerleute«, wurde von der Polizei gewarnt, sich politisch zu exponieren, tat es trotzdem und schrieb sogar einen offenen Brief, in dem sie erklärte, dass »die« Wagners immer zu Hitler halten würden, ob in Tagen des Glücks oder in Tagen der Not.[58] Hitler war inzwischen verhaftet worden und saß bis auf weiteres in der Festung Landsberg am Lech ein, wo er mit anderen Putschisten auf seinen Prozess wartete. Zuerst schickte Winifred ihm Geld, Kleider und Süßigkeiten. Dann aber hatte sie eine bessere Idee, ihm nämlich Papier, Bleistifte, Federn, Tinte und Radiergummis zu stiften, so dass er den ersten Band von »Mein Kampf« schreiben konnte. Friedelind und ihre Geschwister halfen beim Einpacken und freuten sich an den vielen bunten Päckchen, die so aussahen, als habe der Weihnachtsmann sie gerade gebracht.[59]

Und Siegfried? Er war hin- und hergerissen. Einerseits beeindruckt von der Courage seiner jungen Frau, anderseits bestürzt über ihren fanatischen Ton, der jede Vorsicht vermissen ließ und der empfindlichen Bayreuther Sache nur schaden konnte.[60] »Das war jetzt schon mehr als kindliche Spielerei«, resümiert Friedelind. »Er wusste, dass er Mutter eigentlich veranlassen müsse, ihre Beziehungen zu den Nazis aufzugeben, konnte jedoch nicht streng mit ihr sein. Er machte aber damals die einzig bittere Bemerkung, die ich je von ihm gehört hatte: ›Winnie vernichtet alles, was ich so verzweifelt aufzubauen versuche.‹«[61]

Mutter und Tochter

Als die Eltern im Januar 1924 eine große Amerika-Reise machten, wurde Friedelind zu Freunden nach Dresden geschickt, dem bekannten Musikwissenschaftler Eugen Schmitz und seiner Frau, die sie nach Kräften verwöhnten. Bei ihrer Rückkehr erwartete sie der erste schwere Verlust ihres Lebens. Putzi war tot. Putzi, ihr geliebter Skye-Terrier, war im Springbrunnen des Wahnfried-Gartens ertrunken. Sie weinte tagelang und begrub ihn am hinteren Ende des Wahnfried-Gartens in der Nähe von Wagners Grab, wo auch Russ, Wagners Lieblingshund, der Neufundländer »ruht(e) und wacht(e)«. Bruder Wolfgang fragte ergeben, ob er ihr helfen dürfe zu graben.[62] Noch verstanden die beiden sich gut. Aber das würde nicht immer so bleiben.

Schöne und traurige Kinderspiele. Eine Zeit, die sich ihrem Ende näherte. Denn Friedelind wurde in diesem Jahr eingeschult und lernte den so genannten Ernst des Lebens kennen, stillsitzen, beten, Gedichte aufsagen, Aufgaben machen – das alles war einem freiheitsliebenden Kind wie ihr zuwider. Zuerst arrangierte sie sich noch und bekam gute Noten. Doch nach einiger Zeit geriet sie in die klassische Wagner-Falle: Einerseits war sie stolz auf ihren Status als »Enkelin«, der ihr das Gefühl gab, sich nicht anstrengen zu müssen. Andererseits wollte sie einfach nur »Friedelind« sein, nicht aus der Reihe tanzen, Freundinnen haben, die üblichen kleinen Scharmützel mit Lehrern ausfechten und genauso hart angefasst werden wie die anderen. »Es ist abscheulich«, zitiert sie sich selbst, »wie Sie Ihre Bosheit an den Kindern auslassen, die sich nicht wehren können … Warum lassen Sie Ihre Bosheit nicht an mir aus?«[63]

Die Bayreuther Grundschullehrer waren ratlos und überfordert. Winifred auch. Siegfried mischte sich wie immer nicht ein und überließ die »Erziehungsgewalt« seiner Frau. Was sollte sie nur machen mit dieser Tochter, die immer wilder, immer schwieriger, immer dicker wurde, ein breites Bauerngesicht und so krause Haare hatte, dass man sie nicht einmal anständig kämmen konnte?

Die Tanten, Daniela und Eva, fühlten sich durch das wilde Kind an Isolde, ihre verstorbene Schwester, erinnert und sagten hinter vorgehaltener Hand: »Genau wie Loldi!« Winifred aber wurde manchmal von blinder Wut gepackt, nahm ihr das Fahrrad ab, mit dem sie so gern durch Bayreuth fuhr, rief bei jeder Gelegenheit strafend »Mausi!« und wiederholte an ihr, was sie selber im Waisenhaus von East Grimstead »gelernt« hatte, strenge Züchtigungen, ein rigides Ess-Regime, Liebesentzug und ein ganzes Sortiment immer wieder neuer Demütigungen, bis hin zur Aussperrung bei Wasser, Brot und eisigem Schweigen.[64]

Opernfieber

Am 22. Juli 1924 wurden die Festspiele wiedereröffnet, so dass Winifred Tag und Nacht in Aktion war. Siegfried überließ ihr die Verwaltung des spärlichen Etats, die Verhandlungen mit Dirigenten und Sängern, die Einladung der Presse und die Unterbringung der großenteils honorarfrei agierenden Künstler. Er selbst versuchte, immer höflich und freundlich zu bleiben. Wenn geschimpft werden musste, schickte er *sie* vor. *Er* hielt das nicht aus. »Alleine macht ihn das zu kaputt«,[65] schrieb Winifred an eine Freundin. So hatte sie keine Zeit, strafend nach ihrem schwarzen Schaf »Mausi« zu rufen, das unbeaufsichtigt im Festspielhaus herumtollte und vom Theater- und Opernfieber erfasst wurde. Sie wollte nicht, wie andere Kinder, Arzt, Lokomotivführer oder Eisenbahnschaffner werden, sondern Wagner-Regisseurin. Nichts anderes. Sie liebte das Festspielhaus, »dieses einfache, rote Backsteingebäude zwischen den Tannen«, das nach Wagners Entwürfen gebaut war, die Unruhe vor Probenbeginn, das Hämmern der Schreiner, die Geschäftigkeit der Anstreicher, den Geruch nach frischer Farbe und Terpentin.[66] »Eine Wagner« zu sein, sei damals ihre »Nationalität«, ihre »Religion« gewesen, schreibt sie später an Toscanini. »Mein ›Land‹ war immer Bayreuth – so lächerlich wie das klingen mag … Wenn ich ein Kind hätte, würde ich es genauso erziehen und würde mich enttäuscht fühlen, wenn es … ›unwagnerisch‹ würde.«[67]

In Miniatur-Kostümen, die Tante Daniela in Auftrag gegeben hatte, lief sie als Fricka, Freia oder Brünnhilde durch den Wahnfried-Garten, führte mit Bruder Wolfi Gäste an Wagners Grab und kassierte zehn Pfennig dafür, beschimpfte den dänischen Heldentenor Lauritz Melchior als »Fettschwein« und bestaunte die vielen »Rolls Royces und Daimlers«, die man plötzlich in den Straßen der Stadt sah.[68] Eins aber störte sie. Dass immer nur *Richard* Wagner aufgeführt wurde, niemals *Siegfried*. Kannten die Leute seine Opern überhaupt? Wussten sie, dass er nicht nur Regisseur, sondern auch Komponist war? Bei der öffentlichen Generalprobe zu »Siegfried« beschloss sie, die Welt darauf hinzuweisen, und schlüpfte – die Bühne war schon für den zweiten Akt verdunkelt – durch den Vorhang. Alberich lag vor der Neidhöhle. Die Zuschauer in ihren weißen Sommeranzügen kamen ihr wie Gespenster vor. Noch ehe Alberich den Mund aufmachen konnte, holte sie Luft und schrie aus vollem Hals: »Meines Vaters nächste Oper heißt *Der Kuhwedel!*« Nach einem Augenblick verblüfften Schweigens zitterte die Wolke aus weißen Kleidern, und die Zuhörerschaft brach in lautes Gelächter aus.[69]

Das war wohl der einzige komische Moment jener Festspiele, die zu einem »Gala-Empfang für Mitglieder der verbotenen nationalsozialistischen Partei« wurden.[70] Der Bayreuther Rabbiner Dr. Benjamin Salomon[71] hatte es kommen sehen und sorgenvoll an Siegfried geschrieben:

»Angehörige *Ihrer* Familie tragen das Hakenkreuz. *Ihre* Familie soll … die völkischen Parteien mit reichen Mitteln unterstützen. Kann es da Wunder nehmen, wenn aufrechte Männer und Frauen jüdischen Glaubens im In- und Ausland sich der Wagnerschen Sache gegenüber Zurückhaltung auferlegen und nicht Mittel zur Verfügung stellen wollen, von denen sie fürchten müssen, daß sie gar indirekt der völkischen Bewegung zufließen? … Auch wir deutschen Juden verehren das Werk Richard Wagners und wir empfinden es schmerzlich, daß man uns diese Verehrung zu stören droht.«[72]

Tatsächlich trat alles ein, was er befürchtet hatte. Hitlers Putschgenosse General Ludendorff höchstpersönlich erschien zu den Generalproben, die verbotene schwarz-weiß-rote Fahne wehte auf dem Festspielhaus, es kam zu Pöbeleien gegen jüdische Besucher auf Straßen und Gängen und im Programmheft erschienen antisemitische Hetzartikel. »Das also hat man aus dem Erbe des Länder und Herzen umspannenden Genies gemacht!«, schrieb ein Kritiker der »Frankfurter Zeitung«. »Dies die gesinnungsmäßige Umstellung, die Bayreuth seit 1914 an sich vorgenommen hat. Lohnt es dann für den Unabhängigen überhaupt noch, zu dem grünen Hügel zu wallfahren?«[73]

Hier gilt's der Kunst!

Dieser Eklat durfte sich auf keinen Fall wiederholen. Siegfried würde ab jetzt vorsichtiger sein. Er nahm sich einen jüdischen Impresario, Louis Michel, der ihn seinerseits an Bruno Weil in Berlin weiterempfahl, Schriftsteller, Rechtsanwalt, Berater vieler ausländischer Botschaften, engagiert im »Centralverein deutscher Staatsbürger jüdischen Glaubens«, Abgeordneter der »Deutschen Demokratischen Partei« und somit einem völlig anderen Lager angehörend als die Wagners. Bruno Weil führte lange Gespräche mit Siegfried und riet ihm, folgenden offenen Brief zu schreiben:

»Es liegt mir sehr am Herzen, daß die diesjährigen wie alle kommenden Festspiele in Bayreuth losgelöst von jeder Tagespolitik stattfinden, und daß sie im Geiste der Stifter lediglich dem hehren Zwecke der Kunst zu dienen bestimmt bleiben. Von meiner Seite ist alles geschehen, um sicherzustellen, daß die Bayreuther Tage frei von jedem politischen Einschlag bleiben, und es wird jeder, welchen Glaubens und welcher Abstammung er auch sei, in Bayreuth willkommen sein … Niemand braucht besorgt zu sein, daß irgendwelche Vorfälle unangenehmer Art sich abspielen.«[74]

Doch wozu das alles, wenn Winifred nicht aufhörte, ihrem »Führer« hinterherzulaufen, und den frisch aus Landsberg Entlassenen wieder zu sich einlud? Siegfried verbot es ihr zwar, aber Hitler kam trotzdem. Nicht offiziell, sondern bei Nacht und Nebel. Entstieg auf der Durchreise seinem Mercedes, um in Wahnfried zu übernachten. Immer wieder erschien er als nächtlicher Überraschungsgast, freudig begrüßt durch den neuen Hund Straubele, einen großen Schnauzer, der eigentlich böse zu allen Fremden war, »Onkel Wolf« aber zärtlich die Hand leckte. Hitler trug jetzt keinen »kurzen Wichs« mehr, sondern einen Anzug und Trenchcoat, dazu einen Hut, damit er nicht gleich erkannt wurde. Unter dem Trenchcoat hatte er eine Peitsche versteckt, die er manchmal, um den Kindern zu imponieren, in die Hand nahm und durch die Luft schwang. Er setzte sich an ihr Bett und erzählte ihnen spannende Abenteuer aus seinem Leben, das so ganz anders als der Alltag in Wahnfried war, ein schauriges Märchen von Flucht, Blut, Säbeln und Schießgewehren, von bösen Juden, guten Nazis und schlimmen Kommunisten.[75]

Zu den Festspielen von 1925 war er dann wieder da. Ganz offiziell als Gast der reichen Klavierbauer-Familie Bechstein, die ihn in der Nähe von Wahnfried untergebracht hatte. Ins Fremdenbuch hatte er sich als »Schriftsteller« eingetragen. Er sah den »Ring«, die »Meistersinger« und »Parsifal«. Er war bezaubert. Tagsüber ging er in Lederhosen durch Bayreuth, das für ihn »von einer schimmernden Schönheit« war. Von Winifred hielt er sich zunächst fern, weil er ihrem Mann nicht recht traute und es als »Rassenschande« empfand, dass er den jüdischen Bariton Friedrich Schorr für die Rolle des Wotan engagiert hatte.[76] Dann ließ er sich aber doch von ihr durch das Festspielhaus führen, bot ihr das »Du« an und überreichte ihr ein Exemplar seines gerade erschienenen »Mein Kampf«, das vor Druckfehlern wimmelte.

Im Januar 1926 trat Winifred auf seinen Wunsch in die NSDAP ein. Siegfried hielt sich weiterhin fern, ob aus Vorsicht oder innerer Überzeugung, ist schwer zu sagen. Hitler kam bis auf weiteres nicht mehr zu den Festspielen, sei es aus Ärger über die Juden, die »Nagods« unter den Sängern oder um Bayreuth nicht zu sehr ins Gerede zu bringen, blieb aber Winifred eng verbunden und traf sie oft. Erst 1933 würde er als offizieller »Führer« des deutschen Reiches wieder erscheinen.

Besuch aus Berlin

Im Mai 1926 kam statt Hitler ein kleiner, schwarzhaariger Journalist, der ein wenig hinkte und mit leichtem rheinischen Akzent sprach. Er hatte in Heidelberg promoviert, verstand einiges von Wagner, wusste sich auszudrücken und verfügte – anders als Hitler – über die Gabe des Zuhörens. Sein Name war Joseph Goebbels. Eigentlich kam er, um den kranken Chamberlain zu sehen. Aber einen Besuch in Wahnfried ließ er sich natürlich nicht entgehen. Nachdem er das Grab und den Park besichtigt hatte, lud Winifred ihm zum Essen ein. Siegfried kam erst später dazu, so dass sie Zeit hatte, sich bei ihm auszuweinen. Ihr Mann sei so schlapp, so feige, so unmännlich, sagte sie zu Goebbels. Eine Zeit lang sei sie so naiv gewesen, zu glauben, dass sie ihn ändern könne, aber nun wisse sie, dass das unmöglich sei. Goebbels verstand sie sofort und verliebte sich ein bisschen in sie. »Ein rassiges Weib. So sollten sie alle sein. Und fanatisch auf unserer Seite.«[77] Auch die »kleinen Wagners« gefielen ihm. »Herzige Kinder. Wir sind alle sofort Freund … Siegfried ist so schlapp. Pfui! Sollte sich vor dem Meister schämen … Feminin. Gutmütig. Etwas dekadent. So etwas wie ein feiger Künstler. … Seine Frau gefällt mir. Ich möchte sie als Freundin haben. … Eine junge Frau weint, weil der Sohn nicht ist, wie der Meister war.«[78]

Am 8. September kam er schon wieder. Winifred und Siegfried waren zu Freunden in die Schweiz gefahren, die Kinder aber zu Hause in Wahnfried geblieben, hocherfreut über den neuen Onkel, der so ausgelassen mit ihnen herumtobte. »Ich spiel so gern mit den Wagnerkindern. Der älteste ist der kluge. Das älteste Mädel das geweckte. Und die beiden Kleinen sind so entzückend süß. In die kleine Nuckel[79] kann man sich so verlieben. Nachmittags Vorbeimarsch. Blumen werden gestreut und Heil gerufen. Dann tolle ich mit der Wagnerbagage eine Stunde im Heu herum. So ein liebes Kroppzeug. Ich geniere mich etwas vor den Leuten.«[80] Bevor er weiterfuhr, ließ er sich noch mit Friedelind auf dem Schoß fotografieren und lud Verena, »den kleinen Nuckel«, zum Eisessen ein.

Jugendsünden

Im Frühjahr 1928 kam Friedelind Wagner auf das humanistische Gymnasium von Bayreuth, das traditionsreiche »Christian Ernestinum«, ein prächtiger Barockbau aus graugelbem Sandstein, vor dem ein Denkmal des Dichters Jean Paul stand, ursprünglich eine Lateinschule für Jungen, die seit 1918 aber auch für Mädchen geöffnet war. Sie waren bei weitem in der Minderheit. Fünf Mädchen und fünfundzwanzig Jungen pro Klasse waren die Norm. Die Stimmung war ehrfürchtig und hoheitsvoll. Es wurde Altgriechisch gelehrt. Die Lehrer waren mit »Herr Professor« anzureden. Die Jungen trugen steife rote Schülermützen, die Mädchen lange Zöpfe und gestärkte Kleider.

Im Turnunterricht, der nach Geschlechtern getrennt abgehalten wurde, lernte Friedelind Gertrud, ihre spätere Schwägerin, kennen. Sie war zwei Jahre älter als sie, groß, gertenschlank, blauäugig, sommersprossig, ein Mädchen mit langen, rotbraunen Zöpfen, das sich gern und anmutig bewegte. Ihr Vater war Lehrer, Naturforscher, Adolf Reissinger, ein dunkler, finster dreinblickender Mann, der gerne zum Lineal oder Stock griff, um seine Kinder zu zügeln. »Wer seine Rute schonet, der hasset seinen Sohn, wer ihn aber lieb hat, der züchtigt ihn bald«, hieß seine Devise, die sich natürlich auch auf Töchter übertragen ließ. Gertrud war fast zwei Köpfe größer und viel schlanker als Friedelind. Doch es gab andere Gemeinsamkeiten. Nicht nur den Hass auf die Fächer Mathematik und Latein, die für sie beide ein Albtraum waren, sondern auch den ständigen Krieg, der zu Hause ihrer harrte. Bei Gertrud war es der Vater, der zuschlug, bei Friedelind die Mutter. Beide Eltern waren begeisterte Nazis. Und die Töchter folgten ihnen – zumindest in diesem Punkt. »In weißer Bluse und mit geknotetem schwarzen Halstuch« nahmen sie wöchentlich an den Treffen »einer nationalsozialistischen Jugendorganisation teil«, den »Schwesternschaften der Hitlerjugend«, einer Vorläufer-Bewegung des BDM, die die Mädchen geschickt für sich einzunehmen wusste: mit Fahrtenliedern, Trommelspiel, nächtlichen Ausflügen, Lagerfeuern und Treueschwüren für den »Führer«.[81] Friedelind lernte die schöne Wohnung im Alten Schloss kennen, in der Gertrud mit ihrer Familie wohnte, und Gertrud Haus Wahnfried mit seinen Dienstboten, Hunden, Porträtbüsten, Wappenvögeln und alten Flügeln. Auf dem Balkon ruhte manchmal eine weiße Gestalt. Das sei die Omama, sagte Friedelind lakonisch. Sie sei schon fast neunzig und könne kaum noch etwas sehen.

Eines Tages ließ Friedelind in der Turnhalle eine Stinkbombe hochgehen. Es stank bestialisch. Der Lehrer ließ vor Schreck seine Trillerpfeife fallen. Die Mädchen hörten auf, ihre Übungen zu machen und stießen sich kichernd an. Auf die Frage, wer das gewesen sei, soll Friedelind gesagt haben: »Die Gertrud.« Gertrud war fassungslos. Sie »konnte solche Gemeinheit, solche Tücke« nicht fassen,[82] empört sich Gertruds Biographin Renate Schostack, die der Stinkbombe eine halbe Seite ihres Buches widmet. Friedelind dagegen erwähnt sie in »Nacht über Bayreuth« mit keinem Wort. Weder die Stinkbombe, noch Gertrud, noch die »Schwesternschaften der Hitlerjugend«. Nur die schlechten Noten werden gebeichtet. Ansonsten beklagt sie sich bitter darüber, dass an der Schule ein so »teutonischer« Geist geherrscht habe: Tagtäglich hätten die Lehrer Reden über den »Schandvertrag von Versailles«, die Lüge von der »Kriegsschuld« und das verbrecherische Regime Clemenceaus geschwungen, anstatt das zu tun, wofür sie bezahlt wurden: zu unterrichten. Alle Mitschüler hätten dazu geschwiegen. Nur *sie* nicht. Doch bei allem Mut zum Protest habe sie sich ängstlich und elend gefühlt, so als habe sie einen dicken Strick um den Hals, an dessen beiden Enden kräftig gezogen wurde.[83]

Diese Geschichte ist eine der vielen Episoden in Friedelinds Buch, die mit Skepsis gelesen werden müssen. Denn dass ausgerechnet *sie*, der Hitler- und Goebbels-Liebling, die Tochter des deutschnationalen Siegfried und der Hitler-Anhängerin Winifred Wagner, Nichte des Rassentheoretikers Chamberlain, Mitglied einer nationalsozialistischen Jugendorganisation und Trägerin eines Hakenkreuzkettchens,[84] plötzlich Kritik am Nationalismus der Lehrer geübt haben soll, ist extrem unwahrscheinlich, oder besser gesagt: kaum zu glauben.

Im Künstlerzimmer

Während der Festspiele von 1928 nahm Friedelind ihre ersten persönlichen Kontakte zu Künstlern auf, vor allem zu Frida Leider, der großen, hochdramatischen Sopranistin, die in jenem Jahr ihr Bayreuther Debüt als Kundry im »Parsifal« gab. Es war Siegfrieds Verdienst, dass sie überhaupt kommen »durfte«, denn Winifred hielt sie für eine Jüdin – worin sie sich irrte. Frida Leider war zwar ein dunkler, exotischer Typ und mit einem Juden, dem Geiger Rudolf Deman, verheiratet, aber Tochter eines »rein-arischen« Berliner Zimmermanns, eine – im besten Sinne – »Berliner Göre«, die gar nichts von einer »Primadonna« an sich hatte.[85] Nun saß sie also in ihrer Garderobe und versuchte, sich bei »unbeschreiblicher Hitze« vor Beginn der Vorstellung zu entspannen:

»Da erschien plötzlich ein kleines Mädchen mit langen blonden Zöpfen, setzte sich mir gegenüber, faltete die Hände im Schoß und betrachtete mich neugierig, ohne etwas zu sagen«, schreibt sie in ihren Erinnerungen. »Es war Friedelind Wagner, genannt Mausi, die ich bis jetzt nur von weitem ein paar Mal gesehen hatte. Langsam bekamen wir Kontakt, bis ich Mausi, die keine Anstalten machte, mich zu verlassen, sanft aber bestimmt verabschieden musste.«[86]

Aus der Begegnung im Künstlerzimmer entwickelte sich eine Beziehung, die Jahrzehnte andauern sollte. Frida Leider erkannte, dass das Mädchen bei allem äußeren Luxus sehr, sehr einsam war. Dass zwischen Winifred und ihr Dauerkrieg herrschte, in dem sie sich einen Panzer aus Fett zugelegt hatte. Dass sie jemanden brauchte, der sie ernst nahm und für sie da war. Friedelind war witzig, lebhaft und intelligent. Aber was würde bei so wenig »Erziehung« wohl aus ihr werden? Eine Wagner zu sein, sei nicht nur ein Geschenk, sondern auch ein Fluch, meinte Frida Leider und sagte zu Friedelind und ihren Geschwistern: »Es ist schlimm, dass ihr Kinder alles habt. Ihr seid gescheit genug, um einmal Karriere zu machen, doch es wird euch nie gelingen. Ich habe meinen Weg gemacht, weil ich nie wusste, ob ich wohl am nächsten Tag etwas zu essen haben werde.«

Manchmal ging sie zu Winifred, um ihr zu sagen, wie nett Mausi sei. Aber Winifred schüttelte nur den Kopf und meinte: »Ich kann nicht begreifen, warum jeder mit Mausi auskommt, nur ich nicht. Zu Hause ist sie ein richtiger Teufel, aber von anderen höre ich immer, wie reizend sie sei.«[87]

Unfälle und Abschiede

Zu Beginn des Jahres 1929 war die Ehe der Wagners auf dem Tiefpunkt. Siegfried wurde wegen seiner Homosexualität erpresst und musste vom Finanzchef der Festspiele mehrfach »losgekauft« werden. Winifred scheute keine Mühe, keine Ausrede und keine nächtliche Autofahrt, um ihren »Wolf« heimlich zu treffen, ob zur romantischen Bootstour auf dem Königssee, in bayrischen Wirtshäusern oder in seiner Wohnung in München. Das Ehepaar Wagner verreiste kaum noch miteinander und trat nur noch selten gemeinsam auf. Es kursierten Gerüchte über eine mögliche Trennung. Scheidungsgrund: Adolf Hitler. Das wäre das Aus für Bayreuth gewesen, weshalb Siegfried beschloss, sein Testament zu machen, ein offenbar von langer Hand vorbereitetes Schriftstück, in dem es heißt: »Geht Frau Wagner eine neue Ehe ein ..., so soll sie nur Anspruch auf den Pflichtteil haben.« Damit war Hitler als künftiger Festspielchef aus dem Rennen. Aber auch Wieland, der männliche »Erstgeborene«, wurde entthront, indem Siegfried »als Nacherben ... die gemeinsamen Abkömmlinge der Ehegatten Wagner zu gleichen Stammteilen«, also auch die Mädchen, bestimmte,[88] ein Passus, der noch viel Unfrieden stiften sollte.

Knapp vier Wochen später: ein Unfall. Winifred, »la belle chauffeuse« genannt, eine der ersten und besten Autofahrerinnen von Bayreuth, fährt mit ihrem Mercedes von Nürnberg nach Hause. Siegfried sitzt neben ihr. Plötzlich platzt ein Reifen. Winifred steuert das Auto gegen eine Felswand, wo es heftig aufprallt. Sie selbst bleibt unverletzt, während Siegfried gegen die Windschutzscheibe geschleudert wird. Ein Glassplitter zerschneidet ihm eine Sehne der rechten Hand. Er wird monatelang nicht mehr dirigieren und Klavier spielen können.

Bald darauf ist das Textbuch zu einer neuen Oper, »Das Flüchlein, das jeder mitbekam«, fertig. Im Mittelpunkt steht der sadistische Räuberhauptmann »Wolf«, der Experimente mit Menschen macht und sie lebendig zerstückeln lässt, was die Heldin Maleen aber nicht davon abhält, sich in ihn zu verlieben. Kein Zweifel, dass Hitler, »Onkel Wolf« also, gemeint sei, sagt Siegfried Wagners Biograph Peter Pachl.[89] Zu seinem 60. Geburtstag liegt das Libretto frisch gedruckt vor. Ihm steht eigentlich gar nicht der Sinn nach Feiern, aber Winifred hat trotzdem Gäste eingeladen. Der Wahnfried-Park ist mit Fackeln geschmückt. Es gibt Bier und fränkische Bratwürstchen. Friedelind und ihre Geschwister bedienen. Doch Friedelind muss immer an den Titel seiner neuen Oper denken, die nun doch nicht »Der Kuhwedel« heißt, sondern eben: »Das Flüchlein, das jeder mitbekam«. Sie reagiert mit Schuldgefühlen und meint, dass sie, die notorische Schulversagerin, sein »Flüchlein« sei.

Acht Monate später, im Februar 1930, sah sie ihn zum letzten Mal. Winifred hatte sich durchgesetzt. Sie musste fort. Auf ein Internat in Yorkshire. Auf dem humanistischen Gymnasium konnte sie wegen ihrer schlechten Leistungen nicht bleiben. Ende Januar waren sie zur Reise bereit. Friedelind ging zu Cosima, um sich zu verabschieden. Cosima fuhr mit den Fingern über ihr Gesicht, als wolle sie sich jeden Zug dieser Enkelin einprägen, die Richard Wagner, aber auch Liszt so ähnlich sah. Dann ging es weiter nach London. »Vater führte mich in London umher, … zeigte mir die Sehenswürdigkeiten, … die schönen Parks … Mein Kopf wirbelte vor so viel Glückseligkeit.« Zur neuen Schule brachte er sie nicht. Denn er hatte Konzerttermine im Ausland. Ein Taxi fuhr vor, er stieg ein, winkte, sie lachten, es war ganz wie immer, wenn er auf Reisen ging. Und trotzdem hatte sie Angst, dass er nicht wieder zurückkäme.[90]

Brighouse, Grafschaft Yorkshire, im Norden Englands. Eine Kleinstadt im Landesinneren, weit von den Metropolen entfernt, umrundet von Wald, Hügeln und Heide, kein Kulturleben, keinerlei Attraktion, nichts, was ein aufsässiges Kind, das kein Englisch sprach, hätte ablenken können, eine Art Strafversetzung. Die Friedelind aber nicht so empfand. Schnell wurde sie heimisch in dieser fremden Welt, dieser »Girls' Secondary School«, der ersten Station ihres lebenslangen Exils, lernte in rund einem Monat, sich fließend zu verständigen, war plötzlich ein »normales, glückliches Kind«,[91] das Freundschaften schloss und die seltsamen neuen Regeln als »lustig« empfand.[92] Allerdings manchmal auch durch sein Benehmen befremdete, z.B. durch plötzliche Anfälle von Jähzorn oder seinen unbändigen Appetit, besonders auf Wurst, wie sich eine Lehrerin noch zehn

Jahre später erinnerte.[93] Morgens betrat sie die Klasse mit ausgestrecktem Arm und rief »Heil Hitler!«. Niemand hinderte sie daran. Man fand das eher komisch. Mit der ganzen Würde ihrer zwölf Jahre sprach sie auch gern über die Aufbauarbeit, die Hitler in Deutschland leiste, und die Mitschülerinnen hörten ihr staunend zu. Eine gute Schülerin war sie nicht. »Not very clever«, erinnert sich die Lehrerin, und vor allem: nicht auffällig musikalisch. Das wunderte einige, weil sie doch eine »Wagner« war, was aber sonst weiter keine Rolle spielte.

Am 1. April 1930 starb Cosima mit knapp dreiundneunzig Jahren. Friedelind erfuhr es per Post. Angeblich ungerührt. »Sie war so sehr ein Teil der unzerstörbaren Erinnerungen, daß es mir ganz natürlich schien, daß sie aus der Gegenwart in eine stets lebendige Vergangenheit überwechselte.«[94] Es wird Frühjahr, es wird Sommer, aber die Eltern laden sie nicht zu den Festspielen ein, bei denen in diesem Jahr Toscanini auftreten soll, eine große Sensation für Bayreuth. Ende Juli geht ein Telegramm ein, von dem ihr die Lehrerin zunächst nichts erzählt. Erst am nächsten Morgen sagt sie ihr, sie müsse nach Hause, weil ihr Vater im Sterben liege.[95]

Noch am gleichen Tag geht es los. Sie ist erst zwölf und kann die weite Fahrt nicht allein machen. Deshalb bittet man ein älteres Fräulein, sie zu begleiten.[96] Auf der voll besetzten Fähre herrscht ein Gemisch von verschiedenen Sprachen. »Der eine sprach Englisch, der andere Französisch, ein anderer Holländisch.« In der Kabine ist es sehr stickig. Sie legt sich hin, da ihr auf Schiffen leicht schlecht wird. Ein Holländer und ein Deutscher streiten sich. Der eine will Luft hereinlassen, der andere nicht. Türen und Fenster werden geöffnet und mit Wucht wieder geschlossen. Dann endlich Holland. Man sieht schon von weitem die Windmühlen. In der Eisenbahn hört sie nur Niederländisch, eine komische Sprache, über die sie oft lachen muss. Auf dem Kölner Hauptbahnhof muss sie eine Stunde lang warten. Es ist Mitternacht. Den Kölner Dom kann man in der Dunkelheit nicht erkennen. Als sie am Rhein entlang weiter Richtung Süden fahren, wird es langsam hell. Alte Burgen, der berühmte Mäuseturm, Weinberge. Gegen Mittag sind sie in Nürnberg. Die Gegend kommt ihr langsam bekannt vor. Doch als sie endlich am Bayreuther Bahnhof ankommen, ist niemand von ihrer Familie zu sehen, nicht einmal Emma, das Kindermädchen. Friedelind schluckt, macht sich aber selber Mut und sagt sich: »Nun ja, macht auch nichts, ich geh mal los, da wird man schon jemanden finden.«[97] Erst nach einiger Zeit entdeckt sie Maria Sofia Gravina, die Frau eines italienischen Vetters, die sie kaum kennt.

In Haus Wahnfried herrscht Hochbetrieb. Italienische Cousins aus der Linie Gravina und deren Frauen, Blandine Ollivier de Prévaux, eine Urenkelin von Liszt und der Gräfin d'Agoult – alle längst erwachsen, alle von hohem Adel, Italienisch, Französisch, Englisch und ein wenig Deutsch durcheinander sprechend. Friedelind nutzt den ersten ruhigen Moment, um ins Krankenhaus zu laufen, wo Winifred schon auf sie wartet.

»›Ich bin so froh, dass du gekommen bist, Mausi!‹ Sie lehnte sich an meine Schulter und brach in Tränen aus; wir waren uns noch nie so nah gewesen.«[98]

Ihr Vater habe eine »Embolie« gehabt, schreibt sie in ihren Erinnerungen. Aber das ist nicht wahr. Es war viel komplexer. Der Tod von Cosima hatte ihn mehr getroffen, als Friedelind ahnte, denn er war nun nackt und schutzlos geworden. Alle Rücksichten, die man bisher auf die »Hohe Frau« genommen hatte, würden jetzt wegfallen. Sie würden sich auf ihn stürzen, seine Homosexualität anprangern, seine schwierige Ehe, sein Hin- und Herlavieren zwischen Juden und Nazis. Das alles ging über seine Kraft, auch wenn er sich mühsam zu disziplinieren versuchte. Er arbeitete von sieben Uhr morgens bis lange nach Mitternacht, trank Unmengen von Kaffee und Wein, rauchte Kette, bekam Herzschmerzen, Atemnot und brach schließlich während einer Probe zusammen. Diagnose: »ganz schwere

Herzmuskelerkrankung, … Leberschwellung und … Stauung im rechten Lungenlappen.«[99] Daniela, die gelernte Krankenschwester war, hat in ihren Erinnerungen alles genau notiert.

Am 22. Juli 1930 wurden die Festspiele mit Siegfrieds »Tannhäuser« eröffnet, der von heutigen Wagner-Forschern immer noch als »legendär« bezeichnet wird.[100] Toscanini trat mit Tränen in den Augen vor das Orchester und dirigierte die seltsam radikal anmutende Neuinszenierung, die wie ein »Schwanengesang«, ein Abschied vom alten Bayreuth wirkte: Verzicht auf bombastischen Naturalismus, extrem reduziertes Bühnenbild, improvisierte Tanzbewegungen des Rudolf-Laban-Ensembles, beklemmendes »Venuslicht«, das aus den Farbtönen Blau, Rot, Rosa und Violett komponiert war. Der Applaus war sensationell. Bayreuth war »modern« geworden. Einige Traditionshüter waren schockiert. Aber weil jeder wusste, dass Siegfried im Sterben lag, wagte niemand zu protestieren.

Friedelind, die als einziges seiner vier Kinder nach Bayreuth gekommen war – die drei anderen waren noch in den Ferien –, stand vor der Tür seines Krankenzimmers und durfte nicht zu ihm. Seine Ärzte hätten es nicht erlaubt, schreibt sie selbst. Andere sagen, dass Winifred sie von ihm ferngehalten habe.[101] Für Friedelind vergingen diese Tage wie im Fiebertraum, ein ständiger Wechsel zwischen Hoffen, Verzweiflung und dem Wunsch, ihn ein letztes Mal zu sehen. Am 4. August, als sie abends nach Wahnfried zurückkam, öffnete ihr eines der Dienstmädchen die Haustür. Ihr Vater sei tot, sagte sie schluchzend zu Friedelind, sie solle in die Villa Chamberlain zu Tante Eva gehen. Friedelind wartete einen Moment. Sie konnte nichts sagen, sich nicht bewegen. Die Hunde Stritzi und Straubele kamen und drückten sich an sie. Dann ging sie los. Tante Eva war allein in ihrem Salon, eine zarte, kleine Frau mit blassem Gesicht, schwarz gekleidet. Sie neigte sonst nicht zu Gefühlsausbrüchen. Aber jetzt ging sie auf Friedelind zu und zog sie an sich. Gleich danach öffnete sich die Tür. Ein schlanker, kleiner Herr mit dunkelblauen Augen und weißem Schnurrbart trat ein und nahm erst Eva, dann Friedelind in die Arme. »Das war mein erstes Zusammentreffen mit dem Mann, der mir später näher kam als irgendein anderer Mensch und der mir fast den Vater ersetzte – Toscanini!«[102]

ZWEITES KAPITEL

Störenfriedelind

(1930 – 1933)

Nach Siegfrieds Tod

Die Nachricht von Siegfrieds Tod sprach sich herum wie ein Lauffeuer, denn Wagners Sohn, der den rauen Dialekt seiner Stadt sprach und abends oft in der »Eule« oder im »Anker« saß, war allgemein sehr beliebt, so dass viele Bayreuther um ihn trauerten und ihre Fenster schwarz beflaggten. Ein paar Tage lang lag er aufgebahrt in der Kirche. Dann wurde er auf dem Stadtfriedhof in der Nähe seines Großvaters Liszt begraben. Winifred, die schon seinem Wunsch, am Sterbebett Bach spielen zu lassen, nicht entsprochen hatte, blieb dem Begräbnis fern, sei es, weil sie Ärger mit den Stadtvätern hatte oder Trauerzeremonien nicht mochte. Immerhin gab es ein Konzert im Festspielhaus, zu dem sie sich alle in der Familienloge einfanden – Winifred, die Kinder und die Tanten Daniela und Eva, die mit Recht befürchteten, dass ab sofort ein neuer Wind, ein Winifred-Wind, auf dem Hügel wehen würde. So sah es auch Goebbels, der erleichtert in sein Tagebuch schrieb:

»Gestern Nachmittag ist Siegfried Wagner gestorben. Damit tritt Wahnfried in ein neues Stadium.«[1]

Bald darauf ging der Betrieb weiter, als sei nichts gewesen. Toscanini, Elmendorff und Karl Muck dirigierten den »Parsifal«, den »Ring«, »Tristan« und Tannhäuser«; Herbert Janssen gab sein Debüt als Wolfram von Eschenbach; die Villa Wahnfried war voller Gäste, die Hunde Stritzi und Straubele hörten auf, ihren Herrn zu vermissen, und sprangen wieder fröhlich oder wütend an Fremden hoch. Nur Friedelind blieb wie erstarrt und verlor ihr fröhliches Lachen. Sie fühlte sich ausgegrenzt, ungeliebt, unverstanden. Winifred wollte keine Schwäche zeigen und saß schon am Morgen nach Siegfrieds Tod an seinem Schreibtisch. »Ich galt nichts mehr. Ich bedeutete für sie nicht mehr als die Luft um uns«, schreibt Friedelind, noch nach Jahren tief verletzt, in ihren Erinnerungen.[2]

Die Stadt Bayreuth wollte aus Wahnfried ein Museum machen und die Wagners anderswo unterbringen, ein Plan, dem Winifred sich vehement widersetzte, denn Wahnfried war *ihre* Heimat, die sie nun erst recht wohnlicher und moderner gestalten würde: neue Kinderzimmer in Cosimas alten Räumen, neue Betten mit weißen Mullhimmeln für die beiden Mädchen, ein Kindersaal mit vier Lernpulten, ein Klavier zum täglichen Üben und ein großer Tisch zum Bewirten von Freunden. Auch sie selbst richtete sich ein neues Zimmer ein. Hier, an einem mächtigen Kirschbaumschreibtich, zwischen einer Uhrensammlung und alten Stadtansichten von Rom, war ihr Arbeitsplatz, ihre Kommandozentrale. Von hier aus würde sie die Festspiele künftig leiten.

Das Problem mit den Autoritäten

Doch sie war selten zu Hause, viel auf Reisen. Berlin, Zürich, München, Italien, führte Verhandlungen mit Sängern, Dirigenten, Architekten, Bankiers, Politikern, Presseleuten. Friedelind wollte am liebsten wieder nach England zurück, wo sie sich, wie sie schreibt, durchaus glücklich gefühlt habe, als normales Kind unter normalen Kindern, von den Lehrerinnen weder zu nachsichtig noch zu streng behandelt. Aber Winifred sagte Nein, warum, bleibt unklar. Vielleicht meinte sie es gut? Vielleicht wollte sie die gerade zu Halbwaisen gewordenen Geschwister nicht gleich wieder trennen?

Friedelind blieb also in Bayreuth und wurde wieder einmal umgeschult, zum vierten Mal innerhalb von knapp sechs Jahren. Sie kam auf das Städtische Mädchenlyzeum am Wittelsbacherring, ein prachtvolles Sandsteingebäude aus dem Jahr 1867, das schon Cosimas Töchter besucht hatten. In ihren Memoiren geht sie über diese Zeit kurz hinweg. Eintönig, langweilig, nicht weiter »bemerkenswert«.[3] Doch in Wirklichkeit muss es die Hölle gewesen sein. Denn schon nach kurzer Zeit hagelte es Strafen und »Schulverweise«: »Wegen andauernder Nachlässigkeit im Deutschen und Englischen«, »wegen ungezogenen Betragens und Ungehorsams«, »wegen großer Unaufmerksamkeit«, »wegen Störung des Unterrichts«, »wegen schuldhafter Schulversäumnis«, »wegen ungezogener Redensarten«, »wegen Widersetzlichkeit gegen Anordnung von Lehrkräften«.[4] Sie spielte den Teufel, die Rebellin, den Klassenclown, blieb weit hinter ihren intellektuellen Fähigkeiten zurück und setzte alles daran, um von der Schule zu fliegen. Immer wieder beschwerte sich der Direktor, Herr Pauli, bei ihrer Mutter. »Hochgeehrte gnädige Frau!« – »Ihre Hochwohlgeborene Frau Winifred Wagner.« Es tue ihm »bitter leid, in dieser Weise gegen ein Kind« des von ihm »hochverehrten Hauses Wahnfried« vorgehen zu müssen, aber Friedelinds Verhalten wirke »auf die Disziplin der Mitschülerinnen verheerend, zumal ihr höheres Alter und die Stellung ihrer Familie in besonderem Maße beispielgebend« seien.[5]

Heute hätte man so ein Kind einem Therapeuten vorgestellt, der wahrscheinlich schnell herausgefunden hätte, dass sie um Hilfe rief, weil sie sich nach dem Tod ihres Vaters nicht mehr zurechtfand. Doch da »Psychologie« und erst recht »Psychoanalyse« in Wahnfried als »typisch jüdisch« galten, wusste Winifred sich nur zu helfen, indem sie Herrn Pauli um besonders strenge Strafen für Mausi bat.

»Ich weiß selbst am Besten, wie undiszipliniert das Kind ist – ich glaube, dass einzig die Jesuiten mit diesem Willensüberschuss fertig werden könnten!!! Ich verstehe sehr wohl, wenn Sie ab und zu gezwungen sind, empfindliche Strafen zu verhängen und erkläre Ihnen dazu mein absolutes Einverständnis.«[6]

Alle vier Wagner-Kinder waren jetzt Gymnasiasten, was das Leben für Winifred nicht einfacher machte. Sie konnte gut kochen, gärtnern, nähen und organisieren, aber die Geisteswissenschaften waren ihr fremd. Selbst ihr Englisch war »das Englisch eines Kindes« geblieben, wie sie Hans Jürgen Syberberg einmal sagte. So blieb ihr nichts anderes übrig, als eine Hauslehrerin zu engagieren, die sie gleichzeitig zu ihrer Sekretärin und Assistentin machte, Lieselotte Schmidt, eine »kleine, flinke, schwarzhaarige« Schwäbin,[7] Tochter fanatischer Wagnerianer aus Stuttgart, die für den Posten durchaus geeignet erschien, denn sie konnte Latein, konnte Klavier spielen und hatte sogar Pädagogik studiert.

Lieselotte Schmidt wurde also Winifreds rechte Hand und imitierte ihre Chefin bis zur Karikatur – ihre Art zu sprechen, sich zu kleiden, sich zu frisieren. Sie war glühende Nationalsozialistin und schrieb lange Briefe an ihre Eltern, in denen sie berichtet, dass »Onkel Wolf« nun wieder öfter in Wahnfried auftauchte, nicht nur wie früher bei Nacht hinter Siegfrieds Rücken, sondern offen und ohne jedes Versteckspiel, dass man Picknicks miteinander machte und überhaupt ganz »en famille« war: »Wolf und Winnie, dieses Heldenpaar. War das eine Freude, ›ihn‹ so ganz für uns zu haben. Er ist einfach riesig, ohne jede Pose, und furchtbar nett und lieb und hat auch viel Humor … über eine Stunde war er oben bei den Kindern, hat auf Wielands Bett gesessen.«[8]

Wieland arrangierte sich anfangs mit Lieselotte und ließ sich manchmal bei seinen deutschen Aufsätzen von ihr helfen. Aber für Friedelind kam sie »wie ein Unwetter« nach Wahnfried, als Fremdling, als Eindringling, als Intrigantin, die sich wie mit einem Stachel in Winifreds Leben bohrte und sich zwischen Mutter und Kinder stellte.[9] Zwischen Friedelind und ihr herrschte Krieg. Von Anfang an. Den Lieselotte sich nicht zu schlichten bemühte, ganz im Gegenteil, sie schlug heftig zurück, nannte Friedelind einen »aufsässigen Widder«, eine »Fuchtel«, ein »Biest«, das die Geschwister zu allerhand Unsinn anstifte und unglaublich schlampig und faul sei.[10]

Winifred hielt in allen Konflikten zu Lieselotte, die für sie unersetzlich und ohne Fehl war, was Friedelind erst recht gegen sie aufbrachte. Eines Tages wurde es auch den Geschwistern zu viel. Lieselotte hier, Lieselotte da. Von ihrer Mutter sahen sie kaum noch etwas. Lieselotte war nun die mächtigste Person im Haus und dominierte ihr Leben. Sie setzten sich hin und schickten einen langen Brief an Winifreds beste Freundin, Helene Roesener. Die sofort aktiv wurde und Winifred schrieb, so gehe es nicht weiter, sie müsse mehr für die Kinder da sein und dürfe die Erziehung nicht einer intriganten »Hofschranze« überlassen. Doch Winifred blieb stur. Sie müsse sich nun einmal um die Festspiele kümmern. Deshalb brauche sie Lieselotte. An all dem Unfrieden seien allein die Kinder schuld, die sich nicht fügen wollten, sondern Lieselotte »wie einen Schuhknecht« behandelten.[11]

Nacktfotos

Am 14. September 1930 war Wahltag. Es war glühend heiß. Fast ganz Bayreuth machte sich auf zu den Kundgebungen, mit denen die NSDAP um Stimmen warb. Der blonde, jugendliche Gauleiter Hans Schemm, ein Mann mit den Gesichtszügen eines Hollywood-Stars, hatte erklärt, dass die Nationalsozialisten die Demokratie von Herzen hassten und bei dieser Wahl nur mitmachten, um auf gesetzlichem Weg an die Macht zu kommen.

In Bayreuth war die Stimmung extrem aufgeheizt. Nationalsozialisten, SPD-Leute und Kommunisten prügelten sich in Straßen und Wirtshäusern. »Deutschland ist in einem trostlosen Zustand mit seinen 24 Parteien«, schrieb Lotte Warburg in ihr Tagebuch. »Man spricht von Bürgerkrieg. Unruhe und Krawalle sind uns wohl sicher.«[12]

Auch Wieland und Friedelind stürzten sich an diesem Tag ins Getümmel. Wieland mit seiner steifen roten Schülermütze und Friedelind in einem absurden Georgette-Trauerkleid, in dem sie wie die Witwe ihres Vaters aussah. Wieland, der wie Friedelind zum Dickwerden neigte, hatte sich in der letzten Zeit etwas gestreckt. Es war offensichtlich, dass der Tod seines Vaters ihn befreit hatte. *Er* war jetzt der Herr im Haus, der wichtigste »Mann« an der Seite seiner Mutter, schmeichelte ihr, kaufte ihr Blumen, nannte sie die schönste Frau der Welt und fotografierte sie mit seinem neuen Foto-Apparat, einer »Baby-Box«, die sie ihm vor kurzem geschenkt hatte.

An jenem Wahltag stand Gertrud Reissinger hinter einem Fenster der elterlichen Wohnung im Neuen Schloss und sah auf den Marktplatz hinunter, auf dem sich die Bürger bei Bier und Bratwürsten von der Wahl ausruhten. Plötzlich entdeckte sie Wieland und Friedelind, die ihr eifrig zuwinkten. Sie zog sich ein schönes Sommerkleid an, schlüpfte in ein Paar Damenstrümpfe und schicke Schuhe. Wieland hatte sie noch nie so gesehen und war begeistert. Besonders von ihren schönen, langen Beinen, erzählte Gertrud später.

Zu dritt zogen sie los und fotografierten sich in allen möglichen provokanten Posen: Gertrud und Friedelind vor einem Transparent mit der Aufschrift »Deutschland erwache«, mit herausgestreckten Zungen, mit Zigaretten im Mund, mit zum Hitlergruß ausgestrecktem rechtem Arm, in Gebetshaltung usw. Es herrschte schönste Drei-Einigkeit. *Trotz* der berühmten Stinkbombenaffäre, die plötzlich vergeben und vergessen war. Gertrud und Friedelind gingen jetzt auf unterschiedliche Schulen, hatten aber immer noch eine Gemeinsamkeit: ihre schlechten Noten. Auch Gertrud pfiff auf die Zukunft und nutzte jeden freien Moment zum Besuch in Haus Wahnfried, wo sie mit fränkischen Knackwürsten verwöhnt wurde.

Irgendwann gegen Ende des Jahres 1930 interessierte Wieland sich plötzlich mehr für Gertrud als für Friedelind, lud sie zu Spaziergängen, Rad- und Bootstouren ein, ging mit ihr schwimmen und schenkte ihr ein Marzipanschwein, das ein Kleeblatt im Maul hielt. Friedelind war plötzlich »abgemeldet« und »ausgegrenzt«, ein Gefühl, das sie nur allzu gut kannte.

Er fing auch an, Gertrud zu malen und zu fotografieren. In unschuldigen erotischen Posen, ganz- oder halbnackt, in zarte Schleier gehüllt, beim Tanzen oder auf Blumenwiesen. Diese Bilder blieben lange Zeit ihr Geheimnis, denn er entwickelte sie in seiner eigenen Dunkelkammer in Haus Wahnfried. Doch die misstrauische Friedelind habe – so Gertruds Version – eines Tages Verdacht geschöpft und so lange in Wielands Sachen herumgewühlt, bis sie endlich den Beweis in der Hand hielt. Sie trieben Unzucht! Sie spielten Mann und Frau! Sie zeigten sich nackt voreinander! Friedelind habe die Fotos an sich genommen und sei damit zur BDM-Führerin, einer Frau namens Anny Mader, gelaufen, die sofort tat, was sie für ihre Pflicht hielt: den Ausschluss des Jungmädels Gertrud aus dem »Bund« zu verfügen, eine große Schande. Die Sache machte die Runde. Auf der Schule soll Gertrud als »Verführerin« geächtet und im Unterricht bewusst übergangen worden sein. Ihr Vater aber habe seiner »hochverehrten Parteigenossin« Winifred Wagner einen Brief geschrieben, in dem er Gertruds Beziehungen zu Haus Wahnfried als für immer beendet erklärte. »Mit ergebensten Grüßen und Heil Hitler!«[13]

Der neue Mann

Winifred war erst dreiunddreißig, als Siegfried starb, eine Frau mit strahlendem Teint, dichtem, glänzendem Haar und schönen blaugrauen Augen, die bisher nicht viel körperliche Liebe erfahren hatte. Alle, die sie kannten, waren gespannt, ob sie sich wiederverheiraten würde und mit wem. Viele tippten auf Hitler. Friedelind, in der Schule danach gefragt, soll in breitestem Oberfränkisch dazu gesagt haben:

»Mei Mudder mecht scho – aber der Onkel Wolf mecht halt net.«[14]

Doch es war nicht Hitler, mit dem Winifred sich liierte, sondern Heinz Tietjen, der clevere, 49-jährige Generalintendant aller preußischen Staatstheater, einer der mächtigsten Theatermänner der Weimarer Republik. Ein Multitalent, ein geschickter Hans-Dampf-in-allen-Gassen, Regisseur, Dirigent und Verwaltungsgenie in Personalunion, Liebling der preußischen Kultusbehörden, ein Chamäleon, das sich überall bestens anzupassen wusste, ob an Sozialisten, Demokraten, Monarchisten oder Nationalsozialisten. Siegfried und Winifred waren ihm zum ersten Mal 1929 in Berlin begegnet, wo er einen relativ modernen »Lohengrin« inszeniert hatte. Daran erinnerte Winifred sich jetzt und trug ihm die Leitung der Festspiele an. Tietjen schrieb nach gehörigem taktischem Zögern, dass sich sein größter Jugendtraum erfülle, wenn sie ihm, dessen Herz schon immer für Wagner geschlagen habe, erlaube, sich »dem Bayreuther Werk mit Haut und Haaren zu verschreiben«.[15]

Am 12. Dezember 1930 fuhr Winifred zu einer ersten Besprechung nach Berlin. Sie trug Schwarz und wirkte sehr traurig. Als sie zurückkam, war sie wie ausgetauscht. Denn der kleine, hagere Mann mit der hohen Stirn und den dicken Brillengläsern, der auf den ersten Blick wie ein preußischer Pedell aussah, hatte sich nicht nur als Frauenkenner und Charmeur erwiesen, sondern auch ihre schwierige Situation sofort durchschaut. Sie konnte gut rechnen und organisieren, hatte aber von Musik nicht viel Ahnung. Das Zauberwort, das er ihr nannte, hieß: Furtwängler, Chef des Berliner Philharmonischen Orchesters, ein seit Jahren ausgewiesener Wagner-Dirigent, den er ihr riet, dauerhaft an die Festspiele zu binden.

Auch Furtwängler, damals 44 Jahre alt, zierte sich erst und beriet sich mit seiner jüdischen Sekretärin Berta Geissmar, die ein schlechtes Gefühl hatte, entschloss sich aber am Ende doch zu einem Ja, worauf Winifred an 650 verschiedene Zeitungen meldete:

»Frau Winifred Wagner hat als Nachfolger Siegfried Wagners in der künstlerischen Leitung der Bayreuther Festspiele Heinz Tietjen und in der musikalischen Wilhelm Furtwängler berufen. Der preußische Kultusminister hat Tietjen seine Ermächtigung zur Annahme der Berufung erteilt, ebenso hat Furtwängler seine Zusage gegeben.«[16]

Das war ein großer Coup. Eine Sensation. Die linksliberale Presse reagierte begeistert. Der gefürchtete Musikkritiker Hans-Heinz Stuckenschmidt sprach sogar von »ein(em) Ereignis der deutschen Geistesgeschichte«. Das sei ein Aufbruch in die Moderne, in die Gegenwart, ja, in die Zukunft, ein Bruch mit dem »Tempeldienst« am Weihewerk, der ins 19. Jahrhundert gehöre.[17]

Tietjen erschien 1931 zum ersten Mal in Bayreuth und zog sofort in Winifreds neues, blauseidenes Schlafzimmer ein. Störend nur, dass er noch verheiratet war und eine Dauerfreundin namens Nena hatte, von der er sich nicht trennen wollte oder konnte, da sie psychisch krank war. Störend auch die dauernden Attacken der Nationalsozialisten gegen ihn, die für Winifred manchmal recht peinlich waren. Er war Sohn eines Deutschen und einer Engländerin, in Tanger geboren, hatte einen Teil seiner Kindheit in der Türkei verbracht, in Kamerun eine Lehre gemacht und sprach viele Sprachen, darunter Arabisch und Spanisch. Schon allein das machte ihn verdächtig. Außerdem hieß es, dass er mit der SPD sympathisiere. Vor allem aber war er verantwortlich für die Berliner Kroll-Oper, wo ein jüdischer Chefdirigent, Otto Klemperer, Werke der internationalen Avantgarde aufführte, Künstler des Bauhaus als Bühnenbildner engagierte und Beethoven, Mozart und sogar Wagner zu entstauben versuchte. Sein »fliegender Holländer« trug keinen Bart. Seine »Senta« eine rote Perücke und einen Wollpullover. Ihre Stimme war kreischend und laut. Es fehlte jedes Belcanto. Sie kroch und sprang zwischen Brettern und Planken herum, auf denen rauchende Matrosen hockten. Senta als Seeräuber-Jenny. Ein Skandal! »Marxistisch aufgemachter Holländer!«, schimpfte eine rechtsradikale Zeitung.[18] »Verunglimpfung Wagner'schen Andenkens!«, zeterten die Richard-Wagner-Verbände.[19] Klemperer erhielt Drohbriefe. Es wurden Stinkbomben geworfen. Die Polizei musste anrücken, um ihn vor dem wütenden Mob zu beschützen.

Das alles war mit Wissen und Billigung Tietjens geschehen. *Er* war der Chef des »Juden« Otto Klemperer, Chef all dieser Bolschewisten und »Deutschfremden«.[20] Und diesen Mann, diesen Schänder des Deutschtums, wollte man zum obersten Herrn von Bayreuth machen?

In Wahrheit war Tietjen wohl froh, dass Winifred ihn gerade jetzt auf den Hügel rief, denn im Januar 1930 hatten Abgeordnete der rechten und konservativen Parteien die Schließung der Kroll-Oper gefordert. Vordergründig ging es »nur« darum zu sparen. Aber in Wirklichkeit war ihnen die ganze »Richtung« zuwider: Zu viele »Neutöner« wie Weill, Schönberg, Strawinsky, Janáček, Hindemith, zu viele »Linke« im Publikum, die flammende Artikel *pro* »Kroll« und *pro* »Klemperer« schrieben: Walter Benjamin, Ernst Bloch, Alfred Flechtheim, Theodor W. Adorno, Hanns Eisler, die Geschwister Mann und nicht zuletzt ein leibhaftiger Wagner-Enkel, Dr. Franz Wilhelm Beidler, der Sohn von Cosimas verstoßener und verstorbener Tochter Isolde, ranghoher Mitarbeiter des preußischen Kultusministeriums.[21]

Im November 1930 wurde der »Tod von Kroll« beschlossen und verkündet. Tietjen übernahm zwar einige Künstler an die Staatsoper, tat aber sonst nichts, um sein »Kind« zu schützen. Hatte er doch jetzt ein neues: die Bayreuther Festspiele, die er mit Recht als krisensicheres Unternehmen ansah, zumal sich in den Monaten nach Siegfrieds Tod herausgestellt hatte, dass durch allerlei Vermächtnisse und Spenden viel mehr Geld da war, als man gedacht hatte, so dass Winifred nun das Leben einer reichen Frau führen konnte. Sie kaufte sich ein Sommerhaus in Nussdorf am Bodensee, ließ das Festspielhaus umbauen, erweiterte den Wahnfried-Park um einen Tennisplatz und schaffte einen Teil des Vermögens nach Zürich. Ein wahrer Goldfisch also, der Tietjen da ins Netz gegangen war. Wenn auch leider mit vier heranwachsenden Kindern gesegnet, von denen eines, Friedelind, als besonders »schwierig« galt.

Die Tanten

Siegfrieds Schwestern Daniela und Eva waren schockiert von dem Tempo, mit dem ihre Schwägerin vorging. Siegfried war noch kein Jahr tot, und schon kannten sie *ihr* Bayreuth nicht mehr wieder: ein neuer Mann, ein neuer Dirigent, moderne Umbauten, der Einzug des Radios, das den »Tristan« live in über 200 Länder übertragen würde, freier Zutritt für Journalisten, die man bisher eher auf Distanz gehalten hatte. Sie waren frustriert und enttäuscht, weil man *sie* nicht mehr fragte, nicht mehr miteinbezog. *Sie*, die mit Wagners Werk so intim Vertrauten, standen im Abseits, auch finanziell. Denn nach Siegfrieds Tod hatte Winifred ihnen ihr bisheriges kleines Salär gestrichen. War es ein Wunder, dass sie bitter und hart wurden und sich über die »neue Festspielleitung« beklagten? »Alle wichtigen Entscheidungen erfahren Eva und ich aus der Zeitung«, schreibt Daniela, »das heilige Werk unserer Eltern einem Berliner Theater-Direktor überantwortet! Und Furtwängler: ein glänzender Konzertdirigent, aber ohne jeden Zusammenhang mit der Bayreuther Tradition!«[22]

»Die Tanten«, wie sie von den Wagners allgemein nur genannt wurden, sind bis heute das Gespött der Wagner-Literatur, hysterisch, schrullig, altmodisch, eifersüchtig, zwei Figuren, die aus einer Bildergeschichte von Wilhelm Busch stammen könnten. Friedelind war nicht ganz unschuldig daran, dass es dazu kam. Denn in »Nacht über Bayreuth« schildert sie Eva als unbedeutend und blass, Daniela aber als eine Art Borderline-Persönlichkeit, die ihre Mitmenschen nur »lieben« oder »hassen« konnte und es nicht ertrug, jemanden glücklich zu sehen.[23]

Das sahen viele Zeitgenossen ganz anders. Harry Graf Kessler, Berta Geissmar und Bruno Walter, um nur einige zu nennen. Eine Magierin, eine Philosophin, meinte Graf Kessler, hochbelesen, witzig und sprachgewandt. Jedes Wort von ihr habe geglüht, vor allem, wenn es um den »Meister«, um Richard Wagner gegangen sei.[24] Schon ihr Äußeres stach von dem Frauenbild ihrer Zeit deutlich ab. Sie war groß, schlank, dunkelhaarig und so braunhäutig, dass sie von Freunden »der Mohr« genannt wurde. Eins ihrer Augen war braun, das andere blau. Ihre Gesichtszüge wirkten männlich. Da Cosima sie mehrsprachig erzogen hatte, sprach sie fließend Französisch, Englisch und Italienisch. Sie war eine große Wagner-Kennerin, befasste sich aber auch mit den Werken von Liszt und den Büchern ihrer Großmutter Marie d'Agoult,[25] spielte so gut Klavier, dass ihr Lehrer sie mit dem jungen Mozart verglichen hatte, hielt musikhistorische Vorträge, malte, zeichnete und entwarf Kostüme für Siegfrieds Inszenierungen, wobei sie auf die Kunstgeschichte von der Antike bis zum 19. Jahrhundert zurückgriff.[26]

Ihre Ehe mit dem Kunsthistoriker Henry Thode war kinderlos geblieben. Sie hatte Angst vor der Sexualität, Angst vor der Schwangerschaft, bat ihn um »Schonung« oder flüchtete sich in Krankheiten wie »Hysterie«, Paranoia und Depression, weshalb man sie immer wieder in psychiatrische Kliniken einwies, wo sie als »dégénerée« eingestuft wurde.[27] Eines Tages traf ihr Mann eine junge, dänische Geigerin, in die er sich heftig verliebte. Diesmal war es keine der kleinen Affären, die er immer mal wieder hatte. Diesmal war es ernst. Im Juni 1914 ließ er sich scheiden.

Daniela, 54 Jahre alt, stand jetzt vor dem Nichts. In Bayreuth war sie als »Geschiedene« nicht erwünscht. Ihre Villa am

Gardasee durfte sie nicht mehr betreten. Sie wurde wieder krank, ließ sich bei Otto Binswanger in Jena behandeln, dem Spross einer berühmten Psychiater-Dynastie, der ihr den Rat gab, sich ein neues Leben aufzubauen und »Frieden zu schließen«,[28] mit sich selbst und mit Wahnfried.

Während des Ersten Weltkriegs arbeitete sie als Hilfsschwester in seiner Klinik, die zum Lazarett umgebaut worden war. Dabei muss sie viel Leid und Elend erlebt haben, Kriegskrüppel, Kriegsstotterer, Amputierte, Verstörte. Doch sie empfand es als »Gnade«, endlich etwas für andere tun zu können, erwarb sich medizinische Fachkenntnis und erfüllte ihre Aufgabe so gut, dass ihr das »Ehrenzeichen für Frauenverdienst im Kriege« verliehen wurde.[29]

Nach dem Krieg und der Rückkehr nach Bayreuth, wo sie in einer kleinen Zweizimmerwohnung auf der Lisztstraße wohnte, war sie die Einzige, die sich um die Kranken und Sterbenden in der Familie kümmerte, ob um ihre Schwester Isolde, die, wegen Erb- und Nachfolgestreitigkeiten verstoßen, an TBC litt, oder um Guido Gravina, Sohn ihrer Schwester Blandine, der ebenfalls lungenkrank war und im Sterben lag. Einmal – es war kurz nach Siegfrieds Tod – bat sie Winifred um etwas Geld für die Behandlung des jungen Mannes. Doch Winifred sagte Nein. Das sei nicht im Sinne Siegfrieds. Wenn Siegfried sich verpflichtet gefühlt hätte, für Verwandte wie die Gravinas zu sorgen, hätte er es bestimmt in seinem Testament vermerkt. Er habe aber gewusst, dass sie Mühe genug damit haben würde, ihre Kinder, die Festspiele und sich selbst durchzubringen.[30] Guido Gravina starb im Dezember 1931. Er wurde 35 Jahre alt.

Irrenhaus 1931

Es ist spannend, sie alle eintrudeln zu sehen, die Sänger, die Dirigenten, die Orchestermusiker, die sich mit Hunden, Koffern und Ehepartnern in der Nähe des Festspielhügels niederlassen.

Friedelind liebt diese Zeit. Es ist wie im Kino. Sie saust herum, führt Gästelisten, führt Gespräche, macht Künstler miteinander bekannt und fühlt sich als kommende Leiterin der Festspiele, ganz wie sie es ihrem Vater versprochen hat.[31] Viele der Sänger kennt sie schon, Lauritz Melchior und »den Juden« Friedrich Schorr zum Beispiel, der in diesem Jahr wieder den Wotan singt, weshalb Hitler beleidigt ist und nicht kommt. Auch ein Bruder von Guido, Gilberto, erscheint wie jedes Jahr mit seiner Querflöte. Er ist Ingenieur, Dirigent, Flötist, Witzbold und Lebenskünstler, ein komischer Kauz, der knallbunte Fliegen trägt und sich manchmal einen Haarzipfel aus der Stirn streicht, der ihm wie einem Schuljungen ins Gesicht hängt.

Frida Leider hat abgesagt. »Das Biest!«, schimpft Winifred, die sie sowieso nie leiden konnte. Aber jetzt wollte sie ihr die »erste Brünnhilde« anbieten, und woher Ersatz nehmen?[32]

Furtwängler, der in diesem Jahr erstmals bei den Festspielen auftritt, residiert wie ein Fürst in einem Landhaus mit großem Garten und Reitpferd. In sicherem Abstand von Toscanini, der im Junggesellen-Haus neben der Villa Wahnfried wohnt, wo er auf der Glasveranda sein Frühstück einnimmt. Er ist diesmal ohne seine Frau Carla, dafür mit Hündchen gekommen. Nimmt sich zwischen den Proben viel Zeit für Friedelind und lässt sich von ihr in »die malerischen Städtchen Frankens« führen.[33] Man sieht ihm an, dass er Schlimmes hinter sich hat, einen Zusammenstoß mit Faschisten in Bologna. Es war im Teatro Communale. Vor einer Puccini-Premiere. Sie warteten schon auf ihn, als er aus dem Auto stieg. Er hatte nämlich erklärt, dass er sich weigere, *ihre* Hymne, die Faschisten-Hymne, die »Giovinezza« zu dirigieren. Sie wollten ihn dazu zwingen und schlugen seine Frau und ihn mit Fäusten ins Gesicht. Später versammelten sie sich vor seinem Hotel, brüllten Schimpfworte, gaben die halbe Nacht keine Ruhe, forderten ihn auf, die Stadt zu verlassen, da sie sonst für nichts garantieren könnten.[34]

Und jetzt Bayreuth. Hochburg von Schemm, Streicher und Frank, Hitlers windigem Rechtsanwalt, der neuerdings in Haus Wahnfried ein und aus geht und ein Verhältnis mit Lieselotte Schmidt angefangen hat. Überall Braunhemden, SA-Kapellen, Stoßtruppler, Parteiredner. Hans Schemm spricht über die Bedeutung Wagners für die NSDAP. Es ist einfach nur ekelhaft. Toscanini fühlt sich nicht mehr wohl in Bayreuth, seitdem Siegfried, mit dem er befreundet war, nicht mehr da ist. Es fehlt der vermittelnde Geist. Es fehlt der Humor. Es fehlt jemand, der für ihn übersetzt. Siegfried sprach fließend Italienisch. Es fehlt jemand, der diese Schreihälse zum Schweigen bringt.

4. August 1931. Ein Jahr nach Siegfrieds Tod. Am Abend soll ein Gedenkkonzert stattfinden, auf dem alle drei Dirigenten der Festspiele auftreten sollen – Elmendorff, Toscanini und Furtwängler. Das *könne* doch nicht gutgehen, sagen viele. Toscanini hat sich eine Generalprobe ohne Zuhörer gewünscht. Er hat Nervenschmerzen und kann kaum den Arm heben. Doch als er anfangen will, ist das Haus brechend voll, denn Winifred hat trotzdem Karten verkauft und gut daran verdient. Toscanini, der die »hohe Frau« eigentlich sehr verehrt, ist wütend über so viel Respektlosigkeit, wütend über die Unruhe im Saal, wütend über das unmögliche, bunt zusammengewürfelte Programm, das er sich mit zwei anderen Dirigenten teilen muss, legt seinen Taktstock entnervt aufs Pult und verlässt das Haus, wobei viele Orchestermitglieder ihm folgen.[35]

Das Konzert dirigiert Furtwängler allein. Ein Riesenerfolg, mehr Triumph für »Fu« als Trauerfeier für Siegfried. Die beiden »Götter« erfüllen zwar ihren Vertrag, erklären aber, nie wieder erscheinen zu wollen, und setzen lange Erklärungen in die Zeitungen. Furtwängler schimpft über Winifreds Arroganz und Inkompetenz, während Toscanini politisch argumentiert. Er sei aus Bologna vor den Faschisten geflohen, habe sich geweigert, vor Mussolini in die Knie zu sinken, habe Zuflucht bei dem »Genius« Richard Wagners gesucht, um in dessen Schwiegertochter eine glühende Nationalsozialistin zu finden.[36] Er sei tief verbittert und desillusioniert. Das Festspielhaus sei ein banales Theater. Mehr nicht.[37]

Zwei »böse Mädchen«

Noch während der Festspiele von 1931 erklärte Winifred ihren Kindern, dass es ab sofort einen neuen Mann im Haus gebe, Heinz Tietjen, den sie als ihren »Vormund« zu betrachten hätten.[38] Friedelind war sprachlos. »Warum sollte er unser Vormund werden? Er hatte doch überhaupt keine Beziehungen zu uns?« – Wieland dagegen fand den neuen Mann gar nicht so schlecht, lief zu Gertrud und sagte: »Wir haben nun einen Vormund, Heinz Tietjen. Er ist Theaterleiter in Berlin. Er kann einfach alles, sogar Auto fahren.«[39]

Wieder wird ein Fotograf engagiert. Wieder eine Familienidylle aufgenommen: Winifred, die Kinder und Tietjen. Wieland strahlt. Wolfgang lächelt. Die hübsche Nickel ist Tietjens Herzblatt und umgekehrt. Sie halten sich bei den Händen, sitzen dicht nebeneinander, wie frisch verliebt. Zwei aber stehen wie ausgegrenzt wirkend im Hintergrund: Winifred und Friedelind, die immer noch Trauer trägt.

Winifred ist verrückt nach Tietjen, stellt ihm nach, besucht ihn immer wieder in Berlin, mietet sich eine kleine Wohnung in seiner Nähe, hofft, dass er sich endlich scheiden lässt oder wenigstens seine kranke Freundin Nena aufgibt, wirft sich ihm geradezu an den Hals und spielt eine Rolle, die man sonst nicht von ihr kennt, die des unterwürfigen Weibchens. »Meine Liebe macht mich einseitig, ausschließlich und rücksichtslos«, gesteht sie dem Finanzchef der Festspiele, Albert Knittel, einem alten Freund. »Das dürfte nicht sein und es soll anders werden – hab mich trotzdem lieb – Dein ganz böses Mädele.«[40]

Friedelind protestiert gegen die Mutter, indem sie frisst. Sie wird immer dicker. Sie kann nur noch sackförmige Kleider tragen, die speziell für sie genäht werden müssen. Ihr Gesicht sieht aus wie ein Vollmond. In ihren Beinen sammelt sich Wasser. Winifred beschließt, sie einem Arzt vorzustellen. Er soll herausfinden, »ob ihre Dicke irgendwie bekämpft werden muss oder sich von selbst verwächst«.[41] In Bayreuth gibt es keinen guten Spezialisten. Deshalb fahren sie nach Jena zu Professor Ibrahim, der die Kinderklinik der Universität leitet und als einer der besten Pädiater im Land gilt. Er sieht schnell, dass Medizin hier nichts ausrichten kann, konsultiert aber vorsichtshalber noch einen Kollegen, Wolfgang Veil, Professor für Nervenkrankheiten und Innere Medizin. Beide meinen, dass das Kind in ein Sanatorium müsse. Weit weg von der Mutter. In gute Luft und angenehme Gesellschaft. Ibrahim kennt solche Fälle. Gerade aus gehobenen Kreisen. Es gibt Kinder, deren Asthma, Ess-Sucht oder Anorexie verschwinden, wenn man sie eine Zeitlang von der Mutter entfernt. Es gibt Mütter und Töchter, die einfach »nicht ganz zusammenpassen«.[42] So kommt Friedelind also nach Garmisch, wo sie in Gesellschaft freundlicher Mitpatienten Ski läuft, Salzbäder nimmt, Bergtouren macht, Schlitten fährt und auf Gasthof-Terrassen Tee trinkt. Als sie zurückkommt, hat sie 23 Pfund abgenommen und ist deutlich ausgeglichener geworden. »Ganz Engel!«, bemerkt Lieselotte Schmidt überrascht.[43]

Doch schon bald sieht sie wieder aus wie vorher und drückt sich wegen ihres Übergewichts vor den Turnstunden.[44] Sie drückt sich auch vor dem Konfirmandenunterricht, provoziert den Pfarrer, indem sie ihr Hakenkreuzkettchen anzieht, bekommt neue Schulverweise, streitet mit Wieland und Gertrud, bis es Winifred endlich zu viel wird: Sie muss fort. Im August 1932 schreibt sie an den Direktor des Mädchenlyzeums, dass sie sich, »nachdem Friedelind nicht den geringsten Anschein einer Besserung« habe merken lassen, »kurz entschlossen« habe, »sie … in ein strenges Internat zu tun. Sie kommt in die Klosterschule nach Heiligengrabe, deren Äbtissin die Erzieherin der Kaisertochter war.«[45]

Flachland, so weit man nur sieht, tiefste Mark Brandenburg, Wiesen, ein paar Bäche, Kartoffeläcker, schwarzweißes Vieh, Bauernwald, Brombeersträucher, eine Lindenallee, die zu einem großen gotischen Kloster führt: Das ist das evangelische Damenstift Heiligengrabe, wo Friedelind die nächsten Jahre ihres Lebens verbringen wird. Winifred liefert sie persönlich dort ab. Sie hat sich genau informiert. Von Arnim, von Manteuffel, von der Schulenburg, von Stolberg, von Moltke … Die Namen der Schülerinnen lesen sich wie ein Auszug aus dem deutschen Adelskalender.

Das Kloster stammt aus dem 13. Jahrhundert, eine Gründung von Zisterzienserinnen. Erst nach der Reformation evangelisch geworden, nimmt es ledige, protestantische »Stiftsdamen« auf, seit 1847 auch junge Mädchen, die hier zur Schule gehen, alle von Adel, alle aus Preußen, Pommern, Mecklenburg oder Brandenburg. »Bürgerliche« sind nach den Statuten nicht zugelassen.

Doch seit kurzem macht man Ausnahmen, denn das Stift braucht Geld. Die alten Backsteingebäude müssten dringend modernisiert werden. Es fehlen Zentralheizung, Toiletten und fließendes Wasser. Es ist alles noch wie vor hundert Jahren, kalt, morsch und feucht. Manche Eltern zögern, ihre Töchter ins Stift zu geben, weil sie fürchten, sie könnten dort krank werden.

Die »Äbtin« oder »Äbtissin« ist eine kleine, zierliche Frau von Mitte fünfzig, die sich mit leiser Stimme Respekt zu verschaffen weiß, Elisabeth von Saldern, ehemalige kaiserliche Hofdame, Erzieherin der Prinzessin Auguste Viktoria von Preußen. Sie trägt ein schwarzes, langärmliges Kleid mit weißem Rüschenkragen und weißem Häubchen, auf der Brust das Jerusalem-Kreuz. Man darf sie nur in der dritten Person ansprechen und muss knicksen, bevor man ihr die Hand gibt, wobei man den Rock links und rechts hochzulupfen hat. Bei ihr, hofft

Winifred, wird Friedelind zur »Räson« kommen, Ordnung und Disziplin lernen, vielleicht sogar abnehmen. Denn hier herrscht noch der alte, preußische Geist. Schlichtheit und Einfachheit. Verantwortung in der Gemeinschaft. Pflichterfüllung, Askese und Strenge. Es sind die Tugenden, die das »Vaterland« groß gemacht haben, sagt die Äbtissin.[46] Von Politik hält sie nichts, vom jungen Parvenü Adolf Hitler genauso wenig wie von den derzeitigen Machthabern, den Sozialdemokraten, die für sie durchweg »Marxisten« und »Bolschewisten« sind.

Im Mauseloch

Nach dem Gespräch mit der Äbtissin gehen Mutter und Tochter über lange, mit hellroten Ziegeln gepflasterte Kreuzgänge, durch deren Spitzbögen man auf einen blumenbewachsenen Innenhof sieht. Winifred ist erstaunlich still und wirkt leicht bedrückt. Denn dieses Stift erinnert sie fatal an East Grimstead, das Waisenhaus, in dem sie aufgewachsen ist, der gleiche Baustil, ähnliche Uniformen, Stiftsschwestern, fromme Gesänge, Backsteinmauern, marschierende Mädchen. »Mutter sah aus dem Fenster … hinaus und murmelte, dass es sehr romantisch sein müsse, in einem echten Kloster aus dem 13. Jahrhundert leben zu dürfen«, schreibt Friedelind. »Sie betrachtete die … marineblau gekleideten Schülerinnen, die an langen, grünen Tischen im Klosterhof saßen. ›Sind sie nicht reizend?‹ fragte sie. Ich war verzweifelt, ließ es mir aber nicht anmerken.«[47]

Friedelind schildert diese Schule als Ort des Schreckens, an dem alles nur furchtbar und abstoßend war: sackähnliche Kleider, Essen von Zinntellern, Briefzensur, Silentium im Speisesaal, und vor allem: Lehrerinnen, die nichts taugten. »Ich hatte einen heftigen Widerwillen gegen das Institut«, fasst sie zusammen.[48] Andere »Heiligengraberinnen« sahen das anders, die Malerin Tisa von der Schulenburg und die Schriftstellerin Erika von Hornstein z.B., die beide ausführliche Erinnerungen an ihre Schulzeit hinterlassen haben. Natürlich, es habe strenge, ja lächerlich strenge Regeln gegeben: Schwätzen im Schlafsaal – ein Strich. Abgerissener Knopf – ein Strich. Deckbett nicht anständig gebaut – zwei Striche. Auf peinliche Sauberkeit sei geachtet worden, »als ob man erhoffte, eine mögliche innere Unsauberkeit durch eine äußere zu verhüten«.[49] Doch den Unterricht loben sie alle, die Deutschstunden, in denen nicht nur über Goethe und Schiller, sondern auch über Tolstoi und Dostojewski diskutiert wurde, die Physikstunden, die interessant waren und sogar Spaß machten. In ihrer Freizeit liefen sie zu den Kindern im Nachbardorf Techow, badeten im modrigen Teich, halfen den Bauern bei der Feldarbeit oder schlichen sich heimlich ins Klostermuseum, wo es Rüstungen, Urnen, Skelette und Hellebarden gab, spielten Theater oder schrieben Romane in dicke Hefte mit schwarzem Wachsdeckel.[50] Sie schwärmten auch – sehr diskret – voneinander, nannten sich »Mann« und »Frau«, gingen Hand in Hand, freuten sich auf die frühe Morgenstunde im Waschsaal, wo es die verschiedensten Arten von Busen zu bewundern gab, »von dicken Hügeln mit rosigen Spitzen bis zu winzigen Erhebungen«.[51]

Fast alle schlossen hier Freundschaften. Lebenslange sogar, gründeten einen »Bund ehemaliger Heiligengraberinnen«, besuchten sich in den Ferien auf ihren Gütern, wobei sie prüften, ob unter den Brüdern der Freundin vielleicht ein geeigneter Ehemann war? Doch Friedelind wurde *nicht* eingeladen, fand *keine* Freundin, erwähnt bis auf die Kaiser-Enkelin Cäcilie *keines* der Mädchen mit Namen, gibt keiner einen Charakter, ein Gesicht, nicht einmal denen, mit denen sie jahrelang in einer Klasse war, Gisela von Storch, Ehrengard von Gilsa, Eleonore von Eulenburg oder Ilse von Mutius.[52] Stand sie auch hier wieder »draußen«? Zu bürgerlich für diese »weibliche Junkerschar«,[53] zu dick, um mit den anderen im Teich zu baden, zu schlecht erzogen, um beim Adel willkommen zu sein, zu schulmüde, um durch gute Noten zu glänzen? Oder lag es nur daran, dass sie nicht im Schlafsaal schlief, sondern gegen einen Aufpreis im »Mauseloch« untergebracht war, in einem Doppelzimmer unterm Dach, das sie sich mit der Tochter eines fanatischen Nationalsozialisten teilte?

Seitenwechsel

Die Weihnachtstage in Wahnfried waren trostlos. Die Brüder wollten scheinbar nichts von Friedelind wissen. Lieselotte Schmidt hatte Liebeskummer. Winifred war mürrisch, weil Tietjen nicht da war. Und fast jeder sagte, dass Friedelind schon wieder dicker geworden sei, sicher nicht durch die bescheidene Klosterkost, sondern weil Winifred ihr ein Fresspaket nach dem anderen geschickt hatte, um ihr schlechtes Gewissen zu beruhigen.

Friedelind hielt sich jetzt kaum noch zu Hause auf, sondern ging lieber hinüber zu den Tanten auf die Liszt- oder Wahnfriedstraße. Eva lebte in der Villa Chamberlain sehr elegant, hatte Dienstboten, eine Köchin, wertvolle Bilder und Antiquitäten, während es in Danielas kleiner Zweizimmerwohnung eher spartanisch zuging, kein Bad, kein Telefon, keine richtige Küche, dafür Berge von Büchern, Noten und Manuskripten, die auf dem alles dominierenden Flügel lagen. Normalerweise spielte sie drei Stunden täglich Klavier, am liebsten Bach, Beethoven und Liszt. Doch jetzt war sie gerade schwer gestürzt und trug einen Arm in Gips, hatte Schmerzen und musste Medikamente nehmen. Trotzdem freute sie sich, wenn Friedelind zu Besuch kam, nannte sie »Maienkönigin«, »Sonnenschein« oder »Karfreitagskind«. Das tat gut nach so viel klösterlicher Strenge. Zum Essen gingen sie meistens zu Eva hinüber. Dort wurde täglich gekocht. Vegetarisch natürlich. Wagner war strenger Vegetarier gewesen. Und so hielten es auch seine beiden Töchter Daniela und Eva, obwohl Daniela ja eigentlich eine von Bülow war und keine Wagner, von Wagner aber immer als von ihrem

»Vater« oder dem »Meister« sprach. Man konnte sie alles über die Familie fragen. Nach Cosimas Tagebüchern, den Schriften der Gräfin d'Agoult, Wagners Briefen an Mathilde Wesendonck, König Ludwig II. usw. Sie war ein wandelndes Lexikon. Sie war Familiengeschichte. Auf manche Fragen schwieg sie allerdings, z.B., wenn der Name »Isolde« oder »Beidler« fiel. Dann wechselte sie schnell das Thema, erzählte von früheren Reisen oder fragte Friedelind, was sie gerade in der Schule lese.

Shakespeare, Goethe, Prosper Mérimée, Thackeray – sie schien alles zu kennen. Sogar der ganze »Wilhelm Meister« war ihr vertraut – »Lehrjahre«, »Wanderjahre« –, Friedelind schwirrte der Kopf nach solchen Gesprächen. Manchmal konnte sie ein bisschen pathetisch werden und wie ein Pfarrer auf der Kanzel reden.

»Fragen wir nicht nach dem Warum in unserem und der anderen Schicksal! Tief mit unserem Wesen ist es verknüpft – wir können ihm nicht entrinnen und nur durch Liebe, durch mitleidiges Erkennen … es tragen helfen!«[54]

Es tat ihr weh, dass Friedelind »ohne Religion« aufwuchs und sich nur unter Zwang hatte konfirmieren lassen. Sie selbst *liebte* die evangelische Kirche. Sie liebte aber auch Hitler und den »Kampfbund für deutsche Kultur«, war ihm in erster Stunde beigetreten und sprach oft voller Hass über »Juden« und »Bolschewiken«. Sie sagte, dass es »edle« und »nicht edle« Juden gebe. Ihr Freund Max von Waldberg z.B. sei ein »edler« Jude. Er war Germanist. Sie kannte ihn aus Heidelberg, wo sie lange mit ihrem Mann, Henry Thode, gelebt hatte. Er war übrigens der Doktorvater von Joseph Goebbels.

Zurzeit arbeitete sie mit von Waldberg an einem Buch: »Cosima Wagners Briefe an ihre Tochter Daniela von Bülow«.[55] Deshalb musste sie oft nach Heidelberg fahren und ihm helfen, Cosimas Schrift zu entziffern. – Das war alles hochspannend für Friedelind. Tausendmal spannender als alles, was Winifred ihr zu bieten hatte.

Und Winifred selbst? Sie war traurig. Sie spürte, dass Friedelind ihr entglitt, und konnte nichts dagegen tun. »Zieh hin, ich kann Dich nicht halten«, schrieb sie, »Tannhäuser« zitierend, an ihre Freundin Helene. »Wenn es ihr halt woanders besser gefällt als zu Hause, kann ich nichts dafür.«[56]

Machtergreifung

Winifred bemühte sich, Punkte bei ihrer Tochter zu sammeln, und fuhr mit ihr über Silvester nach Berlin, wo sie ein Zimmer im noblen Eden-Hotel nahmen. Laut Friedelind sahen sie eine Aufführung des »Fliegenden Holländers«, den sie aus Bayreuth noch nicht kannte.[57] Es handelte sich nicht mehr um die berüchtigte Inszenierung, die Klemperer einst in der Kroll-Oper dirigiert hatte, sondern um eine Neueinstudierung von Ludwig Hörth. Am Pult stand der jüdische Dirigent Fritz Zweig. Die Rolle der Senta sang Delia Reinhardt. Seltsamerweise äußert sich Friedelind nicht über diese Aufführung, sondern erwähnt nur einen langen, desolat wirkenden Brief von Hitler, den sie im Hotel erhielten. Er beklagte sich in krakeligen Buchstaben darüber, dass er nun schon das zweite Weihnachtsfest ohne Geli, seine geliebte Nichte, verbracht habe, die 1931 unter mysteriösen Umständen gestorben war. Auch glaube er nicht mehr an seinen Erfolg. Es sei alles vorbei, alles umsonst, alles so trostlos. Es schien, dass er sich mit Selbstmordgedanken trug, die Winifred merkwürdig kalt ließen. Zwei Wochen später trat Schleicher als Kanzler zurück. Das Ende der Weimarer Republik war gekommen. Am 30. Januar konnte Hitler die so genannte Machtergreifung feiern und sein zwölfjähriges Schreckensregime antreten.

Friedelind sah angeblich Schlimmes für ihre »jüdischen Freunde« kommen, wer immer das um diese Zeit auch gewesen sein mag.[58] Sie schreibt, dass sie einen heftigen Streit mit der Äbtissin gehabt habe, weil sie verschiedener Meinung über dieses Ereignis seien:

»Das ist sicher ein großer Tag für Ihre Mutter, mein Kind. Ich weiß, dass sie eine treue Anhängerin Hitlers ist.«

»Das ist ja alles ganz schön, aber ich bin neugierig, wie aus all diesen Leuten plötzlich Staatsmänner werden sollen. Ein ruiniertes Land wieder aufzubauen ist schwieriger, als in einer Bierkneipe zu brüllen.«

»Man hungert sich immer zur Freiheit durch, mein Kind!«

»Freiheit?«

»Jawohl, Freiheit! Aber wir können uns die Freiheit nur durch Opfer erkämpfen!«[59]

So steht es in »Nacht über Bayreuth«. Doch in Wahrheit war es genau umgekehrt. Die Äbtissin wünschte keine Hakenkreuzflaggen an ihrer Schule. Sie wünschte auch keinen »deutschen Gruß«, keine »Rassenkunde«, keine nationalsozialistischen Lieder, sondern tat so, als sei alles beim Alten geblieben, bis sie eines Tages zur Gestapo in Potsdam geladen wurde ...[60]

Friedelind war diejenige, die erleichtert war und sich freute. Denn nun konnte sie endlich offen von Hitler schwärmen, ohne von der Äbtissin oder ihren Mitschülerinnen zurechtgewiesen zu werden. »Mausi schreibt von Heiligengrabe aus ganz erlöst, daß nun dort ein ganz anderer Wind weht«, berichtet Lieselotte Schmidt ihren Eltern. »Vorher durfte sie ja mit ihrer Meinung nie recht heraus und fand vor allem keinerlei Widerhall.«[61]

Der Tag des Judenboykotts

Friedelind schildert in ihren Memoiren mit Süffisanz und Stolz, wie ihre Mutter und sie zum ersten Mal in die Reichskanzlei eingeladen wurden. Die Szene ist gut geschrieben. Man sieht alles so plastisch vor sich wie in einem Film: im Salon die dicke, blondierte Ilse Heß, die teure Pralinen verteilt, sekundiert vom Chef des NS-Kraftfahrerkorps, Adolf Hühnlein, Hitler in einem »seiner blauen Dorfschullehreranzüge« mit Goldzähnen, ungepflegten Fingernägeln und dicken Tränensäcken; Papageien und

Urwaldbäume auf den Tapeten, schweres Silbergeschirr auf dem Tisch; ein feixender, hinkender Goebbels, der Friedelind bösartig auf ihr Übergewicht anspricht; deutscher Rotwein zum Essen, ein plötzlicher Wutanfall Hitlers, dessen Ursache niemand versteht, ein Schwall primitivster österreichischer Flüche und die Unmöglichkeit, ein vernünftiges Gespräch zu führen.

Es soll der 1. April 1933 gewesen sein, der Tag des »Judenboykotts«. Goebbels, auf dessen Idee dieser Boykott zurückging, schreibt in seinem Tagebuch:

»Heute Boykott in aller Schärfe. Dann bis Mittwoch Pause. ... Ich gebe Erklärungen vor der Presse ab. Atemlose Stille. Die Juden haben eine Judenangst.«[62]

Er schreibt *nicht*, dass er an diesem Tag bei Hitler gewesen sei und Mutter und Tochter Wagner gesehen habe. Wie sollte er auch? Es war doch *sein* großer Tag? Er musste doch dabei sein, musste doch Reden halten, von denen übrigens Filmaufnahmen existieren,[63] hatte doch keine Zeit für Pralinen und Rotwein beim »Führer«? Erst am 4. April notiert er: »Frau Wagner da. Sehr nett. Frage Bayreuth besprochen.«[64] Von Friedelind: nichts. Friedelind hat sich entweder im Datum vertan oder die Szene erfunden, wofür auch weitere Unstimmigkeiten sprechen:

Es war, wie sie schreibt, der »Tag des Juden-Boykotts, den alle Welt erwartet hatte.«[65] Doch was geschah an diesem Tag? Wie sah es aus in Berlin? Was geschah mit Friedelinds »jüdischen Freunden«? War sie den ganzen Tag in der Reichskanzlei? Hörte sie nicht die Sprechchöre »Straße frei von der Judentyrannei«? Oder: »Deutsche, kauft nicht bei Juden«? Sah sie nicht die vielen Menschen vor dem KaDeWe und dem Kaufhaus Wertheim, die zum Teil mitgrölten, zum Teil betreten schwiegen, die SA-Männer, die jüdische Geschäfte stürmten, Davidssterne an Haustüren anbrachten und Namensschilder von Ärzten und Anwälten mit der Aufschrift »Jude« überklebten?

Am Abend des 1. April 1933 will sie mit ihrer Mutter in die »Zauberflöte« gegangen sein, und zwar in die Staatsoper Unter den Linden. Aber dann müsste sie den Boykott doch gesehen haben? Er dauerte doch von zehn Uhr morgens bis Mitternacht? Warum erzählt sie dann nicht, was sie sah? Warum erzählt sie von Papageientapeten und Pralinen? Leo Blech, schreibt sie, habe an diesem Abend dirigiert und Alexander Kipnis den Sarastro gesungen. Kipnis und Blech waren Juden. Es sei von erschütternder Wirkung gewesen, als Kipnis seine große Arie »In diesen heil'gen Hallen« angestimmt habe. Seine Stimme war »zunächst unsicher, dann aber fasste er sich und gewann mehr und mehr Wärme und Gefühl. Mozart hatte den Nazis erwidert!«[66]

Leider hat die Sache einen Haken, denn für den 1. April 1933 ist keine »Zauberflöten«-Aufführung an der Staatsoper nachweisbar.[67] Sie stand schon am 17. März 1933 auf dem Programm, allerdings nicht unter Leo Blech, sondern unter Fritz Zweig, der ebenfalls Jude war, wobei Kipnis tatsächlich den Sarastro sang. Am 3. April folgte die »Entführung«, dirigiert von Oscar Preuss. Emanuel List sang dabei den Osmin. Diese Unstimmigkeit ist auch Winifred aufgefallen, die am 22. Januar 1947 an Tietjen schrieb: »Stimmen diese Angaben? *War* Zauberflöte? Sang Kipnis? Dirigierte Blech?«

Es fällt mir schwer, Winifred zustimmen zu müssen, die damals das Buch ihrer eigenen Tochter auseinandernahm, um vor der Spruchkammer nachweisen zu können, dass Friedelind »log«. Aber hier hat sie recht. Hier *irrt* Friedelind. Wenn sie denn wirklich »nur« irrt und nicht das Vorspiel zum dunkelsten Kapitel der deutschen Geschichte missbraucht, um eine Hollywood-Story daraus zu machen.

Hitlers Brief an Toscanini

Viele Künstler hatten Deutschland inzwischen verlassen oder planten ihre Flucht, die Sängerin Gitta Alpár, der Pianist Arthur Schnabel, die Komponisten Dessau und Schönberg, die Dirigenten Bruno Walter und Otto Klemperer, um nur einige zu nennen. Die Lage war so ernst, dass Furtwängler um das Niveau des deutschen Musiklebens bangte und Goebbels in einem offenen Brief darum bat, die Trennlinie zwischen »Juden« und »Nicht-Juden« aufzuheben und Künstler wie Walter und Klemperer auch in Zukunft willkommen zu heißen.[68]

Auch die Wagners hatten Grund, sich Sorgen zu machen. Denn Tietjen hatte für die kommenden Festspiele einige Juden engagiert, für die man so schnell keinen Ersatz finden würde. Auch Toscanini war wieder eingeladen worden. Er war *kein* Jude. Aber sie hatten berechtigte Angst, dass er absagen würde. Denn er war Erstunterzeichner eines Telegramms an den »hochverehrten Herrn Reichskanzler«, in dem Künstler wie Damrosch, Bodanzky und Gabrilowitsch ein Ende der Ausschreitungen forderten, die dem »hohen kulturellen Ansehen« Deutschlands nur schaden könnten.[69]

Man musste Toscanini also umstimmen, ihm Deutschland und damit Bayreuth wieder schmackhaft machen, wofür Hitler, assistiert von Winifred, selber zur Feder griff. Er bedaure, ihn noch nie persönlich getroffen zu haben, würde sich aber »besonders glücklich schätzen«, ihn zu den Festspielen von 1933 begrüßen zu dürfen.[70] Friedelind schreibt, sie habe ihrer Mutter dringend von diesem Brief abgeraten, da sie »ihren« Toscanini schließlich genau gekannt habe. »Es ist ein Wahnsinn, den Brief abzuschicken. Das ist die sicherste Art, Toscanini für immer zu vertreiben. Wenn du wirklich willst, dass er kommt, schick' den Brief nicht ab, denn er kommt um Wagners willen nach Bayreuth, nicht wegen Hitler.«[71]

Doch auch hier lagen die Dinge etwas anders. Denn in Wahrheit hatte *Friedelind* kein Verständnis für Toscanini und schimpfte mit der ganzen Wut ihrer fünfzehn Jahre über seinen »Verrat«. Noch drei Jahre später war sie so aufgebracht, dass sie bei einem Essen in laute Tiraden ausbrach. Es war sehr peinlich. Denn man saß nicht in Wahnfried, sondern in Berlin, im Hotel

Kempinski, wo alle zuhören konnten. Tante Daniela war auch dabei. Und Maria Sofia Gravina, eine italienische Verwandte, die zwar selbst Hitler- und Mussolini-Anhängerin war, aber diesen Ausbruch wohl degoutant fand, denn sie war Gräfin, Aristokratin. Um die Situation zu entschärfen, sagte Daniela, die Toscanini sehr mochte, zunächst nichts. Schrieb aber später an Friedelind, das »kurze erregte Gespräch über den Maestro« habe ihr »recht weh« getan und sie müsse ihr ein paar »ernste Worte« dazu sagen:[72] Toscanini sei ein Genie und nicht mit gewöhnlichem Maß zu messen. Hätte der »Führer« *sie*, Daniela, gefragt, ob es Sinn mache, ihm einen Brief zu schreiben, hätte sie ihm »aufs dringendste abgeraten, und ihn nicht einer so peinlichen Lage ausgesetzt«, denn sein »Nein« sei unerschütterlich und zu respektieren. Er sei »heftiger Antifaschist« im eigenen Lande. Wie sollte er als Faschist im Ausland auftreten?[73]

»Dies zu deiner Aufklärung, Mäuschen«, schließt Daniela. »Es handelt sich eben … um ein Wesen von unvergleichlich menschlicher Größe, vor dem wir uns zu beugen haben.«

Daniela hatte recht. Toscanini kam *nicht* nach Bayreuth. Er bedankte sich zwar für Hitlers »freundliches Schreiben«, schickte aber ein Telegramm an Winifred, in dem es hieß:

»Die schmerzlichen Ereignisse, die meine Gefühle als Mensch und Künstler verletzt haben, sind, entgegen meiner inständigen Hoffnung, keiner Veränderung gewichen. Ich halte es deshalb heute für meine Pflicht, das Schweigen zu brechen … und Sie zu informieren, daß es … besser ist, mit meiner Teilnahme in Bayreuth nicht länger zu rechnen. … Arturo Toscanini.«[74]

Wagner-Jahr 1933

10. Mai 1933. Bücherverbrennung. Rund 40 000 Menschen versammeln sich auf dem Berliner Opernplatz und sehen zu, wie Bücher von Marx, Freud, Heinrich Mann und vielen anderen in

die Flammen geworfen werden. Eine Kapelle spielt deutschnationale Märsche. Goebbels spricht und erklärt den »jüdischen Internationalismus« für tot. Friedelind, die das Ereignis in ihrem Buch nicht erwähnt, ist vermutlich wieder hinter den Mauern von Heiligengrabe, wo sie den Festspielen entgegenfiebert, die in diesem Jahr zum ersten Mal unter der Gesamtleitung Tietjens stattfinden sollen.

Den »Parsifal« des großen Jubiläumsjahres wird statt Toscanini Richard Strauss dirigieren. Er ist der große, alte Mann des deutschen Musiktheaters, einer der wenigen renommierten Künstler und Dirigenten, die noch im Lande sind. Doch noch immer ist der Kartenverkauf schleppend, denn Wagnerianer aus dem Ausland zögern zu kommen, seitdem Hitler Reichskanzler ist. Die Österreicher haben neuerdings Probleme mit der Einreise und fahren lieber zu den Salzburger Festspielen. Viele Juden, die man aus Deutschland vertrieben hat, findet man jetzt dort, ob auf der Bühne oder im Publikum.

Erst im letzten Moment kommt die Rettung, indem das »Reich« und die bayerische Landesregierung riesige Kartenkontingente erwerben. Hitler wird Ehrenbürger von Bayreuth, die Straße vom Hauptbahnhof zum Festspielhügel in »Adolf-Hitler-Straße« umbenannt. Überall wehen Hakenkreuzfahnen, auf Haus Wahnfried eine besonders große. Zur Eröffnung erscheinen neben Hitler und Goebbels auch Göring, Heß, Robert Ley, Ernst Röhm und andere Prominente. SA, Hitlerjugend und SS bevölkern die Wirtshäuser und Straßen. BDM-Mädchen mit Tornistern auf dem Rücken marschieren wie Soldaten durch die Stadt. Damit ist geschehen, was viele befürchtet hatten: Bayreuth ist zum Teil des Staatsapparats, zum Instrument Adolf Hitlers geworden.

Eigentlich war der neunundsechzigjährige Richard Strauss, der zuletzt 1894 in Bayreuth dirigiert hatte, ja als Retter gekommen, als prominenter Ersatz für Toscanini, für den er in letzter Minute eingesprungen war. Er nahm keinen Pfennig Honorar, sondern war dankbar, dem Genius Wagners diese »Dankesschuld« bringen zu dürfen.[75] Und doch behandelt Friedelind ihn in ihrem Buch ausgesprochen schlecht. »Ein alter, großer Mann mit großen Ohren und kleinem Schnurrbart«[76] – ein Spieler, der die Orchestermusiker beim Skat ruiniert habe[77] – ein Schmarotzer, der in Winifreds Autos herumgefahren sei, obwohl er einen eigenen Wagen und einen Chauffeur hatte[78] – ein Vielfraß, der sich von der Wahnfried-Köchin habe bekochen lassen, um dann doch in fränkischen Kneipen essen zu gehen[79] – ein Plagiator, der rundheraus zugegeben habe, dass er von anderen abschreibe, da so viel hübsche Musik doch nicht ungenutzt bleiben dürfe.[80]

Auch seine Familie kriegt in Friedelinds Szene »ihr Fett« ab: Frau Pauline mit ihrem krankhaften »Abscheu vor Staub«, Sohn »Bubi« mit seiner »fast kindischen Unentschlossenheit« und seinem Mutterkomplex. Nur Alice, die Schwiegertochter, bleibt halbwegs ungeschoren. Sie sei »schön« und »entzückend« gewesen. Da sie Jüdin war, habe Pauline ihr nicht mehr erlaubt, »sich öffentlich sehen zu lassen, bis die Nazis schließlich ihre Sorgen beruhigten, indem sie die Enkelkinder zu Ariern und Bubis Frau zu einer Art Ehrenarierin erklärten«.[81]

Es ist interessant, dass Friedelinds Bruder Wolfgang sich ganz anders erinnert. Strauss sei keineswegs mit Winifreds Autos über Land gefahren, sondern mit seinem eigenen, »großen Mercedes-Cabriolet«, wobei er selbst, »Wolferl«, den Fremdenführer gespielt habe. Die Geschichte mit der fränkischen Kneipe – Restaurant Bürgerreuth – bestätigt er, allerdings augenzwinkernd. So wie er überhaupt einen eher lustigen und ironischen Strauss in Erinnerung hat, der die Sänger ermahnte, nicht so pathetisch zu singen, und zum Gurnemanz im »Parsifal« sagte, er solle doch bitteschön daran denken, dass er in diesem Stück kein großer Held, sondern nur so eine Art »Oberförster« sei.[82]

Von Feindseligkeit keine Spur. Ganz anders bei Friedelind. Was für ein Problem hatte sie mit Strauss? Hat er vielleicht das »Wolferl« bevorzugt und *sie* links liegen lassen? Oder spielten Familien-Aversionen eine Rolle, die sie womöglich irgendwo aufgeschnappt, aber nicht richtig verstanden hatte: die alte Duzfreundschaft zwischen ihrem Vater und Strauss, die später in Konkurrenz, ja in Hass überging? Siegfrieds Neid auf den Komponisten *und* Dirigenten, der von der Welt als »Triumphator« behandelt wurde, während er selbst meinte, eine »Katakombenexistenz« führen zu müssen?[83] Cosimas übles Spiel mit Strauss, den sie mal in Bayreuth dirigieren ließ, mal wieder nicht? Ihre Eifersucht auf seine exzellenten Wagner-Aufführungen in München? Ihr Ekel vor der Oper »Salomé«, die sie als Ausdruck des »Wahnsinn(s)« und der Perversion ansah?[84]

Gegen Ende seines Lebens hatte Siegfried übrigens versucht, sich mit Strauss zu versöhnen, und seine Frau und ihn zu den Festspielen von 1930 eingeladen.[85] Aber Strauss kam nicht. Er war zu verletzt. Außerdem war Bayreuth für ihn eine geheiligte Stätte, die er nicht durch einen Italiener – Toscanini – entweiht sehen wollte.[86]

Das alles ging weit bis ins 19. Jahrhundert zurück und war sehr komplex – zu komplex für die 15-jährige Friedelind, die offenbar nur dieses und jenes »gehört« hatte und nicht einmal gewusst zu haben scheint, dass die von ihr zum Putzteufel reduzierte Pauline Strauss einmal eine international gefeierte Sopranistin war, die 1890 die Elisabeth im Bayreuther »Tannhäuser« gesungen hatte.

Friedelind schreibt, Strauss habe damals – also im Sommer 1933 – bei den Nazis »hoch in Gunst« gestanden, weil er Präsident der Reichsmusikkammer gewesen sei. Tatsächlich übernahm er dieses Amt aber erst im November und wurde anderthalb Jahre später wieder daraus entfernt, nachdem man Briefe an Stefan Zweig abgefangen hatte, in denen er sich spöttisch über das Nazi-Regime äußerte. Friedelind schreibt weiter, Winifred habe während dieser Festspiele von 1933 bei Goebbels erreicht, dass die »Schweigsame Frau« aufgeführt werden durfte, obwohl der Librettist, Stefan Zweig, Jude gewesen sei. Richtig ist, dass *Hitler* die Erlaubnis zur Uraufführung gab, und zwar im September 1934, dass das Werk aber trotzdem nach nur vier Vorstellungen wieder abgesetzt wurde.

Trotz dieser Abweichungen von der Realität könnte man Friedelinds Darstellung bis hierhin noch als Überzeichnung werten, als Gemisch aus Vorurteil, Überschwang und schlechter Recherche, wenn sie nicht in einem Punkt deutlich zu weit gegangen wäre. Und zwar dort, wo sie schreibt, Richard Strauss' jüdischer Schwiegertochter Alice sei im Nationalsozialismus nichts geschehen, weil man sie »zu einer Art Ehren-Arierin« erklärt habe.[87] Die Wahrheit sah leider ganz anders aus. Alice Strauss verlor durch den Holocaust sechsundzwanzig Verwandte, darunter auch eine Großmutter, die sie sehr liebte. Ihre Söhne Richard und Christian wurden im November 1938 auf dem Schulweg abgefangen, von der SA mit Revolvern bedroht und zum Marktplatz von Garmisch gebracht, wo man sie zwang, auf eine Gruppe von Juden zu spucken. Alice Strauss war nur zufällig nicht dabei, weil sie mit ihrem Mann auf der Jagd war, sonst hätten sie ihre eigene Mutter bespucken müssen. Am nächsten Tag nahm man sie fest und hielt sie vierzehn Tage lang gefangen. Man entzog ihr ihre österreichischen Papiere und gab ihr einen deutschen Pass, in den ein »J« eingedruckt war. Nach der Haft wurde sie gallenkrank und wagte sich kaum noch auf die Straße.[88] Während des Krieges zog sie mit ihrer Familie nach Wien, wo sie mehrmals von der Gestapo aufgegriffen und verhört wurde. Man fragte ihren Mann, warum er sich von »der Jüdin« nicht scheiden ließe, und sie selbst, warum sie noch nicht in Palästina sei.[89]

Vieles davon konnte Friedelind noch nicht wissen, als sie ihr Manuskript 1944 abschloss. Doch gerade *weil* sie es nicht wusste, wäre es besser gewesen zu schweigen. Konnte man doch schon seit Anfang 1942 in der deutsch-jüdischen Emigrantenzeitung »Der Aufbau« nachlesen, dass Juden aus Deutschland und den besetzten Ländern nach Osten deportiert wurden, dass in den Lagern Typhus und andere Seuchen ausgebrochen waren, dass die Juden dort nicht medizinisch behandelt wurden und vieles mehr.[90] Woher wollte sie wissen, ob nicht auch Alice Strauss unter den Opfern war? Woher wollte sie wissen, dass sie immer noch den Status einer »Ehren-Arierin« hatte, ein Ausdruck, der respektlos, ja fast antisemitisch anmutet? Richard Strauss wollte später dagegen klagen. Doch Alice riet ihm dringend davon ab, da es besser sei, dieses »gemeine Lügengewebe« und diesen »Schmutz nicht zu berühren«.[91]

DRITTES KAPITEL

Liebe und Hass

(1933–1938)

Nirgends zu Hause

Während der Festspiele von 1933 besucht Friedelind jede Probe von Tietjen, der in diesem Jahr sehr galant zu ihr ist und versucht, sie wie eine junge Kollegin zu behandeln. Sie rümpft zwar die Nase darüber, dass er sich immer häuslicher in Wahnfried einrichtet, wo er sich sogar einen Spatz hält, der von seinem Teller picken darf, weiß aber die Vorteile, die er ihr bringt, durchaus zu schätzen: Opern- oder Theaterfreikarten in Berlin, beste Plätze in der Intendantenloge, Einladungen in teure Restaurants und vor allem: Kontakte zu Sängern, Schauspielern, Regisseuren. »Es fesselte mich, ihm bei der Arbeit zuzusehen«, schreibt sie in ihren Erinnerungen. »Obwohl er ein schlechter Dirigent war, war er doch ein ausgezeichneter Musiker mit großem Wissen und ein großartiger Regisseur. Ich konnte viel von ihm lernen.«[1] *Ein* Bayreuther Sänger gefällt ihr besonders. Er heißt Max Lorenz, ist Rheinländer, ein berühmter Heldentenor, Anfang dreißig, Lieblings-Siegfried von Tietjen und Hitler, für Goebbels' Geschmack allerdings zu »unheroisch«, da er blond, feminin und etwas dicklich ist und seine Rolle in weißen Puff-Ärmelchen singt. Was Friedelind außer seiner Stimme attraktiv an ihm findet, ist rätselhaft – oder auch nicht. Denn es ist bekannt, dass er zwar verheiratet, aber homosexuell ist. Doch vielleicht ist es gerade *das*? Er gleicht ihrem Vater. Er sieht aus wie Siegfried Wagner in seinen besten Jahren und behandelt Friedelind einfühlsam, höflich und charmant.

In den Herbstferien, die sie mit Mutter und Geschwistern in Berlin verbringt, sieht sie ihn wieder, auf der Bühne und privat. Seine Frau Lotte, eine blonde Jüdin, ist ein paar Jahre älter als er. Friedelind versucht, sie zu ignorieren. Sie versucht auch zu übersehen, dass sie eigentlich gut zueinander passen. Denn Lotte Lorenz ist studierte Sängerin und kümmert sich erfolgreich um seine Karriere. Kinder haben sie nicht. Für Friedelind der Beweis, dass Lotte es nicht geschafft hat, ihn zu »heilen«. Denn sie hält Homosexualität für eine Krankheit, die »heilbar« ist. Ihr Vater war für sie »gesund«, also *nicht* homosexuell, weil er ja Kinder hatte. Bei dieser Theorie würde sie ihr Leben lang bleiben und sich jeden Hinweis auf seine Veranlagung strikt verbitten.[2]

Winifred und Tietjen lächeln über Friedelinds Schwärmerei, die zumindest dafür sprechen könnte, dass sie nicht lesbisch ist, was sie beide insgeheim schon befürchtet hatten, da sie immer wieder Kontakt zu älteren Frauen suchte, denen lesbische Neigungen nachgesagt werden, Frida Leider zum Beispiel. Tietjen war fest davon überzeugt, dass »die Maus anormal sexuell veranlagt« sei.[3] Winifred war sich ihrer Sache nicht so sicher, fand aber die Vorstellung, dass Friedelind Siegfrieds sexuelle Veranlagung geerbt haben könnte, »greulich«.

Abend für Abend geht Friedelind in dieser Zeit ins Theater, sieht Opern von Bizet, Verdi, Pfitzner, Richard Strauss und den radikal-modernen »Tannhäuser« in der Regie Jürgen Fehlings, der erstaunlicherweise immer noch nicht abgesetzt ist, sieht Shaws »Pygmalion«, ein Lustspiel von Eugène Scribe, geht in die großen Berliner Museen. Ein schwindelerregendes Tempo, das typisch für sie bleiben wird. Jeden Abend ein anderes Stück. Andere Menschen, Eindrücke, Erlebnisse. Zeit zur Ruhe bleibt kaum, Zeit zum *Verwerten* der Eindrücke, zum Analysieren, Nach*lesen*. Nur nicht zu Hause bleiben. Aber wo ist das, *zu Hause*?

Festspiele im Blutrausch

Am 30. Juni 1934, wenige Tage vor Beginn der Festspiele, fand das berühmt-berüchtigte Röhm-Massaker statt, bei dem der Stabschef der SA, Ernst Röhm, und etwa 200 weitere unliebsame Personen getötet wurden, darunter kritische Pfarrer, Journalisten und der frühere Reichskanzler Kurt von Schleicher. Offizieller Grund war ein Putsch, den Ernst Röhm gegen Hitler geplant haben soll. In Wirklichkeit war Hitler die SA zu stark geworden, weshalb sie »bis auf's rohe Fleisch« ausgebrannt werden sollte. Auch die offen gelebte Homosexualität von Ernst Röhm war ihm unerträglich.

In Wahnfried war man angeblich »entsetzt« über dieses Blutbad.[4] Aber wie äußerte sich das? In Kritik an Hitler? Oder gar in Rückzug von ihm? Winifred legte zwar für einen der Inhaftierten – einen jungen Grafen, dessen Vater eine Cosima-Wagner-Biographie geschrieben hatte – ein gutes Wort ein. Aber sonst weist wenig darauf hin, dass sie Hitlers Vorgehen missbilligt oder auch nur hinterfragt hätte. Ganz im Gegenteil, sie war, so Friedelind, voller Mitgefühl, dass der »arme Führer« von seinen »besten Freunden« verraten worden sei. Es wäre ja auch dumm gewesen zu protestieren. Denn schon am 6. Juli 1934, eine Woche nach dem Massaker, sagte das Reichspropagandaministerium zu, alle unverkauften Karten zu übernehmen.[5] Winifred war erleichtert und beschwor ihre Kinder, den Namen »Röhm« nur ja nicht in Gegenwart Hitlers zu erwähnen.

Vor diesem Hintergrund fanden also die Festspiele von 1934 statt, ein Horrorszenario für ein sechzehnjähriges Mädchen, das sich nun mitten unter Mördern im Smoking befand, die ihre Taten nicht einmal dementierten. »Hitler schwor, es seien nur siebenundsiebzig Menschen hingerichtet worden«, schreibt Friedelind in ihren Erinnerungen.[6] *Nur* siebenundsiebzig? Ist das nicht ein Hohn? Welche Gewissensnot müssen diese Festspiele in ihr geweckt haben, welches Gefühl der Mitwisser- oder Nutznießerschaft, das sie hilflos mit den Worten umschreibt: »Alles in allem war diese Festspiel-Saison nicht allzu glücklich zu nennen.«[7]

Das war sie tatsächlich nicht. Denn es folgte nun eine Katastrophe auf die andere. Am 22. Juli notiert Festspielgast Goebbels in sein Tagebuch: »Sonntag beim Führer … Österreichische Frage. Ob es gelingt?«[8] Drei Tage später kommt während einer »Rheingold«-Vorstellung spürbare Hektik auf. Adjutanten des »Führers« laufen nervös hin und her und telefonieren. Nach der Vorstellung kursiert die Nachricht, der österreichische Kanzler Engelbert Dollfuß sei von nationalsozialistischen Putschisten ermordet worden. Friedelind will auf Hitlers Gesicht einen »entzückten Ausdruck« bemerkt haben.[9] Aber er habe sich beherrscht und zum Essen ins Festspielrestaurant eingeladen, damit niemand glaube, er habe etwas »mit der Sache« zu tun.

In der Autobiographie ihres Bruders Wolfgang kommt der Mord an Dollfuß überhaupt nicht vor, in »Nacht über Bayreuth« immerhin auf einer Seite. Dabei verschweigt oder vergisst Friedelind, dass Hitler seinen Stellvertreter von Papen sofort nach Bayreuth befahl, dass auch der Wiener Gauleiter Habicht, Außenminister von Neurath und Erich Röhms Nachfolger Viktor Lutze anreisen mussten. »Vor Wahnfried Ehrenposten und im Garten allerhand schwarze Krieger SS. Hochbedeutend!«, schreibt Lieselotte Schmidt an ihre Eltern. »Papen, Neurath sind auch noch hier, Lutze bis gestern. Unser kleines Nest macht also wieder mal ›Weltgeschichte‹.«[10]

Eigentlich konnte gar kein Zweifel daran bestehen, wer der Drahtzieher war. Aber es war zu schrecklich. Friedelind konnte oder wollte die Wahrheit nicht sehen und flüchtete sich lieber in nette Histörchen: dass der »Führer«, eigentlich Vegetarier, über seinen Schatten sprang und im Festspielrestaurant eine Runde Leberknödel spendierte, oder dass eine Sängerin vor ihm niederfiel und ihm die Hand reichte, die er höflich küsste, worauf sie halb ohnmächtig aus dem Zimmer getragen werden musste.[11]

Sie erwähnt auch nicht, dass es zu einem peinlichen Eklat kam, Max Lorenz, ihren großen Liebling, betreffend, der hinter der Bühne in flagranti mit einem sehr jungen Mann erwischt wurde, ob kopulierend oder »nur« in verdächtiger Situation, weiß man nicht so genau, da Winifred alles tat, um die Sache zu vertuschen. Trotzdem kam die Polizei und holte ihn ab. Wegen Verstoßes gegen den Paragraphen 175, der nach dem »Röhm-Putsch« erheblich verschärft worden war. Hitler sagte, Lorenz sei nun für Bayreuth nicht mehr tragbar. Aber Winifred und Tietjen widersetzten sich. Denn »ohne Lorenz« könnten sie »Bayreuth nicht machen«.[12] Er kam also wieder frei. Der Prozess wurde niedergeschlagen. Friedelind gab die Hoffnung immer noch nicht auf und wartete sehnsüchtig auf den Tag bzw. die Nacht, in der sie ihn zu einem »richtigen Mann« machen würde.

Viehzucht und Reichskanzlei

Zurück in Heiligengrabe, fand Friedelind immer wieder Mittel und Wege, mit dem Zug in die Stadt zu fahren oder sich von Tietjen, der noch immer »besonders reizend« zu ihr war,[13] abholen zu lassen. Er selbst schreibt später, dass sie damals ihren engsten Vertrauten in ihm gesehen und bei ihren vielen Aufenthalten in Berlin meistens bei ihm auf der Landhausstraße gewohnt habe, zum Teil wochenlang.[14] Winifred gefiel das natürlich gar nicht. Sie war eifersüchtig. Verständlicherweise. Denn wenn Friedelind auch noch immer zu dick war, hatte sie doch ein schönes Gesicht, einen wachen Verstand und großes Interesse an Theater und Oper. Außerdem war sie jung, fröhlich und frisch. Und Tietjen liebte nun einmal junge Frauen. Ich glaube nicht, dass die beiden eine sexuelle Beziehung miteinander hatten, aber es gab eine geistige Nähe, die für Winifred viel gefährlicher war. Denn intellektuell hatte sie Tietjen nicht viel zu bieten.

Friedelinds Schulzeit in Heiligengrabe ging nun zu Ende. Mit welchem Ergebnis, konnte ich nicht ermitteln, da das »Schularchiv Heiligengrabe«[15] zurzeit restauriert wird und nicht zugänglich ist. Friedelind selbst schreibt, dass sie ihre Mutter »durch gute Noten« verblüfft habe,[16] während Winifred von »miserablen« Zeugnissen spricht.[17] 1935 soll es eine Art »Abschlussexamen« gegeben haben,[18] über das leider nichts Näheres bekannt ist. Abitur war es nicht. Mittlere Reife auch nicht, denn beides hätte vor einer externen Kommission abgelegt werden müssen, wovon aber weder Winifred noch Friedelind etwas erwähnen. Deshalb muss man wohl annehmen, dass das Experiment »Heiligengrabe« gescheitert war und Winifred nun nach Alternativen für Friedelind suchte.

Die fand sie im fernen Schwabenland, weit weg von der »Künstler-Bagage«, wie sie Friedelinds Freunde abschätzig nannte, in einer »Wirtschaftlichen Frauenschule« in Groß-Sachsenheim. Sie gehörte zum »Reifensteiner Verband«, einem Träger ländlicher Bildungseinrichtungen für Mädchen, ein zweites Heiligengrabe, nur ohne Klostercharakter, obwohl man auch hier jeden Morgen mit einer Andacht begann, um danach Kühe, Schweine und Hühner zu füttern oder sich in der hauseigenen Gärtnerei nützlich zu machen. Diese Schule war ganz nach Winifreds Herzen, denn hier war man »deutsch in Gedanken, Worten und Werken«, was im Klartext hieß: keine Fremdsprachen. Keine »Auslands-Liebedienerei«. Deutsche Hühner in deutsche Töpfe. So stand es jedenfalls in den »Maidenblättern«, die der Reifensteiner Verband herausgab.[19]

Friedelind war in Groß-Sachsenheim geistig unausgelastet und erzählt in ihrem Buch von allerhand Klatsch, Tratsch und Spaß, dem sie sich hingab. Mal fuhr sie nach Stuttgart in die Oper. Oder nach Tübingen zu einem Tanzfest. Oder nach Berlin, um Einkäufe mit der smarten Verena zu machen, wobei natürlich auch der »Führer« besucht werden musste. Er wohnte inzwischen nicht mehr nur provisorisch in der Reichskanzlei, sondern hatte sich häuslich dort eingerichtet, mit blauem Esszimmer, spartanischer Schlafkammer und einer großen Privatbibliothek. Diese Bibliothek war ein besonderes Kuriosum. Sie bestand aus drei Bücherschränken, deren Glastüren mit dickem Stoff ausgekleidet waren, weil Hitler nervös wurde, wenn er unterschiedlich große und farbige Bücher sah. Das beunruhigte ihn und störte sein ästhetisches Empfinden.[20]

Friedelind schildert diese Besuche als familiär und behaglich. Mal lag Hitler bequem auf dem Sofa und zog Verena an ihren Zöpfen. Mal fabulierte er über Bilder von Spitzweg, den er sehr liebte. Mal über Franz Léhar, den er ebenfalls liebte, fast so wie Wagner. Zum Essen ließ er sich meistens Nudel- oder Bohnensuppe servieren. Aber auch mal Pralinen oder Kaviar. Dann wieder trockenes Brot. Und immer nur Sprudel. Niemals Alkohol. Dazu die unvermeidlichen blauen Tabletten. Es machte ihm Spaß, wenn die Mädchen gut aßen. Friedelind hatte meistens großen Appetit, aber Verena war sehr um ihr Gewicht besorgt und nahm nur ungern ein paar Happen zu sich. Dem »Führer« gefiel das gar nicht. Er machte sich Sorgen um das dünne Kind und erzählte Schauergeschichten von Lilian Harvey, die sich in Hollywood fast zu Tode gehungert habe. »Wirklich, Nickerl, kein Mensch liebt spindeldürre Mädchen!«[21] Es war also richtig gemütlich bei ihm. Ein schöner Kontrast zu dem unwirtlichen Wahnfried, wo meistens eisige oder gereizte Stimmung herrschte und nur selten gelacht wurde.

Diese Passagen lesen sich lustig, wenn auch ein wenig ermüdend, und sind oft zitiert worden, um zu belegen, dass Hitler im Grunde doch »auch nur ein Mensch« war. Da aber jede Wertung, jeder kritische Kommentar fehlt, verharmlosen sie das »Dritte Reich« zu einem Biedermeier-Stück, dessen Hauptdarsteller »der Führer« ist. Es fehlt jede Anbindung an die Politik, an die soziale Gegenwart. Kein Wort über die Nürnberger Rassegesetze zum Beispiel, die ungefähr um die gleiche Zeit, am 15. September 1935, verkündet wurden, auf demselben »Reichsparteitag der Freiheit«, den Furtwängler mit einer »Meistersinger«-Aufführung krönte, während Wieland und Winifred einträchtig in der »Führer«-Loge saßen.

»Ein Jude kann nicht Reichsbürger sein«, hieß es von nun an. »Ihm steht ein Stimmrecht in politischen Angelegenheiten nicht zu. Er kann ein öffentliches Amt nicht bekleiden. Als Jude gilt, wer von mindestens drei jüdischen Großeltern abstammt.«

Bruder und Schwester

Wieland und Winifred in der Führer-Loge. Das war etwas ganz Besonderes. Eine große Auszeichnung. Daniela fand, dass sie eigentlich zu weit ging, weil Hitler Wieland dadurch zu seinem Ersatzsohn und Winifred zur »ersten Frau des Reiches« gemacht habe.[22] Das kam fast einer Hochzeit und Adoption gleich, umso mehr, als Hitler Wieland auch noch ein Auto schenkte, ein silbergraues, raffiniert ausgestattetes Mercedes-Cabriolet, das er eigens für ihn hatte anfertigen lassen. War es ein Wunder, dass Friedelind sich zurückgesetzt fühlte und immer eifersüchtiger auf den Bruder wurde, mit dem sie als Kind so viel Unsinn getrieben hatte und der ihr im Grunde der Nächste unter den Geschwistern war? Er hatte nun einen Erfolg nach dem anderen. Machte ein blendendes Abitur, malte Landschaftsbilder, die vom »Führer« geschätzt wurden, durfte ihn – gegen gutes Honorar – fotografieren, während sie, Friedelind, noch zur Schule ging und sich mit Schweinen und Hühnern befassen musste.

Wieland hatte noch vor dem Abitur damit angefangen, Bühnenbilder zum Opus 1 seines Vaters zu entwerfen, dem berühmten »Bärenhäuter«, der am 19. März 1936 in Lübeck aufgeführt wurde. Wieland fuhr hin. Ohne Winifred, aber mit seinem

Mentor, dem Maler Franz Stassen, vermutlich im silbergrauen Cabriolet. Friedelind schweigt darüber. Und fuhr auch nicht mit, obwohl sie ihren Vater doch so sehr geliebt hatte und überzeugt war, sein größter und einziger Liebling gewesen zu sein. War es Zufall, dass sie gerade jetzt nach Rom fahren wollte, auf den Spuren des Vaters wandeln, in das Land, von dem er ihr so viel erzählt, in dem er so viel gezeichnet und gemalt hatte? Wollte sie es Wieland gleichtun, sich dem Vater annähern, wenn auch auf eine andere, mehr biographische Art? Sie hatte sich schon mit Maria Sofia, der verwitweten Gräfin Gravina, verabredet, ihrer angeheirateten italienischen Kusine, die in Rom ein großes Haus führte. Auch die Tanten, die zu dieser Zeit in Italien waren, freuten sich darauf, mit ihr zu reisen, nach Venedig, an den Gardasee oder nach Como, den Geburtsort von Großmutter Cosima.[23] Doch der Traum »zerstob«, wie Daniela sich ausdrückte. Friedelind überlegte es sich plötzlich anders, wollte lieber nach Berlin zu Heinz Tietjen und ihrer »Künstler-Bagage«. Niemand verstand, warum. Sie selber wahrscheinlich auch nicht. Winifred jedenfalls »explodierte nach allen Richtungen«,[24] was man ihr beinahe nachfühlen kann, denn das Tempo, mit dem Friedelind ihre Pläne umwarf, war wirklich beängstigend und zum Verzweifeln.

Nach dem Abitur und der »Bärenhäuter«-Premiere in Lübeck musste Wieland zum Arbeitsdienst. Es war hart, aber nicht zu ändern, selbst für den erklärten Liebling des »Führers« nicht. Ein Jahr »Ehrendienst am deutschen Volk« war für jeden verpflichtend, egal, ob Arbeiter- oder Gelehrtensohn. Denn es war Hitlers »unverrückbarer Entschluss, jeden einzelnen Deutschen, … ob reich, ob arm«, einmal im Leben dazu zu bringen, dass er »gehorchen« lerne.[25] Wielands Lager befand sich im sächsischen Großenhain, einer Garnisonsstadt in der Nähe von Meißen. Zusammen mit 250 anderen jungen Männern musste er dort Straßen bauen, Bäche zuschütten und beim Ausbau eines Flughafens helfen. Er musste paradieren, exerzieren, schießen, turnen, marschieren. In schweren Knobelbechern und einer hässlichen erdbraunen Uniform, die nur selten gewechselt werden durfte. Dieses Leben war ein Albtraum für ihn. Er wurde krank, dachte sogar an Selbstmord. Auf einem Foto aus dieser Zeit sieht man, wie er mit hellen Augen ziellos ins Weite starrt. So trat er Friedelind entgegen, als sie ihn mit Winifred und Verena besuchte. Völlig verändert. In kurzer Zeit alt und mutlos geworden. Friedelind erschrak. Er tat ihr so leid. Doch da war noch ein anderes Gefühl. Schadenfreude? Triumph? Und wem galt es? Ihrem Bruder, der da so geschunden vor ihr stand, oder der Mutter, die passiv mit ansehen musste, was der »Führer« aus »ihrem Liebling« gemacht hatte?[26]

Winifred war empört und beschloss, sich sofort bei »Wolf« zu beschweren. Wieland taugte nicht für diesen Arbeitsdienst, für dieses Lager. Er hatte Furunkel am ganzen Körper, und seine Füße waren so wund, dass das rohe Fleisch herauskam. Es war klar: Er musste ins Krankenhaus. Winifred erreichte, dass man ihn nicht in Sachsen, sondern in Überlingen, in der Nähe des Nussdorfer Domizils, behandelte, wo man immer bei ihm sein, sich um ihn kümmern konnte. Was Friedelind mit Begeisterung tat. Sie fuhr sofort hin, gab »Berlin« für ihn auf.

Alle, besonders die Tanten, waren überrascht. Das passte doch gar nicht zu ihr? Dieser plötzliche Altruismus? Diese Geschwisterliebe? Dieser Anfall von »Liebespflicht«, wie Daniela sich ausdrückte?[27] Vielleicht genoss sie es, Wieland einmal schwach und abhängig zu sehen. Aber vielleicht tat es ihr auch gut, endlich einmal *gebraucht* zu werden, endlich einmal *helfen* zu können, anstatt ihre Zeit sinnlos im Streit mit Winifred zu vertrödeln. Später spürte sie den Wunsch, Medizin zu studieren. Aber es ging nicht. Sie hatte kein Abitur. »Mensch oder Tier zu helfen – wie schön muß das sein!«, gestand sie Daniela. »So kann ich mein Bestes nur im alltäglichen Leben tun – Vögel vor Katzen retten – den Daumen einer Köchin verbinden – Erkältungen ›wegzaubern‹ ... Vielleicht verwirklicht sich doch noch einmal Großpapas Wunsch eines ›Helferichs‹ in der Familie – ein richtiger Doktor – wer weiß, was die nächste Generation bringt!«[28]

Parsifals Blumenaue

Wieland fing noch im Krankenbett an, wie besessen zu zeichnen: Entwürfe zu »Parsifals Blumenaue«, die für die Festspiele von 1936 ausgeführt werden sollten. Es war sein erstes großes Gesellenstück. Alle Welt war gespannt. Denn es waren ja ganz besondere Festspiele, Jubiläums-Festspiele. Sechzig Jahre Bayreuth. Im August 1876 hatte Richard Wagner das Haus eröffnet. Außerdem war es das Olympia-Jahr. Tausende von Touristen würden in Deutschland sein und sowohl nach Berlin als auch nach Bayreuth kommen. Furtwängler würde den »Lohengrin« dirigieren, den Tietjen besonders aufwendig inszeniert hatte. Der »Führer« würde im Siegfried-Haus wohnen, das nun »Führerbau« hieß. Ganz Bayreuth, aber besonders Wahnfried, würde wie eine Festung bewacht werden.

Friedelind meint, eine gedrückte Stimmung unter den Musikern gespürt zu haben, eine Atmosphäre von Missgunst, Cliquenwirtschaft und Angst. Wer hatte was gesagt? Wer stand wie hoch in wessen Gunst? Wen würde der Bannstrahl der Politik als Nächsten treffen?[29] Doch das alles sei nur oben, auf dem Hügel, zu bemerken gewesen, nicht in Bayreuth selbst, »dieser freundlichen, kleinen Stadt«, in der die »vorhitlerischen Beamten von den Nazis übernommen und der Magistrat … nicht verändert worden« sei(en). Niemand habe seinen jüdischen Nachbarn verfolgt oder ihm misstraut. Die jüdischen Ärzte, Kaufleute oder Anwälte hätten kaum Kunden oder Patienten verloren, es habe »keine Hetzereien«, keine Schmierereien gegeben.

Alles bestens also, wenn auch leider nicht wahr. Denn der Bayreuther Stadtrat war schon 1933, sofort nach der »Machtergreifung«, aufgelöst worden. Zwei seiner Mitglieder kamen ins

KZ. Der neue Oberbürgermeister Karl Schlumprecht trug SS-Uniform und ließ alle selbständigen Organisationen und Vereine verbieten. Der jüdische Kaufmann Simon Pfefferkorn musste sein Haus an einen Verlag, der Hans Schemm gehörte, verkaufen. Die Tochter eines Bayreuther Arztes beging Selbstmord, weil sie ein jüdisches Großelternteil hatte. Die »Jüdin« Lotte Meyer-Viol, geborene Warburg, musste aus dem Bayreuther Tennisclub austreten. Das jüdische psychiatrische Sanatorium Dr. Würzburger wurde zwangsarisiert und der Besitzer in seinem Haus in Arrest genommen, wo er zwei Jahre später starb. Der Rabbiner Salomon verließ die Stadt im März 1936, noch bevor Hitler mit seinem Gefolge anrückte. Und der Bayreuther Jude Günther Aptekmann, der nur zwei Jahre jünger als Friedelind war und in ihrer engsten Nachbarschaft – Richard-Wagner-Straße 34 – wohnte, berichtet noch Jahrzehnte später mit Schaudern über SA-Kolonnen, die an seinem Elternhaus vorbeizogen und das Marschlied »Wenn's Judenblut vom Messer spritzt« sangen.[30]

Warum dieses Negieren, dieses Wegsehen, dieses Verfälschen? Warum der Drang, Bayreuth als friedliche Insel der Seligen darzustellen, während es in Wahrheit eine besonders radikal-antisemitische Hochburg der »Bewegung« war? Hatte sie keine Angst vor Protest? Vor dem Einspruch der Überlebenden oder einem kritischen Historiker, der allerdings, was diese Passagen anging, niemals kam? Wollte sie »ihr« Bayreuth, das sie nach dem Krieg so extrem skeptisch beurteilte, unbedingt als »gute Mutter«, als »Heimat« sehen, die man nicht kritisiert, um sich nicht selbst zu beschädigen? Die »freundliche kleine Stadt« als Pendant zur »freundlichen kleinen« Friedelind? Es ist schmerzhaft, aber im Rahmen einer Spurensuche wohl unvermeidlich, diese Fragen zu stellen. Auch wenn ich nicht immer schlüssige Antworten finden kann.

In diesem Jahr (1936) durfte sie *endlich* im Festspielhaus arbeiten, *endlich* als Tietjens Regie-Assistentin. Es war wie ein schöner Traum, dem sie in ihrem Buch viele Seiten widmet, wobei sie allerdings nicht erwähnt, dass er bereits eine Assistentin *hatte*, Irene Eden, eine ehemalige Opernsängerin aus Berlin. Fest entschlossen, sich durch diese Konkurrenz nicht beirren zu lassen, folgte Friedelind Tietjen mit ihrem Notizbuch, half bei der Probenplanung, überwachte die Arbeit der Näherinnen, gab den Kulissenschiebern Befehle, damit sich der Vorhang im »Tannhäuser« oder »Parsifal« weder zu schnell noch zu langsam öffnete. *Das* war ihre Welt. Mittendrin zu sein im Getriebe, im Team, unter Choristen, Korrepetitoren, Technikern, Sängern. Tagsüber trug sie einen Overall. Abends schlüpfte sie in ein langes Kleid und plauderte mit den vielen Großen, Schönen und weniger Schönen, die sich im Wahnfried-Salon trafen: mit Hitler, Goebbels und dessen Ehefrau Magda, mit dem Architekten des Nürnberger Opernhauses, Paul Schultze-Naumburg, der lange Vorträge über die »arische Brustwarze« hielt, mit dem englischen Taktstock-Star Thomas Beecham, der gekommen war, um sich neue Solisten auszusuchen, mit Berta Geissmar, die Beecham als seine rechte Hand engagiert hatte, nachdem Furtwängler sie, weil sie Jüdin war, nicht mehr halten konnte oder wollte.

Hitler hielt ständig Solo-Vorträge. Mit seinem Temperament und seiner Diktion dominierte er alle. Wieder schildert Friedelind fast verliebt, wie er Witze über Goebbels und Göring riss, Ideen zur Ausstattung von Wagner-Opern äußerte, von den Engländern als dem germanischen Brudervolk schwärmte. *Und* bei Winifred durchsetzte, dass Verena *nicht* in ihr sächsisches Internat zurück musste, sondern bleiben durfte, solange die Festspiele dauerten. »Gut zwanzig Minuten« habe er über dieses Thema gesprochen, sich in Rage geredet, die »heiligen

Pflichten« der Familie Wagner betont – bis Winifred schließlich resigniert zugestimmt und sie selbst lauthals »Bravo« gerufen habe.[31]

Nein. Kein Diktator. Sondern: Charmeur, Conférencier, Mädchen-Versteher.

So sah es auch Gertrud, Friedelinds alte Feindfreundin, die bei diesen Festspielen wieder einmal in Wahnfried war. Ihr Vater hatte die Beziehung zu den Wagners zwar für beendet erklärt und ihr befohlen, Haus Wahnfried nie wieder zu betreten. Doch das war lange her, 1930, nach der ominösen Nacktfoto-Affäre. Vier Jahre später war sie mit ihren Eltern nach München gezogen, wo sie nun doch nicht »Tänzerin« geworden war, sondern Arzthelferin und Sekretärin. Sie verdiente ihr eigenes Geld, konnte sich Festspielkleider und Festspielschuhe leisten, die sie sich am liebsten nach Maß machen ließ. In diesem Jahr trug sie ein weißes Organza-Kleid mit orangefarbener Schärpe und goldene Sandaletten mit hohem Absatz. Eines Abends, es war im Wahnfried-Salon, kam es zu ihrem ersten persönlichen Kontakt mit dem »Führer«, den sie bisher nur von weitem gesehen hatte. Sie war ängstlich und wusste nicht, was sie ihm sagen sollte. Doch er durchbrach alle Peinlichkeit, indem er auf sie zukam und sagte: »Gertrud, was hast du für schöne Schuhe! Ich habe gern Frauen, die gute Schuhe tragen, ich habe vor allem gern hohe Absätze, das macht den Frauenfuß so besonders attraktiv und schön.«[32]

Frauenfuß, Nudelsuppe, arische Brustwarzen, »Geplänkel, Geklatsch, Schandmaulereien«:[33] In den Erinnerungen der beiden jungen Frauen ist kein Platz für Politik, für den spanischen Bürgerkrieg etwa, der während der Festspiele von 1936 ausbrach, eigentlich unübersehbar, denn ein faschistischer General, Francisco Arranz, kam als Abgesandter Francos angereist, zusammen mit prächtig gekleideten Militärs, die in der »Führerloge« großes Aufsehen erregten.[34] Hitler versprach ihnen hochmoderne Flugzeuge und 6500 Soldaten. Das Ganze hieß

»Operation Feuerzauber« – nach einem Musikstück aus Wagners »Walküre«.

Doch es war eben alles Spiel, alles Operette. Friedelind genoss ihre Star-Rolle und schildert begeistert, wie der »Führer« Verena und sie persönlich zur Olympiade einlud, wo es Soupers, Empfänge, Bälle und flammende Reden gab. Fast 4000 Sportler aus 49 Nationen waren gekommen, darunter auch Schwarze wie Jesse Owens, denen Hitler nach Möglichkeit aus dem Weg ging. Die Schilder mit der Aufschrift »Juden unerwünscht« waren aus dem Stadtbild entfernt worden, nicht für immer, sondern nur solange die Gäste da waren. Richard Strauss dirigierte die Olympia-Hymne und das »Hallelujah« aus Händels »Messias«. Es waren schöne Tage, Glücksmomente für Friedelind. Die in ihrem Buch mit Schweigen darüber hinweggeht, welche Proteste sich weltweit gegen diese Olympiade erhoben, dieses Fest des »Friedens« und der »Völkerverständigung«, das in einer der schlimmsten Diktaturen der Menschheitsgeschichte stattfand.

Weiblicher Arbeitsdienst

Nach den Festspielen von 1936 drängte Friedelind mehr denn je auf aktive Mitarbeit. Sie wollte nicht nur Requisiten schleppen und Kostüme zurechtzupfen, sondern eine richtige, dauerhafte Position, eine künstlerische Aufgabe. Tietjen unterstützte sie in diesem Plan. Nicht ganz uneigennützig wahrscheinlich. Es missfiel ihm, dass Wieland immer mehr nach vorn trat, dass er Bühnenbilder entwarf, die dem Publikum gefielen, und sogar schon an eigene Inszenierungen dachte. Bei den Proben fiel er ihm regelrecht ins Wort, widersprach ihm und benahm sich ausgesprochen spätpubertär, wie der Sohn, der gegen den Vater opponiert, Ödipus pur. Nein, dann lieber Friedelind, die ihn rückhaltlos respektierte. *Sie* würde ihm nie Konkurrenz machen, denn sie hatte nicht Wielands Genie. Also machte er ihr Mut, spornte sie an, hetzte sie auf. Mit dem Resultat, dass

Winifred aller Welt erklärte, nur *einer* könne in Bayreuth regieren, und zwar ihr Sohn Wieland.

Friedelind, zwischen Bayreuth, Berlin und Groß-Sachsenheim hin- und herpendelnd, widmete sich nun ganz dem Kampf mit der Mutter. Was hatte sie wann gesagt und in welchem Ton? War sie gut oder schlecht gelaunt? Hatte sie einen ihrer netten oder einen ihrer aggressiven Tage? Was hatte sie mit ihr vor? Wollte sie sie loswerden, unter die Haube bringen oder sie in Wahnfried verschimmeln lassen, eine Variante, von der sie selbst fest überzeugt war? Winifred sah das ganz anders. Sie war selbst hochaktiv, immer voller Spannung und Energie, und begriff nicht, dass Friedelind gar keine Initiative zeigte, morgens sehr lange schlief, ihr Zimmer nicht aufräumte, weder im Haushalt noch im Büro half und sich allen konkreten Vorschlägen versperrte. »Klavierstunden, Stenographie, … Schreibmaschine zu lernen, … immer nur eisiges Schweigen, so daß ich mir nun vorgenommen habe, überhaupt nichts mit ihr zu unternehmen. Ich lass sie einfach laufen – denn sie ist ja schließlich alt genug, um zu wissen, was sie tut … ein komisches Kind!«[35]

Im September 1936 tat das »Kind« etwas besonders »Komisches«: es meldete sich zum Arbeitsdienst an, der für Frauen damals noch freiwillig war. *Warum* sie das tat, nach allem, was Wieland erlebt hatte, wusste sie selber nicht recht. Denn wenn auch der weibliche Arbeitsdienst etwas »milder« war als der männliche und weniger die soldatischen als die weiblichen »Tugenden« fördern sollte, war das Leben im Lager doch ähnlich spartanisch und für eine Wagner vollkommen ungeeignet. »Ich war ruheloser denn je«, schreibt sie in ihren Erinnerungen, »war krank, obwohl ich es nicht wahrhaben wollte.«[36] Nur körperlich oder auch psychisch krank?

Im Oktober 1936 ging es los. In ein Lager namens »Elisabethenhöhe«, das nicht weit von Berlin entfernt war. Eigentlich war es gar nicht so übel. Vierzig Mädchen, die aus ihrem zum Teil bewegten Leben erzählten, ein altes Landhaus, in dem sie untergebracht waren, morgens »Leibesübungen«, danach Bettenbauen, dann zur Arbeit auf einem der umliegenden Höfe, deren Pächter Tomaten und Erdbeeren anbauten. Friedelind war jetzt eine von über 9000 »Arbeitsmaiden«, die für ein halbes Jahr »Ehrendienst am deutschen Volk« taten, kranken Müttern halfen, Küchen und Ställe putzten, Äcker bestellten oder Kleinkindern zeigten, wie man mit Zahnbürste und Waschlappen umgeht. Die Bauern, für die Friedelind arbeiten musste, waren nette Leute. Es war keine schwere Arbeit. Es blieb sogar Zeit zum Plaudern. Aus Bayreuth? Ob sie aus Bayreuth komme? Da würden doch Festspiele gegeben? Ob sie die Wagners kenne? Schon bald hatte sich überall herumgesprochen, wer sie war, und sie musste eigentlich kaum noch arbeiten, nur erzählen.

Doch sie hielt es trotzdem nicht aus. Gerade mal vierzehn Tage. Denn der Saal, in dem sie schliefen, war nicht geheizt. Die Fenster standen Tag und Nacht offen. Im Waschraum gab es nur kaltes Wasser. Morgens wurde geturnt. Dann gesungen. Das war kein Leben für Friedelind. Sie wurde krank. Halsentzündung. Stirnhöhlenentzündung. Beschwerden, zu denen sie schon seit Jahren neigte. Die Lagerleiterin erlaubte ihr, nach Berlin zu einem Arzt, einem jüdischen Arzt, zu fahren, dessen Praxis sie »mit Hakenkreuzbinde am Arm« betrat.[37] Bald ging es ihr besser. Es war alles wie früher. Opernbesuche, Treffen mit Freunden, das alte Lied. Jetzt wurde es Winifred endgültig zu viel. Ihr platzte förmlich der Kragen. Sie verlangte, dass Friedelind entweder in den Arbeitsdienst zurückgehe oder sich in eine Klinik begebe und sich gründlich untersuchen und behandeln lasse.

Doktor Veil

Der Arzt, den Winifred für sie ausgesucht hatte, hieß Wolfgang Veil und war Direktor der internistischen Universitätsklinik in Jena. Friedelind kannte ihn schon von ihrem ersten Jena-

Besuch. Er war ihr schon damals unsympathisch gewesen, klein, rothaarig, Schwäbisch sprechend, ein Mann mit flackernden grünen Augen.[38] Wieso Winifred gerade auf ihn gekommen war, bleibt ein Rätsel, denn er war Rheumatologe und Prostata-Spezialist, zur Behandlung von HNO-Krankheiten also völlig ungeeignet. Allerdings kannten die beiden sich schon länger. Winifred hatte 1935 einige Zeit in seiner Klinik verbracht, mit einer mysteriösen Krankheit, über die niemand sprechen durfte, angeblich Gallen- und Leberbeschwerden.[39] In dieser Zeit müssen sie Freunde geworden sein, Freunde fürs Leben: Winifred half Wolfgang Veil aus so mancher beruflichen Patsche, und er half Winifred. Er war sehr cholerisch, bei Kollegen recht unbeliebt. Neigte dazu, schnell beleidigend zu werden, was ihm ein Verfahren einbrachte, in dem Winifred günstig für ihn aussagte. Er nahm es auch mit dem Geld nicht so genau, wurde des Betruges und der Steuerhinterziehung bezichtigt, brachte das Buch einer Doktorandin unter *seinem* Namen heraus und verkaufte ihr das Ganze als Akt fachlicher Anerkennung, war mit Goebbels verfeindet, der dieses Buch, ein Pamphlet über »Schillers Krankheit und Tod«, verboten hatte, um den Dichter nicht unnötig ins Gerede zu bringen.[40] Veil war *nicht* in der NSDAP. Allerdings wider Willen. Er bat bei der Kreisleitung immer wieder um seine Aufnahme, wurde aber nicht angenommen, vermutlich wegen seines schlechten persönlichen Leumunds.

Friedelind schildert ihren Aufenthalt in Jena als Horrorszenario, was mir zunächst etwas übertrieben vorkam. Ich habe mich deshalb am medizinhistorischen Institut der Universität Jena nach den Krankenakten erkundigt. Sie existieren leider nicht mehr. Weder die von Winifred noch die von Friedelind. Frau Dr. Susanne Zimmermann, eine ausgewiesene Expertin, die eine Untersuchung über die Universitätsklinik Jena im Nationalsozialismus verfasst hat, sagte mir, dass Veil ein sehr umstrittener Arzt gewesen sei und dass sie Friedelinds drastische Schilderung für durchaus glaubwürdig halte. Zimmermanns Buch enthält kritische Anmerkungen über Veil, die aber nur einen Teil ihres Materials darstellen. Einen anderen habe sie bislang zurückhalten müssen, denn Wolfgang Veil – 1946 gestorben – habe in der DDR großen Nachruhm als Rheumatologe genossen und bis heute noch immer viele Anhänger und Freunde. Susanne Zimmermann befürchtet den Protest dieser Kreise. Es sind dieselben, die sie vor Jahren geradezu an den Pranger stellten, als sie publik gemacht hatte, dass Jussuf Ibrahim, in der DDR als »verdienter Arzt des Volkes« gefeiert, zwischen 1940 und -45 mindestens 191 Kinder mit dem Vermerk »eventuell Euth(anasie)« an ein Krankenhaus in Stadtroda überwiesen hatte, wo sie an vermeintlichem »Herzversagen« starben.[41]

Friedelind schreibt in ihren Erinnerungen, dass Wolfgang Veil die Hinzuziehung eines HNO-Spezialisten verweigerte, ihr ungefragt Bluttransfusionen gab und sie in einem düsteren Zimmer unterbrachte, aus dessen Fenster man sah, »wie der große schwarze Wagen hin und her fuhr (und) die Leichen zum Friedhof brachte, nachdem sie seziert worden waren.«[42] Diese Aussage ist durchaus glaubwürdig. Denn zur Universitätsklinik Jena gehörte eine »pathologisch-anatomische Anstalt«, die im Auftrag der SS »Verwaltungssektionen« durchführte, seit 1937 auch an Leichen aus dem KZ Buchenwald. In ihren Briefen an die Tanten erzählt Friedelind außerdem, dass man ihr »Milchspritzen« gesetzt habe, die in »Nacht über Bayreuth« nicht erwähnt werden.[43] Sie sollten künstliche Infektionen hervorrufen und das Immunsystem stärken. Die Wirkung dieser Injektionen war sehr umstritten. So riefen sie u.a. »bedeutenden Kopfschmerz«, verstärktes Schmerzempfinden, eine »ausgeprägte Verschlechterung des Allgemeinbefindens« und Zustände »halber Bewusstlosigkeit« hervor, die bis zu 72 Stunden andauern konnten.[44]

Ob Winifred jemals anreiste, um Friedelind zu besuchen, oder ob sie ihr wenigstens schrieb, konnte ich nicht nachweisen.

Doch es gab andere Menschen, die sich um sie kümmerten. Eine junge Frau namens Margot von Wulffen kam zehn Wochen lang jeden Tag. Daniela und Eva schrieben in gestochen feiner Schrift und schickten ihr Rosinen, Blumen, Zeitungen und Bücher. Sie bedauerten Friedelind wegen der »gräulichen Quälerei«, die sie erdulden musste,[45] taten aber ihr Bestes, um sie aufzuheitern, indem sie ihr von Italien und Polen erzählten, von Evas niedlicher Schnauzerhündin Zucchi, von Urgroßvater Liszt, dessen Briefen an seine Töchter, von Mathilde Wesendonck, Marie d'Agoult, den italienischen Verwandten Gravina usw.

Friedelind schreibt in ihren Erinnerungen, dass sie sich in einem Zustand »finsteren Brütens« befunden habe, nur noch von einem Wunsch beherrscht: bald zu sterben. »Müde davon, missverstanden und umhergestoßen zu werden, lag ich im Bett … Der Tod schien mir die beste Lösung zu sein, … Ruhe zu finden.«[46]

Seltsamerweise wirken ihre Briefe an die Tanten aber sehr munter, fast ein bisschen überdreht, auf jeden Fall *nicht* deprimiert, ganz im Gegenteil. Einmal schreibt sie sogar: »Ich bin gerne krank, wenn dadurch niemand anders krank wird.«[47] Sie will eine Cosima-Wagner-Biographie schreiben, Chamberlains »Grundlagen des 19. Jahrhunderts« lesen, sich mit den Büchern von Marie d'Agoult vertraut machen, will sogar zu einer nahe gelegenen Hundezucht gehen, um weitere Schnauzer für die Tanten auszusuchen. Steckt also voller Pläne, Initiativen, Ideen, die sie allerdings größtenteils nicht mehr weiter verfolgt. Ist es möglich, dass sie manisch-depressiv, bipolar, »zyklothym« war, oder dass Veil ihr Medikamente gab, die starke Stimmungsschwankungen hervorriefen?

Es ist bekannt, dass er seine Patienten gern mit Luminal, einem starken Barbiturat, behandelte,[48] das seit 1912 auf dem Markt war. Es wurde vorwiegend gegen *Epilepsie* eingesetzt, vor allem bei Kindern. Seit 1940 wurde es gezielt zur Tötung von Geisteskranken und Behinderten benutzt.[49] Eigentlich sollte es den Patienten »beruhigen« und zum Schlafen bringen, aber überdosiert konnte es »paradoxe Reaktionen« hervorrufen: Unruhe, Aggressivität, Erregung, Verwirrung. Nimmt man die Nebenwirkungen der Milch-Injektionen hinzu, so erklärt es sich, dass Friedelind in einen extremen Ausnahmezustand geriet, in dem sie Dinge tat, die sie später bitter bereuen würde. Im November 1936 muss sie Tietjen geschrieben haben, wie sie ihre Beziehung zu Max Lorenz forcieren wolle. Sie muss von einer möglichen »Verschärfung« der Rassengesetze gesprochen haben, die ihn zwingen könnte, seine jüdische Frau zu verlassen, vielleicht sogar mit Nachhilfe des »Führers«. Tietjen schrieb ihr zurück, es sei sinnlos, auf »gesetzliche Veränderungen« zu hoffen. Frau Lorenz würde ihren Mann eher »in das Ausland verschleppen«, als eine gewaltsame Trennung zu akzeptieren.[50]

Friedelind schrieb aber offenbar nicht nur an Tietjen, sondern auch an Lorenz selbst, dessen Antworten versehentlich in Haus Wahnfried verblieben, als sie 1939 über Nacht ins Ausland ging. Sie müssen scharf und enthüllend gewesen sein. Ein Skandal, wenn sie gefunden worden wären! Deshalb schrieb sie im Oktober 1939 an Daniela, sie solle versuchen, sich Zutritt zu ihrem Zimmer zu verschaffen und alle Papiere aus ihrem Schreibtisch zu entfernen. Es seien »Briefe von diesem Unhold dabei, die er jetzt sicher gerne vernichtet wissen möchte – und das soll nicht passieren.«[51]

Tietjen redete ihr also ihre Idee wieder aus. Er kam aber auch noch auf ein anderes Thema zu sprechen: ihre Beziehung zur Mutter und ihren Wunsch, an den Festspielen mitzuwirken. Eine Zeit lang hatte er geglaubt, sie darin bestärken zu müssen, wenn auch aus dubiosen Motiven. Jetzt sah er, dass es vollkommen aussichtslos war. Winifred würde Friedelind *nie* eine Chance geben. Erst vor kurzem war sie in Tietjens Berliner Wohnung aufgetaucht und hatte Friedelinds sämtliche »Kleider und Utensilien« daraus entfernt, so als wolle sie ihre Spuren endgültig auslöschen. Nach diesem brutalen Akt sei, so Tietjen, die Beziehung endgültig zerstört. Es habe keinen Sinn mehr zu hoffen. Friedelind solle versuchen, sich von Winifred frei zu machen und sich ein Leben außerhalb von Wahnfried aufzubauen.[52]

Diese klaren Worte bewirkten wohl, dass es ihr plötzlich besser ging. Sie fing an, gegen Veils Behandlung zu opponieren und mit Margot von Wulffen, die mit einem Arzt verheiratet war, darüber zu sprechen. Sie fing auch an, Freunde von Winifred ins Vertrauen zu ziehen und um Hilfe zu bitten.[53] Winifred sah sich in die Zange genommen, kam nach Jena und holte Friedelind wieder ab. Weihnachten waren sie alle wieder zusammen in Wahnfried.

»Es ist was faul …«

Nach den Feiertagen fuhr Friedelind wieder nach Berlin, wo Winifred ihr zu ihrer Überraschung erlaubt hatte, sich ein Zimmer zu nehmen und die Handelsschule zu besuchen, damit sie wenigstens etwas »Praktisches« lernte, Schreibmaschine, Buchführung, Stenographie, Handelsenglisch. Obwohl ihr der Unterricht durchaus gefiel, ging sie nur selten hin, was vorauszusehen gewesen wäre, denn sie hatte es noch nie lange auf einer Schule ausgehalten und war mit fast zwanzig über das »Schulalter« eigentlich schon hinaus. Morgens war sie müde, da sie jeden Abend in die Oper ging, »Siegfried«, »Fliegender Holländer«, »Götterdämmerung«, »Walküre«, »Carmen«, »Don Carlos«, »Tosca« … Doch die Italiener, besonders Puccini, waren ihr zu süßlich, zu sentimental, eigentlich nur etwas für den »Plebs«, für Italiener eben.[54]

Solche Vorurteile ärgerten die Tanten, die beide fließend Italienisch sprachen und ein großes Faible für Italien hatten. Eva schrieb, in Neapel sei gerade der »Tristan« inszeniert worden. Sehr schön und sehr einfühlsam. Besser als an mancher

Bühne in Deutschland. Sie solle doch mit ihrer Beurteilung der Nationen etwas vorsichtiger sein![55]

Friedelind, die noch nie in Italien war, schweigt.

Doch die Tanten sind immer noch unzufrieden und fragen, warum sie denn »nur« in die Oper gehe? Warum nicht ins Sprechtheater, um Shakespeare, Schiller und Kleist zu sehen, die im Haus am Gendarmenmarkt doch so hervorragend gegeben würden? Friedelind lenkt sofort ein – wenn auch wiederum schweigend – und sieht sich »Maria Stuart« und »Hamlet« an. Allerdings ohne ein Wort über diese Stücke zu verlieren. Es war immerhin Gründgens, der den Hamlet spielte, und zwar so hintersinnig, dass Goebbels ihn deshalb am liebsten hinausgeworfen hätte. Reich-Ranicki, der das Stück als Sechzehnjähriger sah, erinnerte sich noch Jahrzehnte später daran, wie sehr ihn die Sätze »Es ist was faul im Staate Dänemark«, »Die Zeit ist aus den Fugen« und »Dänemark ist ein Gefängnis« berührt hätten. Gründgens habe seinem Hamlet Züge eines »vereinsamten jungen Intellektuellen« gegeben, in denen er sich persönlich wiedergefunden habe. Er habe in diesem Hamlet »Züge und Umrisse« *seiner* »Existenz im nationalsozialistischen Deutschland« wiedererkannt und sich getröstet gefühlt – »dank Gründgens«.[56]

Friedelind dagegen gibt sich unberührt, gleichgültig, erwähnt weder Inszenierung noch Darsteller. War es diese Oberflächlichkeit, dieses Desinteresse, die Tietjen vorsichtig machten und am Ende davon abhielten, ihr eine Assistenz oder Hospitanz an der Deutschen Oper anzubieten, wie er es später bei ihrem Bruder Wolfgang tun würde? Glaubte er nicht mehr an den Ernst ihrer Theaterleidenschaft und die Tiefe und Seriosität ihrer Begabung? Es sieht fast so aus, denn er tat von nun an in Berlin *nichts* mehr für sie, obwohl *er* hier der Chef war und Winifred ihm in nichts hereinreden konnte. Friedelind schreibt zwar, er habe sie in diesen Wochen »das ABC des Partiturlesens und … Dirigierens« gelehrt.[57] Doch das darf getrost ins Reich der Legende verwiesen werden, denn um das »ABC des Partiturlesens und Dirigierens« zu erlernen, braucht man ein Studium, das viele Jahre dauert.

Winifred kommt, reist wieder ab, es gibt Streit, Versöhnung, wieder Streit, auch hier hat sich nichts geändert, die Beziehung bleibt, wie sie immer gewesen ist – unerträglich. Eines Tages, es ist vermutlich der 30. Januar 1937, gehen sie, beide in Wintermäntel gekleidet, durch die Straßen der Hauptstadt. Es ist bitterkalt. Kaum ein Mensch ist zu sehen. Aus Lautsprechern, die überall angebracht sind, tönt die Stimme des »Führers«. Er erklärt, dass die »nationalsozialistische Revolution« bis jetzt »so gut als vollkommen unblutig« verlaufen und niemandem Schaden zugefügt worden sei.

Mutter und Tochter schweigen. Sie wissen, dass es gelogen ist. Aber was sollen sie machen? Vielleicht ist Friedelind in diesem Moment wach geworden. Das *war* nicht der zum Plaudern aufgelegte Charmeur, der nette »Onkel Wolf«, der Nudelsuppe löffelnde Beschützer der Wagner-Kinder, der liebe Ersatzvater. Das war ein Monstrum mit bellender Stimme, das »hässliche Wortkanonaden« von sich gab und dabei spuckte und schrie![58] Aus jedem Fenster war sein Bellen zu hören. Überall saßen die Leute am Radio und lauschten Worthülsen wie: *Propaganda, deutsche Gehirne, blutbedingt, blutmäßig, umwälzende Neugestaltung, stammesmäßig, Kampfgefährten, gesunde Jugend!* Doch nicht nur der »Führer«, ganz Berlin schien ihr plötzlich monströs. Die kahlen, breiten Kolossalstraßen, die Imponierbauten, Krupp-Haus, Reichskanzlei, Reichsbank, alles grau und glatt, neoklassizistisch, kasernenmäßig, bedrohlich. Sie wollte fort, nur noch fort. Es war kein politischer Entschluss, wie sie später gern sagen würde, eher ein Gefühl der Angst und der unguten Vorahnung. Als Erstes kam ihr London in den Sinn, das sie durch ihren Vater ja schon ein wenig kannte. Sie würde dort nicht allein sein, könnte Freunde wiedertreffen, Frida Leider zum Beispiel, die als Gast in Covent Garden engagiert war.

Winifred war sprachlos, als sie ihr von diesen Plänen erzählte. Sie hatte ihr doch gerade erlaubt, nach Berlin zu ziehen und dort mehr oder weniger selbständig zu leben? Und jetzt plötzlich London? Nach nur wenigen Wochen auf der Handelsschule, die sie nicht einmal abgeschlossen hatte? Schließlich gab sie nach. Es hatte ja doch keinen Zweck. Friedelind hatte es sich nun einmal in den Kopf gesetzt und würde nicht rasten noch ruhen, bevor sie Ja sagte.

Glücksgefühl im Weltenraume

Tortington Park in Arundel, Sussex. Eine feine Privatschule für Mädchen. Es ließ sich aushalten in der kleinen, nicht weit von London gelegenen Stadt mit ihren mittelalterlichen Backstein- und Fachwerkhäusern, die von einem großen normannischen Schloss überragt wurden. Bis zum Strand waren es nur ein paar Kilometer. Bei schönem Wetter fuhr sie fast jeden Tag hin und stürzte sich in die mannshohen Wellen.

Ungefähr 150 Mädchen besuchten die Schule. Friedelind war bei weitem die Älteste. Sie verstand sich gut mit den anderen, nur wenn es um Politik ging, gab es Streit, genau wie in Heiligengrabe. Man habe »als gute Deutsche keinen leichten Stand unter den … engstirnigen Insulanern«, schrieb sie den Tanten. Aber: sie tue gern etwas »Positives« für ihr »Vaterland«, es sei wichtig, den Leuten »die Wahrheit« über »Hitler und das neue Deutschland« zu sagen, so fest manche »Hetzgerüchte« auch in den Köpfen säßen.[59]

Es fällt mir schwer, diese Widersprüche zu erklären. Was stimmt hier? Was soll ich glauben? Das, was im Buch, oder das, was in den Briefen steht? War es ihr wirklich ernst mit ihrer Hitler-Verklärung, oder spielte sie den Tanten nur etwas vor, ein absurdes Theater, um sie glauben zu machen, dass sie immer noch auf der alten Linie sei, immer noch Nationalsozialistin? Seltsamerweise nahmen die Tanten sie nicht ganz ernst, sondern spotteten ein wenig über sie, besonders Eva, die ein feines Gespür für Ironie hatte: »Gelingt es dir, den Engländern ein anderes, richtiges Bild vom Nationalsozialismus zu machen, dann hast du eine wichtige Mission erfüllt und erhältst sicher einen großen diplomatischen Posten!«[60]

Ende Mai 1937 liest Friedelind in der Zeitung, dass Toscanini das BBC-Orchester in der Londoner Queen's Hall dirigieren werde. Sie bittet ihre Direktorin um Urlaub und erhält ihn, fährt nach London und mietet sich ein Zimmer in einem kleinen Hotel. Ihren Groll auf den »maestro« hat sie begraben und freut sich, ihn wiederzusehen. Da sie nicht weiß, wo er abgestiegen ist, gibt sie eine Nachricht in der Queen's Hall ab und wartet ungeduldig auf seine Antwort. Am nächsten Morgen, es ist der 2. Juni 1936, ruft seine Frau an und lädt sie zur Probe ein. Friedelind trifft sich mit einer Freundin namens Coggie Margetson und fährt hin. Toscanini wirkt unverändert. Klein, schlank und fast faltenlos, beweglich, energisch. Er probt gerade Beethovens Neunte, ein Stück, das Friedelind ganz besonders liebt und zuletzt in Berlin unter Elmendorff gehört hat. *Freude, schöner Götterfunke, Tochter aus Elysium …*

Doch plötzlich sieht sie, dass Coggie und sie nicht allein im Saal sind. Ein drittes Mädchen hat sich hineingeschlichen und weit hinten, unter einem Balkon, versteckt. Sie hat schwarze Haare und dunkle Augen. Italienerin wahrscheinlich. Friedelind bekommt einen ihrer berühmten Wutanfälle und zetert los:

»Was um Himmels willen tun Sie hier? Wissen Sie nicht, dass niemand Toscanini bei den Proben stören darf?«[61]

Da stellt sich heraus, dass Coggie und die »Fremde« einander kennen. Sie heißt Isabella Valli, ist tatsächlich Halb-Italienerin, zwei Jahre älter als Friedelind, ausgebildete Pianistin, Tochter einer amerikanischen Opernsängerin und eines italienischen Geschäftsmanns, Nichte eines bekannten Schallplattenproduzenten, Fred Gaisberg, der schon oft in Bayreuth gewesen ist und sogar Friedelinds Vater gekannt hat. Der Streit wird also begraben. Sie hören Beethovens Neunte zu dritt und werden künftig fast nur noch als Trio auftreten.

Toscanini hat sich riesig gefreut, seine »Mausi« zu sehen, sie gleich wiedererkannt, seine »cara figlia« genannt, ihre Schönheit gelobt und sie immer wieder umarmt und geküsst. Sie sei »das glücklichste Menschenkind von ganz London«, habe die Probe »restlos genossen« und schwebe »voll Glücksgefühls im Weltenraume«, schreibt sie den Tanten. Toscanini habe immer wieder nach Bayreuth gefragt und lasse sie herzlichst grüßen.[62]

Bei Toscaninis Konzert »tobt« das Volk. Friedelind sitzt »schön frisiert« neben seiner Frau Carla und ist glücklich. Spätabends gibt es einen Empfang bei Rozsika Rothschild, Tochter eines ungarisch-jüdischen Adligen, Ex-Tennis-Meisterin, Witwe des englischen Bankiers Charles Rothschild, eine vielsprachige Kunstmäzenin von knapp siebzig Jahren. Friedelind geht »natürlich« nicht mit, »bei aller Liebe für den maestro«,[63] was Daniela sehr gut verstehen kann. Toscanini kenne ja »keinen Unterschied der Rassen«, eine rühmliche Einstellung, die man als »Hitlerianerin« aber nicht teilen dürfe.[64]

Der Sommer nähert sich, aber Friedelind fährt *nicht* nach Bayreuth, angeblich, weil ihre Ferien »so dumm« liegen.[65] Doch in Wirklichkeit *will* sie nicht. Sie hat weder Lust, ihre Mutter noch ihre Brüder zu sehen, die den seltsamen Plan haben sollen, sie mit einem ostpreußischen Gutsbesitzer zu verheiraten![66] Das hat ihr die Äbtissin, Elisabeth von Saldern, geschrieben, mit der sie immer noch in Kontakt ist. Ob es stimmt? Ob es nur ein Gerücht ist? Ob sie sie *wirklich* verheiraten wollen, um sie los zu sein und »ihr« Bayreuth unter sich aufteilen zu können?

Friedelind spottet. Das wäre wirklich das Letzte. »Der Arme …, eine uninteressiertere Frau könnte er nicht kriegen!« Besonders von Wieland kann sie eine solche Gemeinheit nicht glauben. Hatten sie sich nicht 1933 versprochen, *nie* zu heiraten, und für den Eintritt des Gegenteils hohe Konventionalstrafen festgesetzt, 100 Mark pro Person? Und galt dieser »Vertrag« nicht bis zum 29. März 1968, also bis zu Friedelinds 50. Geburtstag?[67]

Für die Ferien schmiedet sie größere Reisepläne. Erst quer durch England, dann zur Weltausstellung nach Paris, dann Beendigung der Schule und Niederlassung in London. Was sie dort tun will, ist unklar. Vielleicht eine Stellung annehmen? Toscanini wird im November wieder abreisen. Ihr graut schon davor. Ihr graut überhaupt vor allen Abschieden, allem »Kommen und Gehen«. Wenn sie daran denkt, wird sie regelrecht melancholisch. Warum sind alle Freuden so kurz? Warum kann sie sich nie auf etwas freuen, ohne an das Ende dieser Freude zu denken? Warum kann sie nicht glauben, dass etwas von Dauer ist?[68]

Die Wandlung

Im September 1937 fährt Friedelind zur Weltausstellung nach Paris. Sie findet ein kleines Hotel in der Nähe der Rue de Rivoli, in der man von Attraktion zu Attraktion wandeln kann: Palais Royal, Hotel de Ville, Place de la Bastille. Es ist ihr erster Besuch in der französischen Hauptstadt, die sie sofort gefangen nimmt, fast noch mehr als London. »Der Place de la Concorde im Regen bei Nacht ist märchenhaft«, schreibt sie an Daniela. »Dann der Blick auf Madeleine und Chambre des Deputés! Und Champs Elysées! Ich habe mich oft gewundert, daß ich nicht wirklich übergeschnappt bin!«[69]

Immer wieder geht sie in den Louvre, sieht Bilder von Botticelli, Raffael, El Greco, Rubens, sieht eine »Lohengrin«-Aufführung in der Grand Opéra, trifft sich mit Tietjen und Furtwängler, die mit der Staatsoper angereist sind, besucht den scheußlichen deutschen Pavillon mit seinen Reichsadlern und Hakenkreuzen, eine in Kuben und Pfeiler gegliederte Demonstration der Macht.

An London muss sie sich nach ihrer Rückkehr erst wieder gewöhnen. Alles kommt ihr so nüchtern, so »businesslike« vor. Trotzdem entschließt sie sich, vorerst hier zu bleiben, bricht die Schule ab und mietet sich ein Zimmer im Stadtteil Hampstead. Winifred bezahlt, ohne zu murren. Jeder Tag, den Friedelind in England verbringe, sei eine Erlösung für sie, bekennt sie freimütig.

Eines Tages erhält Friedelind einen Anruf von Berta Geissmar. Sie müsse kommen. Sofort. Es sei etwas passiert. Mit einem Sänger, den sie gut kenne, mit Herbert Janssen. Als Friedelind eintrifft, steht er schon da, der »gutaussehende, vornehme, junge Wikinger«,[70] der noch bei den letzten Festspielen den Heerrufer und den Amfortas gesungen hatte. Jetzt ist er in London. Auf der Flucht sozusagen. Wegen »Devisenvergehen«, derer man ihn zu Unrecht verdächtigt habe, schreibt Friedelind in »Nacht über Bayreuth«.[71] Doch das stimmt nicht ganz. Er wird verfolgt, weil er homosexuell ist. Goebbels und der »Führer« haben den Paragraphen 175 nochmals verschärfen lassen. Bei den letzten Festspielen haben sie lange zusammengesessen und darüber »palavert«. Sie sind einer Meinung. Auch die Theater müssen »mit dem Staubsauger« gesäubert werden.[72] Janssen hat kurze Zeit später erfahren, dass sie ihn festnehmen wollen. Für wie lange, weiß er nicht. Jetzt ist er in London, in Freiheit, in Sicherheit. Er plant, nach Österreich zu gehen, vielleicht nach Amerika. Erna, seine Frau, wird bald nachkommen.

Auch wenn Friedelind in ihrem Buch nicht die volle Wahrheit sagt, weil ihre Angst vor der männlichen Homosexualität sie daran hinderte, bringt sie doch authentisch zum Ausdruck, dass sie betroffen und schockiert war. Das Schicksal Janssens war nur *ein* Beispiel für das, was jetzt viele treffen konnte, Homosexuelle *und* Juden. Rudolf Deman, Max Lorenz, Frida Leider – wer war der Nächste, auf den »die Axt« fallen würde? Janssen war 45 Jahre alt und seit fünfzehn Jahren an der Berliner Staatsoper engagiert. Jetzt war er in London. »Völlig mittellos. … Wie durch ein Wunder konnte er mit nur zehn Mark in der Tasche entweichen.«[73] War das die »neue« deutsche Kunst und Kultur, das »neue Deutschland«, das seine Künstler mit Gefängnisstrafen bedrohte oder mit Schimpf und Schande ins Ausland jagte? Hatte der »maestro«, hatte Toscanini vielleicht doch recht, als er sich 1933 entschloss, nicht mehr in diesem Land aufzutreten, vor allem nicht im persönlichen Beisein des »Führers«?

Um diese Zeit fängt sie an, ihre Vorurteile gegen »die« Juden zu überdenken. Leicht ist es nicht. Dazu sitzen sie einfach zu fest. Sie hat von klein auf nur Schlechtes über »die« Juden gehört, ob von Cosima, Chamberlain, Hitler oder ihrer Mutter, übrigens auch von den Tanten, die doch wahrlich gesittet und kultiviert sind und trotzdem wie die Rohrspatzen über die Juden schimpfen, die sie in Salzburg, bei den Festspielen, gesehen haben, »groteske orientalische Erscheinungen«, die sich zu Dutzenden um den armen »maestro« gedrängt hätten.[74] Sollten sie sich alle geirrt haben? Sollte das alles jetzt verwerflich und falsch sein?

Sie hört auf, Einladungen von Juden kategorisch auszuschlagen, sondern sucht vorsichtig, aber konsequent ihre Bekanntschaft. Lady Sybil Cholmondeley ist eine der Ersten, der sie sich nähert, eine geborene Sassoon, Tochter einer indisch-irakisch-jüdischen Familie, verheiratet mit einem »Earl«, von vielen Malern gemalt, unermesslich reich, unermesslich schön, Freundin von Toscanini, Poulenc, Ravel, Debussy und anderen Musikern, für die sie in ihrem Haus große Empfänge gibt. »Eine wundervolle Frau …, wenngleich auch Jüdin … Sie war sehr rührend zu mir und hat mich jetzt auch auf ihren hochfeudalen Landsitz eingeladen«,[75] schreibt Friedelind an die Tanten, die eisern und betreten schweigen.

Ganz erledigt war das Thema »Rasse« für Friedelind allerdings noch nicht. Denn was früher die »Juden« gewesen waren, waren jetzt die »Neger«, die sie in Deutschland noch nie gesehen hatte »außer in Zirkussen und während der Olympiade«.[76] In London sah man sie scharenweise. Am meisten im East End. Sie waren ihr unheimlich, ekelhaft und vor allem: fremd. Trotzdem rang sie sich dazu durch, ein Konzert des »berühmten Negersängers Paul Robeson« zu hören, der vierzig Jahre alt und sehr attraktiv war, ehemaliger Profi-Fußballspieler, Jurist, Broadway-Star, Sohn eines ehemaligen schwarzafrikanischen Sklaven. Er war durch das Lied »Old Man River« weltbekannt geworden, lebte seit 1927 in London, las Marx und Engels, machte Reisen nach Russland, für Friedelind eine einzige Irritation. Sie gab zu, dass seine Stimme »wundervoll« sei und dass er phantastisch aussehe. Aber wie könne so einem »Neger« – oder war er nur »Halbneger«? – nur gelingen, was die größten klassischen Sänger nur selten schafften, Menschen jeden Alters und aller sozialen Klassen zum Rasen zu bringen? »Ich bin vielleicht überempfindlich«, schrieb sie an die Tanten. »Jedenfalls hat es mich viel gekostet, den Nachmittag auszuhalten und aufs Podium zu gucken, mir ist keine Rasse so widerlich wie die Neger. Dazu noch ein Halbblutneger am Flügel als Begleiter …! Man muss wohl Amerikaner sein, um … so einem Manne zuzujubeln – ich konnte mich nicht entschließen, auch nur einmal zu klatschen, so schön Vieles auch war!«[77]

Die »Herren Juden«

Tietjen hatte ihr zwar geraten, sich von Wahnfried und ihrer Mutter zu emanzipieren. Doch das war leichter gesagt als getan, besonders zu Weihnachten, wo alle Welt nach Hause fuhr, in die Kirche ging und die guten alten Rituale beging. Die Tanten hatten ihr geschrieben, dass fast alle Bewohner von Wahnfried krank seien. Wolfgang, der im Arbeitsdienst schwer geschunden worden war, litt unter Rheuma, Wieland hatte eine lebensgefährliche Lungenembolie und Verena war gerade am Blinddarm operiert worden. Friedelind flog also hin. »Wir sind doch schließlich dieselbe Familie – und desselben Blutes – und da sollte doch ein gegenseitiges Verstehen … möglich sein!«[78]

Zu Friedelinds Überraschung hatte Winifred ein kleines Kind zu sich genommen, Betty Steinlein, drei Jahre alt. Es hatte Neurodermitis am ganzen Körper und trug einen dicken Verband um den Kopf. Seine Eltern waren arme Bauern und konnten die Therapie nicht bezahlen. Betty war witzig und schlau, eine »süße Tyrannin«.[79] Jeder mochte sie. Auch Friedelind? Sie selbst sagt Ja. Aber es liegt ein leicht bitterer Ton in dieser Szene. Warum bekam dieses Kind alles, was sie selbst nicht bekommen hatte? Schöne Kleider, gute Ärzte, eine Spezial-Diät, Beachtung von aller Welt, und vor allem: Winifreds Liebe?

Nach den Feiertagen flog sie wieder nach London, wo das neue Jahr – 1938 – mit einer Aufregung begann. Toscanini wollte in Palästina auftreten, und zwar mit einem Orchester, in dem sich jüdische Musiker aus ganz Europa zusammengefunden hatten, dem »Palestine Orchestra«, heute »Israel Philharmonic«. Chaim Weizmann hatte ihn zwar gewarnt, weil die politische Lage gerade besonders unsicher sei. Doch Toscanini reiste trotzdem und landete im April 1938 in Haifa, wo er von schwer bewaffneten Leibwächtern empfangen wurde.[80]

Friedelind war entsetzt und meinte ihn warnen zu müssen, mit »hunderten von Ausrufungszeichen und tausend Strichen«.[81] Sie hatte Angst um sein Leben und fand es falsch, dass er sich wegen der »Herren Juden« in so große Gefahr brachte.

Der Schmied von Marienburg

März 1938. Friedelind in Berlin. »Der Schmied von Marienburg« soll dort aufgeführt werden, jene Oper ihres Vaters Siegfried also, die er komponiert hatte, als Winifred mit ihr schwanger war. Eigentlich müsste sie sehr gespannt sein, denn sie hat dieses Werk noch nie gehört. Sie hat überhaupt noch keine Oper ihres Vaters gehört, seitdem sie 1926 mit den Eltern in

Weimar gewesen war, wo es ein großes Siegfried-Wagner-Festival gegeben hatte.

Wieland ist ihr wieder einmal voraus. Auch in diesem Punkt. Nach den Bühnenbildern zum »Bärenhäuter«, der in Lübeck aufgeführt worden ist, macht er nun die Ausstattung zu zwei weiteren Opern seines Vaters, »Sonnenflammen« und »Schwarzschwanenreich«, die in Köln und Düsseldorf herauskommen sollen. Er nimmt diese Arbeit sehr ernst, vertieft sich immer wieder in Partituren und Textbücher. Sogar im Krankenhaus hat er daran gearbeitet, im November 1937, als er die schwere Lungenembolie hatte. Tante Daniela besuchte ihn und sah, dass die Partitur von »Schwarzschwanenreich« auf dem Tisch neben seinem Bett lag, was sie sehr berührte.[82]

Nun müsste Friedelind, sollte man meinen, ihm doch eigentlich nacheifern und sich auch mit dem Werk ihres Vaters befassen, wenigstens mit dem »Schmied von Marienburg«, um nicht ganz ahnungslos nach Berlin zur Premiere zu fliegen? Doch was tut sie? Nichts. Bittet niemanden, ihr Text oder Noten zu schicken, was übrigens nicht einmal nötig gewesen wäre, denn ein Klavierauszug befand sich in der Musiksammlung der British Library in London. Stattdessen verwendet sie enorme Mühe auf ihr »Outfit«, um bei der Premiere auch nur ja aufzufallen: »reichbesticktes, schwarzes Seidenkleid mit Schleppe, darüber einen Abendmantel … aus lackierter Seide, verziert mit roten, grünen, blauen Blumen und Gold, … rotlackierte Zehennägel, die aus den dünnsten Strümpfen in goldenen französischen Sandalen hervorschauten, … blondes Haar, das von einem guten Friseur gelockt und frisiert war.«[83]

Winifred ist entsetzt und vergleicht sie mit einer Schaufensterpuppe. Friedelind aber genießt ihren Auftritt und lässt sich als eigentliche Heldin des Abends feiern. Über das Stück und die Qualität der Aufführung schreibt sie nichts. Weder in ihrem Buch noch an die Tanten, die drei Wochen später irritiert wissen wollen, warum sie denn so vollständig »verstummt« sei?

Sie fragten sich die ganze Zeit nach dem Grund und befürchteten, dass die Aufführung vielleicht schlecht gewesen sei?[84]

Das war sie tatsächlich. Zumindest, was die Inszenierung anging. Das Stück war durch Edgar Klitsch, einen Gast aus Königsberg, verstümmelt und entstellt worden. Es fehlten die Liebesszenen. Es fehlte das Emanzipatorische, Revolutionäre. Die Regeln des »Deutschen Ordens« wurden verherrlicht und nicht mehr kritisch gesehen. »Friedelind« kam als braves Mädchen daher.[85] Ein banales Historienspiel also. Durch und durch bieder und deutsch. Schon nach einer Aufführung verschwand es vom Spielplan.

Was Friedelind aber weder bedauert noch kommentiert. Auf die Frage der Tanten antwortet sie nur, dass die Besetzung »erstklassig« und die Vorbereitung »genügend« gewesen seien, hauptsächlich dank einiger »Stammbayreuther« unter den Solisten.[86] So dass man, summa summarum, leider sagen muss: Sie war herzlich desinteressiert, herzlich ahnungslos. Ihr Kleid war ihr wichtiger als das Werk.

VIERTES KAPITEL

Ein Entschluss reift

(1938 – 1939)

Der Fall Knittel

Sommer 1938. Friedelind reist zum vorerst letzten Mal zu den Festspielen. Sie trifft Winifred in sehr schlechter Verfassung an: heiser, missgelaunt, deutlich gealtert. In ihrem schönen dichten Haar zeigen sich erste graue Fäden. Auch die Brüder sind brummig und schweigsam. Tietjen ebenfalls. Nur die kleine Betty scheint sich zu freuen, dass Friedelind kommt, und ist genauso fröhlich wie beim letzten Mal. Friedelind hört heraus, dass die Missstimmung etwas mit dem »Fall Albert Knittel« zu tun haben soll, mit dem langjährigen Finanz- und Verwaltungschef der Bayreuther Festspiele, der plötzlich verschwunden und durch einen Herrn namens Sawade ersetzt worden ist. Es soll Hausdurchsuchungen gegeben haben, Zollfahndungen, Polizeiauftritte, Verhöre. Friedelind fragt und fragt, aber Winifred schweigt. Friedelind spricht mit Künstlern, Bayreuther Bürgern, Verwaltungsleuten und reimt sich folgende Version zusammen:

Albert Knittel habe die Geschäfte der Festspiele jahrelang nur zum *Schein* unentgeltlich geführt, in Wahrheit aber knapp eine Million unterschlagen. Der Staatsanwalt sei ihm auf die Schliche gekommen, worauf er schnell eine Krankheit simuliert und eine Klinik aufgesucht habe. Inzwischen sitze er aber im Gefängnis, Hauptanklagepunkt: »Devisenverschiebung ins Ausland.«[1] Diese Version findet sich auch in ihrem Buch wieder.

In Wahrheit verhielten sich die Dinge so:

Knittel, 1871 geboren, war ein renommierter Verleger aus Karlsruhe, Verfasser einer Dissertation über die »Entwicklung der Konsumvereine in Deutschland«, ehemaliger badischer

Hofbuchhändler, ein in seiner Heimatstadt hoch angesehener Mann. In seinem Verlag, einem alten Familienunternehmen, erschienen Kunstbücher, Karten, Atlanten und Zeitungen. Er war sehr reich und begeisterter Wagnerianer. Seine Frau und er fuhren regelmäßig zu den Festspielen. Nach Siegfrieds Tod machte Winifred ihn zum Verwaltungsdirektor und schenkte ihm ihr volles Vertrauen. Man sah sie so freundschaftlich miteinander umgehen, dass er schon als ihr Liebhaber gehandelt wurde. Friedelind ärgerte diese Nähe zur Mutter. Es ärgerte sie auch, dass er sich manchmal in ihre Erziehung einmischte und ihr mahnende Briefe schrieb. Auch »Heiligengrabe« war ihrer Ansicht nach seine »Schuld«, sein »Tipp« an Winifred, weil er sie, Friedelind, aus Bayreuth entfernen wollte.

Knittel, der für seine Arbeit in der Tat keinerlei Honorar bekam, hatte manches delikate Geschäft für Winifred abgewickelt und das Geld aus der so genannten Tannhäuser-Spende von 1929 so geschickt angelegt, dass Winifred gut davon leben konnte, selbst wenn der Kartenverkauf für die Festspiele schleppend war. Sie besaß mehrere Immobilien, mehrere Autos, schickte ihre Söhne auf teure Auslandsreisen und vergab private Darlehen an Tietjen. Auch Friedelinds England-Aufenthalt muss sie ein Vermögen gekostet haben. Nun hatte die Zollfahndung herausgefunden, dass Knittel einen Teil des Geldes in der Schweiz deponiert hatte, und zwar mit Winifreds Wissen und Zustimmung.[2] Das war verbotene »Devisenverschiebung ins Ausland«. Winifred musste mit einem Strafverfahren rechnen. In ihrer Angst, dass der »Führer« etwas erfahren könne, wandte sich an den studierten Juristen Hans Frank, der dafür sorgte, dass die Verhandlung nicht in Bayreuth, sondern in Karlsruhe stattfand, und zwar unter Ausschluss der Öffentlichkeit. Angeklagt wurde jedoch nicht Winifred, sondern Knittel, der unter Druck gesetzt alle Schuld auf sich nahm, so dass Winifred aus dem Schneider war. »Die Dinge scheinen … für mich günstig zu laufen«, schrieb sie an Helene Roesener.[3] Doch Knittel musste auf Dauer mundtot gemacht werden, für den Fall, dass er es sich noch einmal anders überlegen würde. Deshalb bat Winifred ihren alten Freund Wolfgang Veil um ein Gutachten, in dem es heißen sollte, Knittel sei unzurechnungsfähig und gehöre in eine psychiatrische Anstalt. Da sie wusste, wie angreifbar sie sich damit machte, stellte sie das Ganze als Akt reiner Freundschaft hin: Als Verrückter würde Knittel nicht weiter verhört werden, und seine Söhne würden ihre »Offizierspatente« behalten, die sie im Fall seiner rechtskräftigen Verurteilung verloren hätten,[4] eine unglaubliche Verdrehung der Tatsachen! Wolfgang Veil verfasste sein Gutachten wunschgemäß, worauf Knittel tatsächlich in eine Anstalt eingewiesen wurde,[5] in welche und für wie lange, habe ich nicht herausfinden können. Ich habe mich im Stadtarchiv Karlsruhe über ihn erkundigt und dort erfahren, dass er am 10. Oktober 1944 in Konstanz gestorben sei. An »Gehirnembolie und Atemlähmung«, wie auf der Sterbeurkunde vermerkt ist.[6] Er war 73 Jahre alt. Sein einst hohes Ansehen war vollkommen ruiniert, so dass in der damals einzigen Tageszeitung von Karlsruhe, »Der Führer«, nicht einmal eine Todesanzeige für ihn erschien.[7]

Friedelind konnte von diesen Hintergründen nichts wissen, zumindest nicht zu der Zeit, in der sie ihr Buch schrieb. Ob sie sie überhaupt jemals erfahren hat, ist die Frage. Hätte sie gewusst, dass auch Knittel ein »Opfer« von Veil war, wäre sie vielleicht etwas gnädiger mit ihm umgegangen …

Germaine Lubin und das Symbol allen Übels

Winifred war also noch einmal mit einem blauen Auge davongekommen. Der »Führer« grollte ihr nicht und verlor über die Angelegenheit Knittel kein Wort. Er war überhaupt bester Stimmung. Stolz auf Wieland, seinen Ersatzsohn, der in diesen Tagen in die NSDAP eintrat. Stolz auf die Organisation »Kraft durch Freude«, die 3000 Festspielkarten aufgekauft hatte, so dass Bayreuth nun endlich auch für den kleinen Nazi erschwinglich wurde. Stolz auf den internationalen Glanz, den Germaine Lubin in die Stadt brachte, *die* Star-Sängerin von der Grand Opéra in Paris, die von einem attraktiven schwarzen Chauffeur begleitet wurde, was in Bayreuth für einiges Aufsehen sorgte.

Sie fühlte sich herzlich empfangen, besonders von Winifred, die einen regelrechten Narren an ihr gefressen hatte. Ebenso Tietjen, der gern und melodramatisch vor ihr niederkniete und ihr die Hand küsste.[8] Sie war 48 Jahre alt, blond, groß, sehr »germanisch« aussehend, Freundin von Hofmannsthal, Richard Strauss, Jean Cocteau und Bruno Walter, hatte ein Faible für deutsche Opern und deutsche Lieder, sang Schumann, Beethoven, Richard Strauss, Carl Maria von Weber und vor allem Wagner, der auch in Frankreich sehr populär war.

Germaine Lubin riss die Zuhörer hin. Nazis und Nicht-Nazis. Die Zeitschrift »Kultur und Leben« schrieb im Juli 1938, sie besäße einen »prächtigen, klangvollen Sopran«, der in allen Registern gleich schön klinge. Ihre Stimme sei »klar wie Glas«, aber auch leidenschaftlich und heftig. Der Rolle der Kundry habe sie etwas »Dämonisches« gegeben, mit einer »bestechenden, flackernden Mimik«, die man von deutschen Sängerinnen nicht kenne.

Am Ende des ersten Zyklus gab Winifred eine Soirée, zu der sie auch Hitler, Goebbels und die Lubin einlud. Die Lubin wollte eigentlich nicht, da sie Hitler »schüchtern und ordinär« fand. Aber Winifred bestürmte sie, doch zu kommen. Sie erschien also mit der für einen Star gehörigen Verspätung, in einem blauen, mit Brillanten bestickten Samtkleid und einem Fuchs-Cape, das von Goldfäden durchsetzt war. Friedelind, die sich mit ihr angefreundet hatte, ging zu ihr und sagte: »Komm, der Führer will, daß du an seinen Tisch kommst!«[9] Hitler sagte nichts weiter Besonderes außer »Frau Kammersängerin, Sie sind eine Verführerin!«, während Goebbels sie unausgesetzt anstarrte.

Friedelind mochte die Lubin, weil sie so schön, exotisch und glamourös war und so wunderbar sang. Frida Leider fiel stark gegen sie ab. Sie war nicht mehr so strahlend und perfekt wie früher, weil sie in ständiger Angst um ihren Mann, Rudolf Deman, lebte, der als österreichischer Jude bislang einen gewissen Schutz genossen hatte, seit dem »Anschluss« aber genauso gefährdet war wie ein »deutscher«. Der Jubel um die Lubin gab ihr den Rest. Sie geriet in eine Stimm- und Nervenkrise und erklärte, dass sie einige Tage Urlaub brauche. Winifred erlaubte es widerwillig. Tietjen aber, der nun umdisponieren musste, explodierte und ließ seine Wut an Rudolf Deman aus, wobei er offenbar laut und ausfallend wurde. Friedelind will einen Teil dieser Unterredung gehört haben und mied Tietjen von nun an konsequent. Er war und blieb für sie das »Symbol allen Übels«.[10]

Liebesreise

Noch vor Ende der Festspiele hieß es: Auf nach Italien! Ein Ruf, dem Friedelind mit Begeisterung folgte. Er kam von einer schönen, eleganten Baronin, Gerta von Einem, die ein teures Auto, einen eigenen Chauffeur und – einen Sohn hatte. Er hieß Gottfried. Er war reich, dunkelhaarig und attraktiv, wenn auch etwas mager und blass, er war Komponist, lernte bei Tietjen, assistierte ihm bei den Festspielen und liebte Wagner. Außerdem war er in ihrem Alter, nur zwei Monate älter als sie, also gerade zwanzig. Was lag näher, als dass die beiden ein Paar würden? Es schien alles so gut zu passen.

Auch Winifred und die Baronin waren dieser Meinung und protegierten die Liaison. Winifred wollte Friedelind gern unter die Haube bringen. Und die Baronin wünschte sich ihren Sohn etwas männlicher, denn er war oft krank und depressiv, neigte zu Selbstmordgedanken, hing viel zu eng an der »Mama«, die aber keine Zeit für ihn hatte. Zu viele Liebschaften, zu viele

Gesellschaften, zu viele Reisen. Man munkelte, dass sie Spionin, eine Art Mata Hari sei und sowohl *für* als auch *gegen* die Nazis arbeite. Eine schillernde Figur. Genau richtig für Friedelind, die in Gottfried eine Art Zwillingsbruder gefunden hatte.

Friedelind spricht in ihrem Buch von einem »netten, jungen Österreicher«, den sie zwar gemocht, aber nur benutzt habe, um von Bayreuth wegzukommen,[11] während von Einem schreibt, sie seien »gewissermaßen … verlobt« gewesen, viel zusammen gereist und hätten sich »hunderte von Briefen« geschrieben, die eine seiner Schwiegermütter später verbrennen ließ.[12] Auf ihren Reisen hätten sie zwar in getrennten Zimmern geschlafen, deren Verbindungstüren aber meistens geöffnet gewesen seien.

Friedelind an die Tanten, Como, den 28. August 1938.

»Eben haben wir auf historischem Boden zu Mittag gegessen … Himmlische Fahrt nach himmlischen Tagen! Herzlich umarmt euch eure Maus.«

Friedelind an die Tanten, Venedig, den 29. August 1938.

»Liebe Tanten, in Milano übernachtet, maestro (Toscanini) heute früh besucht – selig und glücklich ob so viel Schönem! Gestern Mittagspause in Garda, dann über Verona nach Venedig. Er läßt sehr grüßen. War ganz Miezekater! Herzliche Grüße, Eure Maus.«

Auf Bildern aus dieser Zeit sieht man ein junges, strahlendes Paar zwischen Horden von Tauben, er schlank und rank in eng sitzendem hellem Sommeranzug, sie füllig, aber fröhlich im geblümten Sommerkleid mit erstaunlich bravem weißem Kragen, in der Hand ein Stück Kuchen zum Taubenfüttern.[13] Nein, sie waren glücklich, gar keine Frage, zumindest diesen einen italienischen Sommer lang. Die Bilder und Postkarten sprechen eine eindeutige Sprache.

Die Tanten hielten sich in diesem Sommer in Luzern, genauer: in Tribschen auf. Dort stand das Haus, in dem Wagner von 1866 bis 1872 gewohnt hatte, bevor er mit Cosima und den Kindern nach Bayreuth zog. Er hatte es zufällig entdeckt, als er mit Cosima über den Vierwaldstätter See fuhr, und sich sofort entschlossen, es zu mieten. Es war ein ganz besonderer, magischer Ort, dieses Adelspalais aus dem 15. Jahrhundert, weiß, würfelförmig, dreistöckig, von hohen Pappeln umsäumt, auf der Anhöhe einer Landzunge liegend, mit atemberaubendem Blick auf den See und den Pilatus. Bis nach Luzern war es ungefähr eine halbe Stunde zu laufen. Man konnte gemächlich am See entlang promenieren oder den Weg durch Felder und Weiden nehmen, konnte Ausflüge nach Flüelen, Romanshorn, Brunnen oder dem Grütli machen. Der zum Haus gehörende Park war 30 000 Quadratmeter groß und bot von jedem Winkel aus neue, überwältigende Aussichten.

Hier waren Eva und Siegfried geboren. Hier hatte Daniela einen Teil ihrer Kindheit verbracht. Es war ein Haus voller Erinnerungen, voller Geschichte, das Besucher wie Liszt, Ludwig II. und Nietzsche gesehen hatte. Die »Meistersinger« und große Teile des »Ring« waren hier geschrieben worden, das »Siegfried-Idyll«, leider auch die Neuauflage der »Judenbroschüre«. Daniela erinnerte sich noch genau, wie sie dem »Fidi« hier Laufen beigebracht hatte oder wie Cosima mit ihren feinen Stickereien im Garten saß, während Touristen mit dem Fernglas einen Blick auf den Meister zu erhaschen suchten, der in Seidenstrümpfen, Kniehosen und Brokatweste durch den Park wandelte, auf dem Kopf das unvermeidliche Samtbarett als Insignium seines Genies.

Nach Wagners Wegzug hatte das Haus lange leer gestanden. Doch seit 1933 war es Museum. Die Stadt Luzern hatte es gekauft und neu hergerichtet. Im ersten Stock befand sich eine

Wohnung für die »Nachfahren des Meisters«, die fast noch wie zu Cosimas Zeiten aussah, mit französischen Marmorkaminen, Gobelin-Sesseln und alten Gemälden. Hier war der geliebte Fluchtort der Tanten, ihre »Insel der Seligen«, ihr altes Kindheitsparadies. Hierhin reisten sie, wenn sie Bayreuth und die Schwägerin nicht mehr ertragen konnten, besonders im Sommer, während der Festspiele. Adolf Zinsstag, der Baseler Juwelier, Musiker und Wagnerianer, hatte dafür gesorgt, dass die Kustodin des Museums, Frau Beerli, ihren Haushalt führte und sich rührend um ihr physisches Wohl kümmerte.

Das alte Wagner-Haus gilt als Geburtsstätte der Luzerner Festwochen, die in diesem Sommer zum ersten Mal stattfanden. Sie hatten am 18. Juli 1938 begonnen, mit Bruno Walter, Rudolf Serkin, Vladimir Horowitz, Emanuel Feuermann, Bronislaw Hubermann und vielen anderen, die als Juden weder in Bayreuth noch in Salzburg mehr auftreten konnten. Dieses »Gegen-Festival« in der freien Schweiz war eine Idee des Luzerner Stadtpräsidenten, Jakob Zimmerli, der sich übrigens gute Einnahmen davon versprach, denn Touristen aus aller Welt kamen in Scharen.

Am 25. August trat Toscanini dort auf. Im Park von Tribschen. Mit dem Orchestre de la Suisse Romande. Friedelind war wie üblich schon etwas vorher erschienen und hatte von Einem und einen Dirigenten aus Zürich mitgebracht. Gleich nach der Ankunft gab es Krach. Frau Beerli hatte ein einfaches Essen vorbereitet, panierte Scholle mit Kartoffelsalat, danach etwas Obst. Friedelind war pikiert. Sie hatte sich Besseres versprochen. Aber Frau Beerli sagte ihr klar ins Gesicht, sie solle froh sein, dass sie in all dem Trubel überhaupt noch Zeit zum Kochen gefunden habe.[14]

Schon bei den Proben benahm Toscanini sich wie ein Diktator und tat alles, um sich unbeliebt zu machen. Zunächst ließ er den Pavillon, in dem das Konzert stattfinden sollte, wieder abreißen, weil die Akustik ihm nicht gut genug war.[15] Bei strömendem Regen mussten die Arbeiter wieder von vorn anfangen. Dann »befahl« er der Polizeidirektion von Luzern, das Gelände hermetisch abzuriegeln, jeden Luft- und Schiffsverkehr zu verbieten, die Fabriken im weiten Umkreis stillzulegen, den Fußballplatz zu schließen, sämtliche Hunde und Hühner der Gegend einzusammeln, um sie schalldicht verwahren zu lassen, und sogar Eltern von Kleinkindern aufzufordern, Tribschen großräumig zu meiden, damit die Weihestunde nur ja nicht gestört werde.

Das Programm war bis zum Schluss streng geheim gehalten worden. Es enthielt Werke von Rossini, Mozart, Beethoven und Wagner, darunter das »Siegfried-Idyll« als Hommage an den Genius loci. Der frenetische Schlussapplaus war noch nicht ganz verklungen, als Toscanini wie ein Teufel durch den Park flitzte und seinen Taktstock wütend über eine Hecke warf. Dabei schimpfte und fluchte er wie ein Gassenjunge. Niemand wusste, was los war, auch seine Töchter Wally und Wanda nicht, die ihm betreten folgten. Frau Beerli bat die Gäste, zu gehen. Es war eine riesige Enttäuschung, ein Skandal. Erst später erfuhr man, was den maestro so aufgebracht hatte: zwei Blumenbouquets, die zwei junge Mädchen ihm überreichen wollten. Er nahm sie nicht an, sondern schrie: »Non sono una ballerina« – »ich bin keine Ballerina.« Das war Toscanini in Tribschen.

Abschied von Wahnfried

In Venedig trennte sich Friedelind von den von Einems und flog nach Berlin, wo sie ein Visum für Frankreich beantragen wollte. Sie war jetzt entschlossen, Deutschland zu verlassen und sich endgültig in Paris anzusiedeln. Warum nicht in London, ist mir nicht recht klar geworden. Es war ihr dort zwar manchmal zu kalt und zu »businesslike«. Aber sie hatte Freunde in der Stadt, beherrschte die Sprache, hatte sogar ein möbliertes Zimmer, freien Zutritt zur Oper und vielen Konzerten, während sie

Paris nur von einem kurzen Besuch während der Weltausstellung kannte und so gut wie kein Französisch sprach. Vermutlich war es einer ihrer üblichen spontanen Entschlüsse, die sie sich selbst nicht richtig erklären konnte. Ein »Visum, diesmal für Frankreich«, heißt es lapidar in ihrem Buch.

Und warum überhaupt Emigration? War es ein Plan, der langsam reifte, gab es einen konkreten Auslöser, einen Anlass? Ich habe oft darüber nachgedacht und kann nur sagen: Ich weiß es nicht. Auch in ihrem Buch sucht man vergeblich danach. Nur an einer Stelle findet sich ein schwacher Hinweis. Es geht wieder mal um Bayreuth, wieder mal um die Familie, genauer: um ein Essen, zu dem Frida Leider die Geschwister einlud, um die düstere Stimmung im Haus zu verbessern. Friedelind hatte sie heftig davor gewarnt. Es habe keinen Zweck. Wenn sie mit Wieland allein sei, sei er ganz nett, in großer Runde aber unausstehlich, jedenfalls zu ihr, Friedelind. Der Abend werde bestimmt ein Desaster. Tatsächlich kam es, wie sie befürchtet hatte. Zumindest schien es ihr so, dass Wieland und Wolfgang sich gegen sie verschworen und sie zum »schwarzen Schaf, zum Rebell« machten, während Verena sich still und passiv verhielt. Da sei ihr Entschluss gereift, völlig mit Deutschland und ihrer Familie zu »brechen«. Und zwar weniger um ihrer selbst als um Verenas willen, der sie im Ausland einen sicheren Ort bieten wollte, »wenn es je erforderlich sein sollte«.[16] Eine krause Begründung, die den Eindruck vieler Zeitgenossen bestätigt, dass sie im Grunde nicht vor Hitler, sondern vor ihrer Familie floh.

Nachdem sie die Formalitäten in Berlin erledigt hat, kehrt sie, mit dem Visum in der Tasche, noch einmal nach Wahnfried zurück, um ihre Sachen zu packen. Winifred und die Geschwister sind nicht da. Sie sind in Nussdorf. So hat sie das Haus ganz für sich allein, geht durch den Park, sitzt lange in der Bibliothek, betrachtet die Porträts ihrer Vorfahren, geht den Kastanienweg entlang, streift die Büste Ludwigs II. im Vorgarten, trifft alte Freunde, hört Radio, hört noch einmal Hitlers knarrende Stimme, die erklärt, dass er das Sudetenland »heim ins Reich« holen wolle. »Ich hatte nun große Eile, aus Deutschland fortzukommen, um in der Lage zu sein, offen gegen den Nazismus zu kämpfen.«[17] Also doch: ein politischer Entschluss? Vielleicht auch. Aber nur ein ganz kleines bisschen. Es bleibt alles sehr widersprüchlich, sehr inexplizit und vor allem: von großer Traurigkeit überschattet. Denn in diesen Tagen muss sie immer wieder an das »fast vergessene kleine Mädchen Friedelind« denken, das »hier vor Jahren gelebt hatte« und nach dem Tod seines Vaters nie mehr richtig glücklich geworden war. Es klingt, als spräche sie von einer fremden Person.

Noch einmal Veil

Ausgerechnet jetzt läuft ihr noch einmal Wolfgang Veil, ihr alter Quälgeist aus Jena, über den Weg, derselbe Mann, der ihr so viel unnötigen Schmerz zugefügt hatte. Man erzählte ihr, dass Lieselotte Schmidt bei ihm in Behandlung sei, Winifreds rechte Hand und *ihr* Kinderfräulein, das sie immer von Herzen gehasst hatte. Sie hatte vor längerer Zeit einen schweren Unfall gehabt, der eine Reihe von Gesichtsoperationen notwendig gemacht hatte. Verschiedene Ärzte hatten sich an ihr versucht. Ohne Erfolg. Ihr einst hübsches Gesicht blieb entstellt und sie litt weiterhin unter starken Schmerzen. Winifred schickte sie zu ihrem alten Freund, Wolfgang Veil, der sie, so Friedelind, wochenlang unter Luminal setzte.[18] War auch sie zur Belastung geworden? Hatte sich die einst Unersetzliche in eine Invalidin verwandelt, die den reibungslosen Ablauf der Festspiele störte? Friedelind stellt es so dar, dass Winifred sie mehr oder weniger abschob. »Ihre Stimmung besserte sich etwas, als das Mädchen aus dem Haus war.«[19] Als Lieselotte nach Wochen aus Jena zurückkam, sei sie völlig verändert gewesen, unsinnig vor sich hinplappernd, unfähig, einem Gespräch zu folgen, von schlimmen Hautausschlägen gequält, furchtbar dick geworden. Also wieder zu Veil. Wieder nach Jena. Dort starb sie im August 1938.

Als Friedelind das hörte, will sie sofort nach Jena gefahren sein und Veil zur Rede gestellt haben. Er sei sehr verlegen gewesen, habe von einer »Infektion … in ihren gebrochenen Knochen« gesprochen. Friedelind glaubte ihm nicht. Sie glaubte, dass Lieselotte an den Folgen *seiner* Behandlung gestorben sei, Tod durch Luminal, das sie nicht vertrug, das bei ihr Verwirrtheit, Leberfunktionsstörungen und Hautallergien verursacht hatte, die heute als »toxisch epidermale Nekrolyse« bekannt sind. Sie will auch den Eltern, dem Ehepaar Schmidt, beigestanden, sie zum Essen eingeladen, ihnen Wein vorgesetzt haben, bis sie sich ein wenig beruhigt hätten, will die Beerdigung organisiert, Winifred informiert haben, die sich aufgrund ihrer bekannten »Abscheu vor Begräbnissen« zunächst geziert habe, dann aber doch noch gekommen sei, zusammen mit Betty.[20]

Das klingt alles, als seien sie beste Freundinnen gewesen, Friedelind und Lieselotte, was sie nun wahrlich *nicht* waren, ganz im Gegenteil, weshalb verschiedene Autoren die Geschichte weder glauben noch referieren.[21] Vielleicht stimmt sie wirklich nicht. Aber was bedeutet das schon? Unstrittig ist, dass Lieselotte Schmidt in der Klinik Veil zu Tode kam und dass Friedelind in den letzten Tagen ihres Aufenthalts in Wahnfried noch einmal mit einem der schrecklichsten Kapitel ihres Lebens konfrontiert wurde, was ihren Entschluss zu emigrieren bestärkt haben mag.

Ein letztes Mal Heiligengrabe

Nach einer dramatischen Szene mit Winifred fährt Friedelind noch in der Nacht nach Berlin, um sich von alten Freunden zu verabschieden. Dazu zählen auch die Lehrerinnen von Heiligengrabe, denen sie näher steht, als sie in ihrem Buch zugeben mag. Die Äbtissin Elisabeth von Saldern ist allerdings vor knapp vierzehn Tagen mit erst sechzig Jahren gestorben, nach »langem, mit christlicher Geduld ertragenem Leiden«, wie es in der Todesanzeige der Schule hieß.[22] In »Nacht über Bayreuth« stellt Friedelind sie als NS-Sympathisantin dar, aber in Wirklichkeit hatte sie unter dem Nationalsozialismus schwer gelitten. Zunächst hatte sie versucht, so zu tun, als sei nichts geschehen. Keine Rassenkunde, kein Hitlergruß, keine Fahnen. Doch im Kollegium gab es Kräfte, die ihr schaden wollten, einen Pfarrer, der zu den »deutschen Christen« gehörte, eine Deutschlehrerin, Autorin von völkischen Blut- und Bodenromanen.[23] Sie war NS-Frauenschaftsführerin im Nachbardorf Techow und beeilte sich, eine BDM-Sektion an der Schule zu gründen, der auch Friedelind beitrat, was sie allerdings in ihren Memoiren bestreitet.[24] Auf einem Foto mit der Bildunterschrift »Aufmarsch des Bundes Deutscher Mädel in Heiligengrabe, 1934« ist sie deutlich zu erkennen, zweite Reihe links außen, die Hand zur Faust geballt, glücklich strahlend, ein dicker Zopf baumelt ihr über der Brust, sie trägt die Bluse, den Faltenrock und die Schleife des BDM.[25]

Die Äbtissin bangte damals um ihre Existenz, um das Schicksal der alten Schule, der die »Gleichschaltung« drohte. Als Winifred im Mai 1934 zu Besuch kam, klagte sie, eine »Verschwörung« sei gegen sie im Gang. Winifred versprach zu helfen, aber es war schon zu spät. Denn ein Sohn des Pfarrers hatte sich auf den Weg nach Potsdam gemacht, um Anzeige beim Gestapo-Chef zu erstatten. Er erzählte, die Äbtissin habe gesagt, der Reichsjugendführer Baldur von Schirach sei ein »junger Schnösel«, der »Judenboykott« eine »Kulturschande« und die Gründung der BDM-Sektion ein Schandfleck in der Geschichte der Schule.[26]

Im August 1934 wurde die Äbtissin wegen »staatsfeindlicher Äußerungen« zur Vernehmung befohlen. Sie gab alles zu. Der Schule drohte die Schließung, ihr selbst das KZ. Die Gestapo erwog, den »Führer« zu informieren. Da griff Winifred ein und verfasste Denkschriften, die sie an einflussreiche Persönlichkeiten schickte. Darin stand, dass Friedelind gern auf diese Schule gehe und sich noch nie über »anti-nationalsozialistischen Geist« beklagt habe.[27]

Doch die Gestapo ließ nicht locker, schickte ihre Schergen in den Geschichts- und Biologie-Unterricht, reklamierte das Fehlen von »Rassenkunde« und anderen »deutschen« Inhalten, sorgte dafür, dass ein neuer Pfarrer eingestellt wurde, der im Unterricht offen für Euthanasie warb und den Mädchen erklärte, Gott der Allmächtige habe zwei Söhne, »Jesus« und den »Führer«.[28] Bald gehörten alle Schülerinnen dem BDM an. Die Schule war »gleichgeschaltet«, der Alltag bestimmt von Bespitzelung, Denunziation und den Ritualen des Nationalsozialismus. Nachdem fast alle Lehrerinnen dem NS-Lehrerbund beigetreten waren, zog sich die Äbtissin aus der Schulleitung zurück. Das Grußwort zum sechshundertfünfzigjährigen Jubiläum des Stiftes zu schreiben überließ sie einer Kollegin.[29] Ein Jahr später war sie tot.

»Eine Sammlung von Ansichtskarten«

Friedelind hat sich in Berlin wieder mit Gottfried von Einem getroffen, der sie auf ihren Fahrten durch die Mark Brandenburg begleitet. Sie regt ihn an, eine Oper zu schreiben: »Hamlet«. Vielleicht doch eine Nachwirkung der Inszenierung mit Gründgens? Von Einem jedenfalls ist entflammt. »Maus hat mir einen wahren Brand angezündet mit jener Idee einer Oper«, schreibt er in sein Tagebuch.[30] Das ist, wie sich später zeigen wird, eine ihrer Hauptbegabungen: *andere* durch ihr Temperament mitzureißen, sie zu inspirieren, für etwas zu begeistern, ihre Talente, ihre Stärken aufzuspüren, sie zu fördern. Genau deshalb wird man sie später einmal eine Ziehmutter der modernen Oper nennen.

Obwohl es ihr schwerfällt, sich von Gottfried zu trennen, ist sie froh, als sie endlich in Paris ist. Sie mietet sich im Hotel Bedford, einem erstklassigen Haus an der Rue de l'Arcade, ein, nicht weit vom Boulevard Haussmann und der Place de la Madeleine, nur wenige Minuten zur Oper. Von hier aus schreibt sie ihren ersten Exil-Brief an die Tanten.

Es ist der 14. September 1938, ein Tag vor dem Gespräch zwischen Hitler und Chamberlain auf dem Obersalzberg, in dem die Lage der Tschechoslowakei diskutiert werden soll. »Die politische Situation verschlechtert sich rapide«, schreibt Friedelind. »Gestern gab es wieder sieben Morde in der Tschechei … Es hängt jetzt alles vom Führer ab!«[31]

Es hängt alles vom Führer ab – war das ihr Ernst? Wahrscheinlich. Denn der Brief klingt nicht gerade sehr ironisch. Es ist offenkundig, dass sie Angst hat, Angst vor weiterer Eskalation, vor dem Krieg. »Man selbst ist ja nur eine winzige Kegelfigur in des Schicksals Hand.« Sie fährt nach Versailles, setzt sich auf eine Parkbank, genießt die Sonne, will nur noch »vergessen«. Doch als sie zurückkommt, sieht sie an den Kiosken Schlagzeilen, die nur *ein* Thema behandeln: den »Fuehrer«, »Maréchal Goering«, den Reichsparteitag von »Nuremberg«, »Le Reich« und »La Guerre«. Friedelind fühlt sich plötzlich sehr fremd und weiß nicht, ob es gut ist, »unter solchen Umständen« im Ausland zu sitzen.

Doch andererseits ist es auch wieder schön, weil sich ihr sofort sämtliche Türen öffnen: Germaine Lubin, der Direktor der Grand Opéra, die Dozenten der Sorbonne – alle reißen sich um sie, weil sie eine »Wagner« ist, und bemühen sich, ihr das Leben so angenehm wie möglich zu machen. Sie braucht nicht für ihr Essen zu sorgen, sich um den nächsten Tag keine Gedanken zu machen. Sie wird immer eingeladen, ob zum Frühstück, ins Restaurant, in Landhäuser, Schlösser, in die Oper. Fast alle kennen sie aus Bayreuth. Jeder weiß, dass sie »Mausi« heißt. Jeder kennt Winifred, Tietjen, die Geschwister. »Ich war etwas klug und vorausschauend diesen Sommer und habe mich mit besonderer Liebenswürdigkeit unseren französischen Gästen gewidmet«, schreibt sie an die Tanten. »Auf die Art habe ich jetzt schon einen schönen Kreis feiner und gebildeter Menschen, die alle sehr rührend zu mir sind.«[32]

In den ersten Tagen ist es sehr heiß in Paris, so dass die Lubin sie einlädt, in die Auvergne zu kommen. Sie hat dort ein Landhaus »mit sehr kultivierter Atmosphäre«, in dem sie mit Kindern, Hunden, Personal und einem Liebhaber lebt, alles sehr unkonventionell und exotisch, die komplette Gegenwelt zu Haus Wahnfried. Friedelind verliebt sich ein bisschen in die Lubin, so wie sie sich früher in Frida Leider oder Lady Cholmondeley verliebt hatte, weniger in die »Frau« als in die »Mutter«. Denn das ist ihr größtes Defizit: Mutterliebe.

Wenn die Lubin in Paris ist, sieht Friedelind fast jede ihrer Vorstellungen und teilt den Tanten ihre Begeisterung mit: »Ideal, schön und edel aussehend, feurig, seelenvoll und warm« in Glucks »Alceste«, eine großartige Schauspielerin.[33] Sie freue sich schon auf ihre Bayreuther Isolde von 1939. Also doch ein Gedanke an Rückkehr?

Andere Künstler werden weniger gnädig von ihr behandelt. Adolf Fischer zum Beispiel, der in der Grand Opéra den »Tristan« singt, im Wechsel mit Joachim Sattler, einem Sänger aus Hamburg, der schon in Siegfrieds legendärem »Tannhäuser« von 1930 aufgetreten war, was Friedelind aber offenbar nicht mehr weiß. Der eine ist ein »süßlicher Waschlappen« und »alberner dummer Liebhaber«, der andere der Prototyp eines »eingebildeten Tenors«, der seine Einsätze verfehle. Der Dirigent, Franz von Hoesslin aber, eine Persönlichkeit ohne »Charakter, Feuer, Temperament usw.«, mit einem Wort: »eine Null«, und mit »Nullen« habe sie nun wirklich nichts zu tun! [34] Beispiele dieser Art könnte ich fortsetzen.

Es sind hochverdiente Künstler, über die sie spricht, fast alle schon in Bayreuth aufgetreten, mit Winifred oder Siegfried persönlich bekannt, zum Teil als Juden oder »jüdisch Versippte« zur Flucht gezwungen und von schwerer Existenznot bedroht. Franz von Hoesslin zum Beispiel, der in Breslau beschimpft, bespuckt und geschlagen worden ist, weil er mit einer Jüdin verheiratet war und sich weigerte, das Horst-Wessel-Lied zu dirigieren. Friedelind nennt ihn also eine »Null«! Schlimmer geht es ja kaum. Woher nimmt sie die Kompetenz, die fachliche Vorbildung, so zu urteilen? Woher die eigene musikalische Praxis und Erfahrung? Man kann diesen »Ton« vielleicht teilweise ihrer Jugend zuschreiben. Andererseits handelte es sich wohl um einen typischen »Familien-Ton«, »eine Art Hochmut«, wie es die Sängerin Anja Silja im Gespräch mit mir nannte, den sie mehr oder minder alle gehabt hätten, Wieland nicht ausgenommen.

Eines Tages erscheint Gottfried von Einem in Paris, um Friedelind zu besuchen. Er hat ihr geschrieben, dass man seine Mutter verhaftet hat. Am 28. September morgens beim Frühstück im Hotel Adlon. Was man ihr vorwirft, ist unklar. Von Devisenvergehen und Landesverrat ist die Rede, von einem Komplott mit dem Chef des »Figaro«, in das auch Göring verwickelt sein soll. Auch Gottfried selbst ist verhört worden, immer und immer wieder. Jetzt steht er plötzlich vor der Tür ihres Hotels.[35] Sie mieten ein Auto, brausen »an einem sonnenüberfluteten Göttertag« nach Chartres, sehen schon aus der Ferne die Kathedrale, »die sich fast weiß gegen den blauen Himmel abhebt, jedes Fenster ein neues Kunstwerk mit neuen Farben, Mustern, Motiven, und dann die Größe – die Einfachheit – die emporragenden Säulen, die wuchtig und doch leicht wirken … es ist solch ein göttliches Gotteshaus!«[36]

Solche Briefe zeigen: Sie kann wunderschön formulieren, sehr plastisch, sehr bildhaft, manchmal fast in Gedichtform, mit feinem Gespür für Landschaft und Architektur, das ganz neu für sie ist. Eine starke literarische Begabung ist zu erkennen. Man fühlt sich an die Reisetagebücher ihres Vaters

Siegfried erinnert. Ihr Leben in dieser Zeit sei »wie eine Sammlung von Ansichtskarten« gewesen, schreibt sie in »Nacht über Bayreuth«. Aber nicht alle seien so schön gewesen wie diese.[37]

»Protestlisten«

Am 7. November 1938 erschien der siebzehnjährige Herschel Grynszpan in der deutschen Botschaft in Paris und verlangte, einen leitenden Diplomaten zu sprechen. Obwohl er zerlumpt, hungrig und vor allem sehr jüdisch aussah, führte man ihn zu einem Legationssekretär, Ernst vom Rath. Ohne auch nur ein einziges Wort mit ihm zu wechseln, zog Grynszpan einen Revolver und gab fünf Schüsse ab, die vom Rath in Schulter und Milz trafen. Dann ließ er sich verhaften und gestand alles. Ernst vom Rath starb kurze Zeit später an seinen Verletzungen.

Für Goebbels kam dieses Attentat gerade recht. »In Paris hat ein polnischer Jude Grynszpan auf den deutschen Diplomaten vom Rath … geschossen …«, schreibt er in sein Tagebuch, »aus Rache für die Juden. Nun aber schreit die deutsche Presse auf. Jetzt wollen wir Fraktur reden. In Hessen große antisemitische Kundgebungen. Die Synagogen werden niedergebrannt. Wenn man jetzt den Volkszorn einmal loslassen könnte!«[38]

Schon am nächsten Tag lagen in der Botschaft Protestlisten gegen den »Meuchelmord« aus. Friedelind soll sich darin eingetragen haben. Das behauptet zumindest Erich Ebermayer in seinem vielgelesenen Buch »Magisches Bayreuth« aus dem Jahr 1951. Wörtlich heißt es: »Wie zerrissen … ihre Haltung ist, lehrt die Tatsache, dass sie im Spätherbst 1938 anlässlich der Ermordung des deutschen Botschaftsangehörigen vom Rath in Paris ihren Namen in die … Protestliste gegen diese Tat eines Juden einträgt. Die Ermordung vom Raths aber wird bekanntlich der Anlass zur ersten wirklichen großen Jagd auf das Judentum in Deutschland.«[39]

Diese Beschuldigung hat mir keine Ruhe gelassen, und ich bin ihr auf allen denkbaren Wegen nachgegangen. Zunächst wandte ich mich an Dr. Stefan Martens vom »Deutschen historischen Institut« in Paris, das seit den neunziger Jahren eng mit französischen Institutionen zusammenarbeitet und die Beziehungen beider Länder während der NS-Zeit erforscht. Er verwies mich ans Politische Archiv des Auswärtigen Amtes in Berlin, das die Akten der ehemaligen Deutschen Botschaft in Paris aufbewahrt.[40] Dort erhielt ich von der zuständigen Archivarin, Frau Annegret Wilke, die Nachricht, dass »für eine frühere Anfrage nach der angeblichen Eintragung von Frau Friedelind Wagner ... bereits einschlägige Akten und Register« durchsucht worden seien, und zwar: »Politische Abteilungen«, »Rechtsabteilung«, »Handakten Kruemmer«, »Botschaft Paris«, »Personalakten vom Rath«, und dass dabei »keine Hinweise auf eine Eintragung ermittelt werden« konnten. Die Kondolenz- bzw. Protestlisten seien nicht mehr erhalten und es sei »nicht nachvollziehbar, wer sich darin eingetragen« habe.[41]

Hat sie sich also eingetragen oder nicht? Weder das eine noch das andere ist nachzuweisen. Wenn es auch zu ihrer ambivalenten Haltung passen würde, *dass* sie sich eintrug, vielleicht bestärkt durch die französische Presse, besonders »Le Figaro«, die das Attentat aufs Schärfste verurteilte,[42] so kann doch von einer »Tatsache« nicht gesprochen werden, wie es Ebermayer ohne jeden Quellenbeleg tut. Er hatte Friedelind schon nicht leiden können, als sie noch klein war und sich bei Tisch unmanierlich benommen hatte.[43] Nach dem Krieg wurde er Winifreds Rechtsanwalt, was er dem Leser allerdings verschweigt, war also hochgradig voreingenommen. Außerdem hatte er gute Gründe, sich bei ihr einzuschmeicheln, von denen später noch die Rede sein wird.[44]

9. November 1938. Später Abend. Vor der Bayreuther Synagoge auf der Münzgasse neben dem alten Markgräflichen Opernhaus hat sich eine größere Menschenmenge versammelt, die sich anschickt, das Gebäude zu stürmen. Es ist ein schöner, schlichter Barockbau aus dem Jahr 1760, der mit dem Opernhaus ein harmonisches Ensemble bildet, ohne Prunk und Zierrat, ohne Schutzmauern und Zäune, denn die Synagoge gehört zur Stadt wie die Stadtkirche, das Festspielhaus oder Haus Wahnfried. Die Bayreuther Judengemeinde ist alt, ungefähr 600 Jahre. Sie ist eine der ältesten und größten in Bayern. Nie hat es hier ein Ghetto, ein »Judenviertel« gegeben. Die jüdischen Bayreuther wohnten Tür an Tür mit den christlichen, weil sie gut integriert waren und mit Stolz auf die liberale Markgräfin Wilhelmine, eine Schwester Friedrichs des Großen, verwiesen, die sie besonders geschützt und gefördert hatte. Doch jetzt wird die Synagoge gestürmt, das Innere demoliert, der riesige Kronleuchter zerschlagen, die Frauenempore abgerissen, ein Kultgegenstand nach dem anderen auf die Straße geworfen. Und dann plötzlich: Ruhe. Polizei rückt an, Löschfahrzeuge. Die Plünderer werden daran gehindert, Feuer zu legen, werden vertrieben. Nach gut einer Stunde ist die »Aktion« beendet. Die Synagoge von Bayreuth bleibt als eine der wenigen Deutschlands äußerlich unversehrt, weil der Bürgermeister sein Veto eingelegt hatte, um das benachbarte Opernhaus zu schützen, das heute zum Weltkulturerbe gehört. Winifred soll ihn bei seinem Vorgehen unterstützt und noch nachts um Sondererlaubnis des »Führers« gebeten haben.[45]

Die Reichspogromnacht ist damit aber für die Bayreuther Juden noch nicht zu Ende. Nach Mitternacht ziehen SS-Trupps noch einmal los, demolieren die wenigen noch existierenden jüdischen Geschäfte, darunter den »Nürnberger Basar« auf der Richard-Wagner-Straße, dringen in Wohnungen ein, stehlen

Bargeld und Schmuck, reißen Bewohner aus dem Bett, schlagen sie nieder und bringen sie in die großen Viehstallungen der Rotmainhalle,[46] wo sie bis zum nächsten Tag festgehalten werden. Vierzig werden entlassen, zwanzig »dauerhaft festgesetzt«.[47] Die Lokalpresse jubelt über diesen »spontanen Ausbruch der Volkswut«, der die »Bayreuther Judenschaft in panischen Schrecken versetzt« habe, »zweifellos ... eine gesunde Reaktion auf die Empörung über den feigen Mord des Judenbengels Grünspahn an dem Legationsrat vom Rath.«

Noch immer gehen viele Briefe zwischen Friedelind und den Tanten hin und her, aber in keinem wird der Pogrom auch nur ansatzweise erwähnt. Sie tun so, als sei gar nichts geschehen, die Tanten wie Friedelind. Das Argument »nichts gewusst« greift hier nicht, denn die Tanten waren zu dieser Zeit in Bayreuth und Friedelind konnte am 11. November in allen Zeitungen lesen, dass sich eine »Art Wahnsinn« über Deutschland ausgebreitet habe, dass »hasserfüllte Mengen« in Berlin und anderswo Synagogen niedergebrannt, Wohnungen gestürmt und Geschäfte geplündert hätten, auch das Autohaus Citroën auf dem Kurfürstendamm, dass Ausländer, die versucht hätten, zu fotografieren, festgenommen worden seien und 6000 Münchener Juden innerhalb von 48 Stunden Deutschland verlassen müssten.[48] Selbst der »Figaro«, der die Ermordung vom Raths entsetzt kommentiert hatte, war fassungslos ob dieser »Bartholomäus-Nacht«, die an die Zeit der Hexenverbrennungen und Pest-Pogrome erinnere.

Warum kein Aufschrei von Friedelind? Kein Wort der Empörung? Kein Zeichen von Mitgefühl? Vielleicht aus Angst vor Zensur, vor Schikane? Mag sein. Aber eine *kleine* Anspielung wäre doch wohl möglich gewesen, ein versteckter Kommentar, eine Äußerung der Besorgnis? Nein. Nichts dergleichen. Es wirkt eher im Gegenteil, als ob die Hetz-Propaganda angesteckt hätte, denn plötzlich ist in ihren Briefen wieder von *den* »Juden« die Rede, und zwar nicht nur in freundlicher Absicht. So regt sie sich darüber auf, dass der »Jude (Victor de) Sabata«, Toscaninis Nachfolger an der Mailänder Scala, 1939 als »neuer deutscher Gott« in Bayreuth dirigieren werde, was man sich wohl als »schauerliche Tortur« vorstellen müsse.[49]

Hitler persönlich soll ihn für »Tristan und Isolde« nach Bayreuth geholt haben – als Zeichen der deutsch-italienischen Freundschaft. Und das *kritisiert* Friedelind? Dass ein »Jude« den *Tristan* dirigiert, in *Bayreuth?* Dass Winifred und Hitler zu *judenfreundlich* in ihrer Besetzungspolitik sein? Das wäre wirklich empörend und schockierend, wenn es in demselben Brief nicht auch ganz andere Äußerungen gäbe: Über Artur Schnabel, dessen Schubert-Spiel ein »Freudenfest« für sie gewesen sei«,[50] oder über Horowitz, der ihr einen der »ganz, ganz großen Eindrücke« ihres »jungen Lebens« vermittelt habe. Er habe Scarlatti, Brahms, Schumann und Liszt in der Salle Pleyel gespielt und sie die »traurige Erde« für kurze Zeit völlig vergessen lassen.[51]

Im eigenen Reich

Ende November jubelt sie, dass sie endlich eine eigene Wohnung habe, Rue Mansart, in der Nähe vom Montmartre, mit Blick über die Dächer bis Sacre-Cœur. Die Place Pigalle und der Boulevard Clichy sind in der Nähe. Es gibt Buchläden, Restaurants, Cafés, Antiquitätenhändler, Friseure. Endlich scheint ihre Odyssee, ihre Ruhelosigkeit zu Ende zu sein. Zum ersten Mal seit dem Tod ihres Vaters hat sie einen Ort, der ganz »ihrer« ist, wo sie hingehört. »Ich fühle mich wirklich ganz daheim und bin furchtbar stolz auf diese meine erste selbständige Wohnung unter eigener Regie in meinem Leben!« Sie hat eine »femme de ménage«, die zum Saubermachen kommt, ein Klavier, auf dem Vasen mit frischen Blumen stehen, hat sich Bücher und Klavierauszüge beschafft, isst mittags im Restaurant, aber morgens und abends zu Hause, ein kleines Obst-Mahl, wie sie den Tanten schreibt.[52] Offenbar versucht sie schon wieder, eine Diät zu machen. Wespentaille, rasierte Augenbrauen, schmale Kleider mit Leopardenmuster, ondulierte Haare, lange Jacketts – die Pariserinnen von 1938 sind chic und schlank, da können die Ladys aus London nicht mithalten.

Noch immer ist von irgendeiner »Arbeit« keine Rede, so dass man sich fragt, wer das alles bezahlte? Dem Dossier, das das britische »Home office« in Zusammenarbeit mit der »Metropolitan Police« über Friedelind anlegte,[53] ist zu entnehmen, dass sie offenbar von einer Art »Mischkalkulation« lebte: 3000 Dollar hatte sie sich von der Baronin von Einem geliehen, »sechzehn Pfund« monatlich soll Winifred ihr geschickt haben.[54] Nach heutigem Wert wären das 973 Euro gewesen, die sie im Monat zur Verfügung hatte, dazu kamen rund 35 000 von der Baronin, die wohl als Startkapital für ihre Emigration gedacht waren. Davon war ein recht luxuriöses Leben möglich. Winifred, mit der sie nicht so radikal gebrochen hatte, wie sie es in ihrem Buch darstellt, wusste vermutlich nichts von diesem »Darlehen«, sonst hätte sie *ihre* Zahlungen an Friedelind gekürzt. Der Kontakt war also immer noch da. Winifred schrieb und bemühte sich um »Beweise … mütterlicher Zuneigung«, während Friedelind fortfuhr, ihr Vorwürfe zu machen. Neuerdings den, dass sie »Verleumdung über Verleumdung« über sie ausbreite.[55] Zu Weihnachten, erklärte Friedelind, werde sie *nicht* nach Bayreuth kommen, und täuschte eine schwere Erkältung vor.[56] Allerdings bat sie darum, ihr einen Adventskranz zu schicken, da man dererlei im katholischen Paris schwer bekomme.

Isabella Valli und Coggie Margetson kommen aus London zu Besuch. Sie machen viel Unsinn miteinander, sind endlich einmal wieder richtig »jung«, verkleiden sich wie in Kindertagen mit Kochtöpfen als Kundry und Brünnhilde, singen Arien aus »Carmen« und den »Meistersingern«, trauen sich, über Wagner, Bizet und all die anderen großen »Meister« zu lachen. Zwischendurch lernt sie Französisch, bleibt vor Plakaten stehen, deklamiert, was sie liest, berauscht sich an der seltsamen Schönheit dieser Sprache. Eine herrliche, wenn auch leider viel zu kurze Zeit!

Im Januar 1939 bekommen die Tanten einen Brief, in dem sie ankündigt, dass sie für dieses Jahr »schwerwiegende« Entscheidungen getroffen habe. Dabei gehe es allerdings nicht, wie sie vielleicht dächten oder hofften, ums Heiraten.[57] Mehr schreibt sie nicht.

Ende der Idylle

Am 30. Januar 1939 erklärt Hitler im Reichstag, die »jüdische Rasse« werde im Falle eines Krieges »vernichtet« werden. Am 15. März marschieren seine Truppen in die Tschechoslowakei ein und machen sie zum »Protektorat Böhmen und Mähren«. Die Aktion verläuft kampflos, wird aber von England und Frankreich als expansiver Akt und Verstoß gegen das Münchner Abkommen gewertet. Die französischen und englischen Botschafter verlassen Berlin. Chamberlain, bisher um gute Beziehungen bemüht, stellt sich nun offen gegen Hitler. Acht Tage später: Einmarsch ins Memelgebiet. In Polen werden Truppen mobil gemacht. Auch Frankreich rüstet sich offenbar zum Krieg.

»La France forte et guérie!«[58]

Friedelind kann jetzt genug Französisch, um in den Tageszeitungen alles genau zu verfolgen.

Zwischen den Tanten und ihr wird es stiller und stiller. Kein Streit, nein, sie schreiben sich einfach weniger, weil sie alle drei zutiefst verwirrt sind und nicht mehr wissen, was sie sich eigentlich sagen sollen. Wer steht jetzt wo? Wer denkt was? Die Tanten sind durchaus nicht *für* einen Krieg, sondern verfolgen die »Entwicklung dieser fieberhaften Zustände« mit großer Angst, da sie das alles ja schon einmal erlebt haben. Sie beobachten »mit Grauen«, wie Soldaten durch die Straßen ihrer Stadt transportiert werden.[59] Sie haben begriffen, dass die

Juden in größter Gefahr sind, und fahren trotz Alter und Kälte nach Heidelberg, wo ihre jüdische Freundin, Violetta von Waldberg, lebt, die seit dem Tod ihres Mannes, des Germanisten, völlig schutzlos ist, aus ihrem schönen Haus ausziehen musste und in »irgendeinem Schlupfwinkel« unterzukommen versucht.[60] Sie riskieren viel. Aber nicht in Briefen an Friedelind. An Adolf Zinsstag in der Schweiz schreiben sie dagegen fast verblüffend offen und ehrlich. Trauen sie Friedelind nicht mehr? Wissen sie nicht mehr, was sie von ihr halten sollen? Irritiert sie ihr dauerndes Hin und Her zwischen Applaus für den »Führer« und Emigration, zwischen Diskreditierung und Verklärung von »Juden«?

Kurz vor Friedelinds 21. Geburtstag im März 1939 steht plötzlich Winifred vor der Tür, um ihre Volljährigkeit mit ihr zu feiern. Wieland ist mit ihr gekommen. Es ist Schock und Freude zugleich. Sie spazieren durch Paris, machen Einkäufe, gehen ins Kino, in die Oper. Es bleibt friedlich, aber nichtssagend. Kein Disput, aber auch keine Umarmung. Winifred spricht, so scheint es Friedelind, hauptsächlich von Betty, die sich prächtig entwickle, was Friedelinds alte Wunden wieder aufreißt. Als sie abfahren, ist sie enttäuscht, dass sie »ihr aufrührerisches Kind« nicht einmal »ans Herz gedrückt« hat.[61]

Mit der Pariser Idylle ist es nun vorbei. Friedelind fühlt sich enttarnt, nicht mehr sicher, bricht, wie so oft, alles hinter sich ab, verlässt ihre Pariser Wohnung und fliegt wieder nach London. Niemand weiß, wo sie ist. Niemand hört mehr etwas von ihr, weder Winifred noch die Tanten. Die in ihrer Ratlosigkeit etwas näher zusammenrücken und sich Briefe schreiben, deren Thema »Friedelind« ist. Im Juni gratuliert Daniela Winifred zum Geburtstag – zum ersten Mal seit neun Jahren. Winifred dankt für ihr »gütiges Gedenken« und klagt, dass sie von »Mausi« weder eine Adresse noch einen Glückwunsch bekommen habe. Daniela schreibt sofort ohne jede Häme zurück, auch sie selbst sei »seit viereinhalb Monaten ohne jedes

Lebenszeichen von Mausi«. Eine Bekannte habe ihr gesagt, dass sie sie in London gesehen habe. Sie sei wahrscheinlich wieder in Paris. Oder auch nicht. »Gott weiß, was vorgefallen ist oder in ihrem Inneren vorgeht, und ich kann nur hoffen, dass dieses Unerklärliche und Traurige sich bald lösen möge.«[62] Offenbar denkt sie dabei an sich selbst und ihre Neigung zu psychotischen Episoden.

Endlich, am 1. Juli 1939, wieder ein Lebenszeichen. Es kommt nicht aus Paris, sondern aus London, Lyncroft Gardens, wo Friedelind sich ein kleines möbliertes Zimmer gemietet hat. Sie behauptet, den Tanten immer wieder geschrieben zu haben, aber ihre Briefe seien wohl bei »Herrn Himmler« versandet. Sie sei schon seit April wieder in England, das ihr nun doch viel besser als Frankreich gefalle, ihr französisches Blut sei nicht sehr entwickelt »und der Franzose im Allgemeinen« nicht ihr Geschmack. Ihren Pariser Plan, Pianistin zu werden, habe sie aufgegeben. Stattdessen schreibe sie jetzt an einer Novelle. Es gehe dabei um das Schicksal einer Kranken, das sehr aufregend sei. Sie schreibe schnell und viel, wie im »Wahn«. Alle Freunde seien zum Zerreißen gespannt und fragten täglich, wie es der Heldin gehe und ob sie noch lebe? Die Novelle werde von Tag zu Tag länger. Und wenn nichts draus würde: egal. Dann schenkte sie das Manuskript eben dem Winterhilfswerk zum Ofenheizen.[63]

»Angekommen: Maus.«

Am 31. Juli 1939 früh um acht erhielt Ellen Beerli, die Kustodin des Wagner-Museums in Tribschen, ein Telegramm. Der Text war knapp und lakonisch. »Angekommen. Maus.« Ellen Beerli konnte es zuerst kaum glauben. Aber Friedelind hatte es wirklich erst vom Luzerner Bahnhof aus abgeschickt und ihre Ankunft bis dahin mit keinem Wort angekündigt.[64] Frau Beerli reagierte etwas ärgerlich und verstimmt, weil gerade Hochsaison war. Die Luzerner Festwochen standen kurz bevor und es kamen jeden Tag Hunderte von Touristen. Die Tanten, Daniela und Eva, aber jubelten. Auch sie waren in diesem Sommer wieder in Tribschen und freuten sich darauf, ihre Nichte, die so lange vermisst und verschollen war, wiederzusehen.

Dann rauschte sie an, gab Kommandos, ließ sich bedienen, kritisierte das Essen, lud die Tanten zu waghalsigen Bootsfahrten ein, um mitten auf dem See über Politik zu diskutieren, wurde laut, schimpfte in breitem Oberfränkisch und brachte sie doch alle miteinander zum Lachen, besonders *Herrn* Beerli, der sich immer auf ihre Seite schlug und einen richtigen Narren an ihr gefressen hatte.

Eines Tages erschien dann auch noch Verena, die kleine Schwester, mit dem Auftrag, sie »heim ins Reich« zu holen. Der »Führer« und Winifred hatten sie geschickt. Friedelind gehöre nach Bayreuth, nach Hause. Wovon sie denn leben wolle, wenn die Mutter kein Geld mehr schickte? Kein Problem, meinte Friedelind, sie habe ja Freunde im Ausland und könne Vorträge über Richard Wagner halten, die Familie solle sich nur keine Sorgen um sie machen!

Verena fuhr enttäuscht wieder ab. Sie hatte nichts erreicht. Aber es waren zwei reizende Tage.[65] Später musste sie nach Berlin, um Hitler persönlich Bericht zu erstatten. So weite Kreise hatte der »Fall Friedelind« schon gezogen.[66]

Zu den Festwochen kamen in diesem Jahr Toscanini, Rachmaninoff, Horowitz, Pablo Casals, Bruno Walter und viele mehr. Toscanini leitete sieben Konzerte, darunter das Verdi-Requiem in der Jesuiten-Kirche. Er war düsterer Stimmung. Viele Zuhörer brachen bei seinen Konzerten in Tränen aus. Am 29. August 1939 war sein letzter Auftritt. Sein Schwiegersohn Vladimir Horowitz spielte das zweite Klavierkonzert von Johannes Brahms. Einen Tag später rief Polen zur Generalmobilmachung auf. In der darauf folgenden Nacht griff die Wehrmacht mit 29 Bombern die Stadt Wielún an und marschierte ohne Kriegserklärung in Polen ein. Die Tanten, die sonst niemals Nachrichten hörten, saßen mit Friedelind und den Beerlis am Radio, als Hitler am 1. September morgens um zehn Uhr zehn verkündete:

»Seit 5 Uhr 45 wird jetzt zurückgeschossen! Und von jetzt ab wird Bombe mit Bombe vergolten!«[67]

FÜNFTES KAPITEL

Exil und Krieg

(1939–1945)

Intermezzo in Tribschen

Entsetzen und Ratlosigkeit waren groß, vor allem bei den Tanten. Was sollten sie jetzt tun, wo sich hinwenden, was noch zur Verteidigung *ihres* »schwer geprüften Führers« vorbringen? Toscanini riet ihnen, in Tribschen zu bleiben. Aber waren sie da wirklich sicher? Für den Fall eines Angriffs durch Hitler rief auch die Schweiz zur Generalmobilmachung auf. Rund 450 000 Männer wurden eingezogen, das waren zwanzig Prozent aller Erwerbstätigen. Sogar Frauen mussten zum militärischen Hilfsdienst antreten. Gleichzeitig war das Land voll von Flüchtlingen, gegen die die Fremdenpolizei gnadenlos vorging. Wer kein Vermögen hatte, kein Deserteur oder politischer Flüchtling war, wurde kurzerhand abgeschoben. Doch was hieß das schon: »politischer Flüchtling«?

Friedelind war fest entschlossen zu bleiben. Jedenfalls vorläufig. Sie verschwieg zunächst, dass sie auf eine Einreiseerlaubnis nach England wartete und dazu schon ihre Vorkehrungen getroffen hatte. Tribschen war für sie Zwischenstation, Wartesaal, Intermezzo. Der Luzerner Stadtpräsident Jakob Zimmerli hatte pro forma bemerkt, »Fräulein Friedelind« dürfe Gast seiner Stadt bleiben, so lange »wie es nötig« sei.[1] Doch in dieser Offerte schwang leiser Ärger mit, eine Spur von Antipathie. Er war ein Verehrer von Winifred.[2] Friedelind wusste das. Wo stand er politisch überhaupt? Man musste sehr vorsichtig sein, denn in der Schweiz gab es eine weitverzweigte nationale Front-Bewegung, die *für* Hitler und radikal antisemitisch war und bis in die höchsten Kreise der Politik ihre Sympathisanten hatte.

Die Tanten fingen an, Abschied zu nehmen. Es war eine schwere Zeit, in der viel geweint wurde. Eva Chamberlain fuhr am 8. September. Daniela am 13. Friedelind und Frau Beerli brachten sie zum Bahnhof. Kurz vor der Abfahrt des Zuges lehnte sich Daniela aus dem Fenster und sagte: »Liebe Frau Beerli, kämpfen Sie weiter so tapfer für Recht und Wahrheit wie bis jetzt!« Friedelind sorgte dafür, dass kein Trübsinn aufkam. Mit ihren grell geschminkten Lippen drückte sie der Tante einen Kuss auf die Wange und sagte, sie solle nicht vergessen, sich gründlich zu waschen, denn ihr Lippenrot habe abgefärbt. Daniela rief noch: »Aber Mausi, wie kannst du!« Dann fuhr der Zug ab.[3] Frau Beerli winkte ihm mit einem roten Tuch hinterher.

Im Museum setzte nun Hochbetrieb ein. Die internationalen Gäste blieben zwar aus, aber die Regierung schickte Soldaten, Kranke und Mitglieder des Frauenhilfsdienstes, die sich in der Ruhe des schönen Parks erholen sollten. Und mittendrin Friedelind, die Danielas Räume bezog, ein Schlafzimmer, einen großen Saal, Küche und Bad, freie Kost und Logis, sonntags Essen bei Frau Beerli, die jeden Tag zum Aufräumen und Abwaschen kam, da sie Angst um die Unversehrtheit des Mobiliars hatte. Manchmal beklagte sie sich bei Adolf Zinsstag, der immer wieder aus Basel herüberkam, um nach dem Rechten zu sehen. Friedelind sei faul, besessen von »Modetorheiten« und schlafe den lieben hellen Tag lang.[4] Es sei wohl »viel gesündigt worden in der Erziehung«.

Wenn Daniela das hörte oder las, stellte sie sich hinter ihre Nichte wie eine Löwin. Was maßte sich diese kleine »Schweizerfrau« überhaupt an, die doch keine Bildung, keine bedeutenden Vorfahren hatte und nicht einmal die deutsche Orthographie richtig beherrschte? Immerhin gab sie zu, dass sie in einem Punkt recht hatte: Das »Kind« sei zu Hause verwöhnt *und* vernachlässigt worden. »Die ganze Erziehung in Wahnfried« habe »seit Siegfrieds Tod jeder moralisch-ethisch-religiösen Basis«

entbehrt. Vielleicht könne der Aufenthalt in Tribschen Friedelind helfen, zu sich selbst zu finden?[5]

Friedelind ist tatsächlich sehr grob und sehr frech zu Frau Beerli, nennt sie gern »Hausdrachen« oder »alte Kuh«. Aber es ist alles nicht so gemeint. Im Grunde ein Kompliment. Hätte sie mit Winifred jemals so sprechen können? Manchmal erscheint sie abends in der Privatwohnung der Beerlis und bringt sich ihr selbst gemachtes Essen mit, Tomaten, Gurken, Möhren, Zwiebeln und Obst, ab und zu ein Pfannkuchen, ein Spiegelei oder eine kalte Frikadelle.[6] Dann trinken sie Wein oder Tee, hören Radio, stricken Socken oder singen schweizerische Volks- und Soldatenlieder. Friedelinds Lieblingslied ist die Ballade von Gilberte de Courgenay, die jede Stunde dreimal aus dem Fenster ihres Wirtshauses im Jura guckte und von allen Soldaten wegen ihrer Schönheit bewundert wurde.

Manchmal sprechen sie über Friedelinds Zukunftspläne. Was hat sie vor? Was will sie werden? »Theater-Regisseurin«, sagt Friedelind. »Regisseur der Festspiele in Buenos Aires.«[7] Frau Beerli ist entsetzt und erkundigt sich sofort bei Adolf Zinsstag: »Ist das nicht ein wenig viel für ein so junges Kind ohne bodenständiges, energisches Studium? … Ja, ja, lieber Herr Zinsstag, da wird noch manches Luftschloss begraben werden und … hoffentlich strauchelt sie nie an den Steinen auf dem Weg, sie täte mir leid.«

»Mein Leben wird immer Bayreuth gehören«

Unterdessen kommen schlimme Nachrichten aus Deutschland. Hitlers Verehrerin Unity Mitford hat sich aus Verzweiflung über den Krieg eine Kugel in den Kopf gejagt und schwebt in Lebensgefahr. Wieland ist als Ältester der Wagner-Sippe »u.k.« gestellt, aber Wolfgang schon in den ersten Kriegstagen eingezogen worden. Er ist zwanzig Jahre alt. Beim Überfall auf Polen wurde sein MG-Trupp von einem Kugelhagel empfangen. Eine

Kugel hat ihm die Hand und die Handwurzel durchschlagen, eine andere den Oberschenkel. Er ist lebensgefährlich verletzt ins deutsche Lager gebracht worden. Die Ärzte haben ihn in die Berliner Charité überwiesen, wo er von Ferdinand Sauerbruch höchstpersönlich operiert worden ist. Winifred ist sofort nach Berlin geeilt. Auch Hitler ist zweimal erschienen, um ihn zu besuchen.

Winifred berichtet alles getreulich an Friedelind.[8] Sie will sie unbedingt wieder nach Deutschland locken, was aber misslingt. Deshalb tut sie, als würde sie ihren Entschluss akzeptieren, gibt aber mehrfach zu bedenken, wenn sie erst einmal »drüben« sei, käme sie schwer, ja »wahrscheinlich gar nicht mehr nach Hause«.[9]

Friedelind schickt Schokolade, doch sie bleibt in Tribschen. Sie hat Angst, in ein Land zu fahren, in dem ihre besten Freunde verfolgt werden. Sie hat auch Angst, dass man sie in ein Irrenhaus stecken würde, wenn sie wieder zurückkäme. Winifred bezeichnet diese Idee zwar als »großen Quatsch«.[10] Aber so weit hergeholt war sie nun auch wieder nicht, wenn man an Knittel denkt, den man weggesperrt hatte, weil er zu viel über Winifreds illegale Geldanlagen wusste.[11]

Friedelind empfindet die Briefe der Mutter als erpresserisch. Es sei »ein ewiges Nicht-auf-den-Punkt-Gehen«, schreibt sie an Daniela, »dieselben Dummheiten«, die sie »schon hundertmal gehört« habe.[12] Das Schicksal ihres Bruders Wolfgang ist ihr durchaus nicht gleichgültig, nein, sie denkt oft an ihn und schämt sich fast, dass sie jede Nacht so gut schläft, während andere im Schützengraben oder im Krankenhaus liegen. Manchmal möchte sie allerdings gar nicht mehr aufwachen, denn die Nachrichten, die sie im Radio hört, »werden täglich grauenhafter«.[13] – »Seit ich weiß, daß Wolf dort ist, ist mir furchtbar zu Mute, ich mag die Dinge gar nicht mehr anhören«, schreibt sie an Daniela. »Aber man *muß* ja – wie soll man jetzt sich noch in Illusionen hüllen, da alles nackt und kahl und grausam einem entgegengrinst! … Wie kann sich die Welt in so wenigen Tagen wandeln, man versteht es nicht. Die entfesselten Elemente sind etwas Furchtbares … Ich *liebe* Deutschland – aber ich *hasse* die Regierung … Und ich kann unmöglich für diese Sache eintreten – weil es zu eindeutig ist, wo die Schuld liegt. Das *ist* nicht Deutschland, das ein Hitler in den Abgrund gezogen hat, in dem Neid und Hass – in dem Gottlosigkeit und Verbrechen gezüchtet werden – und es *ist* nicht das deutsche Volk, das so etwas anstiftet. … Und solange dieses Deutschland derartig überwuchert ist, kann ich mich nicht als Deutsche betrachten.«[14]

Ihre Briefe an die Tanten lesen sich wie ein Exil-Tagebuch. Sie gehören zum Besten und Ehrlichsten, was Friedelind je geschrieben hat, sind frei von Verstellung und Prätention, nehmen kein Blatt vor den Mund, dokumentieren den Krieg aus der Sicht einer jungen, fassungslosen Emigrantin. »Ich fürchte, der Eintritt Amerikas ist nur noch Sache von einiger Zeit – damit wird dann aber fast jeder Staat auf diesem Globus hineingerissen … Oh Hitler, was hast du dieser Welt … angetan!!! … Sowas nennt sich dann Vegetarier – er schont das Tier – und mordet Millionen! … Ich fürchte, alles wird ein schlimmes Ende nehmen – es sieht furchtbar aus, armes Deutschland!!«[15]

Sie macht nun kein Hehl mehr daraus, was und wohin sie will: nach Amerika, nach New York, wo Toscanini lebt, Zwischenstation: Buenos Aires! »Im Detail kann ich es Dir nicht auseinandersetzen – aber Du kannst mir glauben, daß ich den Schritt nicht unternehmen würde, wenn er nicht so wichtig wäre. … Deshalb muß ich mich nicht von Sentimentalitäten aufhalten lassen, sondern die Straße entlang gehen, die vor mir liegt!«[16]

Im November tritt Furtwängler in Zürich auf. Mit den Wiener Philharmonikern, deren Leitung er vor kurzem übernommen hat. Friedelind fährt hin. Denn inzwischen mag sie ihn irgendwie. In Bayreuth war er ihr nicht sehr sympathisch gewesen, weil er dauernd Krach mit Tietjen oder ihrer Mutter hatte. Das war mehr Streiten als Dirigieren. Die Kunst trat dabei in den Hintergrund. Ziemlich anstrengend. In Paris aber hat sie ihn ein paar Mal getroffen und war sehr angetan. Von seiner Kunst wie von ihm selbst. Sie waren schnell beim Du und flirteten miteinander, wenn nicht mehr. »Friedelind«, schreibt Furtwängler kommentarlos in seinen Kalender,[17] während sie ihn vertraulich »Willi« nennt.[18] Jetzt, in Zürich, plaudern sie über fünf Stunden lang. Über Bayreuth, alte Zeiten, die Schweiz, das Exil.

Auswandern? Furtwängler möchte es und dann wieder doch nicht. Gewiss, er leidet manchmal unter einem gewissen »Ton« des Regimes, der sein sensibles Musiker-Ohr beleidigt. Und er findet es auch nicht richtig, wie man in Deutschland mit den Juden umgeht. Aber er ist nun immerhin Herr über zwei Orchester – die Wiener und die Berliner Philharmoniker. Seitdem fast alle wichtigen Konkurrenten im Exil sind, ist *er* der mächtigste Dirigent im Land. Soll er das aufgeben?

Auf dem Programm seines Zürcher Konzerts stehen »Don Juan« von Richard Strauss, die vierte Symphonie von Schumann und die erste von Brahms. Friedelind ist begeistert, sogar von Brahms, wenn ihr auch die Musik ein bisschen »geklaut« vorkommt, ein Gemisch aus Gluck, Wagner, Schumann, Mendelssohn, Beethoven und »Fafners Verdauungsstörungen«, wie sie den Tanten schreibt.[19] Aber wie Furtwängler all diese »gestohlenen Themen« miteinander verschmelzen lässt, zu etwas ganz Neuem macht – das gefällt ihr. Sie wird nicht müde, ihn in Briefen an die Tanten zu loben. Dabei mag auch eine Rolle spielen, dass er sich genau wie sie von Bayreuth distanziert und ihrer Mutter in einem bösen Brief vorgeworfen hat, sie vertraue nicht auf die Qualität ihrer Künstler, sondern auf die »Machtmittel des autoritären Staates«.[20] Das gefällt Friedelind!

Furtwängler versus Toscanini: Es macht ihr Spaß, die beiden gegeneinander auszuspielen, politisch wie musikalisch, denn sie sind Erzfeinde. Im Moment ist sie etwas böse auf Toscanini. Vielleicht hat er sie bei seinen letzten Auftritten in Luzern nicht genug beachtet, weil er andere Sorgen hatte. Er stand unmittelbar vor der endgültigen Emigration nach Amerika, unmittelbar davor, Italien für immer zu verlassen, wo man ihm seinen Pass abgenommen hatte und ihn auf jede nur denkbare Weise schikanierte. Deshalb war er vielleicht ein wenig abweisend und mürrisch, nicht lieb genug? Außerdem befand sich in seiner Gefolgschaft noch eine andere, Eleonora von Mendelssohn, eine schöne, reiche, hoch exaltierte Schauspielerin, die ebenfalls emigriert war. Das gefiel Friedelind und den Tanten überhaupt nicht, und sie waren sehr böse auf ihn. »Ich lasse mir von ihm keine Zwangsjacke anlegen«, zetert Friedelind. »Er ist so ein kleines Kind …, und man darf die Launen kleiner Kinder nicht ernst nehmen. … Er ist ein kleiner – oder auch … großer Tyrann – und hasst deshalb … ganz besonders die anderen Tyrannen und Diktatoren!«[21]

Das ist starker Tobak. Denn sagt sie nicht damit, dass sie ihn als politischen Menschen gar nicht ernst nimmt? Dass sein Widerstand gegen Hitler und Mussolini nur Spiel sei? Alles nur Maskerade? Nur gekränkte Künstler-Eitelkeit?

Doch diese Aggression gegen den »maestro« dauert nicht lange. Bald ist er wieder ihr Größter, ihr Liebster, dem sie ihr ganzes deutsches, jugendliches Herz ausschüttet. »Ich habe, was Deutschland betrifft, keine Illusionen für die Zukunft. … Ich denke an Bayreuth und meine Familie, weil sie das Einzige sind, was mich an Deutschland noch interessiert und die Einzigen, die ich dort liebe. Und ich glaube: eines Tages werde ich von mehr Nutzen für sie sein als sie sich vorstellen können. … Ich weiß, was meine Pflichten gegenüber meiner Familie sind, weil ich weiß, was ich Bayreuth verdanke. Und mein Leben wird immer Bayreuth gehören.«[22]

Am 10. September ist Kanada in den Krieg eingetreten. Am 20. September wird den deutschen Juden der Besitz von Radios verboten. Am 25. September werden Lebensmittelkarten eingeführt. Am 12. Oktober wird Hans Frank Generalgouverneur des besetzten Polen. Am 8. November begeht der Schreinergeselle Hans Georg Elser im Münchner Bürgerbräukeller ein Attentat auf den »Führer«, das dieser nur zufällig überlebt, weil er den Saal früher als erwartet verlassen hat. Am 10. November meldet das deutsche Generalkonsulat Zürich[23] an den SS-Oberführer Müller von der Gestapo Berlin:

»Deutschfeindliche Äußerungen eines Mitgliedes der Familie Wagner. Eilt sehr! Geheime Reichssache! – Von durchaus zuverlässiger Seite ist mir Folgendes mitgeteilt worden: In Tribschen bei Luzern halte sich seit einiger Zeit die etwa zwanzigjährige Friedelinde (sic!) Wagner auf, die sich, wie sie behauptet, vor längerer Zeit mit ihrer Mutter verfeindet und daraufhin Deutschland verlassen habe. Wiederholt habe Friedelind Wagner sich in Gesellschaft in gehässiger Weise über den Führer und das nationalsozialistische Deutschland geäußert. Insbesondere habe sie … erklärt: ›Es dauert kein halbes Jahr, dann ist Hitler abgeschossen‹, und einige Tage später: ›Ich kann Ihnen versichern, Hitler wird spätestens in einem halben Jahr tot sein.‹ … Die Gesandtschaft in Bern erhält Abschrift. Heil Hitler! I. A. Schumburg.«[24]

Luftschlösser?

Weihnachten in Tribschen. Rotwein, Sauerkraut, Weihnachtslieder. Auch Adolf Zinsstag aus Basel ist erschienen und hat mit Friedelind viel geplaudert, über die Festspiele, die politische Lage, ihre Emigrationspläne, ihren Vater, den er gut gekannt hat. Ein paar Tage später schickt er ihr den berühmten Brief Siegfried Wagners an den Schriftleiter der »Deutschen Zeitung«, August Püringer, in dem Siegfried sich dagegen verwahrt, Juden vom Festspielhügel und aus dem Kreis der Freunde und Förderer auszuschließen.[25] Friedelind ist befreit und begeistert. Das hatte sie nicht gewusst. Das hatte ihr niemand erzählt. »Es war mir natürlich von größtem Interesse, diesen Brief kennen zu lernen – denn er ist von solcher Bedeutung – heute sogar mehr als damals«, bedankt sie sich bei Zinsstag.[26] Sie rät ihm, das Dokument, das sie selbst »gelegentlich benutzen und veröffentlichen« wolle, an die internationale Presse zu geben. Es sei »besonders für die Zukunft von großer Wichtigkeit – wenn dieser dunkle Traum« zu Ende sei und man endlich an die »Wiedererstehung« von Bayreuth denken könne.

Inzwischen hat Daniela wieder zur Feder gegriffen und »abends, bei fallendem Schnee« einen langen Brief geschrieben. Friedelind hat ihr oft genug erklärt, dass sie nach Amerika wolle. Aber sie hat es überhört oder nicht geglaubt, denn »Mausi« hat ja schon so vieles geplant und wieder verworfen. Nun aber hat Zinsstag ihr bestätigt, dass sie auswandern wolle. Wahrscheinlich in bester Absicht. Denn er mag – trotz aller politischen Meinungsverschiedenheiten – die beiden Tanten sehr und möchte keine Geheimnisse vor ihnen haben.

Für Daniela ist diese Mitteilung ein Schock. Erst jetzt wird sie hellhörig. Erst jetzt erkennt sie, dass es dieses Mal bitterernst ist. Sie versteht zwar, dass Friedelind »aus moralischen wie politischen Gründen« nicht mehr nach Hause kann.[27] Aber sie missbilligt ihren Plan doch zutiefst und ist sich mit ihrer Schwester darin einig. Dass sie sich »als Deutsche mit dem Namen Wagner ausgerechnet nach England in den brennenden, ruchlosen Herd« der »unversöhnlichsten Feinde« begebe, könne nur auf den Einfluss jüdischer Freunde zurückzuführen sein. Sie füge der ganzen Familie schweres Leid zu und bringe sie durch ihre »international beeinflussten … Gesinnungen«, die sie so freimütig in ihren Briefen mitteile, in große Gefahr.[28] Es sei ein echter »Verzweiflungsschritt«, sie müsse gerettet, geheilt werden.

Es entwickelt sich nun eine hysterische Familienkorrespondenz, in die sich sogar die sonst nicht gerade schreibfreudigen Brüder einschalten. Ihr Ton ist ungehobelt und frech. Da ist kein Funken von Verständnis oder »Geschwisterliebe«. Es zeigt sich, dass sie ihre Schwester von Herzen hassen und im Grunde froh über ihr Verschwinden sind, denn nun können sie Bayreuth in Ruhe unter sich aufteilen. Sogar Hans Frank, der »Schlächter von Polen«, wird ins Vertrauen gezogen und als Kombattant gegen Friedelind eingesetzt. Wolfgang, wieder halbwegs genesen, sieht ihn eines Abends in der Berliner Oper und spricht mit ihm über ihre »brieflichen Dummheiten« und ihre »weisen Äußerungen über Deutschland und seine Führer«.[29] Er ist sich mit Wieland darin einig, dass sie mit ihr *brechen* müssen, will aber vorläufig noch so tun, als sei er zum Frieden bereit, damit »Mama« nicht zu sehr belastet werde.[30]

Daniela beteiligt sich nicht an dieser Häme, sondern versucht, an Friedelinds Gewissen zu appellieren. Die ganze Familie leide, vor allem Verena. Sie, Daniela, habe schon selber nach Tribschen kommen wollen, um Friedelind den »trostlosen« Plan auszureden, ein Entschluss, der sich aber wegen der Einreisebestimmungen als »undurchführbar« erwiesen habe. Ihre Idee, »Regisseurin in Südamerika« zu werden, halte sie für absurd. Ob sie denn nicht wisse, was für ein schwerer »Beruf« das sei, welche »Unsumme von Kenntnissen musikalischer, literarischer, kunsthistorischer …, bühnentechnischer« Art er verlange, »welches Wissen um die Gesetze der Optik, der Symmetrie, der Harmonie, der Logik«, welche Fähigkeiten der Menschenführung, welche Stilkenntnis? Cosima sei fast fünfzig gewesen, als sie damit begonnen habe, und durch was für eine »Schule und Schulung« sei sie gegangen!

Daniela legt den Finger auf einen besonders wunden Punkt in der Psyche Friedelinds, die Diskrepanz zwischen Anspruch und Ausbildung, Traum und Realität. Friedelind war von Bayreuth Großes gewohnt, denn Tietjens Inszenierungen hatten sich dem ästhetischen Diktat des Regimes weitgehend entzogen. Ihm standen die besten Sänger, Techniker, Bühnenbildner zur Verfügung, ein exzellentes Orchester, ein professioneller Chor, eine Akustik, die weltweit einmalig war, eine von Wagner selbst konzipierte Modellbühne. Von diesem Olymp in die Niederungen eines »normalen« Theaters herunterzusteigen, muss für Friedelind schwer, wenn nicht unmöglich gewesen sein, selbst wenn es »Grand Opéra« oder »Covent Garden« hieß. Dazu hätte sie vergessen müssen, woher sie kam, und das konnte sie nicht.

Sie hat immer wieder mit dem Gedanken gespielt, eine Anstellung anzunehmen, zuletzt in London. Aber es *blieb* eine Idee, ein ganz vages Vorhaben. Sie tat nichts, um es in die Realität umzusetzen, auch nicht in Zürich, wo es ein erstklassiges Opernhaus gab. Intendant war Karl Schmid-Bloß, ein Mann der Moderne. Er hatte »Lulu« und »Mathis der Maler« uraufgeführt und gab vielen emigrierten Künstlern ein neues Forum. Warum nicht auch Friedelind? Doch sie ging gar nicht erst hin. Fragte gar nicht erst nach. Vielleicht hatte sie auch Angst, dass ihr Talent nicht ausreichte und dass man ihren Mangel an Vorbildung bemerken würde.

Daniela schlug ihr vor, in der Schweiz zu bleiben und, wenn sie schon nicht zum Theater gehe, ihre Zeit anders zu nutzen: Italienisch zu lernen, die »Werke, Schriften und Briefe des Meisters« zu studieren, »kurz, irgendetwas Wertvolles (zu) tun und (zu) treiben«, was sie dann später in Bayreuth wieder einsetzen könne. Worauf Friedelind aber nicht einging. Verständlicherweise. Denn genau hier war der *zweite* wunde Punkt, der Mangel an Ausdauer und Disziplin, der sie immer wieder daran hindern würde, ihre Träume und Projekte in die Tat umzusetzen.

Friedelind reagiert mit heilloser Wut. Ist entschlossen zum Bruch. Überhäuft die arme Tante mit den übelsten Vorwürfen, wobei sie dem eigentlichen Konflikt sorgsam ausweicht und alles auf die Divergenz der politischen Standpunkte schiebt. Sie sei indiskret, taktlos, eine alte Klatschbase, habe alles, was in Zinsstags Brief an sie stand, brühwarm in Wahnfried weitererzählt. Nun sei alles zu spät. Keine Aussprache mit der Mutter mehr möglich. Sie *selbst* habe ihr sagen wollen, dass sie nach Amerika gehe. Und nun wisse Winifred es bereits durch sie, Daniela. »Ihr versteht mich nicht – und werdet mich nie verstehen … Ich stehe nun auf einem anderen Ufer als ihr – und ich habe ›Deutschlands Erbfeinde oder Todfeinde‹, wie Du sie nanntest, lieben und schätzen gelernt. … Ist das wirklich *deutsch*, was euch ein Hitler gebracht hat??? Hat er nicht einen gottesjämmerlichen Trümmerhaufen aus der Welt gemacht und das Klagen und Weinen von Millionen … auf dem Gewissen?! … Alle meine persönliche Freundschaft, die ich für diesen Mann einst empfand, ist Abscheu und Hass gewichen …! … Deutschland *kann* in diesem Krieg nicht siegen, denn das Recht ist nicht auf seiner Seite. Und ich wundere mich, wie ihr – die ihr erst vor einem Vierteljahrhundert dasselbe durchgemacht habt, noch einmal blindlings in euer Verderben rennt. … Ich werde mein Leben lang nur für die Wahrheit, das Gute, das Große und Göttliche mich einsetzen – aber nicht für Schmutz und Verbrechen.«[31]

Es ist ihr letzter Brief an die fast Achtzigjährige. Eine letzte bitter-brutale Abrechnung, nach der sie sich nie wieder sehen und sprechen werden. »Brecht alle Beziehungen mit mir ab«, schreibt sie zum Schluss. »Aber schreibt mir weder christlich-demütige noch schimpfend-jammernde Briefe … Ich möchte euren nationalsozialistischen, Stalin-getränkten Glauben unter keinen Umständen seines glühenden Fanatismus berauben …

Von ›Verzweiflungstat‹, wie sie sich Dein Gehirn vorstellt, kann nicht die Rede sein. … Ich verbitte mir das Gequatsche von ›Juden verhetzt‹ und ähnliches Zeug. Das kann ein Goebbels quatschen aber nicht meine Tante.«

Daniela, schon zu Weihnachten schwer an Grippe erkrankt, wird nach fast zwanzig Jahren psychischer Stabilität wieder depressiv. Ihr Gemüt verdunkelt sich wieder. Die »alten, bösen Lieder« von früher kehren zurück. Sie fährt nach Bad Blankenburg, um sich behandeln zu lassen. Ein Schüler ihres inzwischen verstorbenen Chefs Otto Binswanger hat dort ein Sanatorium. Er hat sie schon mehrmals behandelt. Doch jetzt kennt er sie kaum mehr wieder. »Ihre Stimmung ist eine tieftraurige«, schreibt er an Eva Chamberlain. »Sie quält sich ständig mit Gedanken über all das, was sie in ihrem Leben anders hätte machen sollen. Dabei spielt … ihre Ehetragödie eine ganz große Rolle … Sie macht sich viel Sorgen wegen Ihrer gemeinsamen Nichte, die sie in England vermutet … Dabei bestreitet sie täglich, überhaupt krank zu sein, sie sei eine schlechte Person, über die jetzt … ein Strafgericht hereinbreche!«[32]

Sie verweigert die Nahrung, wird nach Bayreuth verlegt, spricht mit niemandem mehr, weder mit Eva noch mit Verena, die als Helferin im städtischen Krankenhaus arbeitet. Am 28. Juli stirbt sie. Ihr letztes Wort soll »Parsifal« gewesen sein. Friedelind erfährt erst später von ihrem Tod und setzt ihr in »Nacht über Bayreuth« ein vernichtendes Denkmal.

Vertilgt und ausgerottet?

Das Gespräch mit der Mutter führt sie dann doch noch. Trotz Daniela, die angeblich alles zerstört hat. Sie treffen sich am 9. Februar 1940, im Zürcher Hotel Baur au Lac, wo sie zwei Zimmer gemietet haben. Friedelind stellt fest, dass Winifred dicker geworden ist, wahrscheinlich durch zu viel Kartoffeln und Mehl, denn alle anderen Lebensmittel sind inzwischen streng rationiert worden. Sie sprechen über Himmler und Hitler, die beide sehr aufgebracht seien und unbedingt wollten, dass sie wieder zurückkomme. Himmler habe sogar schon davon gesprochen, im Fall ihrer Weigerung »nach(zu)helfen«.[33] Sie sprechen auch über Wolfgang, seine Verletzung, seine Operation, über Verenas Krankenschwesternkurs, Bettys bevorstehende Einschulung, den Schäferhund Toby, der so gern deutsche Soldaten ins Bein beißt. Auch Politik ist natürlich ein Thema, der Hitler-Stalin-Pakt und die Generalmobilmachung der Schweiz. Dann sollen die berühmt-berüchtigten Worte gefallen sein, die nach dem Krieg unzählige Male zitiert, dementiert und diskutiert worden sind:

»Und wenn du nicht hören willst, wird der Befehl erteilt, daß du bei der ersten Gelegenheit vertilgt und ausgerottet wirst. Und solltest du tatsächlich wagen, dich in Feindesland zu begeben, dann weißt du, was das bedeuten würde. Deutschland würde dich ausbürgern, dein Vermögen würde beschlagnahmt, und für den Rest deines Lebens würde dir verboten werden, deine Familie wieder zu sehen oder eine Verbindung mit ihr aufzunehmen.«[34]

Winifred hatte das Gefühl, dass es ein gutes Gespräch war, und schrieb noch aus dem Zug so herzlich wie selten an ihre Tochter: Jetzt endlich könnten sie »gute Kameraden« sein und die »Irrungen und Wirrungen« der letzten Jahre vergessen. Es sei viel Schlimmes geschehen. Aber »die Liebe« helfe doch über alles hinweg. Selbst Tietjen solle künftig nicht mehr zwischen ihnen stehen, wenn sie Friedelind auch darum bitte, ihn zu akzeptieren, denn sie brauche ihn.[35] Friedelind ihrerseits schrieb in ihr Tagebuch: »Abfahrt Mama. Bewegter, herzlicher Abschied.«[36]

An Toscanini berichtet sie, das Treffen sei »viel schöner« gewesen, als sie befürchtet habe, »dramatisch und pathetisch zugleich« und »mit Ausnahme einer großen Diskussion friedlich und charmant.«[37]

Das Wort »ausrotten« taucht erst später auf, in einem weiteren Brief an Toscanini, der am 5. April 1940, also schon in England entstanden ist. »Ich bin sehr traurig, Herrn Hitler so enttäuscht zu haben …, nachdem er die wunderbare Idee hatte, meine Mutter zu schicken, damit sie mir sagte, dass sie mich ›vertilgen und ausrotten‹ würden, wenn ich mich nicht wie einer von ihnen benähme. … Man hat wahrlich noch nie gehört, dass eine Mutter ihrer Tochter so etwas gesagt hätte. Es ist absolut empörend. Ich habe nur eine Entschuldigung für meine Mutter, nämlich die, dass sie in Nazi-Deutschland allen Sinn für Verhältnismäßigkeit verloren haben und sich nur noch in der Terminologie einer Elephantiasis ausdrücken können, weil die normale Sprache … gestorben ist.«[38]

Es ist alles sehr zweifelhaft, widersprüchlich, verwirrend. Besonders, wenn man noch eine dritte Aussage hinzunimmt, die von Isabella Valli, spätere Wallich, die in ihrem Buch »Recording my Life« berichtet, Friedelind habe ihr bei ihrer Ankunft in England erzählt, ihre Mutter habe sie ausdrücklich davor *gewarnt*, nach Deutschland zurückzukommen, und ihr empfohlen, sich möglichst weit von der Grenze fernzuhalten, da sie nicht einmal in der Schweiz wirklich sicher sei.[39] Dasselbe teilte Friedelind auch dem englischen Wagner-Biographen Ernest Newman und seiner Frau mit.[40]

Welche Version stimmt also? Die erste? Die zweite? Die gedruckte? Der Bericht von Valli? Natürlich: Winifred konnte sehr skrupellos, sehr direkt und extrem verletzend sein. Es gibt viele Beispiele dafür. Der »Fall Knittel« ist nur eines davon. Andererseits war auch Friedelind nicht gerade immer sehr zartfühlend im Umgang mit Menschen. Und: Für die Szene in Zürich gibt es keine Zeugen! Winifred wird sie später immer heftig bestreiten, Friedelind genauso heftig bekräftigen. »Jedes Wort wahr.« Hier prallten zwei extrem starke, starrsinnige Charaktere aufeinander. Auf jeden Fall muss man die Szene mit Skepsis lesen, denn es gibt *eine* Angabe darin, die objektiv falsch ist und offenbar nur der dramatischen Überhöhung dient: Friedelind schreibt, sie habe das französische Durchreisevisum noch am 9. Februar im Hotel Baur au Lac, also noch während Winifreds Anwesenheit, erhalten. Ob dieses schicksalhaften Zufalls sei ihr »der Atem gestockt« und sie habe sich in der Nacht verzweifelt an das Stück Papier geklammert wie an einen Rettungsanker.

De facto hatte sie es aber am 13. Februar immer noch nicht, denn sie schrieb unter diesem Datum an Toscanini, dass sie noch »mit zwei oder drei Wochen in Tribschen« rechne, weil die Formalitäten so quälend lang dauerten.[41] Es ist vielleicht nur eine *kleine* Abweichung von der Realität. Aber eine, die misstrauisch macht.

Germanophobie?

Als das ersehnte Transitvisum endlich eintraf, kam Gottfried von Einem für ein paar Tage zu Besuch nach Luzern. Friedelind persönlich hatte ihm dazu verholfen, denn eine Ausreise aus Deutschland war seit Kriegsbeginn extrem schwierig, wenn nicht unmöglich. Friedelind hatte einen Schweizer »Onkel« für ihn erfunden, der ihn mit warmen Worten zu sich einlud, damit er sich in der Schweiz wegen TBC behandeln lassen könne, in einem der noblen und teuren Sanatorien in Davos und Co. Das war natürlich reine Fiktion. Aber der Trick funktionierte. Mit dem Brief seines »Onkels« in der Hand kam der in der Tat mager und tuberkulös wirkende Gottfried problemlos über die Grenze.[42]

Sie verstanden sich immer noch gut, machten lange Spaziergänge, sprachen über Politik, ihr altes Opernprojekt und über Brahms, über den sie unterschiedlicher Meinung waren. Gottfried von Einem fand ihn genial und vergeistigt, sie spießig und plump, das alte Vorurteil der Familie Wagner, das vor allem von Daniela genährt worden war. In der englischen Geheimdienstakte über Friedelind heißt es, dass Gottfried und sie in dieser Zeit »very close« miteinander gewesen seien.[43] Aber zu einer gemeinsamen Emigration kam es dann doch nicht. Vielleicht wollten sie sich nicht dauerhaft binden. Oder Gottfried wollte seine Assistenz bei Tietjen nicht aufgeben und im Notfall in der Nähe seiner immer noch in Berlin inhaftierten Mutter sein. Außerdem gab es noch einen anderen in Friedelinds Leben, einen »Herrn Bracht«, auch der »belgische Bräutigam« genannt, der sie mit erheblichen Geldsummen unterstützte.[44]

Gottfried von Einem kam allerdings nicht nur aus Liebe, sondern auch, um die mütterlichen Bankdepots in der Schweiz leerzuräumen. Es handelte sich um »Geld, Brillanten und beträchtliche Menge(n) von Gold«,[45] die der Beschlagnahmung durch die Gestapo entgangen waren. Friedelind sollte diesen Schatz nun ins Ausland schaffen. Denn Gottfried glaubte nicht mehr, dass er in der Schweiz sicher sei, weil er Angst hatte, Hitler würde das Land annektieren.

Eigentlich war die Idee ziemlich dumm. Erstens, weil die zu impulsiven Handlungen neigende Friedelind als Schatzhüterin denkbar ungeeignet war; und zweitens, weil niemand wusste, was ihr in den nächsten Jahren bevorstehen würde: Internierung? Flucht? Bombenangriffe? Armut? Obdachlosigkeit? Auf jeden Fall eine Odyssee, deren Ende völlig offen war und in der ein Schatzkoffer voller Gold keinen Platz haben würde.[46]

Friedelind machte sich also auf den Weg ins Exil. Es war der 1. März 1940. Vorher hatte sie noch einen Abschiedsbrief an ihre Mutter geschrieben, der mit keinem Wort erkennen lässt, dass ihm die Ankündigung einer »Vertilgung« und »Ausrottung« vorausgegangen war:

»Liebe Mama, gestern erhielt ich Deinen lieben Brief. Dem Winke mit dem Zaunpfahle … folgend habe ich ein Päckli an Dich abgesandt. Inhalt: Salami und etliche Tafeln Schokolade, die Nickel und Dir so gut schmecken sollen. Dies war der letzte Tag, aber ich will versuchen, euch eventuell aus einem anderen

Lande etwas zusenden zu lassen. In der Schweiz ist's nun leider verboten. Guten Appetit! Bitte denke gelegentlich daran, mir Einiges von Papa zu schicken, Pfannekuchen[47] etc. … Ich werde nichts Unüberlegtes tun. Und natürlich liegt mir ebenso viel daran, in engstem Kontakt mit euch zu bleiben … Recht gute Besserung dem Invaliden und alles Gute und Liebe Euch Allen. Von Herzen Dank für alles Liebe: Deine Maus!«[48]

Gottfried begleitete sie bis zur französischen Grenze. Dann trennten sie sich. Sie fuhr mit dem Zug über Paris nach Calais, setzte nach Folkestone über und wurde in London von Sir Beverley Baxter empfangen, einem smarten Endvierziger, der sich vom Bürojungen und Klavierhändler zum Journalisten, Schriftsteller und Abgeordneten der Konservativen Partei hochgearbeitet hatte. Er war Herausgeber des »Daily Express«, der zum Zeitungsimperium von Lord Kemsley gehörte. Bis zum Kriegsausbruch hatten die Kemsley-Blätter offen mit Hitler sympathisiert, die Stillhaltepolitik Chamberlains unterstützt und das Münchener Abkommen bejubelt. Lord Kemsley selbst war sogar noch im Juli 1939 nach Bayreuth gereist, um mit Hitler und dessen Pressechef über »einen Artikelaustausch zwischen deutschen und englischen Zeitungen« zu verhandeln, und zwar ausgerechnet im »Führerbau« neben der Villa Wahnfried![49]

Nach Kriegsausbruch aber richteten Kemsley und seine Leute ihr Fähnlein blitzartig nach dem Wind und forderten lauter als die meisten Liberalen und Sozialisten den Abtransport aller »Flüchtlinge aus Österreich, Deutschland und der Tschechoslowakei … gleich ob Männer oder Frauen«, in einen »abgelegenen Winkel des Landes … unter scharfer Bewachung«.[50]

Baxter hatte sich im englischen Unterhaus dafür eingesetzt, dass Friedelind einreisen durfte. »Das verursachte einen beträchtlichen Aufschrei…, und es wurden Fragen gestellt, warum man dieser Frau erlaubte, das Land zu betreten«, schrieb Friedelinds Freundin Isabella Valli.[51] Baxter hatte einen sehr persönlichen Grund für sein Engagement. Er versprach sich

Zeitungsartikel aus Friedelinds Feder, die nie gehörte Intimitäten über den »Führer« verraten und die Auflage der Kemsley-Blätter steigern sollten, was sie aber zu dieser Zeit noch nicht ahnte. Sie zog wieder in ihr altes möbliertes Zimmer in Lyncroft Gardens, dasselbe Haus, wo auch Bertha Geissmar wohnte. Es war eine noble Gegend in Hampstead, nicht weit von der Villa der Freuds.

Geldsorgen hatte Friedelind auch in London nicht. Denn ein unbekannter Gönner – wahrscheinlich Baron Bracht – hatte bei der New Trading Company ein Konto für sie eingerichtet und 10 000 belgische Francs darauf deponiert.[52] Außerdem besaß sie Blanko-Vollmachten von Gottfried und Gerta von Einem, die auch bei englischen Banken Geld angelegt hatten. Sie hätte im Notfall darüber verfügen können, was sie aber nicht getan haben soll.[53]

Nun war also Highlife angesagt. Fast jeden Abend eine Dinner-Party oder ein Essen im Nobelrestaurant, Gesangsunterricht bei einer Diva, Anmietung eines Steinway-Flügels, Flirts mit dem deutschen Industriellen-Sohn Edmund Stinnes, der wie sie mit seiner Familie gebrochen hatte und als bekennender Antifaschist im Exil lebte.

Am 7. März 1940 schreibt sie ihren ersten Londoner Brief an den »maestro«. Es ist ein knapper, sachlicher Bericht, kein »Blick zurück im Zorn«. Nicht länger als sechs Wochen wolle sie bleiben. Dann gleich nach Argentinien und von dort nach New York. Ihrer Familie könne sie derzeit nicht schreiben. Sie nennt kein tiefes Zerwürfnis als Grund, sondern Angst vor Zensur und Schikanen. Zum Schluss gibt sie ein vernichtendes Urteil über »die Deutschen« ab. Sie würden sich *nie* verändern, *nie* etwas dazulernen, egal, ob ihr Führer »Hitler« oder »Schmitz« hieße. »Der« Deutsche liebe es nun einmal zu gehorchen und sei kampfbereit bis zur Selbstdestruktion. Er liebe es, uniformiert zu sein, und hasse alles, was ihn zu einem Individuum mache.[54]

Am Teatro Colón, Buenos Aires, sollen zwei Wagner-Opern produziert werden. Toscanini will, dass Friedelind dem Chor beim Erlernen der deutschen Aussprache hilft. Es ist alles schon geklärt. Man wartet dort schon auf sie. Ihre Theater-Karriere kann nun endlich beginnen. Doch wie soll das gehen, fragt sie ihn nun plötzlich? In einem Land, dessen Sprache sie nicht spricht, an einer Bühne, die sie noch nie gesehen hat, mitten in der Saison, mit ihr unbekannten Choristen? Auch Geissmar und andere hätten ihr abgeraten, schreibt sie an Toscanini,[55] der sehr ungehalten, sehr enttäuscht ist, denn er hatte nicht nur in Buenos Aires schon alles für sie ausgehandelt, sondern auch der Presse und den englischen Behörden erklärt, ihr Vertrag sei eine ausgemachte Sache,[56] sie werde nur wenige Wochen in England bleiben, um von dort nach Südamerika weiterzureisen, wobei er persönlich für alle dabei entstehenden Kosten aufkommen werde.[57]

Was er nicht weiß, ist, dass sie inzwischen ganz andere Pläne hat, nämlich einen Welterfolg mit einem Buch zu landen. Sie hat diese Idee nicht allein geboren, sondern mit Hilfe einiger Männer größtenteils deutscher Herkunft, die in London unablässig auf sie einreden, Hermann Rauschning, Wilhelm Regendanz und Emery Reves. Regendanz hat ihr einen Vorschuss von 800 Pfund gegeben. Das wären in heutige Kaufkraft umgerechnet über 40 000 Euro. »Fast das Doppelte von dem, was ein Bestseller-Thriller-Autor« bekomme, vermerkt der englische Geheimdienst, der Friedelind von Anfang an genau beobachtet.[58] Regendanz ist ein steinreicher Ex-Bankier deutscher Herkunft, der auch in England gute Geschäfte macht, promovierter Jurist, Gründer von Streichholzfabriken, Zeitungsverleger, ehemaliger Direktor der Hamburg-Marokko-Gesellschaft, Besitzer großer Territorien in Afrika, glühender Verfechter des deutschen Kolonialgedankens, fanatischer Gegner des Versailler Vertrags.[59] Noch 1932 hatte er die volle Aufrüstung Deutschlands gefordert, da dessen »nationale Sicherheit« sonst gefährdet sei. Eine Anrufung des Völkerbundes oder der Haager Instanzen sei dazu nicht notwendig.[60] Dieser Mann war ein radikaler Nationalist und Militarist alter Schule, Mitglied der berüchtigten »Harzburger Front«, zu der auch Hitler, Himmler, Goebbels und Rudolf Heß gehörten, distanzierte sich aber von diesem Kreis nach dem Röhm-Putsch, bei dem man seinen Freund, den Ex-Kanzler Kurt von Schleicher und dessen Frau, umgebracht hatte.

Als reicher Mann im englischen Exil freudig aufgenommen, wechselte er rasch und gründlich die Fahnen und wollte nun Geld an einem Buch verdienen, in dem Friedelind ihre intimen Kenntnisse über den »Führer« darlegte und ihn vor aller Welt bis auf die Knochen entblößte. Friedelind durchschaute ihn offenbar nicht und nahm seinen Vorschuss von 800 Pfund dankbar an. Sie war schon von Luzern aus in Kontakt mit ihm getreten und vertraute ihm ganz und gar.

Sie war kaum in England, als sie schon ein »Dinner« mit Hermann Rauschning, einer ebenso zwielichtigen Figur, hatte.[61] Er war promovierter Musikwissenschaftler, ehemaliger Offizier, NSDAP-Mann und »SS-Ehrenführer«. Im Mai 1933 war er Senatspräsident von Danzig geworden, glühender Vorkämpfer für das Deutschtum in Polen, wenn auch für Hitler nicht glühend genug, denn er setzte sich für Gespräche zwischen Polen und Deutschen ein und lehnte Maßnahmen gegen die polnischen Juden entschieden ab. 1934 wurde er aus der Partei ausgeschlossen. Begründung: Verdacht auf Landesverrat. Er ging ins Exil und lernte dort Emery Reves, eigentlich »Imre Rosenbaum«, kennen, der seinen jüdischen Namen anglisiert hatte.[62] Dieser Reves, aus Ungarn stammend, Verfasser einer brillanten Dissertation über Walther Rathenau, war ein scharfer Gegner der Nazis. Er hatte den »Juden-Boykott« in Berlin miterlebt und war mit bösen Vorahnungen nach Paris gegangen, um dort eine Nachrichtenagentur zu gründen, mit der er vor allem die Interessen von Winston Churchill vertrat.[63] Als er den hochgebildeten, eloquenten, aber völlig mittellosen Hermann Rauschning über seine Erlebnisse mit Hitler reden hörte, kam ihm eine gute Idee: Er wollte ein Buch daraus machen. Tatsächlich hatte Rauschning Hitler nur ganz selten gesehen, wahrscheinlich nie unter vier Augen, aber mit Hilfe von viel Phantasie und einigen Originalzitaten aus »Mein Kampf« und der zeitgenössischen Presse spann er sich lange Dialoge und Monologe zusammen, die er zum großen Teil vor einer biederen Kulisse auf dem Obersalzberg ansiedelte: »Wir müssen grausam sein. Wir müssen das gute Gewissen zur Grausamkeit wiedergewinnen … Wir haben keine Zeit mehr zu schönen Gefühlen!«[64]

Rauschnings Buch, in dem Hitler einen blutigen, aber kurzen Krieg voraussagte, erschien pünktlich zu Kriegsbeginn unter dem Titel »Hitler m'a dit« in Frankreich. In kurzer Zeit waren 220 000 Exemplare verkauft. Es wurde in sechs Sprachen übersetzt und immer wieder als Quelle benutzt, sogar bei den Nürnberger Kriegsverbrecherprozessen. Erst in den achtziger Jahren des 20. Jahrhunderts kam heraus, dass es sich um eine – wenn auch nicht unkreative – Fälschung handelte. Nun speiste dieser Mann also mit Friedelind und weckte wohl Hoffnungen auf einen ähnlichen Coup. Denn sie kannte Hitler ja noch viel besser als er und hatte *wirklich* etwas zu erzählen, vor allem über Hitler und Wagner, ein Thema, das dem gelernten Musikwissenschaftler sehr am Herzen lag und dem er ein großes Kapitel seines Buches gewidmet hatte:

»Ob ich in Bayreuth gewesen sei, fragte mich Hitler … Ob ich wüßte, daß Wagner … vieles von unserem kulturellen Verfall auf den Fleischgenuss zurückgeführt habe? Wenn er heute … den Genuss von Fleischspeisen verschmähe, so geschehe das nicht zum geringsten Teil auf das hin, was Wagner dazu geäußert habe.«[65]

Hitler und Wagner. Vielleicht erhoffte Rauschning sich von Friedelind noch ein paar Tipps für weitere Auflagen, die ständig im Druck waren. Zum Dank brachte er sie mit seinem Agenten, also mit Reves, zusammen, der sofort zusagte, Friedelinds Manuskript redigieren zu wollen, was er offenbar auch tat. Bis jetzt war es nur ein Fragment, das er zu lesen bekam. Immer wieder begonnen, immer wieder abgebrochen, überarbeitet, verändert und um neue Episoden erweitert, ob in London, Paris oder Tribschen. Wahrscheinlich arbeitete Friedelind schon seit Jahren daran, mindestens seit 1938, als sie in Paris einem Informanten des englischen Geheimdienstes (»Hollander«) erzählte, »dass sie ein Buch über die Nazis schreiben wolle«.[66] Auch gegenüber den Tanten hatte sie gewisse Andeutungen gemacht, die diese aber nicht verstanden oder verstehen wollten: Sie sitze an einer »großen Arbeit«, ein »liebevoller Gönner« habe ihr seinen Sekretär angeboten, sie sei gar keine »Privatmaus« mehr, ihr schwirre der Kopf, da die Verleger sich um diese Arbeit rissen.[67] Emery Reves versuchte also, aus diesen Fragmenten ein Buch zu machen. Eine Heiden-Arbeit, für die er ihr später eine saftige Rechnung schickte, weil sie das Manuskript einem anderen Agenten angeboten hatte, der es bei einem amerikanischen Verlag, Harper and Brothers, herausbrachte, ohne Reves mit einem Cent zu beteiligen.[68]

Kurz nach ihrer Ankunft in London hatte Friedelind an Gottfried von Einem geschrieben, sie sei so froh, »fern von dem ganzen Schmutz zu sein«, fühle sich »wie im Himmel«, die Hölle sei »so weit weg«.[69] Und nun war sie doch wieder mitten im Schmutz. In den Fängen des Geheimdienstes, der sie von Anfang an scharf kontrollierte,[70] zwischen Altnazis, Fälschern und skrupellosen Agenten, die ihre Unerfahrenheit schamlos ausnutzten und sie für propagandistische Zwecke missbrauchten. War es ein Wunder, dass ihre Freunde irritiert waren oder sich gar zurückzogen? »Wir waren erfreut, sie zu sehen«, schreibt Isabella Valli in ihren Erinnerungen. »Aber ich muss gestehen, dass uns ihre Anwesenheit etwas Angst machte, weil wir viele Komplikationen voraussahen.«[71] In den geheimdienstlichen Akten über sie ist zu lesen, dass sie plötzlich bei vielen früheren Freunden unwillkommen gewesen sei, ja sogar als »Plage« betrachtet wurde, *warum*, habe niemand so genau sagen können.[72] Eine Lady Barker, übrigens eine Kusine von Heinz Tietjen, die Friedelind seit 1937 kannte, berichtete, es sei auffällig gewesen, wie sie auf Partys die Ohren gespitzt und sich an jede Gesprächsrunde »herangeschlichen« habe, um nur auch ja alles mitzubekommen, was erzählt wurde.[73] Das habe sie misstrauisch gemacht und sogar das Gerücht wachsen lassen, Friedelind sei eine für die Nazis arbeitende Spionin.

Ab dem 4. April 1940 sollte ihre Artikel-Serie im »Daily Sketch«, einem der Kemsley-Blätter, erscheinen, für die Beverley Baxter sie nach England geholt hatte. Tatsächlich erschien sie aber erst ab dem 6. Mai, also über einen Monat später. War Baxter unzufrieden mit dem Text oder gab es politische Komplikationen? In der Redaktion oder unter Friedelinds »Freunden« muss es eine undichte Stelle gegeben haben. Jedenfalls wusste Goebbels schon von den Artikeln, bevor sie gedruckt waren. Am 4. Mai schrieb er wütend in sein Tagebuch: »Die kleine, dicke Wagner schreibt in London Enthüllungen gegen den Führer! So ein kleines Biest! Das kann eventuell etwas peinlich werden! … Wieland Wagner wird vom Führer über sein sauberes Schwesterchen unterrichtet. Das ist eigentlich eine schwere Schande, die dieses dumme Mädel da anrichtet.«[74]

Daily Sketch

Am 6. Mai erschien also der erste Artikel: »The real Hitler«. In der Überschrift wird Friedelind noch als »Friedelinde« angekündigt, ein Fehler, der schon in der nächsten Folge korrigiert wird. Die Enkelin des »berühmten Komponisten« habe Hitler jahrelang aus nächster Nähe erlebt, heißt es im Vorspann. Ganz privat und ohne seine Leibwächter. Sie werde nun »exklusiv« für den »Daily Sketch« berichten. Zunächst über die Frage, was Hitler wirklich über Mussolini denke.

Nichts besonders Gutes, schreibt Friedelind. Von den Italienern halte er allgemein nicht viel. Alles Windhunde. Unfähig zum Kämpfen. Nicht einmal mit den »Halbwilden« in Abessinien seien sie fertig geworden. Das habe Hitler am 4. August 1936 – also während der Olympiade – bei einem Essen erzählt, auf dem Verena und sie die einzigen weiblichen Gäste gewesen seien. – Dann geht sie zu dem berühmten ersten Treffen zwischen den beiden Diktatoren über, das Hitler »mit eingeklemmtem Schwanz« wieder verlassen habe, weil Mussolini nicht nur ihn, sondern auch Dollfuß empfangen wollte und überhaupt verdächtig viel über Österreich sprach, das doch *er*, Hitler, zu okkupieren gedachte.

Mussolinis Tochter Edda hatte lackierte Zehennägel und trug starkes Augen-Make-up, erfährt der Leser von Friedelind. Sie sei in den frühen dreißiger Jahren nach Berlin gekommen, ganz elegante Römerin. Der »Führer« habe zunächst geglaubt, dass sie sich verletzt habe und an den Füßen blute. Bis er feststellte, dass es nur der Nagellack war, der unter dem hochgerutschten Rock aus den offenen Sandalen hervorblitzte. Es wurde ihm schlecht davon.

7. Mai 1940. »Deutschlands Liebeswerben um England«. Friedelind erklärt, dass Hitler die Engländer im Grunde liebe, weil sie derselben Rasse angehörten wie die Deutschen, der germanischen also. Er habe ursprünglich nicht vom Krieg, sondern von einer *Freundschaft* mit England geträumt. Diesen Traum habe Ribbentrop brutal zerstört, indem er seine Mission als deutscher Botschafter in England verfehlt habe. Bei einem englischen Staatsbesuch im März 1935 sei noch alles bestens gewesen. Anthony Eden, der spätere Außenminister, war dabei, der Lordsiegelbewahrer und noch einige andere. Leider konnten weder Hitler noch Göring Englisch, so dass Friedelinds

Mutter herbeigerufen worden sei, um zu übersetzen. Hitler – sonst strikter Anti-Alkoholiker – habe Champagner getrunken und sich immer wieder an dem ungewohnten Getränk verschluckt. Nach diesem Besuch sei er bester Stimmung gewesen und habe die Engländer »tolle Burschen« genannt, die doch von ganz anderem Kaliber seien als die italienischen »Windhunde« oder die »vernigggerten Franzosen!«

10. Mai 1940. »Das Luxusleben der Nazi-Führer«. Eigentlich sei Adolf Hitler ja ein einfacher Mann mit schlichten Manieren, dem man seinen schönen Salon in der Reichskanzlei gar nicht zutraue: Möbel aus Nussbaumholz, blassblaue Satinpolster, das Bildnis einer Rokoko-Dame an der Wand, Vorhänge aus blauer Seide, alles harmonisch, wie von Frauenhand hingezaubert, »eine persönliche, intime Atmosphäre«. Etwas zu kostspielig vielleicht für einen Mann, der am liebsten Bohnen- oder Erbsensuppe esse und sich ständig seiner persönlichen Bescheidenheit rühme?

Bei einem ihrer Besuche in der Reichskanzlei habe sie scharf kritisiert, dass die Nazi-Führer wie Könige lebten, viel zu viel Jahresgehalt, Eigentümer teurer Villen, Ausrichter phantastischer Partys usw. Hitler habe ihr vehement widersprochen. Das Volk *erwarte* das von der Führungs-Elite! Nicht diesen kärglichen Lebensstil der alten Preußen, die sogar ihre eigenen Schlösser leerstehen ließen, um nicht als prunksüchtig zu gelten. Er persönlich mache sich übrigens nichts aus Geld. Er sei ein »armer Mann«, ein »kleiner, armer Mann«, besonders im Vergleich mit so manchem deutschen Industrieboss. Übrigens der einzige Staatsmann auf der Welt, der kein eigenes Bankkonto habe.

14. Mai 1940. »Weh über das Haus Israel«. Hitler und Goebbels berichten bei den Festspielen von 1938 stolz über ihre Maßnahmen gegen die Juden, die neuerdings auf der Straße festgenommen und ins KZ gesteckt würden. Ohne Grund. Einfach nur so. »Goebbels' Jungs« seien zu wahllosem Zugriff berech-

tigt. »Nur kein Mitleid, nur kein Mitleid«, ruft Frau Magda, als sie sieht, dass Friedelind blass wird. Man dürfe mit den Juden kein Mitleid haben! Dieselbe Szene kommt auch in »Nacht über Bayreuth« vor,[75] allerdings ohne den Zusatz, dass Hitler gesagt habe, er habe den Juden oft genug nahegelegt auszuwandern, sie hätten es aber nicht getan. Jedenfalls nicht alle. Wohin, sei ihm übrigens egal. Sollten sie doch sehen, wo sie blieben. In zehn Jahren werde es in Deutschland keinen Juden mehr geben. Nein, vielleicht doch, weil er sie als »Geiseln« für den nächsten Krieg brauche. Später, wenn er erst die Kolonien zurückerobert habe, werde er Juden und »Niggern« verbieten, Schulen zu besuchen, damit sie allesamt Analphabeten würden und keinen Schaden mehr anrichten könnten.

15. Mai 1940. Siegfried Wagners berühmter Brief aus dem Jahr 1921, in dem er, so Friedelind, »für die Juden plädiert«.[76] 17. Mai 1940. Hitlers Antrittsbesuch in Bayreuth. 18. Mai 1940. Wahnfried als Hochsicherheitstrakt oder »Die Kanonen, die Hitler bewachen«. Dann endet die Serie. Es sind insgesamt zwölf Artikel, jeder ein bis zwei Seiten lang, zwischen Reklame für Zigaretten, Seife, Beruhigungstee, Puder, Glaubersalz, Potenzmittel und Lockenwickler. Eigentlich relativ harmlos. Ziemlicher »Schund«, wie es in der geheimdienstlichen Akte heißt.[77] Eine seltsam verquere Weltanschauung, ein Gemisch aus selbst Erlebtem und allgemein Bekanntem, das Aus-dem-Nähkästchen-Geplauder eines jungen Mädchens, das den »Führer« als guten, wenn auch etwas verrückten Onkel darstellt, der die Engländer innig geliebt und den Krieg persönlich gar nicht gewollt habe, jedoch leider unter dem Einfluss falscher Berater stand, wie vor allem Goebbels, Göring und Ribbentrop.

Am 9. April 1940 greift Hitler das neutrale Dänemark und Norwegen an. Am 10. Mai beginnt der Westfeldzug unter Verletzung der Neutralität Hollands, Belgiens und Luxemburgs. Noch am gleichen Tag muss Chamberlain wegen seiner Nachgiebigkeit gegenüber Hitler zurücktreten. Sein Nachfolger wird Winston Churchill, der in seiner ersten Kabinettssitzung sagt, dass er alle »feindlichen Ausländer« zwischen 16 und 60 festnehmen lassen wolle. Es sei besser, wenn »diese Personen … hinter Stacheldraht seien«.[78] Am 14. Mai wird die französische Front bei Sedan durchbrochen. Am gleichen Tag greift ein deutsches Kampfgeschwader Rotterdam an. Englische Flugzeuge antworten mit Angriffen auf das Ruhrgebiet. Holland kapituliert. Am 17. Mai wird Brüssel von deutschen Truppen eingenommen. Friedelind sitzt mit Freundin Isabella am Radio und sagt: »Das ist es. Wir sind erledigt. Jetzt werden sie mich internieren.«[79] Am 26. Mai klopft ein Polizist an ihre Tür und sagt ihr, dass sie sich zur Abfahrt bereit machen solle. Berta Geissmar und eine adlige Freundin begleiten sie auf die Polizeistation. Aber sie können nichts für sie tun.

Nächte in der Zelle. Ungewissheit. Im Zug nach Liverpool. Ein schmutziger, überfüllter Dampfer wartet an den Schiffsanlegeplätzen der Mersey-Mündung. Hunderte Frauen marschieren an Bord. Ältere und junge, Hausmädchen, Witwen, elegante Damen, Jüdinnen, Krankenschwestern. Sie kommen alle aus Deutschland oder Österreich. Einige aus der Tschechoslowakei. Passanten haben sich auf den Straßen versammelt. Sie lachen, pöbeln, drohen, zeigen mit den Fingern. »Enemy aliens«. Wo man sie wohl hinbringen wird? Nach Australien? Kanada? Indien? Neufundland? Jedenfalls »hinter Stacheldraht«. Der Premierminister hat es befohlen. Mehr als 60 000 Flüchtlinge sind zurzeit im Land. Das ist zu viel. Ihre Fälle sind durch Tribunale geprüft worden. Ein »feindlicher Ausländer« sei »eine Person, die weder britischer Staatsbürger« sei »noch unter britischem Schutz« stehe, sondern »die Nationalität eines Staates« besitze, »der sich im Kriegszustand mit Seiner Majestät« befinde, sagen die Vorschriften.[80] Doch was ist mit den Zwangsausgebürgerten? Mit bekennenden Nazi-Gegnern? Es ist sehr verwirrend. Ein riesiges Chaos. Die Tribunale sind hoffnungslos überfordert und lassen nur selten Gnade walten. Anna Freud z.B. wird nicht verhaftet, weil sie einen therapeutischen Beruf hat. Ihren Bruder Martin dagegen nimmt man fest, ihre Neffen Walter und Ernst auch. Sogar das Hausmädchen, Paula Fichtl, ist von einer »black minna« abgeholt worden.

Die internierten Frauen haben es etwas besser als die Männer. Sie werden nicht nach Übersee verschleppt und in Straflagern zusammengepfercht, sondern kommen auf die Isle of Man in der irischen See, wo sie sich relativ frei bewegen dürfen, im Lager Rushen, das eigentlich gar kein Lager ist, sondern eine Ansammlung von Hotels und Pensionen in den Ortschaften St. Mary und Port Erin. Es wirkt alles idyllisch. Fast wie in den Ferien. Der beschauliche Fischerhafen, die sanfte Hügellandschaft, das milde Klima, die endlosen Sandstrände, die nur von einzelnen steil ins Meer abfallenden Felsen durchsetzt sind, diegepflegten Uferpromenaden, die hübschen, viktorianischen Häuser. Schon im Ersten Weltkrieg hatte man hier Flüchtlinge interniert. Da waren die meisten Hotels noch ganz neu, auch das Hydro-Hotel, in dem Friedelind untergebracht wird, ein weißer Prachtbau, fünf Stockwerke hoch, 55 Zimmer, mit Türmchen, Erkern und Zuckerbäckerfassade, im Park ein paar Palmen in Kübeln.

Das Lager Rushen hat Platz für 4000 Frauen. Eigentlich könnten sie froh sein, dass sie hier sind. Denn auf München, Kiel, Berlin und das Ruhrgebiet fallen die ersten Bomben. Deutsche Truppen haben die Kanalinseln eingenommen. Aus London werden über 100 000 Kinder evakuiert und in Kriegskinderheimen untergebracht. Das Lager als Rettungscamp?

Fast könnte man es so sehen. Wenn da nicht Dame Joanna Cruickshank, die Lagerleiterin, wäre, eine stramme, im Ersten Weltkrieg geschulte Krankenschwester, die für Zucht, Ordnung und Disziplin sorgt und keinen Unterschied zwischen Jüdinnen, Nationalsozialistinnen und Kommunistinnen macht. Für sie sind sie alle Feindinnen, alle böse. Voller Sadismus ordnet sie an, dass Jüdinnen und Hitler-Anhängerinnen in einem Zimmer, ja sogar in einem Bett schlafen müssen. Aus manchen Zimmern hört man das Horst-Wessel-Lied, aus anderen jiddische Volksweisen oder klassische Arien.

Die Frauen *dürfen*, aber *müssen* nicht arbeiten, ob im Lager selbst oder bei den Inselbewohnern. Sie putzen, backen, kochen, halten Gärten in Ordnung, nähen, stricken, fertigen Spiele an, schneiden Haare oder betreuen Kinder. Das Geld, das sie »draußen« verdienen, darf zur Bank gebracht werden. »Drinnen« gibt es Gutscheine und ein raffiniertes Bonussystem. Sie dürfen ins Kino oder ins Café gehen, am Strand entlang promenieren oder sogar baden. Um neun Uhr ist Sperrstunde.[81] Aber »drinnen« gibt es reichlich Kunst und Kultur: Sprachkurse, Theatergruppen, Gesangsunterricht und sogar eigene Zeitungen, den »Frauenruf«, die »Awful Times« und den »Rushen Outlook«, die von Sozialistinnen und Kommunistinnen herausgegeben werden. Drei Bildhauerinnen geben Kunstunterricht und organisieren Ausstellungen. Der junge methodistische Geistliche von Port Erin stellt seine Kirche für Konzerte zur Verfügung. Dabei treten immer wieder zwei Sopranistinnen auf, Johanna Metzger und Jeanette Simon, die sich durch das ganze klassische Repertoire von Haydn über Wagner bis Puccini singen. Es gibt Chöre, von den Frauen selbst dirigiert, Revuen, Kabaretts, sogar Shakespeare-Aufführungen. Im Foyer von Friedelinds Hotel steht ein alter Flügel, der für Soloprogramme genutzt wird.[82]

Friedelind findet es »wundervoll«.[83] Dass auch sie an der Lager-Kultur mitgewirkt hat, ist aber nicht nachzuweisen. Warum nicht, ist schwer zu begreifen. Hier ist *keine* Mutter, die sich missgünstig einmischt. Hier gibt es *keine* Konkurrenz durch die Brüder. Ganz im Gegenteil: *Frauen* schreiben, musizieren und spielen für *Frauen* und erobern sich traditionelle Männerdomänen wie Regie, Komponieren und Dirigieren, ein Zustand, der von vielen als durchaus fruchtbar empfunden wird. Wäre das nicht eine gute Plattform für sie gewesen?

Doch sie nutzt sie nicht. Kapselt sich ab. Benimmt sich sehr eigenartig, macht bösartige Bemerkungen über die Engländer, die sie hierhergebracht hätten, während sie um Verständnis für die Deutschen wirbt. Gleichzeitig stellt sie einen Ausreiseantrag nach Argentinien und schiebt nun als »Beweis« doch wieder Toscaninis Vertrag vor, den sie gar nicht zu erfüllen gedenkt. Das »Home Office« lehnt ihn ab. Immer und immer wieder. Es ist zum Verzweifeln. Beverley Baxter und ihr Anwalt, Kenneth Brown Baker, legen sich mächtig für sie ins Zeug und appellieren an die höchsten politischen Instanzen. Doch das »Home Office« und die Polizei bleiben stur, zumal jetzt auch gute Freunde *gegen* sie aussagen, Berta Geissmar zum Beispiel, die erklärt, sie habe Friedelind in der besten Absicht bei sich aufgenommen, dies aber inzwischen bedauert, da sie »plötzlich antibritisch geworden« sei und im Lager ihren »Hass auf England« geäußert habe.[84] Immer wieder heißt es, dass sie eine Spionin sei, eine »Agentin des deutschen Geheimdienstes«[85] oder gar der SS, ein Informant namens »Dragonfly« berichtet von gefährlichen internationalen Verbindungen.[86] Sie sei vom »Führer« über die Schweiz nach England geschickt und mit viel Geld ausgestattet worden.[87] Echte »Beweise« dafür gibt es nicht. Aber man misstraut ihr, weil sie jahrelang eine fanatische Hitlerianerin war und nun plötzlich umschwenkt, wobei man ihre Artikel im »Daily Sketch« nicht für überzeugend, sondern für dummes Zeug und pure Lippenbekenntnisse hält, die nicht einmal propagandistisch benutzt werden könnten.

Ein Punkt wird ihr ganz besonders angelastet: dass niemand wisse, weshalb sie eigentlich emigriert sei, und dass sie selbst unterschiedliche Versionen dazu verbreitet habe. Die eine sei: »Quarrel with her family«. Die andere: ein persönlicher Streit mit Hitler, bei dem sie ihn der Lüge in verschiedenen Punkten überführt habe. Die dritte: Sie habe im Sommer 1938, am Rande der Festspiele, bei einem Abendessen in Wahnfried gehört, wie Hitler und seine Leute damit geprahlt hätten, was sie mit England und den Engländern anstellen wollten, wenn sie das Land erst einmal erobert hätten. Sie, Friedelind, habe damit gedroht, die Sache weiterzugeben, ob an die internationale Presse oder nach England. Worauf Hitler mit Winifred vereinbart habe, es sei besser für sie, wenn sie auswandere. Hitler persönlich habe ihre Ausreise arrangiert und bezahlt.[88] Es könne aber auch sein, dass keine dieser Versionen stimme, sondern dass »Mausi Wagner« schlicht gesagt »verrückt« sei.[89]

Friedelind bleibt also in der Haft sehr isoliert. Mit einer Ausnahme: Jeanette Simon, eine Berliner Sopranistin, Jüdin, Mitglied des »Jüdischen Kulturbundes«, Emigrantin. Sie gibt Friedelind Gesangsstunden, spaziert mit ihr am Strand entlang, zeigt ihr, was Friedelind »cosy nook(s)« nennt, »vertrauliche Verstecke«. Gemeint ist die körperliche Liebe unter Frauen.[90]

Im Juli 1940 werden die ersten »unverdächtigen« Internierten wieder entlassen. Friedelind ist nicht dabei. Nun schreibt auch noch ihre alte Lehrerin aus Brighouse an den Geheimdienst und meldet, dass Friedelind die Schule mit »Heil Hitler« betreten habe. Das ist lange her. Hat aber großen Eindruck gemacht. So sieht es alles in allem recht schlecht aus für Friedelind. Die aber ruhig und gelassen bleibt und darauf vertraut, dass ihre prominenten Freunde sie aus dem Lager herausholen werden.

Im September 1940 beginnen schwere Bombenangriffe auf London, im englischen Sprachgebrauch auch »The Blitz« genannt. Zuerst werden die Docks und das East End angegriffen. Dann werden ganze Stadtviertel ausradiert, Kirchen niedergebrannt. Jede Nacht fliegen bis zu zweihundert Bomber über die

Stadt. Tausende Menschen werden obdachlos und suchen dicht an dicht Zuflucht in U-Bahn-Schächten. In wenigen Tagen gibt es mehr als zweitausend Tote. Mehr als achttausend werden schwer verletzt. Die Krankenhäuser sind hoffnungslos überfüllt. London ist ein Inferno.

Ausgerechnet jetzt, am 10. September 1940, wird Friedelind von der Isle of Man nach London verlegt, und zwar ins Wandsworth-Gefängnis im Süden der Stadt, wo Spione und englische Faschisten verhört und zum Teil auch hingerichtet werden. Mit Konzerten, Spaziergängen und »cosy nooks« ist es nun vorbei. Sie sitzt nun in Haft, darf sich nur noch zu kurzen »walks« auf dem Hof bewegen. Der Grund dieser Verschärfung ist nicht recht klar, da ihre Akte offenbar nicht ganz vollständig ist. Es fehlen z.B. die Berichte der Lagerleiterin oder von anderen Internierten. Hatte sie »nur« versucht, Briefe an der Zensur vorbeizuschmuggeln,[91] oder gab es neue Aspekte, die gegen sie sprachen? Sie gibt die Hoffnung nicht auf, schreibt weiter Ausreiseanträge, die abgelehnt werden, schreibt Briefe an ihre Jeanette, die in Camp Rushen geblieben ist. Leider muss sie sich kurz fassen. Nur 24 Zeilen pro Brief sind erlaubt. »Wenn ich nur mal einen richtigen Mausibrief schreiben könnte … Ich kann mich so schlecht in wenig Worten ausdrücken oder konzentrieren, wenn ich an jemanden besonders Liebes schreibe! Daher die Abgehacktheit! Am schönsten wäre ja, wir brauchten gar nicht schreiben, sondern wären zusammen. Ich umarme dich zärtlichst – erwidere jeden Kuss – leider nur brieflich … und habe dich so lieb – stets Deine Mausi.«[92]

Gerade jetzt, wo sie fast gar nicht mehr schlafen kann, weil jede Nacht Bomben fallen, denkt sie nachts in der Zelle nur noch an eins: an Bayreuth und Wagner.

»Ob man je wird richtigen Wagner wieder aufführen, nachdem sie Bayreuth zertrampelt haben??! Und ob ich es wirklich je schaffen werde, meinen Teil dazu beizutragen?«[93] – »Ob ich nun aber auch ein guter Regisseur werde? Ich habe schon schlaflose Nächte, weil ich in Gedanken dauernd inszeniere … Süßes, ich brauche dich unbedingt, sonst werde ich ein ganz schlechter producer.«[94]

Nach ein paar Wochen heißt es: wieder umziehen, Verlegung in ein jüdisches Kinderheim, das zurzeit leersteht, weil die Insassen evakuiert worden sind. Der Straßenname ist schön. Nightingale Lane. Aber es ist und bleibt ein von Stacheldraht umgebener »Internment Place«. Manchmal kommt ihr Rechtsanwalt, um ihr Mut zu machen. Sie sei bei guter Gesundheit und guter Laune, schreibt er an Toscanini. Die meisten ihrer Freundinnen seien inzwischen entlassen worden. Nur sie nicht. Er ist verzweifelt, kapituliert fast vor der Bürokratie, dem ewigen Warten, den neuen Untersuchungen, Anfragen, Auflagen. Vor Ende März rechnet er nicht mit einer Entlassung.[95]

Währenddessen spitzt sich die Kriegslage immer mehr zu. Deutsche Angriffe auf Birmingham, Southampton, Plymouth, Liverpool, Coventry. Englische Angriffe auf das deutsche Afrika-Corps in Libyen. Friedelinds Fall wird im Unterhaus verhandelt. Es ist der 3. Dezember 1940. Ihr alter Freund Baxter hält ein flammendes Plädoyer für sie, erzählt dem »House of Commons« noch einmal ihre ganze Geschichte, über ihre Beziehung zur Mutter, zu Toscanini, zu Hitler, die langsame Abkehr vom Nationalsozialismus, ihren Plan, Toscanini nach Buenos Aires zu folgen. Doch die Kollegen, selbst von der eigenen Partei, bleiben skeptisch. Baxter greift nun zu schärferen Mitteln und zettelt einen wahren Krieg in der Presse an. Der »Daily Sketch«, der »Reading Eagle«, die »Straits Times«, ja sogar der »New York Herald Tribune« berichten über Friedelinds »Fall«, so dass nun endlich auch Winifred erfährt, wo ihre Tochter ist: im Gefängnis. »Granddaughter of Famous Composer in English Camp«, schreibt eine der Zeitungen.[96]

Er wollte Empörung und Mitleid erwecken, erreicht bei vielen aber das genaue Gegenteil. Reiner Zynismus, schreibt die Zeitung »The Cavalcade«. Es gebe Tausende Nazi-Opfer, die interniert seien, Juden, Widerstandskämpfer, einfache Arbeiter. Viele seien schwer traumatisiert. Manche körperlich verletzt. Aber niemand helfe ihnen, weil sie »Schmidt« oder »Müller« und nicht »Wagner« hießen. Beverley Baxter sei wahrscheinlich ein Mystiker und glaube an die Besonderheit Wagner'schen Blutes. Er erwarte, dass Gesetze aufgehoben würden für eine Frau, deren Anwesenheit in England niemand nütze. Man solle etwas für die *wirklichen* Opfer und politischen Flüchtlinge tun, »nicht für die Friedelind Wagners mit ihren haltlosen und schillernden politischen Ansichten, ihrer Arroganz und ihren persönlich signierten Hitler-Porträts«.[97]

Am 24. Januar 1941 schickt man ihr gar einen Mann in die Zelle, der behauptet, antinazistischer Autor zu sein und sie interviewen zu wollen. In Wirklichkeit arbeitet er für den Geheimdienst. Deckname: Quelle 32a.[98] Trotzdem: Er gibt sich viel Mühe mit Friedelind, versucht fair zu bleiben und die Wahrheit herauszufinden. Er ist vermutlich ein deutsch-jüdischer Emigrant, denn er spricht mit ihr über Bruno Walter, Raimund von Hofmannsthal, Toscanini usw. und gewinnt dadurch nach und nach ihr Vertrauen. »Was die Urteile, die ich mir über Miss Wagner gebildet habe, angeht, so weiß ich nicht, ob auch nur *eines* von ihnen korrekt ist«, schreibt er dem Geheimdienst. »Sie ist gewiss keine Anti-Nationalsozialistin im vollständigen und befriedigenden Sinne des Wortes. Was nicht heißt, dass sie Pro-Nazi ist. Es scheint eher so, dass sie nicht richtig versteht, was derzeit in der politischen Realität vor sich geht.«[99] So habe sie ihm z.B. erzählt, sie sei 1937 zu Hitler gegangen und habe ihm gesagt, dass Ribbentrop die Engländer nicht begreife und ein schlechter Botschafter Deutschlands sei. Hitler habe daraufhin einen seiner berühmten Wutanfälle bekommen.

Der Agent wollte wissen, warum sie gemeint habe, Hitler warnen zu müssen? Um ihn freundlich für England zu stimmen? Ob sie nicht glaube, dass der Krieg gegen England damals schon längst beschlossene Sache für ihn gewesen sei? »Oh nein!«, habe sie laut gerufen. »Damals hätte aus dieser Freundschaft noch etwas werden können. Hitler *wollte* Freundschaft mit England. Jetzt ist er natürlich verbittert, eifersüchtig und wütend. Jetzt ist es zu spät!«

Der Agent fragte sie nach ihren Kontakten in der Emigrationsszene. Erika oder Klaus Mann? Nie gehört. Max Reinhardt? Nie gesehen. Sie wisse aber, dass er in Amerika eine Theater-Schule betreibe, und sie habe vor, sie zu besuchen, wenn sie »drüben« einst Opern inszeniere, vor allem Wagner. Nach diesen Aussagen hat der Agent den Eindruck, dass Friedelind außerhalb der intellektuellen Emigranten stehe und an deren politischem Diskurs nicht teilnehme.

Nachdem er ihre privaten Briefschaften gefunden und gelesen hat, vor allem die Korrespondenz mit Mutter und Tanten, ist er sich »fast sicher«, dass sie »wirklich Streit mit ihrer Familie hatte, wahrscheinlich aus Gründen, die noch nicht aufgedeckt sind. Ich glaube, dass sie immer noch stolz auf Bayreuth und ihre Familie ist und sich für Politik gar nicht interessiert. Ihr Hauptinteresse besteht darin, eine erfolgreiche musikalische Karriere in Amerika zu machen. Ich glaube nicht, dass sie eine Nazi-Agentin ist, und wenn sie eine Nazi-Agentin wäre, wäre sie eine schlechte und sollte sofort aus ihrem Amt entlassen werden. Ich sehe keinen Grund, ihr zu verbieten, nach Südamerika zu gehen, aber man sollte sie fürs Erste weiter beobachten.«

Diesem Bericht ist es hauptsächlich zu verdanken, dass sie am 14. Februar 1941 entlassen wird, sich aber, da sie immer noch als gefährlich gilt, nicht frei bewegen darf. Sie wird von einem Beamten der Metropolitan Police begleitet, der sie keinen Moment aus den Augen lässt und nach Glasgow bringt, von wo ihr Schiff, die »Andalucia Star«, nach Argentinien startet. Ihre Reisegenossen sind »ein argentinisches Kind«, dreizehn Emigranten, zehn Durchreisende und neun Mennoniten, die als Bauern in Südamerika arbeiten wollen.[100] – »Hatte bis jetzt wunderbare Reise. Keinerlei Aufregungen. Ruhige See … Viele, viele Küsse und eine Million guter Wünsche – immer Ihre Mausi!«, schreibt sie »irgendwo auf dem Ozean« an Toscanini.[101]

Argentinische Depression

Als Friedelind am 10. März 1941 in Buenos Aires ankam, war es nicht Toscanini, der auf sie wartete, sondern der Österreicher Erich Engel mit seiner Frau Editha. Erich Engel war Dirigent, Musikwissenschaftler, Wagner-Biograph, 1933 wegen seiner jüdischen Herkunft aus Dresden, wo er an der Staatsoper engagiert war, nach Argentinien geflohen, Direktor der Opernschule am Teatro Colón. Unter den ihn begleitenden Journalisten, die zahlreiche Fotos von ihr machten, waren offenbar von der deutschen Botschaft in Buenos Aires entsandte Spitzel, die schon zwei Tage später an das Reichsaußenministerium, das Reichssicherheitshauptamt, den Reichsminister des Inneren und den Reichspropagandaminister schrieben:

»Ankunft von Friedelind Wagner in Buenos Aires. – Am 10. des Monats traf aus London kommend mit dem englischen Dampfer ›Andalucia Star‹ Friedelind Wagner, die Enkelin Richard Wagners und Tochter von Siegfried und Winifred Wagner, hier ein. Sie verweigerte den sie empfangenden Pressevertretern jede Auskunft über die Gründe ihres Aufenthalts in London und Buenos Aires und beschränkte sich darauf zu erklären, dass sie eine Erlaubnis zum vorübergehenden Aufenthalt in Argentinien habe. Die Pressekommentare behaupten jedoch einmütig, dass Friedelind Wagner ›antinazi‹ sei, wie eine Reihe von Artikeln beweise … Toscanini habe … ihre Passage nach Buenos Aires bezahlt, wo sie sein Eintreffen, der im Juli hier konzertieren wird, abwarten wolle. Hernach beabsichtige sie, sich nach New York zu begeben. Die Pressekommentare fügen hinzu, dass ihre Weigerung, Erklärungen abzugeben, auf die Rücksichtnahme auf ihre Familienangehörigen im Reich zurückzuführen sei.«[102]

Beigelegt waren Fotos aus argentinischen Zeitungen, die Friedelind bei ihrer Ankunft in Buenos Aires zeigen: stark geschminkt, etwas schüchtern lächelnd, auf dem Kopf einen schräg sitzenden Herrenhut, bekleidet mit einem getupften Sommerkleid und einem Jackett. Über den rechten Arm hat sie einen Trenchcoat gehängt. Mit beiden Händen umklammert sie den Henkel einer kleinen Handtasche, die sie wie zum Schutz vor den Leib gepresst hält.

Erich Engel war bester Stimmung, als er sie empfing. Es ging ihm gut in der neuen Heimat und am neuen Arbeitsplatz, diesem prachtvollen Opernhaus aus dem Jahre 1908, das mit 2500 Sitzplätzen und sieben Rängen als das größte der Welt galt. Neun Monate Spielzeit pro Jahr, im Sommer unter freiem Himmel, beste Akustik, ein Repertoire, das aus deutschen, italienischen, französischen und argentinischen Stücken bestand, ein exzellentes Orchester, dessen Mitglieder teilweise von der Mailänder Scala kamen, ein Chor, der dem Bayreuther Festspielchor ebenbürtig war.[103] Zurzeit leitete Fritz Busch die »deutsche Saison« mit Werken von Wagner, Mozart, Smetana, Beethoven und Richard Strauss. Auch Erich Kleiber war hier engagiert. Im Juni wurde Toscanini erwartet. Unter den Sängern waren viele, die Friedelind schon kannte: der Bassist Alexander Kipnis und der Tenor Herbert Janssen zum Beispiel, der eine als Jude, der andere als Homosexueller aus Deutschland vertrieben. Eine Aufführung der »Zauberflöte« mit Kipnis als Sarastro war geplant. Die Königin der Nacht sollte von einer Frau indianischer Herkunft gesungen werden.[104] Das Teatro Colón war also ein Fluchtort, an dem sich viele Verfolgte aus Deutschland und Österreich wieder fanden und in dem mehr Deutsch als Spanisch oder Italienisch gesprochen wurde.

Und trotzdem brauchten die meisten Emigranten Wochen, wenn nicht Monate, um sich einzuleben. Der Verkehr war höllisch. Das Klima zum Teil unerträglich. Tagsüber bis zu 40 Grad, nachts unter sieben, hohe Luftfeuchtigkeit, Windstille, schlechter Geruch, aberwitzige Wolkenkratzer, räudige Hunde, brünstige Katzen, quakende Frösche, Pariser Eleganz neben unglaublichem Elend, Bewohner aus aller Welt, vor allem Italiener, Deutsche und Ostjuden, die zum Teil schon seit Jahrzehnten hier ansässig waren, eigene Kolonien bildeten und in vielen Sprachen durcheinander redeten, der süßliche Duft von Jasmin in den Hinterhöfen.

Friedelind brauchte lange, bis sie zum ersten Mal an den »maestro« schrieb, fast einen Monat, so verwirrt war sie. Sie wohnte in einem Hotel namens »Safico« auf der Avenida Corrientes, 17. Etage, mit »herrlicher Aussicht über die Stadt«.[105] In den ersten Wochen tat sie kaum etwas anderes als schlafen. Zum ersten Mal wieder in Nachtwäsche, nicht in Sträflingskleidung, zum ersten Mal, ohne dauernd von Sirenen geweckt zu werden. Keine Fliegerangriffe. Keine Verfolgung. Weit weg vom Inferno Europas. Doch sie konnte nicht daran glauben, hielt alles für Täuschung, für einen Streich, den das Leben ihr spielen wollte, so sehr waren Angst, Flucht und Leid ihr zur zweiten Natur geworden. Sie komme sich vor wie ein armes Kind, das bei reichen Leuten zu Weihnachten eingeladen sei, ohne dazuzugehören. Wie eine seltsame Mischung aus Baby und Großmutter, die mit ihren Hoffnungen schon am Ende sei und über Nacht tatsächlich ein paar weiße Haare bekommen habe.[106] »Bayreuth« sei so weit weg und doch so nah, dass es ihr wehtue, daran zu denken. Ob denn alles, was in den letzten acht Jahren geschehen sei, wirklich *wahr* sei? Oder ob sie immer nur geschlafen und geträumt habe? »Alles Vergängliche ist nur ein Gleichnis.« Dieser Satz aus Goethes »Faust II« geht ihr nicht aus dem Kopf. Glücklich? Nein, glücklich sei sie in diesem neuen Land bisher nur *einmal* gewesen. Als sie zum ersten Mal wieder Spaghetti gegessen habe. Calusio, Toscaninis ehemaliger Assistent, hatte sie dazu eingeladen. Doch zwei Stunden später wieder die Angst, die Traurigkeit und das schreckliche Dunkel. Damals, im Londoner Gefängnis, als die Bomben fielen, hätten sich ihre Mithäftlinge vor dem Sterben gefürchtet. Sie aber fürchte sich viel mehr vor dem Leben. »Noch ist kein Schiff zu seh'n«, schreibt sie auf Deutsch unter diesen traurigen Brief, ein Zitat aus Wagners »Tristan und Isolde«.[107]

Sie lernt etwas Spanisch, ist oft bei den Familien Engel und Busch eingeladen, trifft sich mit Erich Kleiber, der sehr nett zu ihr ist. Doch sie ist davon überzeugt, dass all diese Freundlichkeit nicht ihr, sondern Richard Wagner gilt. Richard Wagner und ihrem väterlichen Schutzengel, Toscanini.[108] Wann er denn endlich, endlich nach Buenos Aires komme? Sie zähle die Tage. Wenn er nicht käme, sei sie imstande, etwas völlig Verrücktes zu tun, um sich bis zu ihm nach New York durchzuschlagen.

Und das Theater? Die Wagner-Inszenierungen? Die Chorproben? Der Vertrag, von dem so lange die Rede war und von dem so viele Zeitungen schrieben? Sie nimmt ihn nicht wahr, bleibt lieber im Hotel, versucht nicht einmal ansatzweise, am Teatro Colón Fuß zu fassen, weder als Hospitantin noch als Regie-Assistentin, geschweige denn Regisseurin, obwohl gerade die »Walküre« und der »Holländer« gegeben werden.[109]

Was ist mit Friedelind los? Warum ist sie so passiv? Ist es, wie ihre Briefe an Toscanini vermuten lassen, ein Zustand der schweren Verwirrung, der Depression, den man heute vielleicht als »posttraumatische Belastungsstörung« nach der durchlittenen Haft bezeichnen würde? Ist es die Angst, dass ihre Vorbildung und ihr Talent für die neuen Aufgaben nicht ausreichen könnten, der wunde Punkt, den schon Daniela berührt hatte? Oder kommt noch eine andere, ganz reale Angst dazu: die Angst vor den vielen in Argentinien ansässigen Nazis, die Angst, verschleppt oder gar getötet zu werden? Das würde zumindest erklären, warum sie offenbar kaum auf die Straße ging und ihr Hotel nur selten verließ.

Sie »verpasst« nämlich nicht nur den Einstieg ins Teatro Colón. Sie nimmt überhaupt nicht wahr, wo sie sich befindet, ignoriert die Vorstellungen der »Freien Deutschen Bühne«, liest nicht die »Jüdische Wochenschau« oder das »Argentinische Tageblatt«, beide von deutschen Emigranten ediert, geht nicht ins jiddische Theater in der Calle Pasteur, in dem ehemalige Wiener Burgschauspieler auftreten, überhört den Tango, der ihr überall entgegenschallt, verschließt sich der ganzen Magie der Millionenstadt am Rio de la Plata.

Neben männlichen Freunden wie Busch, Kleiber oder Engel gab es auch Frauen, die ihr hätten helfen können, Marguerita Wallmann zum Beispiel, Tänzerin, Choreographin, Bühnenbildnerin, Regisseurin. Sie war Leiterin der Wigman-Schule in Berlin und hatte ein sozialistisches »Tänzer-Kollektiv« gegründet, mit dem sie auf spektakuläre Tourneen ging, bevor die Nazis sie, weil sie Jüdin war, vertrieben. Jetzt leitete sie das Ballett am Teatro Colón und entwarf Film-Choreographien für Greta Garbo. Doch anstatt von ihr zu lernen oder sich beraten zu lassen, entwickelt Friedelind eine blinde Aggression gegen diese Frau, bei der sie ihr Leben lang stur verharren wird. Noch 1957 – Wallmann war inzwischen an der Mailänder Scala engagiert und inszenierte dort Opern von Milhaud, Poulenc und Prokofjew – schrieb sie hasserfüllt an Walter Felsenstein, man werde ihm in Mailand wahrscheinlich »die Wallmann« als Choreographin aufdrängen, wovor sie nur warnen könne. »Ich kenne ihre Arbeit schon aus Buenos Aires und sie hat in den sechzehn Jahren nichts dazugelernt!«[110]

9. Juni 1941. Toscanini in Buenos Aires. Drei Monate hat sie auf ihn gewartet und kann doch nur weinen, als er endlich erscheint. »Verzweifelte Heulerei. Ich kann kaum die Tränen zurückhalten, wenn ich unter Menschen bin.«[111] Anders als sie ist der »maestro« nicht fremd in der Stadt, kennt das Theater und sein Publikum seit Jahrzehnten, bewegt sich selbstsicher auf blank geputzten Schuhen und versteht die seltsame Mischspra-

che aus Spanisch und Italienisch, die dort vielerorts gesprochen wird, das »Cocoliche«. Er hat wieder einmal eine Nervenentzündung im rechten Arm, was ihn reizbar und nervös macht, wenn er mit Chor und Orchester arbeitet. Seine Lieblingsvokabeln sind »asini« und »ignoranti«. Aber niemand trägt es ihm nach. So ist er eben. Einmal fasst er eine Sängerin entnervt an den üppigen Busen und sagt: »Wenn das alles *Hirn* wäre!«[112]

Er probt das Verdi-Requiem und Beethovens Neunte. Friedelind singt im Chor und bekommt ein winziges Gehalt. Sechs Wochen lang ist sie täglich mit ihm zusammen und betet ihn an. »Ich will nur leben, wenn ich in seiner Nähe sein kann«, schreibt sie in ihr Tagebuch. »Warum dahinvegetieren? Warum den Rest meines Lebens damit verbringen, verrückt zu werden aus Verlangen, ihn zu sehen – und jeden Tag zu zählen, der verloren gegangen ist – für immer verloren, weil ich ihn nicht sah.«[113] Als sie endlich im Konzert auf der Bühne steht und unter seinem Dirigat »Seid umschlungen, Millionen!« singen darf, kommen ihr wieder die Tränen. »Warum stirbt man nicht in so einem Augenblick – einem Augenblick vollständigen Glücks – wo die Seele sich über das menschliche Elend erhebt und nach dem unbekannten Himmelreich greift?«[114]

Traumziel New York

Am Donnerstag, dem 31. Juli 1941, kam Friedelind endlich an ihr Wunschziel: New York, die Stadt, von der sie so lange geträumt hatte. Arturo und Carla Toscanini hatten sie mitgenommen und ihr versprochen, in der neuen Heimat für sie zu sorgen.

»Ich strahle vor Glück!« schrieb sie in ihr Tagebuch. »Endlich in den USA! Der Traum ist wahr geworden.«[115]

Auch hier warteten wieder viele Presseleute und fotografierten, wie sie an der Seite des »maestro« den Flugplatz betrat: relativ dünn geworden, mit einem wagenradgroßen Hut auf dem Kopf, selbstsicher lächelnd. Auch die große deutsch-jüdische Emigrantenzeitung »Der Aufbau«, die seit 1934 in New York erschien, hatte ihre Ankunft gebührend angekündigt, eine Ehre, die nicht jedem Ankömmling widerfuhr. Allerdings hieß es, der Wahrheit nicht ganz entsprechend, sie sei in einem »britischen Konzentrationslager« gewesen und habe in Buenos Aires als »künstlerische Assistentin am Opernhaus« gearbeitet.[116] Diese Legende stand also nun dauerhaft in der Welt.

Vielleicht war sie ein wenig enttäuscht, dass Toscanini sie nicht einlud, bei ihm zu Hause, auf seinem Landsitz in Riverdale zu wohnen, sondern sie im Hotel »Ansonia« einquartierte, einem riesigen Prachtbau an der 73. Straße mit über 2500 Zimmern und traumhaften Ausblicken. Hier ließ es sich leben. Hier hatte sie eine eigene kleine Suite mit Schlafzimmer, Esszimmer, Wohnzimmer, Küche und Bad. Schon der große italienische Heldentenor Enrico Caruso war hier abgestiegen. Das »Ansonia« stammte aus dem Jahr 1899, eine Mischung aus Pariser Beaux-Arts-Stil und moderner Industrie-Architektur, ein skurriler, hochluxuriöser »artist's place«, Schauplatz unzähliger Filme, Skandale und Bücher. Woody Allen zählte das »Ansonia« zu seinen New Yorker Lieblingsplätzen und widmete ihm in »Hannah und ihre Schwestern« einen kurzen Auftritt.

Bis mittags lag sie im Bett. Dann kam ein Zimmermädchen und räumte auf. Ihre Tage und Abende verbrachte sie bei den Toscaninis, wenn sie nicht in die »Met« oder in die Carnegie Hall ging. Sie war sehr privilegiert im Vergleich zu den Hunderttausenden jüdischen und politischen Flüchtlingen, die in diesen Jahren in die Stadt strömten. Die meisten mussten sich an die Emigranten-Selbsthilfeorganisation »Selfhelp« wenden, um eine Unterkunft und ein erstes Auskommen zu finden. Sie schliefen in riesigen Schlafsälen und wurden in Suppenküchen verköstigt, bis sie, wenn sie Glück hatten, ein eigenes Zimmer bezogen, das im Durchschnitt sechs bis acht Dollar wöchentlich kostete und von Wanzen und Schaben wimmelte.[117]

Von all diesen Nöten wusste Friedelind nur vom Hörensagen, obwohl es immer wieder heißt, sie habe als Kellnerin, Verkäuferin und Bürokraft gearbeitet.[118] Auch ich selbst war davon so fest überzeugt, dass ich dieses Märchen in meinem Nachwort zu »Nacht über Bayreuth« übernommen habe. Heute frage ich mich: Wo und bei wem? Bei einem amerikanischen Geschäftsmann oder in der deutschen Kolonie, wo es deutsche Bäckereien, Theater und Restaurants gab? Es gibt nirgends einen präzisen Hinweis darauf, offenbar auch nicht in den von Eva Rieger ausgewerteten Tagebüchern oder Agenden.

Richtig ist zweifellos, dass sie sich sofort wieder um ihr Buch-Manuskript kümmerte, von dem Teile in England verblieben waren, weil der Geheimdienst sie nicht herausrücken wollte. Nun hieß es: neu schreiben oder abwarten. Aber die Suche nach einem Verleger zog sich hin.

Die neue Familie

Villa Pauline in Riverdale. Der Wohnsitz des »maestro«. Fünf Morgen Land. Saftige Wiesen, Hügel, eine Rosenzucht, ein Gewächshaus. Blick auf den Fluss, auf Felsblöcke, Schilf und die New Jersey Palisades. Hier war *das* Villenviertel von New York, die teuerste Wohngegend überhaupt, die sich reiche Geschäftsleute im 19. Jahrhundert erbaut hatten. Mark Twain hatte hier gelebt. Die Kennedys waren hier ansässig. Hier konnte der »maestro« ausspannen oder Gäste empfangen und vor allem: Familienmensch sein. Jeden Morgen Frühstück mit Carla. Arbeit an Partituren. Spaziergänge durch den Park. Besichtigung des Gewächshauses. Spielen mit Sonja, seiner kleinen Enkelin. Mittagessen um Punkt halb zwei. Minestrone, Risotto, Kalbfleisch, Käse und Wein. Kein Dessert, denn er musste ja schlank bleiben.[119] Meistens kamen auch Walter und Wanda, seine beiden Kinder, zum Essen. Tochter Wally lebte noch in Europa, was er sehr schade fand. Ihm war es am liebsten, wenn sie alle zusammen waren. »Mit wilden Zänkereien und Schwüren und Fluchen ... und Tränen, die reichlich flossen«, schreibt die Berliner Autorin Ruth Landshoff.[120] Abends hörte er sich gern seine Schallplatten an und schimpfte, wenn ihm etwas daran nicht mehr gefiel. Oder er sah den Boxern im Fernsehen zu und feuerte sie mit leidenschaftlichen Zurufen an.[121]

Zu seinem Kreis gehörten neben Friedelind fast nur jüdische Emigranten, die kluge, knabenhafte Ruth Landshoff, die melodramatische Eleonora von Mendelssohn, deren Bruder Francesco, der Fotograf und Buchautor Stefan Lorant und viele andere. Eleonora von Mendelssohn, genannt »Ele«, soll ein Verhältnis mit Ruth Landshoff gehabt haben, gleichzeitig aber auch die Geliebte Toscaninis gewesen sein. Sie war reich und begabt, wunderschön, aber vom Leben gezeichnet, Gefährtin vieler bekannter Männer und Frauen. Ihren Beruf als Schauspielerin konnte sie im Exil kaum noch ausüben, da sie Morphinistin war und als unzuverlässig und launenhaft galt. Doch bei all ihrer Neigung zur Melodramatik war sie mehr als nur eine »femme fatale«, die sich selbst in Szene setzte. Sie half Flüchtlingen und engagierte sich immer wieder für andere Exilierte und Verfemte. So zum Beispiel für den in Brasilien durch Selbstmord verstorbenen Stefan Zweig, auf dessen Trauerfeier sie als Rezitatorin auftrat.[122]

Einmal sah man sie in einem Konzert – Seite an Seite mit Friedelind. Am Pult stand der »maestro«, den sie beide so glühend verehrten. In der Exilszene wunderte man sich. Das war ein historischer Augenblick, ein Kuriosum! Wagner hatte Felix Mendelssohn Bartholdy bis aufs Blut gehasst und in seiner Schrift über »Das Judentum in der Musik« musikalischen Rufmord an ihm begangen. Und nun sah man eine Mendelssohn und eine Wagner traut vereint, Toscanini lauschend?[123]

Doch der Eindruck täuschte. Friedelind mochte die Mendelssohn überhaupt nicht. Schon in Luzern war sie ihr unangenehm aufgefallen, weil sie dem Meister gefolgt war wie ein

Schatten. Sie war immer dabei und mietete sich ganz in seiner Nähe in einer Pension ein, wo sie ihn stundenlang zeichnete. Jetzt war sie ständig in Riverdale oder erschien in bodenlangen Nerzmänteln zu seinen Konzerten, steckte sich Reiherfedern ins Haar, klebte sich Wimpern an und machte ihm teure Geschenke.[124]

Friedelind meinte, dass Toscanini in Wahrheit nur *sie* liebe und die Beziehung zu der Mendelssohn nicht zu lösen wage. »Spannungsvolle Stimmung. Ich werde verrückt. Er versucht so sehr, seine Gefühle zu verstecken, und leidet Qualen. Ich auch. Ich werde durchdrehen, wenn das so weitergeht … Es brennt so sehr.«[125]

Einmal hatte die Mendelssohn großen Erfolg. Als Darstellerin des Ein-Frauen-Stücks »Die geliebte Stimme« von Jean Cocteau, das Victor Barnowsky in New York inszeniert hatte. Sie spielte im Grunde sich selbst, in ihrem eigenen Bett und ihrer eigenen Nachtwäsche, aufgelöst und hysterisch auf einen Anruf ihres Geliebten wartend, der sich einer anderen zugewandt hatte. Alle verstanden diesen Akt der künstlerischen Identifikation und waren begeistert. Nur eine nicht: Friedelind. Sie fühlte sich ausgegrenzt, wie am Rand stehend. Alle seien so unhöflich zu ihr gewesen, besonders Carla. Um drei Uhr morgens tat sie dasselbe wie die Cocteau-Figur, sie rief Toscanini an und sprach mit ihm, bis es hell wurde.[126]

Deutsche Hörer!

7. Dezember 1941. Angriff der japanischen Luftwaffe auf Pearl Harbour. Kriegseintritt Amerikas. »WAR!«, melden die Zeitungen. – Der »Aufbau« hat seine Leser aufgefordert, in diesem Moment »nur einen Wunsch und ein Gelöbnis« zu haben: »an der Seite des amerikanischen Volkes zu stehen!«[127] Thomas Mann hat in der BBC zu den deutschen Hörern gesprochen. Friedelind folgt seinem Beispiel und meldet sich ebenfalls im

Radio zu Wort, zunächst in der National Broadcasting Company während einer Übertragungspause des »Tannhäuser«. Es ist der 13. Februar 1942. Ein Tag vor dem Todestag Richard Wagners. Ihr Gesprächspartner ist der amerikanische Autor und Pianist John Erskine. Eine Dame vom Operndirektorium moderiert. Friedelind erzählt aus ihrer Kindheit und berichtet über die verschiedenen Stationen ihres Exils, lehnt aber eine gezielte Befragung ab, speziell zu politischen Themen.[128]

Thomas Manns älteste Tochter Erika lebt zu dieser Zeit ebenfalls in New York und verfolgt Friedelinds Aktivitäten mit großem Interesse. Sie erkennt sofort, dass sie nützlich für sie sein könnte, und bestellt sie für den nächsten Tag ins Studio der neu gegründeten »Voice of America«, für die sie als Redakteurin und Sprecherin arbeitet. Am 1. Februar 1942 hat dieser Sender seinen Betrieb aufgenommen und strahlt über Kurzwelle Propaganda-Spots nach Europa aus, die sich vor allem an ein deutsches Publikum richten. Friedelind ist also einer der ersten Studiogäste. Erika Mann hat ein anderthalbseitiges Manuskript zum Thema »Wagner und die Nazis« verfasst, das Friedelind als ihr eigenes vorlesen soll. Es befindet sich heute im Erika-Mann-Nachlass in München und ist übersät mit handschriftlichen Anmerkungen und Korrekturen, die an der Autorschaft Erika Manns keinen Zweifel lassen.[129]

Erika Mann ist dreizehn Jahre älter als Friedelind, eine hohlwangige, kettenrauchende Amazone. Neben ihrer Arbeit für den Rundfunk reist sie als politische Rednerin über Land und schreibt Bücher, die sich blendend verkaufen. Es fällt ihr leicht, Friedelind zum Verlesen des Textes zu überreden, vermutlich, ohne ihn ihr vorher zu zeigen. Nach einer Anmoderation durch zwei Herren namens Hale und Kappel, die sie als »Richard Wagners Enkeltochter« vorstellen und ihr förmlich »das Wort« geben, legt sie los:

»Deutsche Hörer – es mag Ihnen seltsam erscheinen, daß ich den Todestag meines Großvaters … im ›feindlichen Ausland‹ begehe und aus New York zu Ihnen spreche. Glauben Sie mir aber: ich habe Deutschland nicht leichthin verlassen und bin erst fortgegangen, als die mörderischen Absichten des augenblicklichen deutschen Regimes klar am Tage lagen.«[130]

Es folgt die rhetorische Frage, wie Richard Wagner sich wohl zu den Nazis verhalten hätte? »Wäre er geblieben? Hätte er sich den … Machthabern zur Verfügung gestellt? Hätte er ihre Untaten gedeckt mit seinem Namen, der auch der meine ist?« – Nein! »Kein Zweifel« sei möglich. Richard Wagner hätte das niemals getan, da er die »Freiheit und die Gerechtigkeit« viel zu sehr geliebt habe. Sie, seine Enkelin, spräche in *seinem* Geiste, wenn sie sage: »Sentas reine Liebe, die den irrenden Holländer erlöst, Lohengrins lichte Figur und das christliche Duldertum Parsifals stammen aus Landschaften, die kein Nazi je betreten wird … Es kommt die Stunde der Götterdämmerung … Sie kommt gewiss – nicht nur bei Richard Wagner. Nach ihr aber kommt die Erlösung, die das eigentliche tiefchristliche Leitmotiv darstellt in Wagners Werk.«

Friedelind spricht mit heller, klarer, angenehm junger Stimme, wohl artikuliert, wenn auch etwas angestrengt und mit oberfränkisch rollendem R. Ahnte sie, dass sie von Erika Mann missbraucht wurde? Nicht nur politisch, sondern auch persönlich, weil der Text sich im Grunde über Wagner lustig macht und alle billigen Interpretations-Klischees aneinanderreiht: reine Liebe, Lichtgestalt, christliches Duldertum, Götterdämmerung, und vor allem: Erlösung? Das stritt die wahre Autorin auch gar nicht ab, sondern bestätigte, es *genau* so gewollt zu haben, stolz darauf, dass das dumme »Enkeltöchterchen« ihr auf den Leim gegangen sei, dieses »brave Ding«, wie sie ihrem Vater eifrig berichtet. »So habe ich denn ein wonnig Stückchen hingelegt, … wie Alberich-Hitler Großvatis Andenken schändete, da er ihn zu seinem Liebling erkor, wie kein Nazistiefel die Landschaften je betreten, in denen des Meisters fein-feinchristlicher Erlösungskomplex daheim und wie dem Raub der

Macht … die Götterdämmerung noch einmal gefolgt. Die Darbietung, wiewohl unwahrhaftig …, dürfte den Tieren zu gehörigem Verdruss gereicht haben. I was very pleased.«[131]

Inzwischen zog der Text seine Kreise und erreichte Deutschland. *Wie*, ist nicht recht klar, denn die deutsche Gesandtschaft war nach dem Kriegseintritt der Vereinigten Staaten geschlossen worden. Wahrscheinlich hatte einer der nazifreundlichen Deutsch-Amerikaner seine Finger im Spiel, vielleicht auch ein Co-Exilant, der zugleich als Spitzel für Goebbels arbeitete. »Doktor Goebbels« erhielt also im März 1942 eine »Ministervorlage«, in der es hieß, Friedelind Wagner habe »einen Amerikaner geheiratet und über einen USA-Sender eine Hetzrede gegen Deutschland« gehalten, worauf der Inhalt des Erika-Mann-Textes folgte, der als von Friedelind stammend deklariert wurde.[132] Auch Winifred wurde sofort informiert. Und zwar vom Rundfunkchef des Reichspropagandaministeriums, Alfred-Ingemar Berndt, der sich fragte, ob hier eine echte Enkelin Wagners gesprochen habe oder eine Hochstaplerin, die seinen Namen missbrauche?[133]

Erika Mann war ihren Job bei der »Voice of America« bald wieder los, sicher nicht wegen Friedelind, sondern wegen ihres schroffen, unangenehm rechthaberischen Wesens, das auf die »Amis« abstrahlte, was sie selbst am meisten hasste: etwas typisch Deutsches. Später waren Ruth Landshoff und Eleonora von Mendelssohn für den Sender tätig und saßen jeden Morgen schon um vier Uhr im Studio. Das wäre ein schöner Job auch für Friedelind gewesen. Regelmäßig, relativ gut bezahlt, politisch hoch angesehen und bis auf das frühe Aufstehen nicht zu anstrengend. Aber die »Voice of America« engagierte nur ausgebildete Schauspieler bzw. Sprecher, die es unter den Emigranten in großer Zahl gab. So rächte es sich wieder einmal, dass Friedelind in Deutschland zu viel Zeit mit dem Kampf gegen ihre Mutter verbracht hatte, anstatt sich um eine gründliche Ausbildung zu bemühen.

Zwei Monate nach ihrem Studioauftritt in der »Voice« traf Friedelind nach einem Konzert mit Erikas jüngerem Bruder Klaus zusammen. Er war überrascht, dass sie mental seiner Ex-Frau Pamela Wedekind so sehr glich, wunderte sich aber auch darüber, dass sie manchmal »dumme und freche Sachen« sagte, die nur wenig Bildung erkennen ließen. Im Grunde sei sie aber »ganz knorke und bestrickend« und finde ihn wohl auch ihrerseits nicht unangenehm. Das Strahlen ihrer blauen Augen hätte ihm das deutlich gezeigt. Einen Moment lang hatte er, obwohl homosexuell, die Idee, sie zu heiraten und die Sippen »Mann« und »Wagner« miteinander zu fusionieren, ein toller Publicity-Gag, den er aber bald wieder verwarf.[134] Später rief er sie in ihrem Hotel an, weil er einen Artikel über sie schreiben wollte. Doch sie war vorsichtig geworden, wich ihm aus und verwies ihn höflich an ihren »Agenten«.[135] Der Artikel ist nie erschienen.

Amerikanische Apathie?

Die Rundfunkauftritte hatten dafür gesorgt, dass Friedelind in Amerika etwas bekannter wurde. Man findet ihren Namen nun öfter in der Zeitung »Der Aufbau«, wenn es auch nicht stimmt, dass sie selbst Artikel für dieses Blatt verfasst hätte.[136] In den Jahrgängen von 1941 bis 1951, die ich im Exilarchiv der Deutschen Nationalbibliothek in Frankfurt vollständig durchsah, findet sich jedenfalls kein einziger Beitrag *von* ihr, wohl gelegentlich eine Notiz *über* sie: dass sie wieder im Rundfunk gesprochen habe, auf dem Empfang eines jüdischen Kunstmäzens aufgetaucht sei oder als Ehrengast vor dem »Common Council for American Unity« referieren werde.[137] In dieser Ankündigung kann man zum ersten Mal lesen, dass sie *1937* aus Deutschland »geflohen« sei, was in dieser Form nicht ganz zutrifft.[138]

Es war durchaus üblich, dass Emigranten als »lecturers« über Land reisten und dem Publikum Storys aus dem alten

Europa erzählten. Klaus Mann etwa beschreibt leicht sarkastisch, wie er immer wieder seine »German family aria« vorgesungen habe, und wie es dabei mehr auf die »personality« als auf den Inhalt angekommen sei. Eine »message« musste man haben, ein freundliches Wesen und ein nettes Aussehen.[139] Dass auch Friedelind solche Vorträge hält, liegt zwar nahe, es lassen sich dafür aber keine Belege finden, jedenfalls nicht für die Zeit bis 1945.

Und die Oper? Die Regie? Ihre künstlerische Assistenz? Ihre Pläne, sich für das künftige »neue« Bayreuth zu rüsten? Sie nahm zwar Gesangsunterricht bei Herbert Janssen und belegte Kurse an einem Studio-Theater der Columbia-University,[140] aber dass sie *praktisch* an irgendeiner Bühne gearbeitet hätte, ist auch für diese New Yorker Jahre nicht nachzuweisen. Stattdessen äußerte sie sich vernichtend über die »Met« und die Art, wie Wagner dort inszeniert wurde. »Mein Großvater hätte sich das Gehirn ausgepustet, wenn er eine Aufführung seiner Werke dort gesehen hätte. Ich hätte mich als eine Wagner auch erschießen sollen, aber es ist mehr denn je mein Wille, hier in New York Festivals zu organisieren. Sobald der Krieg aus ist, hoffe ich, den Plan ernsthaft angehen zu können.«[141]

Furtwängler versus Toscanini

Eines Tages, »wenn der Krieg aus« sei, wollte sie »Musikfestivals« organisieren. Er *war* aber noch nicht aus. Ganz im Gegenteil. Er wurde von Tag zu Tag schlimmer. Aus Frankreich wurden Juden nach Osten deportiert. Lübeck und Köln waren fast vollständig zerstört worden. Edith Stein wurde nach Auschwitz gebracht und vergast. Der Kampf um Stalingrad hatte begonnen. Goebbels verkündete den totalen Krieg. Der Aufstand der Juden im Warschauer Ghetto wurde niedergeschlagen. Die Rote Armee stand an der polnischen Grenze. Italien kündigte das Bündnis mit Deutschland. Die Alliierten landeten in Frankreich und Italien. Deutsche V2-Raketen wurden zum Angriff auf London bereit gemacht. Joseph Goebbels schloss alle deutschen Theater.

Fast alle Emigranten, die Friedelind kannte, bezogen jetzt mehr denn je politische Position. Klaus und Erika Mann, die in die amerikanische Armee gingen, Ruth Landshoff und Eleonora von Mendelssohn, die in den Sendungen der »Voice of America« sprachen, allen voran aber Toscanini, der bei Kriegsende schon Ende 70 war und dennoch ein Zeichen nach dem anderen setzte: die Premiere einer Schostakowitsch-Symphonie als Hommage an Russland, Spenden hoher Konzert-Erträge an das Rote Kreuz, Manifeste *gegen* den italienischen Faschismus, Ansprachen im Rundfunk, Leitartikel usw.

Doch ausgerechnet jetzt, wo er Friedelinds Sympathie mehr denn je gebraucht hätte, schrieb sie einen Artikel, der ihn bis ins tiefste Mark treffen musste, einen Hymnus auf seinen Erzfeind Wilhelm Furtwängler, den sie glühend gegen den Vorwurf verteidigte, ein Nazi zu sein: »Sein Leben zwischen 1933 und 1945 war wie ein Seiltanz zwischen Exil und Galgen«, schrieb sie im März 1945 im »Musical Courier«. »Ich hoffe, dass niemand ihn tadeln wird, weil er sich nicht freiwillig und freudig hat aufhängen lassen! Einmal wurde Furtwängler mit dem höchst ethischen Argument angegriffen: ›Er könnte mehr Geld gemacht haben, wenn er Deutschland verlassen hätte!‹ Das hätte er sicher gekonnt, aber er fühlte wohl, dass die Kunst wichtiger war als ein dickes Bankkonto. Die Nazis traten ihn und machten ihm gleichzeitig den Hof – entzogen ihm einerseits Gunst und Vertrauen und zwangen ihn andererseits, der Welt ein ›business as usual‹ vorzuspielen, indem sie ihn mit Gewalt in eine offizielle Position zu drängen versuchten … 1936, während eines großen Empfanges in unserem Haus, nahmen Goebbels, Göring und Hitler ihn beiseite und taten alles, um ihn zu überreden, bishin zu Hitlers schrillem Ausruf, dass er ihn sonst in ein Konzentrationslager stecken würde – darauf Furtwänglers ruhige Antwort:

›Herr Reichskanzler, dort werde ich mich in der besten Gesellschaft befinden.‹ Das überraschte Hitler so, dass es ihm die Sprache verschlug. Er verließ den Raum.«[142]

Toscanini rief sie an und polterte los. Er war fassungslos. Warum hatte sie ihm *das* angetan? Furtwängler hatte ihm mehrmals tödlich gekränkt, ihn als steifen, seelenlos dirigierenden Militärkapellmeister bezeichnet, dem jeder Sinn für die deutsche Musik und die deutsche Polyphonie fehle und der nur deshalb in Deutschland so beliebt sei, weil er gut aussehe und eine starke »Willensnatur« habe.[143] Dazu kamen die politischen Differenzen. Toscanini war Emigrant und bekennender Antifaschist, Furtwängler »einer der stärksten Aktivposten« nationalsozialistischer Kulturpolitik, wie Goebbels es einmal ausgedrückt hatte.[144] Er dirigierte nicht nur in den von Deutschland besetzten Ländern, sondern auch auf Führer-Geburtstagen und Reichsparteitagen. Er selbst meinte zwar, nur der Musik zu dienen und kein Nazi zu sein. Toscanini aber sah das anders. Auf den Salzburger Festspielen von 1937 hatte es einen letzten, heftigen Disput zwischen ihnen gegeben. Seitdem war Funkstille. Kein Kontakt mehr. Und nun kam Friedelind und wühlte alles wieder auf. Warum tat sie das? Warum wechselte sie plötzlich die Seiten? Warum lobte sie Furtwängler plötzlich dafür, *nicht* emigriert zu sein, obwohl sie doch selbst Emigrantin war und im Rundfunk gesagt hatte, auch ihr Großvater wäre aus Hitler-Deutschland geflohen, weil er die »Freiheit« und die »Gerechtigkeit« zu sehr liebte?

Sie bereute ihren Artikel nicht. Weder damals noch später. Blieb im Gegenteil standhaft bei ihrer Meinung und sagte noch wenige Monate vor ihrem Tod zu einem Furtwängler-Biographen, viele Musiker hätten ihr dafür gedankt, allerdings nur in den dunkelsten Ecken der Carnegie Hall, weil sie Toscanini und dem *common sense* nicht zu widersprechen gewagt hätten.[145]

Sie hatte die amerikanische Staatsbürgerschaft beantragt, doch die ersehnte Urkunde ließ auf sich warten. Eigentlich kein Wunder bei solchen Aussagen, in denen sie offen mit einem Mann sympathisierte, der in Amerika als Nazi oder Nazi-Nutznießer galt. Der amerikanische Geheimdienst hatte ihre Briefe schon seit 1941 kontrolliert und ein geheimes Memorandum über sie angelegt.[146] »Opened by censor«: Dieser Vermerk ist auf fast jedem ihrer Briefumschläge zu finden. 1943 soll sie mehrmals verhört worden sein. Wahrscheinlich aus ähnlichen Gründen wie in England. Ich habe mich bemüht, ihre Geheimdienstakte einzusehen, leider ohne Erfolg. Die »National Archives and Records Administration« ließ mich erst monatelang auf eine Antwort warten, um mir dann zu erklären, man habe »46 Seiten« über Friedelind Wagner gefunden, brauche aber mindestens ein Vierteljahr, um auch nur meinen *Antrag* auf Einsicht zu bearbeiten.

Friedelinds schillernder politischer Ruf war vermutlich der Grund, weshalb der Verlag »Harper and Brothers« ihr mit Page Cooper eine Co-Autorin zur Seite stellte, als er sich gegen Ende des Jahres 1944 endlich entschloss, das Manuskript ihrer Erinnerungen zu kaufen. Der Titel war nun: »Heritage of Fire – the story of Richard Wagner's granddaughter«. In England trug es den Titel: »The royal family of Bayreuth«. Das Wort »fire« war den Engländern zu militant und erinnerte sie zu stark an die deutschen Bombenangriffe auf ihre Städte.

Der Krieg ging zu Ende, und Friedelinds Buch war immer noch nicht erschienen. Wahrscheinlich eine große Enttäuschung für sie. Denn es war ja als Anti-Kriegs- oder jedenfalls Anti-Hitler-Buch konzipiert. Und nun war der Krieg vorbei, ohne dass es zum Bestseller geworden wäre. Wie hat sie das Kriegsende erlebt? Mit Erleichterung? Begeisterung? Einem Gefühl des Triumphes? Schwer zu sagen, da die Quellen fast keine Auskunft darüber geben. Fest steht nur, dass sie relativ bald wieder Kontakt zu Frau Beerli aufnahm und sich nach dem Schicksal ihrer Familie erkundigte. Ellen Beerli antwortete schnell und sehr herzlich.

»Wie glauben Sie, dass das Erwachen für Ihre Lieben wohl war und sind sie schon ganz wach? Hoffentlich lernen sie nun etwas aus den Geschehnissen. … Es ist natürlich bitter für Ihre Mutter, diese Zeiten durchzumachen und hören zu müssen, was alles dieser ›Gott‹ oder schon vielmehr ›Götze‹ … dem deutschen Volk als Erbe hinterließ.«[147]

Vom Tod ihrer Tante Daniela hatte Friedelind noch in England erfahren, von Evas Tod möglicherweise aus dem »Aufbau«, in dem es am 29. 5. 1942 hieß: »Im Alter von 75 Jahren ist in Bayreuth Eva Chamberlain-Wagner, die Witwe von Houston Chamberlain und Tochter von Richard und Cosima Wagner gestorben.« Ohne weiteren Kommentar. Ohne Verweis auf die rassistischen Chamberlain-Schriften und ihren verhängnisvollen Einfluss auf Hitler und Goebbels – eigentlich sehr taktvoll. Doch der Tod der Tante – sie starb qualvoll an Brustkrebs – ging Friedelind offenbar nicht sehr nah. Sie erkundigte sich nicht nach den Umständen, wollte nicht wissen, ob sie gelitten habe, sondern nur, ob die beiden denn jemals »gedacht oder geschrieben« hätten, »dass die Mausi doch recht hatte?«[148]

Noch war ihr Buch nicht gedruckt. *Noch* wäre es Zeit gewesen, das Kapitel über die Tanten zu ändern. Doch sie tat es nicht. Sie beharrte auf ihrer Karikatur, ihrem Zerrbild. Nur ein einziges Mal findet sich an sehr versteckter Stelle der Satz: »Aber für mich … waren sie Vaters Schwestern, und ich liebte sie.«[149]

SECHSTES KAPITEL

Im Niemandsland

(1945–1949)

Lebenszeichen

Im Mai 1945, elf Tage nach dem Selbstmord Hitlers und Eva Brauns, schreibt die New Yorker Exilzeitung »Der Aufbau«:

»Der Tag, den wir seit zwölf Jahren herbeigesehnt haben, ist gekommen; der Feind ist geschlagen … Für uns Juden …, die wir länger … als jede andere Gruppe unter der Bestialität der Nazi-Diktatur zu leiden hatten, bedeutet er mehr als bloße Befreiung, er bedeutet die Stärkung unseres Glaubens an die göttliche Weltordnung.«[1]

Doch in den Jubel mischten sich auch Gefühle der Angst und Unsicherheit, ja der Panik. »Wir warten nicht auf Heimkehr«, hatte Thomas Mann schon 1941 geschrieben. »Offen gestanden graut uns sogar vor dem Gedanken.«[2] Deutschland war ihm fremd geworden in all der Zeit. Er fürchtete sich vor den Trümmern, »den steinernen und den menschlichen«.[3]

Und Friedelind? Warum ging sie nicht zurück? Um die Trümmer aufzusammeln und neu zusammenzufügen? Um beim Wiederaufbau der Festspiele zu helfen, wie sie es sich in der Internierungszeit immer wieder geschworen hatte, Nacht für Nacht, in ihrer Zelle im Wandsworth-Gefängnis, während deutsche Bomben auf London fielen? Es gibt kein Anzeichen dafür, dass sie *jetzt* jemals daran gedacht hätte. Denn erstens musste sie das Erscheinen ihres Buches abwarten. Zweitens die Einbürgerungsurkunde, die noch immer nicht angekommen war. Eine Reise nach Deutschland hätte das komplizierte Verfahren unterbrochen, wenn nicht gefährdet. Drittens lag Haus Wahnfried, wie sie der Presse entnommen hatte, in Trümmern.

Das Festspielhaus war von den Amerikanern besetzt worden. Von ihrer Familie hatte sie bislang nur indirekt über Ellen Beerli etwas erfahren. Außerdem fehlte ihr das Geld für die Reise. Denn ihre finanziellen Verhältnisse waren katastrophal. Da Toscanini sie nicht mehr unterstützte, konnte sie nicht einmal mehr die Miete für ihr Hotelzimmer bezahlen und musste befürchten, dass man sie vor die Tür setzte. Also brachte sie die Von-Einem-Juwelen ins Pfandhaus und hatte Mühe, die dafür anfallenden Zinsen zu bezahlen.[4]

Sie war jetzt siebenundzwanzig Jahre alt und hatte im Exil nichts weiter zustande gebracht außer dem Manuskript ihres noch nicht erschienenen Buches. Von einer Arbeit an der Metropolitan Opera oder einem der vielen Opernstudios, die seit Kriegsbeginn an fast allen Universitäten eröffnet worden waren, um künstlerischen Nachwuchs im eigenen Land heranzubilden, konnte keine Rede sein, da sie das amerikanische Opernleben in Bausch und Bogen verteufelte und ihre Absicht, bei Max Reinhardt zu studieren, nie realisiert hatte.

Im Juni 1945 erfuhr sie, dass ihre Mutter noch lebte und bei guter Gesundheit war. Klaus Mann und Curt Riess hatten sie interviewt, nicht in Haus Wahnfried, das durch Bombenangriffe unbewohnbar geworden war, sondern in Oberwarmensteinach im Fichtelgebirge, wo sie seit den dreißiger Jahren ein Landhaus hatte. Klaus Mann, 39, und Curt Riess, 43, waren Soldaten der amerikanischen Armee, Kriegsreporter. Gleich nach dem Krieg hatten sie damit begonnen, prominente Deutsche und Österreicher, die *nicht* emigriert waren, zu interviewen, Richard Strauss, Emil Jannings, Franz Léhar, Karl Jaspers und viele andere. Zu diesen Prominenten zählte auch Winifred Wagner.

Curt Riess und Klaus Mann – beide in amerikanischer Uniform – gaben sich namentlich nicht zu erkennen. Doch Winifred merkte natürlich sofort, dass sie keine »richtigen« Amerikaner waren, weil sie Englisch mit starkem deutschem Akzent sprachen. Am liebsten hätten die beiden sie auf Deutsch interviewt. Aber die gebürtige Engländerin Winifred bestand darauf, Englisch zu sprechen, da sie ja schließlich »Amerikaner« und keine »Deutschen« seien.

Winifred hatte das Kriegsende gut überstanden und sah immer noch blendend aus, »üppig und blond, eine Walküre«, schreibt Klaus Mann in seiner Autobiographie »Der Wendepunkt«.[5] Auf die Frage, ob sie mit Hitler befreundet gewesen sei, sagte sie: »Aber gewiss doch! Certainly! And *how!*« – Sie fing an, ungeniert über ihn zu plaudern, mit einem leichten Anflug von Aggressivität. Von Politik verstehe sie nicht viel. Aber von Männern eine ganze Menge. Deshalb sei auf ihr Urteil Verlass. »Hitler war charmant. Ein echter Österreicher, wissen Sie! Gemütvoll und gemütlich! Und sein Humor war einfach wundervoll!«

Klaus Mann und Curt Riess glaubten, ihren Ohren nicht zu trauen. Von allen Deutschen, die sie bisher befragt hatten, war angeblich keiner ein Nazi gewesen, hatte keiner etwas gewusst. Sie waren alle im Grunde zutiefst demokratisch und schon vom ersten Tag an »dagegen«, weil sie natürlich alle eine jüdische Großmutter hatten usw. Und nun kam diese eindrucksvoll freche Frau und bekannte sich hemmungslos offen zum »Führer«. Das imponierte den beiden. Diese »imposante Unverfrorenheit«. Am Ende war die Stimmung fast freundlich, so dass Winifred fragte, ob sie vielleicht etwas über ihre Tochter wüssten? Ja, das taten sie. Klaus Mann konnte sich noch gut an »Mausi« erinnern. Er erzählte ihr, dass sie in New York lebe und gelegentlich Vorträge über das »Dritte Reich« halte. Er erinnerte sich auch an das Hotel, in dem sie wohnte.

Als das Interview in der Armeezeitung »Stars and Stripes« erschien, ging ein Aufschrei durch die deutsche Exilszene. Das war ein einzigartiger Fall, der zutiefst irritierte. Winifreds Starrheit und Unbelehrbarkeit waren erschütternd. Aber ihre Ehrlichkeit war auch bewundernswert. Es kamen noch andere Journalisten und wollten pikante Details wissen, vor allem, ob sie eine intime Beziehung zu Hitler gehabt habe, was sie verneinte.

Friedelind fand die Geschichte überhaupt nicht lustig, sondern empörte sich lauthals über Winifred. »Meine dumme Mutter gibt jetzt noch Interviews, in denen sie ihre Bewunderung für Hitler ausdrückt, so etwas Blödes gibt es doch wohl gar nicht wieder!«, schrieb sie an Ellen Beerli.[6] Sie waren jetzt sehr vertraut miteinander und tauschten sich eifrig über die Deutschen aus, die Ellen Beerli etwas gnädiger beurteilte als Friedelind. Während Friedelind überall nur Nazis sah, die, wenn überhaupt, nur von einer aus Amerika zu entsendenden »Armee von Psychiatern und Psychologen« kuriert werden könnten,[7] meinte Frau Beerli, sie seien durch den verlorenen Krieg schon genug gestraft und würden eines Tages von selbst zur Einsicht kommen.[8]

Kurze Zeit später ging ein erster, langer Brief von der »dummen Mutter« ein, fünf eng beschriebene Seiten mit vielen Details über die Bombenangriffe, den Zustand von Wahnfried, das Schicksal von Familienmitgliedern, Freunden und Bekannten, sogar über Friedelinds Schäferhund Toby, der immer noch lebte und Vater von zwölf Welpen geworden war.[9]

Diesen Brief schrieb Winifred am 17. September 1945, einen zweiten drei Wochen später. Doch Friedelind schwieg beharrlich. Wenigstens Winifred gegenüber. Angeblich soll sie deren Briefe an eine Zeitung verkauft haben, doch für diese schäbige Geste konnte ich keinen Beleg finden.[10]

Immerhin: Die »Funkstille« war jetzt vorbei. Man wusste, wo Friedelind war, und konnte ihr schreiben. Bruder Wieland, inzwischen mit Gertrud verheiratet und Vater der Kinder Iris, Wolf-Siegfried und Nike, erkannte die Gunst der Stunde und bandelte mit dem »schwarzen Schaf« wieder an. Denn er glaubte, Friedelind habe in Amerika beste Kontakte und könne ihm beim Aufbau des neuen Bayreuth unterstützen oder vielleicht sogar zu einer Karriere in den USA verhelfen. »Wenn ich nur irgendeinen Kultur-Amerikaner kennen würde, unter dessen Fittichen ich mich sorglos bewegen könnte«, schrieb er an seinen Lehrer Kurt Overhoff.[11]

Zunächst bat er Friedelind, einen Brief an den »maestro«, also an Toscanini, zu expedieren, den er auf Deutsch und auf Englisch verfasste:

»Ihre aufrichtige Sympathie für Werk und Persönlichkeit meines Großvaters, für seine Festspiel-Idee und das Ideal der Bayreuther Kultur so wie die Liebe und Sorge, die Sie uns Kindern im Jahr von Vaters Tod entgegengebracht und seitdem auch meiner Schwester Friedelind gezeigt haben, geben mir den Mut, mich heute an Sie zu wenden, wo so viel Kummer und Unordnung über uns gekommen sind.«[12]

Bayreuth sei ein Trümmerhaufen. Das Festspielhaus als Soldatentheater genutzt. Nur durch Toscaninis Hilfe könne es »für die nächsten Jahrhunderte erhalten bleiben«, nachdem es »unter die harten Gesetze eines unsinnigen Krieges« gestellt worden sei. Er bedaure die »tragischen Ereignisse«, die Toscanini gezwungen hätten, »den Hügel seit 1933 zu meiden«. Aber nach all diesen Jahren des »chaotischen Schreckens und der Kulturlosigkeit« müsse man sich »des verwaisten Heiligtums« doch wieder annehmen. Ob *er* nicht kommen wolle? Möglichst sofort? Zusammen mit der einzigen politisch Unbelasteten der Familie, mit Friedelind?

An Friedelind selbst schreibt er in einem Postscript, dass sie »eine Mission« zu erfüllen habe und dass nur sie »das Erbe noch retten« könne.

Toscanini hat auf diesen Brief nie reagiert. Für ihn war das Thema »Bayreuth« ein für alle Mal erledigt. Er ist nie wieder dort aufgetreten.

Friedelind dagegen fühlte sich geschmeichelt und schrieb schnell zurück. War Wieland doch immer ihr »Lieblingsbruder« gewesen, dem sie sich von allen Geschwistern am meisten »verwandt« fühlte. *Seine* Härte hatte ihr immer besonders wehgetan, fast mehr noch als die ihrer Mutter. Bis zum Schluss, bis zu ihrer Ausreise nach England, hatte sie auf ein freundliches Wort von ihm gehofft, auch wenn sie wusste, dass er ihren politischen Standpunkt nicht teilte. Doch stattdessen war ein langer, kaum lesbarer Brief gekommen, vier Seiten lang, voller bitterer Vorwürfe. Wieland schrieb, sie benehme sich »schweinisch« und er sage sich für immer von ihr los.[13] Jetzt aber musste er sich wohl gewandelt, etwas verstanden haben, nicht nur älter, sondern auch reifer geworden sein?

Sie ahnte nicht, dass er in Wahrheit weiter gegen sie intrigierte und hinter ihrem Rücken an Kurt Overhoff schrieb, er wisse genau, dass sie plane, in Bayreuth das Ruder zu übernehmen, wodurch die Festspiele schon wieder eine »Angelegenheit von Frauen« würden, doch das werde er nicht zulassen, *er* nicht, er werde den Kampf um die Führung nicht aufgeben, wenn er auch vorerst noch zur »Passivität verdammt« sei.[14]

Friedelind, völlig arglos, schreibt ihm also aus dem Hotel Ansonia, Broadway, New York City, dass sie sich freue, endlich ein Lebenszeichen bekommen zu haben, und zum reichen Kindersegen gratuliere, wenn sie auch wünschte, es herrschten Zeiten, in denen sie das »mit leichterem Herzen« tun könne. Ihnen Lebensmittel zu schicken sei schwer. Denn die Grenzen seien noch »hermetisch verschlossen«. Gern wüsste sie aber das Alter und die Namen der Kleinen, damit sie demnächst ein paar schöne Geschenke für sie aussuchen könne.

Was ihre »Mission« angehe, sei sie ganz seiner Meinung. Das »Fortbestehen der Festspiele« könne nur durch *sie* gerettet werden. Toscanini werde sie unterstützen. Da sei sie sich sicher. Wieland müsse allerdings verstehen, »daß kein Mensch einen Finger für den Fortbestand des Erbes rühren« werde, solange »Mama« mit ihren dummen Interviews an der Spitze stehe. »Hast Du gar keinen Einfluss auf sie, um ihr beizubringen, dass Schweigen augenblicklich das Beste ist, was sie tun kann?«

Dass das Festspielhaus als Soldatentheater genutzt werde, finde sie schlimm. Aber immerhin: so verrotte es wenigstens nicht. Sie selbst lebe »permanent« im Hotel, so komisch ihm das vielleicht vorkomme. Fast alle Künstlerkollegen aus Deutschland täten das, auch die alten »Bayreuther«. Es gebe in New York so viele von ihnen, dass sie sich »noch keinen Tag fremd« gefühlt habe, sondern gleich wie »zu Hause«.[15]

»Nicht immer sympathisch«

Im November 1945 kam Friedelinds Buch »Heritage of Fire« endlich heraus. New Yorks größte Buchhandlung »Scribner« auf der 5th Avenue hatte ihm ein ganzes Schaufenster gewidmet. Friedelinds markantes Profil war in den Schatten von Wagners Silhouette hineinkopiert, so dass man die beiden Zug um Zug miteinander vergleichen konnte, dasselbe Kinn, dieselbe gebogene Nase, dieselbe hohe Stirn. Der Verlag verkaufte sofort eine Lizenz nach Holland, eine andere an den Verlag Hallwag in Bern, wo der Text rückübersetzt wurde, und zwar von Lola Humm-Sernau, der ehemaligen Sekretärin von Lion Feuchtwanger, die seit 1938 mit einem Schweizer verheiratet war und Bücher von Henry Miller, Ian Fleming, Agatha Christie, Dorothy Sayers und vielen anderen ins Deutsche übertrug.

Das Buch verkaufte sich in Amerika zunächst gut, da es unter den Emigranten viele Musikfreunde gab, die Wagner *nicht* automatisch mit Hitler assoziierten, sondern an den Kassen der »Met« Schlange standen, wenn es eine wichtige Wagner-Premiere gab, so wie gerade jetzt – im November 1945 – einen neuen »Lohengrin« unter Fritz Busch, der in den Zeitungen enthusiastisch besprochen wurde.

Doch das Echo auf Friedelinds Buch war eher matt. Jüdische Bayreuth-Pilger erfuhren außer einem bisschen Klatsch und Tratsch nicht viel Neues, über *Wagner* fast gar nichts oder viel Falsches, z.B., dass Bülow seine Klavierauszüge »gemacht«

habe, während er in Wirklichkeit nur für den des »Tristan« verantwortlich war. Politische Einsichten oder Aufschlüsse gab es kaum. Die langen Mutter-Tochter-Dialoge wirkten ermüdend. Den Figuren fehlte die Tiefe. Manches schien unglaubwürdig. Den Rezensenten des »Saturday Review« störte es besonders, dass die Autorin sich selbst so sehr in den Mittelpunkt stellte und mit Stolz davon sprach, ein »Problemkind« gewesen zu sein. Ansonsten sei die Geschichte »flüssig« erzählt, wenn auch ohne Hintergrundkenntnis. Das Autoren-Ego wirke nicht immer »sympathisch«, dennoch sei das Buch von »Wert und Interesse«.[16]

Doch immerhin, Friedelind war jetzt als Autorin bekannt und wurde zu »lectures« eingeladen, was besonders Toscanini sehr freute. »Mausi ist in Kalifornien, hält Vorträge usw., in San Francisco und Los Angeles«, schrieb er an seine Frau. »Es scheint, daß sie dort Erfolg hat und daß sie sie wieder haben wollen. Es ist gut, daß sie sich entschlossen hat, etwas zu tun und nun unabhängig ist.«[17]

Das große Schweigen

Im Januar 1946 wussten die Wagners immer noch nichts von Friedelinds Autobiographie. Berta Geissmar hatte aber schon davon erfahren und schrieb sofort an ihren »lieben verehrten« Heinz Tietjen, der sich inzwischen von Winifred getrennt und eine junge Tänzerin geheiratet hatte. Beruflich sah es schlecht für ihn aus. Bayreuth lag in Trümmern. Im Mai 1945 hatte ihn der sowjetische Stadtkommandant von Berlin zwar kurzfristig erneut mit der Leitung der Berliner Staatsoper betraut, ihn aber bald darauf wieder abberufen, als seine Tätigkeit im NS-Staat bekannt wurde. Nun stand er also vor dem Nichts, auch finanziell, und musste Freunde um Geld für Kohlen, Holz und Kartoffeln anbetteln.[18] Er war herzkrank und wusste nicht, was die Alliierten mit ihm vorhatten. Zurzeit lag er in einem Berliner

Sanatorium. Er war zwar nie Mitglied der NSDAP gewesen und hatte immer in einer gewissen Distanz zu Hitler und Goebbels gestanden, musste aber als einer der höchsten Kulturfunktionäre des »Dritten Reiches« befürchten, dass er nicht ungeschoren davonkommen würde, besonders wegen seiner engen Beziehung zu Göring und dem Haus Wagner.

Berta Geissmar schrieb ihm, dass sie eine amerikanische Besprechung von Friedelinds Buch gelesen habe und das Schlimmste befürchte. Nach allem, was der Rezensent schreibe, scheine Friedelind »an Mutter und Vormund wenig Gutes zu lassen«. Sie selbst hätte das Manuskript ja schon im Frühjahr 1940 in London lesen können, als Friedelind vorübergehend bei ihr wohnte, aber irgendwie habe sie sich »gescheut«, es in die Hand zu nehmen, weil sie fürchtete, dass es »triviales, schmutziges Linnen« sei.[19]

Obwohl die Beziehungen zwischen Tietjen und Winifred nach der Trennung sehr gespannt waren, informierte er sie sofort über die Novität, die inzwischen auch in deutschen Zeitungen besprochen wurde. Besonders beliebt war die berühmte »Vertilgungsszene«. »Und wenn du nicht hören willst, wird der Befehl erteilt, daß du bei der ersten Gelegenheit vertilgt und ausgerottet wirst.« Das wurde immer zitiert. Es war zum Verzweifeln. Winifred bezeichnete es als »abstruse Fiktion« und schwor darauf, einen solchen »alttestamentarischen Fluch« niemals ausgesprochen zu haben.[20] Sie war überzeugt, diese Passage könne nur von Page Cooper stammen. Auch Wieland war sehr irritiert und schrieb an eine jüdische Freundin, Maria Dernburg, die in Amerika lebte: »Kennst Du ihr Buch ›Heritage of fire‹? Wir wären sehr dankbar, wenn Du es uns verschaffen könntest – hier werden nur propagandistisch aufgemachte Ausschnitte daraus veröffentlicht. Ich kann es nicht recht glauben, daß sie genau mit dem Original übereinstimmen.«[21]

Die Sache begann langsam brenzlig zu werden. Denn am 5. März 1946 erließ die amerikanische Militärregierung das

»Gesetz über die Befreiung vom Nationalsozialismus und Militarismus«, nach dem jedes NSDAP-Mitglied ein Spruchkammerverfahren zu erwarten hatte und jeder Deutsche umfangreiche Fragebögen über seine Vergangenheit im »Dritten Reich« ausfüllen musste. Winifred versuchte zunächst, sachlich zu bleiben, und schrieb an die immer noch schweigende Friedelind, sie möge ihr doch ein Exemplar ihres Buches schicken, damit sie es »durcharbeiten« und sich »unterrichten« könne, falls die Anklage es als Belastungsmaterial gegen sie verwenden wolle.[22] Sie schrieb wieder und wieder, ging auf das Buch schließlich gar nicht mehr ein, sondern versuchte einfach nur, Friedelinds Herz zu erweichen. Schrieb von den 250 Brandbomben, die im April 1945 auf Wahnfried gefallen waren, schrieb aber auch von den Enkeln, auf die sie sehr stolz war.

Wolfgang und seine junge Frau Ellen hatten eine Tochter namens Eva bekommen – die Ältere der beiden heutigen Festspielleiterinnen. Auch Verena war verheiratet und hatte zwei Kinder, Amélie und Manfred. Wielands Frau Gertrud erwartete im November ihr viertes Kind. Wolfgang lebte mit Frau und Tochter im Gärtnerhaus auf dem Wahnfried-Grundstück, die Familien von Verena und Wieland im Nussdorfer Sommerhaus, das zwar romantisch, aber kaum beheizbar und viel zu klein war. Sie hatten wenig zu essen. Die Kinder waren oft krank. Es gab keine Schmerzmittel, keine Pflaster, keine Salben. Alles musste aus dem Ausland geschickt werden. Winifred selbst schwang sich immer wieder aufs Fahrrad und fuhr weite Strecken, um zu »hamstern«, manchmal 70 am Kilometer Tag, was dazu führte, dass sie dramatisch abnahm. Wolfgang hielt sich eine Ziege und eine Kuh. Wieland versuchte sich als Gemüsegärtner. Und jetzt standen auch noch die Spruchkammerverfahren bevor. Gegen Winifred, Wieland und Verenas Mann, Bodo Lafferentz, der ein hoher NS-Funktionär gewesen war und ein Außenlager des KZ Flossenbürg geleitet hatte …

Doch Friedelind reagierte nicht. Blieb einfach stumm. Ließ zwar durch Frau Beerli Care-Pakete nach Nussdorf schicken, wozu sogar Erzfeindin Gertrud sagte, das sei »wirklich rührend« von ihr,[23] weigerte sich aber immer noch, ihrer Mutter zu schreiben oder ihr auch nur ein Exemplar ihres Buches zukommen zu lassen, obwohl sie wusste, dass ihr im Fall einer Verurteilung als »Hauptschuldige« hohe Strafen drohten – zehn Jahre Arbeitslager, kompletter Vermögensentzug und der Verlust vieler bürgerlicher Rechte.

Warum tat sie das? Oder besser: Warum tat sie *nichts?* War ihr das Schicksal ihrer Mutter egal, war sie immer noch zu tief verletzt, hatte sie Angst vor der Wirkung, die das Buch bei ihr auslösen würde, oder schämte sie sich einzugestehen, dass das Projekt »Exil« im Grunde gescheitert war und dass sie ihr Ziel – die Opernregie – nicht erreicht hatte, während Wieland schon wieder am »Tristan« und »Parsifal« arbeitete, Schopenhauer las und Französisch lernte?

The Friedelind-Wagner-Opera-Company

Durch die Tantiemen aus ihrem Buch hatte Friedelind nun endlich etwas Geld und konnte Pläne machen. Sie gründete eine »Friedelind-Wagner-Opera-Company«, mit der sie in jeder Saison eine andere Oper herausbringen wollte, zunächst den »Tristan«, eine Art Wander- und Tourneetheater mit »fahrenden« Sängern, Bühnenbildnern und Dirigenten. Eigentlich keine schlechte Idee. Denn außerhalb der Metropolen New York, Los Angeles, San Francisco usw. gab es keine Opernhäuser in Amerika, nur die »opera« oder »dramatic workshops« der Universitäten. Sie wurden meistens von europäischen Emigranten geleitet, Herbert Graf oder Erwin Piscator zum Beispiel, die aus der Not des Improvisierenmüssens eine Tugend machten und mit einfachsten Mitteln Opern von Händel bis zur Moderne herausbrachten. 1941 wurde Benjamin Brittens erstes Bühnenwerk,

»Paul Bunyan«, eine amerikanische Singspielballade, an der Columbia University uraufgeführt, 1942 Kurt Weills amerikanische Volksoper »Down in the valley« an der Universität von Greenville, South Carolina. Auch Wagner war durchaus ein Thema, z. B. in Berkeley, wo »Parsifal« auf Englisch gegeben wurde. Für Friedelind sicherlich ein Gräuel, aber doch ein spannendes Phänomen. Denn hier wuchs ein ganz neues, frisches amerikanisches Musiktheater heran, frei vom Staub jeder Konvention, und vor allem: frei von *Subventionen*. Es gab keine gewerkschaftlichen Zwänge, kein Schielen nach Besucherzahlen. Die Studenten hatten Zeit, ausführlich zu proben, bis zu sechzig Mal für ein Stück,[24] Bedingungen, von denen man an den großen Häusern nur träumen konnte. Was hätte für Friedelind näher gelegen, als diese Chance zu ergreifen und ihre »Opera-Company« einer Universität anzugliedern?

Doch Teamwork war nicht ihre Sache. Sie musste ihr »eigenes Ding« machen, ihr eigener »Chef« sein. Daher ihr Mammut-Projekt, von dem Toscanini ihr dringend abriet.[25] Fünf bis sechs Aufführungen wöchentlich hatte sie geplant. Das hieß konkret: Sie brauchte mehrere Tristan- und mehrere Isolde-Darsteller, zwei Dirigenten, da es für nur einen zu anstrengend gewesen wäre, brauchte Bühnenbilder, Requisiten, ein großes Orchester, Kostüme, Transportfahrzeuge, Maskenbildner, Souffleusen, Quartiere, Verpflegung, Aufführungsorte, Werbung, Kassierer, und vor allem: Honorare!

Toscanini machte aus seinem Entsetzen kein Hehl. Aber Friedelind war fest überzeugt von ihrer Sache und schrieb an ihre alte Freundin Jeanette, die, inzwischen verheiratet, jetzt »Eisex« hieß, es *müsse* ein »Bombenerfolg« werden, wenn sie nur genügend Zeit zum Proben hätte, die »hartgesottensten Geschäftsleute« hätten ihr gesagt, dass es ein »absolut solide(s)« Konzept sei.[26] Vorerst warb sie Kleinaktionäre an, die viel Geld gaben, weil sie auf die Zugkraft des Namens »Wagner« setzten, ließ Prospekte drucken und lud Sänger zum Vorsingen ein. Die

Bühnenbilder und Kostüme sollte Wieland entwerfen. Der arbeitete wie besessen fast ein ganzes Jahr lang daran. Nun hatte er endlich wieder eine Aufgabe, die ihn faszinierte und vom Kindergeschrei im Nussdorfer Sommerhaus ablenkte.[27] In ihrem Prospekt hatte Friedelind ihn als bekannten Maler und Bühnenbildner angekündigt. Das gefiel ihm und weckte Hoffnung auf Erfolge in Amerika. Sie animierte ihn auch, eine »Ahnengalerie« zu malen, genauer: Richard, Cosima, Franz Liszt, die Gräfin d'Agoult und Siegfried, ein Projekt, dem er sich ebenfalls mit Begeisterung hingab. Allein Richard Wagner malte er vier Mal, sehr gütig aussehend und ohne die obligatorische Samtkappe auf dem Kopf. Es war *seine* Art, sich ihm zu nähern und sich nicht nur mit seinem Werk, sondern auch mit seiner Person auseinanderzusetzen.[28] Er war stolz und verglich sich augenzwinkernd mit Lenbach.

Friedelind hatte versprochen, die Bilder im Foyer der jeweiligen Tournee-Theater auszustellen. Sie hoffte auch, einige davon gut verkaufen zu können. Am 29. März 1947 schrieb er ihr, dass sie vollendet und schon auf dem Weg zu ihr seien. Sie müssten übrigens sorgsam behandelt werden, erst in einen Keilrahmen gespannt, dann mit vorläufigem Firnis bestrichen, nach einem Jahr mit Schlussfirnis usw., danach endgültig »mit einem anständigen Rahmen« versehen.[29] Doch da war Friedelind schon auf dem Rückzug, was er aber noch nicht wusste, da ihr abwiegelnder Brief ihn noch nicht erreicht hatte. »Die technischen Vorbereitungen«, hatte sie darin geschrieben, seien so kompliziert, dass das Ganze sich noch lange hinziehen würde. Sie habe mit »ungefähr zwanzig« verschiedenen Gewerkschaften zu verhandeln, die Gesetze von 48 Staaten zu beachten und die richtigen Auditorien zu finden, die oft über Jahre hinaus ausgebucht seien. Er müsse sich also noch etwas gedulden.[30]

Kurzfazit: Aus der Sache wurde nichts. Und die Bilder, an denen Wieland so lange gemalt hatte? Man hat nie wieder etwas davon gehört. »Wohlwollende« meinen, sie seien auf dem

Transport nach Amerika ruiniert worden oder auf der Zollstation liegen geblieben. Andere tendieren eher zu der Ansicht, dass Friedelind sie auf eigene Rechnung verkauft und sich »selber damit über Wasser gehalten habe«, ohne Wieland an dem Erlös zu beteiligen.[31] Es fanden zwar einige Proben statt, aber keine einzige Aufführung. Friedelind verschob den Beginn der Tournee immer weiter und blieb Musikern Honorare schuldig. Die beschwerten sich wütend bei Toscanini, der sich weigerte, zu vermitteln oder gar zu bezahlen, nachdem Friedelind ihm am 3. August 1947 geschrieben hatte:

»Vielen Dank, daß Sie fortfahren, das zu zerstören, was früher einmal für mich das Wertvollste überhaupt war: der Mythos, der Toscanini einmal war. Ich bin froh, daß Sie auch nur ein Mensch sind.«[32]

Das war der endgültige Bruch, der letzte einer Reihe von Briefen an den »maestro«, dem nur noch ein Telegramm zum 80. Geburtstag folgte.

Was war geschehen?

Der Bruch mit dem »maestro«

Eine Missstimmung hatte sich schon lange angebahnt. Toscanini war einfach unzufrieden mit seiner »Mausi« und enttäuscht, dass sie bisher so wenig zustande gebracht hatte. Ihr Furtwängler-Plädoyer hatte ihm sehr missfallen, oder mehr noch, ihm wahrscheinlich sehr wehgetan. Nun stürzte sie sich in weitere fast hysterische Aktivitäten *für* Furtwängler, der im April 1947 entnazifiziert worden war und im Prinzip wieder überall dirigieren durfte, von vielen aber weiter als »Dirigentenhure« bezeichnet wurde, die von der NS-Diktatur schamlos profitiert habe. Noch in den letzten Kriegswochen in die Schweiz emigriert, gefiel er sich in der Rolle des Opfers, das überall verkannt, überall nicht genügend wertgeschätzt wurde, obwohl er doch so viel für Deutschland und vor allem die deutsche Musik getan habe. Dabei war es so, dass man ihn in Berlin wie einen heimgekehrten Feldherrn begrüßte, als er im Mai 1947 sein erstes Nachkriegskonzert gab. Es war ein reines Beethoven-Programm. Die Menschen standen schon um sechs Uhr morgens für Karten an und bestachen die Kassiererin mit Kaffee, Schuhen und Zigaretten.

Nur im Ausland war er persona non grata geworden, ob in der Schweiz, Frankreich oder Amerika. Als das Chicago Symphony Orchestra ihn als Chef engagieren wollte, gab es stürmische Proteste von jüdischen Frauenvereinen, amerikanischen Kriegsveteranen und Musiker-Kollegen wie Jascha Haifetz, Wladimir Horowitz, Isaac Stern oder Arthur Rubinstein. Toscanini hielt sich, soweit bekannt ist, zurück. Bruno Walter aber nahm kein Blatt vor den Mund und schrieb ihm, er habe hohe Ämter unter den Nazis bekleidet und mit seiner Kunst jahrelang dem »Regime der Teufel« gedient. Ob es da wirklich verwunderlich sei, dass die »Opfer« dieses Regimes gegen ihn seien und sein Engagement verhindern wollten?[33]

Friedelind schloss sich mit den wenigen zusammen, die in der amerikanischen Musikwelt noch *für* Furtwängler waren, darunter der Dirigent Fritz Zweig, ein ehemaliger Konzertmeister, ein Journalist usw., größtenteils Namen, die heute kaum noch bekannt sind. Sie sammelte eidesstattliche Versicherungen von Juden, denen er geholfen hatte, und schickte sie an das State Department,[34] was ihre Einbürgerung nicht beschleunigt haben dürfte. Ihr Gerechtigkeitssinn war zwar lobenswert. Aber sie machte sich alte Freunde zu Feinden, Bruno Walter, Horowitz und viele andere, die sie von nun an sehr kritisch sahen und sich skeptisch über ihr Buch äußerten. »Sie nimmt's, so scheint's, mit der Wahrheit nicht so genau«, schrieb Bruno Walter an Heinz Tietjen,[35] der dieses Statement sofort als Protestnote an ihren Schweizer Verlag weitergab.

Nun also war auch Toscanini ihr »Feind«. Weil er, so meinte sie gehört zu haben, über sie geklatscht hatte. Und zwar über ihr Sex-Life oder besser: dessen Fehlen. Sie war neunundzwanzig und immer noch solo. Weder ein Mann noch eine Frau waren an ihrer Seite. Mag sein, dass Toscanini wirklich etwas darüber gesagt hat, zu wem auch immer. Er neigte zum Klatschen, war in diesem Punkt ganz italienisches Landeskind, besonders unter dem Einfluss von Vino. Es war aber sicher nicht böse gemeint, sondern eher Ausdruck allgemeiner Sorge um seine »Mausi«, die weder beruflich noch privat ihre Erfüllung fand. Ja, er hatte vielleicht einen Fehler gemacht, hatte zu viel über sie erzählt, war zu weit gegangen. Aber musste sie deshalb gleich mit ihm brechen?

In ihrem Brief heißt es, sie habe beschlossen, in seine »würdigen Fußstapfen« zu treten und »etwas Dampf abzulassen«. Sein persönlicher Stil sei »schlecht«. Sie sei sehr enttäuscht von ihm. Sie brauche kein Sex-Life und keine »gestohlenen Küsse«. Sie würde nur jemanden küssen, der sie zu heiraten gewillt sei. Ansonsten bleibe sie lieber solo und uninteressant. »Ich frage mich …, was für Frauen Sie in Ihrem Leben begegnet sind«, schreibt sie zum Schluss. »Es gehört … zu meinen innersten Gefühlen, daß ich unfähig wäre, mich von einem Mann lieben zu lassen, während ich in einen anderen verliebt bin. Aber es scheint, daß Sie noch nie solchen eigenartigen Menschen begegnet sind. Pech gehabt! Jetzt ist es zu spät.«

Die Geister, die ich rief …

Gegen Ende des Jahres 1946 war »Nacht über Bayreuth« von fast allen Akteuren, die darin vorkommen, gelesen worden, ob in der amerikanischen oder der deutschen Ausgabe. Heinz Tietjen, Richard Strauss, Berta Geissmar, Frida Leider, die Lehrerinnen von Heiligengrabe und natürlich die Wagners selbst hatten es auf zum Teil verschlungenen Wegen erhalten und fingen nun eine heftige Diskussion darüber an. Viele Protagonisten waren allerdings schon tot. Hitler, Goebbels, Göring und die anderen

Hauptkriegsverbrecher hatten sich entweder umgebracht oder waren hingerichtet worden. Wolfgang Veil hatte einen Herzinfarkt erlitten. Albert Knittel war an Atemlähmung und »Gehirnembolie« gestorben,[36] die Äbtissin von Saldern einem langen Leiden erlegen,[37] und auch die Tanten, Daniela und Eva, lebten nicht mehr, so dass sie von Friedelinds Buch nicht mehr gekränkt sein konnten, was vielleicht besser so war.

Wie zu erwarten, gab es einigen Ärger, denn nicht alle der in »Nacht über Bayreuth« Porträtierten mochten tatenlos zusehen, wie ihr Ruf demontiert wurde. Als einer der Ersten wehrte sich Richard Strauss, der bei Friedelinds Schweizer Verlag nicht gegen ihre diffamierende Darstellung als Ganzes, sondern nur gegen *eine* Passage Einspruch erhob, nämlich die, in der er als »Wetterfahne« bezeichnet wurde, »die sich mit jedem politischen Winde drehte. Monarchist, Sozialdemokrat, ein bißchen rosa, ein bißchen braun, kam er mit allen Regimes zurecht.«[38] So hieß es in der amerikanischen Erstausgabe. Dieser Satz musste gestrichen werden. Stattdessen konnte man nun lesen: »Mutter wußte, daß Strauss sich im Grunde genommen nie mit Politik befasste und nur im Interesse der Aufführung seiner Werke eine gleichgültige Haltung gegenüber politischen Wandlungen einnahm«,[39] was auch immer das sagen will. Er hatte sich über das Buch sehr erregt und wollte einen Prozess gegen Friedelind anstrengen, wovon ihm seine Schwiegertochter Alice und sein Biograph Willi Schuh jedoch abrieten.[40]

Auf Richard Strauss folgte Heinz Tietjen, der sich ebenfalls bei Hallwag beschwerte. Manches in dem Buch sei wahr, vieles jedoch entstellt oder absolut falsch. Er sehe seinen Ruf als »Künstler und Mensch empfindlich geschädigt« und verlange Richtigstellung. Diesem Brief legte er eine Liste mit Statements von prominenten jüdischen Freunden bei, die sich negativ über das Buch äußerten, nämlich Erich Engel aus Buenos Aires, Berta Geissmar aus London, Alice Strauss aus Garmisch-Partenkirchen und Bruno Walter aus Los Angeles. Er beanstandete insgesamt zwanzig Punkte, die hier nicht alle aufgeführt werden können, weil sie zu sehr ins Detail gehen. Besonders heftig bestritt er, Frida Leider aus Bayreuth herausgeekelt und die Lubin nur aus »politischen Gründen« engagiert zu haben. Auch seine Beziehung zu Furtwängler sei zu einseitig negativ dargestellt. Er verglich sie mit einer krisenreichen, aber stabilen »Ehe«, die immerhin von 1933 bis 1944 gehalten habe. In seinem Schlusssatz wies er zu Recht darauf hin, dass Friedelind jahrelang eine Art Vater in ihm gesehen und ihm viele Briefe geschrieben habe, die noch in seinem Besitz seien.[41]

Der Hallwag-Verlag antwortete etwas reserviert, man werde seinen Brief an »Fräulein Wagner« weiterleiten. Im Übrigen sei die erste Auflage des Buches schon vergriffen, und es sei fraglich, ob eine neue erscheinen werde.[42] Grund dafür war, dass das Buch in der Schweiz nicht gut ankam. Es gab zwar einige pathetische Rezensionen, die Friedelind als strahlenden Stern voller »Reinheit« und »Menschenwürde« feierten,[43] doch die renommierten »Schweizer Monatshefte« schrieben, dass sie den »ihr unbequeme(n)« Antisemitismus Richard Wagners übersehen und ihren eigenen »kindischen Trotz« mit »demokratischer Frühreife« verwechselt habe, ein sehr scharfes, aber nicht ganz unrichtiges Urteil.[44]

Germaine Lubin, Friedelinds großzügige Gastgeberin aus Frankreich, konnte nicht wirkungsvoll gegen das Buch protestieren, weil sie seit 1944 wegen Kollaboration in französischer Haft saß. Ihr Prozess fand 1946, also kurz nach Erscheinen der amerikanischen Ausgabe, statt. Man gab ihr lebenslanges Berufsverbot und beschlagnahmte ihr Vermögen. Nach der Entlassung ging sie zu Freunden nach Italien, krank, verstört, deprimiert, aber fest davon überzeugt, nichts Falsches getan zu haben, sondern das Opfer schikanöser, ungerechter Behandlung zu sein. Noch im Gefängnis hatte sie Friedelinds Buch gelesen und sich offenbar nicht besonders darüber aufgeregt. Zu ihrer französischen Biographin sagte sie später: »Mausi, ehrgeizig, eingebildet, selbstgefällig. Sie glaubt, daß sie ein Genie ist, weil sie Wagners Profil hat.«[45] Natürlich war sie verletzt, weil Friedelind sich für ihre Gastfreundschaft so schlecht bedankt hatte: mäßige Stimme, Führer-Liebling, aus »politischen Gründen« engagiert, aber kein Wort über die Abende in der Grand Opéra und die Sommertage in der Auvergne, über die Lubin als Ersatzmutter und ihre grandiose Darstellung von Glucks »Alceste«, von der Friedelind so tief beeindruckt gewesen war. Das war nicht schön. Das war schäbig.

Dass das Buch aber als Belastungsmaterial gegen Germaine Lubin benutzt worden sei[46] oder Friedelind selbst »vernichtend« über sie ausgesagt habe,[47] wie manchmal behauptet wird, trifft nicht zu. Friedelind war während des Prozesses gar nicht in Frankreich, sondern in Amerika. Und um Germaine Lubin vor Gericht zu belasten, hätte es weder ihrer Aussage noch ihres Buches bedurft. Denn die Lubin war tatsächlich sehr deutschfreundlich, hatte Kontakte bis in die höchsten NS-Spitzen, beste Beziehungen zu den deutschen Militärs und ein Verhältnis mit einem hohen Besatzungsoffizier, Hans Joachim Lange. Trotzdem war ihr Sohn Claude 1940 in deutsche Gefangenschaft gekommen und galt seitdem als vermisst. Winifred hatte ihn in einem Lager ausfindig gemacht und den »Führer« um seine Freilassung gebeten, die auch prompt erfolgte. *Diese* Umstände waren belastend für sie, nicht Friedelinds Buch, das in seiner Schilderung der Lubin zwar verkürzt und unfair, aber nicht denunziatorisch ist, eher Dokument einer enttäuschten Liebe als der Versuch, sie als Kollaborateurin hinzustellen.

Cousin und Cousine

Im Frühjahr 1946 erhielt Friedelind einen Brief des Bayreuther Oberbürgermeisters Doktor Oskar Meyer, der sie zur Mitarbeit beim Wiederaufbau der Festspiele aufforderte. Sie hat, wie es scheint, nicht geantwortet. Denn am 9. Juli schrieb er ihr noch einmal:

»Leider ist Woche für Woche vergangen, ohne daß wir von Ihnen hören durften.«[48] Wichtige Einzelheiten seien zwar noch völlig ungeklärt, die Frage der Finanzierung oder der Einsetzung eines Fachkuratoriums z.B. Das dürfe aber nicht heißen, dass man nun tatenlos auf »bessere Zeiten« zu warten habe, im Gegenteil, man müsse der Welt zeigen, dass Bayreuth »trotz allem« lebe und »der alte Bayreuther Geist« lebendig geblieben sei.[49]

Dem CSU-Politiker Meyer, der sofort nach dem Krieg von den Amerikanern ins Amt gebracht worden war, ging es in diesem Appell sicher nicht »nur« um »Wagner«, sondern auch um Hilfe für seine Stadt, die durch drei große Luftangriffe schwer zerstört worden war. Mehr als 40 Prozent der Gebäude waren unbewohnbar geworden, fast tausend Menschen ums Leben gekommen, der Bahnhof war nur noch ein Trümmerhaufen, das Neue Schloss vollkommen ausgebrannt. Um die 4000 Familien waren obdachlos geworden. Ein gewaltiger Strom von Flüchtlingen aus dem Osten setzte ein. Die Wirtschaft lag fast vollständig danieder. Wenn es gelänge, die Festspiele in noch so provisorischer Form zu re-etablieren, würden wieder Touristen kommen und Geld in die Stadt bringen. Das war durchaus keine Utopie, sondern eine realistische Perspektive, denn auch die Salzburger Festspiele wollten noch in diesem Jahr – 1946 – ihren künstlerischen Betrieb wieder aufnehmen.

Meyer begriff nicht, warum Friedelind schwieg, und appellierte relativ scharf an ihr Verantwortungsgefühl, ihr Gewissen. Er dürfe sich »doch wohl der Hoffnung hingeben«, dass sie sich ihrer einzigartigen historischen Aufgabe bewusst sei? Nur *sie* mit ihrer kritischen Haltung zum Nationalsozialismus sei imstande, die Festspiele zu leiten und die Ära Winifred zu einer »Episode« zu machen.[50]

Von Winifred hielt er also gar nichts, oder besser: Er hielt sie für vollkommen indiskutabel. In einer Rundfunkrede soll er sogar gesagt haben, es sei das Beste, wenn man sie völlig enteigne und für fünf Jahre in ein Lager sperre.[51]

Friedelind aber hüllte sich weiter in sphinxhaftes Schweigen und bedankte sich nicht einmal für den Brief oder bestätigte Meyer, ihn erhalten zu haben, was man als grobe Unhöflichkeit werten könnte. Für ihr Verhalten sind viele Gründe genannt worden: das Warten auf die Einbürgerungsurkunde, die Probleme mit ihrer »Opera Company«, die Angst, im Fachkuratorium könnten alte Nazis sitzen, und: das Bedürfnis, ihren Brüdern den Vortritt zu lassen.

Alle sind – mit Verlaub – absurd. Denn laut »Nacht über Bayreuth« fühlte sie sich von Kindheit an berufen, die Festspiele zu leiten. Kein anderes Ziel kam für sie in Frage. Kein anderes Opernhaus. Keine andere Ausbildung. Noch wenige Jahre vorher hatte sie an Toscanini geschrieben, ihr »Land« sei immer Bayreuth gewesen, ihr »Leben« würde immer Bayreuth gehören. »Ich weiß, welchen Weg ich zu wählen habe … – ich weiß, was meine Pflichten gegenüber meiner Familie sind, weil ich weiß, was ich Bayreuth verdanke.«[52]

Und nun war das alles erledigt, vergessen? Ihr alter Kindertraum? Ihr Versprechen an den Vater? Ihre Obsession? Wegen einer Einbürgerungsurkunde? Wegen ein paar Nazis in einem Kuratorium, das noch gar nicht gegründet war, sondern erst vage zur Diskussion stand? Ich vermute, dass ihr Schweigen ganz andere Gründe hatte. Sie hatte Angst. Traute sich »Bayreuth« nicht zu. Sie wusste, dass ihre Vorbildung nicht ausreichte, weder in künstlerischer noch in geschäftlicher Hinsicht. Sah voraus, dass es unsagbar kompliziert werden würde. Der Dauerkampf mit der Mutter, den Brüdern – nichts von dem, was sie früher so gequält hatte, würde sich ändern, ganz im Gegenteil, wenn sie, das »schwarze Schaf«, nun als Siegerin zurückkehren sollte: Das würde den Hass nur schüren, ihr das

Leben zur Hölle machen. Da blieb sie lieber in ihrem Broadway-Hotel und stellte sich tot, eine verständliche, aber auch enttäuschende Haltung.

So ähnlich sah es auch wohl Oskar Meyer, der es schließlich aufgab, ihr zu schreiben, und sich stattdessen an ihren Cousin, Franz Wilhelm Beidler, wandte, der als Sekretär des Schweizerischen Schriftstellerverbandes in Zürich lebte. – Er war der Sohn von Cosimas 1919 verstorbener Tochter Isolde, die bis zu ihrem frühen Tod darum gekämpft hatte, von der Mutter als eine »Wagner« anerkannt zu werden. Vergeblich. Cosima schwor, dass sie eine »von Bülow« sei, und brachte sie und ihren Sohn dadurch um ihr Erbe. Es hatte deshalb einen Prozess gegeben, über den die ganze Weltpresse schrieb, einen unglaublich schäbigen, verlogenen, grausamen Prozess, in dem Cosima vor keiner Lüge und Gemeinheit zurückschreckte. Angeblich log sie nicht für sich selbst, sondern für ihren Sohn Siegfried, Friedelinds Vater, der sich seinen Thron mit niemandem teilen sollte. Eva und Houston Stewart Chamberlain halfen ihr dabei und taten alles, um Isolde mürbe zu machen. Sie verjagten sie und ihren Mann aus Bayreuth. Sie halfen ihr nicht, als sie an TBC erkrankte. Sie sahen zu, wie sie morphiumsüchtig wurde und immer mehr verfiel. Als sie starb, war ihr Sohn 17 Jahre alt, eingeweiht in alle schmutzigen Familiengeheimnisse, die Isolde ihm mitgeteilt hatte, ein »verlorener Enkel«, wie er sich selbst einmal nannte. Er verließ seine Heimatstadt München so schnell er konnte und ging nach Berlin, um Jura zu studieren.

Bis zur »Machtergreifung« war er am preußischen Kultusministerium angestellt. Dann ging er mit seiner jüdischen Frau über Paris in die Schweiz, wo er buchstäblich »vor dem Nichts« stand.[53] Jahrelang brachte er sich mit verschiedenen »Jobs« durch, bis er endlich Sekretär des Schriftstellerverbandes wurde. Doch *sein* Thema, Wagner, die Familie und besonders Cosima, ließ ihn nicht los. Er schrieb Aufsätze darüber und betrieb Recherchen zu einer Cosima-Biographie, zu der Thomas Mann, ein guter Freund, ihn ermutigte. Doch da ihm das Wahnfried-Archiv verschlossen blieb, wurde das Werk nie vollendet und konnte erst nach seinem Tod als Fragment herausgegeben werden.

Friedelind hatte diesen Cousin noch nie gesehen, sondern kannte ihn nur vom Hörensagen. In Zürich oder Luzern hätte sie sich leicht mit ihm treffen können, was sie aber nicht tat, denn sie hasste ihn, ohne ihn zu kennen, von ganzem Herzen und glaubte blindlings, was man sich in der Familie über ihn erzählte: dass er ein fanatischer Kommunist sei und in Zürich in üblen politischen Kreisen verkehre. Es waren weniger ihre Eltern als die Tanten, die ihr das eingeredet hatten, besonders die sonst so um Ausgleich bemühte Daniela, die sich in diesem Punkt äußerst widersprüchlich verhielt. Einerseits hatte sie als Einzige zu Isolde gehalten und sie besucht und gepflegt, als sie krank war. Andererseits sprach sie über deren Sohn, als ob er der Teufel wäre, besonders als sie hörte, dass er ein Buch über Cosima schrieb. »Wir erwarten, den niedrigen Charakter des Autors kennend, nichts Gutes davon«, schrieb sie an Zinsstag. »Der Autor und seine Gattin waren ja von je ganz wilde Kommunisten, mussten *deshalb*, nicht wegen des jüdischen Blutes, Deutschland verlassen, trieben sich erst in Paris herum, jetzt wie's scheint in Zürich, wo man sich wohl einen Herd des Marxismus zu denken hat.«[54]

Zinsstag ließ sich durch solche Tiraden nicht beeinflussen, sondern nahm persönlichen Kontakt zu Beidler auf und lernte ihn als klugen, besonnenen Mann kennen, mit dem er kritisch über Wagner und das »neue«, nationalsozialistische Bayreuth reden konnte. Friedelind aber glaubte den Tanten aufs Wort und schimpfte ihrerseits wie ein Rohrspatz über ihren Verwandten. »Wie sehr mich dies Benehmen meines Vetters abstößt, kann ich gar nicht sagen«, schrieb sie an Daniela. »Dazu das Aushängeschild ›Enkel‹ – mit dem man … sich erst wichtig machen muß! Er soll sich schämen! Noch vor Weihnachten soll sein Buch gegen Großmama herauskommen – eine segenvolle Gabe auf dem Weihnachtstisch!«[55]

Seit ihrem Gang ins Exil hatte sie nichts mehr von ihm gehört. Aber nun tauchte er plötzlich wieder auf wie deus ex machina, ein Schock, mit dem niemand von den Wagners gerechnet hatte. Oberbürgermeister Meyer hatte ihm nämlich im August 1946 geschrieben, er habe sich an »Friedelind Wagner in Amerika« mit der Bitte um Mitarbeit gewandt und tue dasselbe nun bei ihm, Beidler. »Es ist der Wunsch der Stadt Bayreuth, daß Sie beide das künstlerische Erbe Ihres Großvaters antreten und fortführen!«[56]

Beidler war »bewegt«, »erschüttert«, »gerührt«, umso mehr, als er gerade seine Frau – sie starb an Schilddrüsenkrebs – verloren hatte und den Wink aus Bayreuth wohl als gutes Omen empfand. Anders als Friedelind schwieg er nicht, sondern schrieb einen langen Brief, in dem er seine Gedanken präzise darlegte. Er wisse, wie viel Optimismus dazugehöre, »inmitten eines Trümmerfeldes« wieder ganz von vorn anzufangen. Und das müsse man wirklich. Denn das Wort »Wagner-*Tradition*« wecke ungute politische Assoziationen in ihm. Doch es müsse versucht werden. Und so sichere er also seine Mitarbeit zu. Gleichzeitig bitte er darum, Zutritt zum Wahnfried-Archiv zu erhalten, da er ein Buch über Cosima schreiben wolle. Familiäre Schwierigkeiten hätten ihm bisher den Zugang versperrt, aber nun sei das Archiv ja in städtischer Treuhänderschaft und der alleinigen Aufsicht durch die Wagners entzogen.[57]

Den Namen »Friedelind« erwähnt er in seinem Antwortbrief nicht. Ganz bewusst nicht. Denn obwohl er sie ebenso wenig kannte wie sie ihn, teilte er ihre Aversion aus vollem Herzen. Schon im Januar 1940 hatte er Zinsstag gefragt, warum sie überhaupt emigrieren wolle. »Politische Gründe« könnten es doch wohl nicht sein?[58] Sein Urteil über ihr Buch war extrem negativ. Er empfand es als »überwiegend peinlich«, dass eine so junge

Frau, die so wenig könne und so wenig gelernt habe, sich in ihrem Urteil über andere derart exponiere, nur weil sie eine Wagner sei. Er sei in der Schweiz oft gefragt worden, was er von »Nacht über Bayreuth« halte, und habe dazu immer gesagt, dass er sich der gesamten Familie seiner Mutter nur schämen könne.[59]

Doch Polemik war gar nicht nötig. Denn Friedelind hatte sich selbst aus dem Feld geräumt. Niemand dachte mehr daran, sie einzubeziehen, so dass Beidler nun das alleinige Sagen hatte. Am 23. Dezember 1946 erschien er persönlich in Bayreuth. Acht Tage später legte er einen Entwurf für die »Neugestaltung« der Festspiele vor. In dieser Zeit traf er sich mehrmals mit Wolfgang, der ihm zu seinem Erstaunen freundlich entgegenkam und ihm einige Briefschaften Cosimas gab, die er vorher sorgfältig selektiert hatte. Er war so nett zu ihm, weil sie ein gemeinsames Feindbild hatten: Friedelind, über die sie sich bei ihren Begegnungen eifrig austauschten.

In seinem »Entwurf« macht Beidler zunächst den Vorschlag, eine Stiftung zu gründen und die Wagners vollständig zu enteignen. Im Stiftungsrat sollten je ein Vertreter der amerikanischen Militärregierung, des Freistaates Bayern, der Schweiz und der künftigen Bundesrepublik sitzen. Ansonsten »sach- und kunstverständige Persönlichkeiten … ohne Rücksicht auf ihre Nationalität« wie Thomas Mann als Ehrenpräsident, er, Beidler, selbst als Sekretär, verschiedene im Exil lebende Musikwissenschaftler und namhafte zeitgenössische Komponisten wie Schönberg, Hindemith und Honegger.[60]

Diese Vorschläge fanden die Wagners entsetzlich. Und zwar so sehr, dass sie sich plötzlich wieder alle miteinander solidarisierten: Winifred mit Friedelind, Wieland mit Friedelind, Wolfgang mit Friedelind und umgekehrt. Von »giftigem Gebräu« war die Rede, von »unserem lieben Vetter Willi«, von »Juden« und »Schlachthofdirektoren« im Stiftungsrat, von »kommunistisch angehaucht(en) Komponist(en) ultramoderner Prägung« usw.

Alle schäumten vor Wut, auch Friedelind, die sich doch selbst durch ihr Schweigen ins Aus gesetzt hatte. Wieland beschwor sie, zu Thomas Mann zu gehen und ihn über den »Willi«, einen üblen Linken, aufzuklären. »Sollen wir uns diese Frechheit unseres Vetters, der sich – ein wahrer NS-Übermensch – so vortrefflich aufs Enteignen versteht, gefallen lassen?«[61]

Friedelind machte tatsächlich einen Termin und besuchte Thomas Mann. Es war am 8. Mai 1947 in New York, an einem hellen, erstaunlich kalten Tag, wie er in sein Tagebuch schrieb. Vom Inhalt des Gesprächs erwähnte er nichts.[62] Offenbar war er sich noch nicht klar darüber, ob er das Amt annehmen sollte oder nicht, denn er steckte in den letzten Arbeiten am »Doktor Faustus«.

Doch egal, ob mit oder ohne Thomas Mann: Friedelind war jetzt richtig in Fahrt gekommen und wollte Beidler, wie Winifred es beschrieb, »k.o. schlagen«.[63] Sie schaltete einen Rechtsanwalt ein, ließ Beidler das Zitieren aus Cosimas Tagebüchern verbieten und bat Wolfgang, belastendes Material über ihn zu suchen. Dazu kramte sie die Uralt-Geschichten der Tanten wieder aus, die gesagt hatten, »daß Herr Beidler Kommunist war und deshalb Deutschland verließ«. Ob er etwa Mitglied der Kommunistischen Partei gewesen sei? Oder in München bei den »Aufruhren und Revolutionen« mitgewirkt habe?[64] Sie ging auch zum Oberbefehlshaber der amerikanischen Militärregierung, Lucius D. Clay, um ihn vor einer Kooperation mit Beidler zu warnen. Er sei ein »linker Sozialist«.[65]

Ziemlich übel die ganze Sache. Denn es war die Zeit, in der das »Komitee für unamerikanische Umtriebe« wie besessen nach jedem vermeintlichen Kommunisten suchte und über dreihundert Künstler aus Hollywood ins Visier nahm, die an »bolschewistischen« Filmen mitgewirkt haben sollten.

Merkte Friedelind nicht, dass sie sich vollständig unglaubwürdig machte? Ihren Nimbus als einzige Heilige der Familie selbst zerstörte, mit denselben Mitteln der Denunziation, die sie an ihrer Mutter so sehr hasste? »Vertilgung«? »Ausrottung«? Heiligengrabe? Die Qualen in der Klinik von Wolfgang Veil? Plötzlich schien es, als sei nichts geschehen, immer nur Harmonie da gewesen, und zwar in Anbetracht des gemeinsamen bösen Feindes, Franz Wilhelm Beidler, den sie »k.o. schlagen« wollten. Es war etwas peinlich, dass sie sich plötzlich wieder schrieben, denn *noch* war Winifred nicht entnazifiert, noch galt sie für viele als »Hauptschuldige«. Ein Bekanntwerden der Korrespondenz hätte Friedelinds Einbürgerung gefährden können. Deshalb sagte sie vorsichtshalber »No«, als ein Reporter der »New York Times« am 5. April 1947 von ihr wissen wollte, ob sie wieder Kontakt mit ihrer Familie habe. Das war zwar gelogen, aber für einen guten Zweck, denn am 9. Juni traf die Urkunde endlich ein. Sie war jetzt US-Citizen.

Thomas Mann hat sich, wie es scheint, nie deutlich *für* oder *gegen* Bayreuth entschieden, sondern Beidler im Unklaren gelassen, was sich fatal auf das ganze Projekt auswirkte. Denn ohne das Zugpferd »Mann« funktionierte es nicht. Das war Beidler und allen anderen Beteiligten klar. Am 15. Mai 1947 schrieb Beidler an Meyer, dass der Dichter sich jetzt *doch* zu einer Zusage entschlossen habe.[66] Doch schon sechs Wochen später hieß es, er, Beidler, gebe den Plan jetzt auf, weil die Zeit noch nicht reif dafür sei.[67] Hatte er aufgegeben, weil Thomas Manns »Ja« vielleicht doch nicht so klar war? Weil ihn die Wagners, Friedelind einbegriffen, dauernd mit Anwaltspost bombardierten und ihn auf alle nur denkbar gemeine Weise unter Druck setzten? Friedelind war jedenfalls stolz darauf, ihn so schön »k.o.« geschlagen zu haben, und fühlte sich noch Jahrzehnte später als Retterin der Festspiele vor staatlichem Zugriff und Beidler'schem Kommunistengift. »Mit der Hilfe einer herausragenden Firma internationaler Juristen verhinderte ich, dass sie von dem ewig hungrigen bayerischen Staat aufgefressen wurden«, schrieb sie an Wielands Biographen Geoffrey Skelton. »Ich vereitelte den Versuch unseres Cousins Beidler, der von einer Gruppe unter der Leitung Thomas Manns unterstützt wurde, die Familie zu enteignen und die Kontrolle über die Festspiele zu erhalten.«[68]

Die Spruchkammern

Im Februar 1947 begann die Zeitschrift »Neue Auslese« einige Kapitel aus Friedelinds Buch zu veröffentlichen, u.a. die berühmte Vertilgungs-Szene. Winifred war empört, weil sie öffentlich an den Pranger gestellt wurde, nicht nur als »Hauptschuldige«, sondern auch als Hexe und Rabenmutter, die im Ernstfall nicht davor zurückschreckte, ein ihr unbequem gewordenes Kind zu töten oder töten zu lassen. Am 5. März 1947 wurde die Szene auch im Rundfunk verlesen, und zwar im Literaturprogramm von »Radio München«, das unter amerikanischer Kontrolle stand,[69] was die Sache besonders pikant machte. Denn da Bayreuth in der amerikanischen Zone lag, würde Winifred sich vor einer Spruchkammer zu verantworten haben, die zwar aus deutschen Laienrichtern bestand, aber nach amerikanischen Vorschriften vorzugehen hatte. Diese galten als besonders kompromisslos und streng. Auch die »Neue Auslese aus dem Schrifttum der Gegenwart«, so der vollständige Titel, wurde vom »Alliierten Informationsdienst« herausgegeben und war Teil eines amerikanischen reeducation-Programms für die Bevölkerung des besetzten Deutschland.

Hat Friedelind ihre Texte dort angeboten? Oder wurden sie ohne ihr Wissen abgedruckt, was immerhin denkbar wäre, denn ein Urheberrechtsschutzgesetz gab es noch nicht – es wurde erst 1965 verkündet? Es ist schwer zu beurteilen, ob hinter dieser Publikation »böse Absichten« oder eher »böse Zufälle« standen.

Für Winifred war die Sache jedenfalls sehr unangenehm, weshalb sie sich überall um Entlastungszeugen bemühte, die im Prozess für sie aussagen würden. Von ihrer »Basis« in Oberwarmensteinach aus, die sie gern auch als »Exil« bezeichnete, schrieb sie unermüdlich Briefe an alte Bekannte, so z.B. an Hans Heinz Stuckenschmidt, der 1937 nach Prag emigriert war und seit seiner Rückkehr die Musikabteilung des RIAS Berlin leitete. »Sie erraten sicherlich, … in welch unerfreulicher Situation ich mich heute befinde«, begann sie ihren Appell. »Wahnfried ist bombenzerstört – ich selbst stehe als Hauptschuldige … nächstens vor der Spruchkammer – die Anklageschrift habe ich noch nicht in Händen, aber schon die Tatsache, daß ich 1926 PG wurde und … das Goldene Parteiabzeichen hatte, genügt ja, mich in diese Kategorie einzureihen.« Wäre sie jemand, der kein »großes Erbe« zu verwalten hätte, würde sie sich wahrscheinlich in ihr Schicksal ergeben. Aber hier gehe es um Wagner und die Festspiele. Er, Stuckenschmidt, wisse ja, dass sie »wahrlich nichts von einer überzeugten Nationalsozialistin« gehabt, sondern im Gegenteil »Verfolgten des Dritten Reiches« immer geholfen habe, weshalb sie ihn bitte, *für* sie auszusagen oder ihr wenigstens zu schreiben.[70]

Stuckenschmidt reagierte nicht.

Wahrscheinlich schickte sie ihm auch die 64-seitige »Denkschrift«, die sie schon 1946 verfasst und an Wagnerianer in aller Welt expediert hatte. Es hieß darin u.a., sie habe den Umgang mit jüdischen Freunden immer aufrechterhalten und »völlig fremden Juden geholfen«, wo sie gekonnt habe. Von den Konzentrationslagern habe sie nichts oder nur wenig gewusst. Es habe ja damals keine Pressefreiheit geherrscht, darum sei fast nichts nach außen gedrungen.[71]

Ein Exemplar dieser »Denkschrift« erhielt auch Friedelind, die es wohl mit gemischten Gefühlen gelesen haben muss. Wusste sie doch, wie verächtlich Winifred immer von den »Nagods«, »der Jüdin« Berta Geissmar, »jüdisch versippten« Ehepaaren oder Friedelinds »internationalen« und »jüdischen« Freunden gesprochen hatte. Und jetzt wollte sie plötzlich »Retterin« der Juden gewesen sein?

Winifred hatte Friedelinds Buch inzwischen gründlich durchgearbeitet und suchte eifrig nach »Fehlern«, die seine Untauglichkeit als Beweismaterial beweisen sollten. Es seien viele Irrtümer darin, die sie aufgrund von Briefen, die sie selbst verfasst habe, nachweisen könne, schrieb sie an Friedelind.[72] Sie hoffte wohl, sie zum Einlenken zu bewegen, baute ihr sogar goldene Brücken und versuchte, ein gewisses Verständnis zu zeigen: »Ich bin fest überzeugt, daß Du niemals Menschen lebenslänglichen Schaden hast zufügen wollen, als Du das Buch Anfang der vierziger Jahre schriebst und Dir gar keine Vorstellung über die möglichen Folgen machen konntest.«[73]

Doch Friedelind reagierte nicht, nahm nichts zurück, gestand nichts ein, so dass Winifred sich um andere »Zeugen« bemühen musste, die ihr halfen, das Buch auseinanderzunehmen, und von denen gab es viele.

Am 23. April 1947 stand Tietjen vor einer Entnazifizierungskommission in Berlin. Auch er hatte sich redlich bemüht, Friedelinds Buch zu zerpflücken, aber die Sache nahm einen günstigen Verlauf, er wurde als »Opportunist« eingestuft und das Buch gar nicht erwähnt. Es war eine sechsstündige Verhandlung, die viel Aufsehen erregte. Emigranten und ehemalige politische Häftlinge waren empört, dass er so glimpflich davonkam. Der »Tagesspiegel« bezeichnete ihn als »schlanken Hecht«, der durch die Maschen geschlüpft sei.[74] Das Urteil lasse die »Ehrfurcht vor den Toten aus der Welt der Kunst« vermissen. Immerhin habe der Vorsitzende zynisch gesagt, er sei vielleicht selbst kein Nazi gewesen, aber er habe geholfen, »deren Dreck zu vergolden!«[75]

Am 14. Mai 1947 ging die Anklageschrift gegen Winifred ein, die sich in der Tat hauptsächlich auf Friedelinds Buch stützte. Winifred hatte ihre Not, einen Anwalt zu finden, denn die meisten Juristen der Stadt waren selbst politisch belastet und mussten erst entnazifiziert werden. So auch Erich Ebermayer, der Erfolgsautor von glatten Dramen, Drehbüchern und

Romanen, Staatspreisträger von 1936, Goebbels- und Göring-Günstling, Großverdiener, Besitzer eines Schlosses in der Nähe von Bayreuth. Leider hatte er beim Ausfüllen seines Fragebogens etwas »gepfuscht«, so dass man ihn festnahm, bevor er auf die Anklageschrift gegen Winifred antworten konnte. Das war schlimm. Denn nun stand sie ohne Anwalt da, fand aber im letzten Moment noch den in Bayreuth beliebten und bewährten Fritz Meyer, der soeben »entbräunt« worden war, wie man damals sagte.

Das Verfahren gegen Winifred war für den 24. Juni angesetzt, zwei Tage nach ihrem 50. Geburtstag. Am 9. Juni war Friedelind amerikanische Staatsbürgerin geworden. Bisher hatte sie keinen Finger für ihre Mutter gerührt, sondern ihr ganz im Gegenteil heftig geschadet, ob bewusst oder unbewusst, mag dahingestellt bleiben. Doch je näher das Verfahren rückte, umso unwohler wurde ihr, besonders als die Mutter ihr schrieb, sie rechne »in erster Instanz bestimmt mit Arbeitslager«, was bedeuten würde, »sofortige Überführung aus dem Gerichtssaal in das Zuchthaus St. Georgen«, von wo man dann in ein Lager eingewiesen werde. Das müsse eine Gaudi für die »Schildaer« von Bayreuth sein, wenn die Schwiegertochter Richard Wagners »unter Eskorte von zwei bewaffneten Polizisten durch die Stadt geführt« werde.[76]

Friedelind schwieg. Aber es gab Freunde, die ihr ins Gewissen redeten. Ellen Beerli zum Beispiel, die zu dieser Zeit bestimmt keine Freundin Winifreds war, was sich später ändern sollte. Oder Toscanini, der sich sogar vollständig mit Winifred und Bayreuth zerstritten hatte. Er hatte Friedelind – es war *vor* dem Bruch – immer gesagt: Egal, was passiert sei, gegen eine Mutter unternähme man nichts. Da war er ganz Italiener. Die Familie war ihm heilig. Ob es bei Friedelind etwas bewirkt hat?

Vielleicht schon. Denn am 18. Juni 1947, im allerletzten Moment also, schickte sie dem Oberbürgermeister von Bayreuth ein Telegramm, in dem sie darum bat, die Verhandlung gegen ihre Mutter zu verschieben, bis sie selbst angereist sei. »Als legale Repräsentantin des Wagnerschen Erbguts und amerikanische Staatsbürgerin« müsse sie auf ihrer Zeugeneinvernahme bestehen.[77] Doch der Ankläger hatte kein Interesse an ihrem Erscheinen und erklärte plötzlich, das Buch im Verfahren nicht benutzen zu wollen, nachdem er sich vorher so gründlich darauf gestützt hatte. »Seitens der Anklage wird Friedelind Wagner bzw. ihr Buch nicht als Belastung herangezogen werden.«[78]

So kam Friedelind also *nicht*, kündigte aber an, ihrer Mutter zum 50. Geburtstag gratulieren zu wollen, und zwar in einem Überseetelefonat, das unter großen Schwierigkeiten zustande kam. Da Winifred, solange sie noch nicht entnazifiziert war, kein Telefon haben durfte, musste sie mit einem uralten Auto, das Wolfgang auf die Schnelle besorgt hatte, nach Nürnberg fahren, wo sich eine »Überseesprechstelle« befand. Der Anruf soll mit drei Stunden Verspätung gekommen sein und 690 Dollar gekostet haben.[79]

Zum Verfahren gegen Winifred erschienen dreißig Zeugen und Hunderte von Zuschauern. Der Andrang war so groß, dass Karten ausgegeben werden mussten. Ein Gutachten des bayerischen Kultusministeriums wurde abgelehnt, da es »zu rund 75 Prozent aus Beschuldigungen aus Friedelinds Buch« bestand, die der Ankläger nicht mehr zulassen wollte.[80] Die Verhandlung dauerte vier Tage. Es gab viel pro und contra. Es kamen Fälle zur Sprache, in denen Winifred Juden ihre Hilfe *verweigert* hatte, der von Baronin Violetta von Waldberg z.B., die sich nach einem schneidend kalten Brief Winifreds umbrachte, um ihrer sicheren Deportation zu entgehen. Aber auch andere, in denen sie Juden geholfen hatte, die dieser Hilfe, wie sie sich einmal ausdrückte, »würdig« waren,[81] was der Ankläger als besonders erbärmlich wertete: Hier begebe sie sich auf das Niveau »der kleinen Block- und Zellenleiter«, die alle behaupteten, *für* die Juden gewesen zu sein und bei Juden ihre Einkäufe gemacht zu haben.[82]

Das Urteil, das man über Winifred fällte, war sehr hart. Kein Zuchthaus, keine Einstufung als »Hauptschuldige«, aber Einreihung in die Gruppe II der Belasteten (Aktivisten). 450 Tage »Sonderarbeiten für die Allgemeinheit«. 60 Prozent Vermögenseinzug für Wiedergutmachungszwecke. Ausschluss von allen öffentlichen Ämtern. Kein Rechtsanspruch auf Pension. Verlust des Wahlrechtes. Verlust aller ihr erteilten »Approbationen, Konzessionen und Berechtigungen«. Verbot, ein Auto zu halten. Verbot, ein Unternehmen zu führen oder zu kontrollieren, jedenfalls für die nächsten fünf Jahre. Kosten des Verfahrens: 228 694 Reichsmark, zu tragen von der Beklagten.[83]

Winifred fand das Urteil zu hart und legte Berufung ein. Der Ankläger fand es zu mild und legte ebenfalls Berufung ein. Bis es zum nächsten Verfahren kam, vergingen achtzehn Monate.

Friedelind äußerte sich – soweit bekannt ist – nicht zu dem Urteil, gab aber in dieser Zeit ganz besonders radikale Ansichten über »die« Deutschen von sich, aus denen man schließen könnte, dass sie es als zu gnädig empfand und als Indiz für die Unbelehrbarkeit einer ganzen Nation auslegte.

»Ich habe keine Illusionen über meine Familie … Ganz Deutschland soll mehr Nazi denn je sein – und die Occupation hat ja leider nichts dazu beigetragen, dies zu ändern … Und nun werden die Leute von Tag zu Tag frecher, weil sie wissen, daß sie nicht mehr an den Galgen kommen, wenn sie den Mund aufmachen.«[84]

»Die Deutschen«. »Kein Mitleid«. »Keine Illusionen«. Das klingt alles sehr hart und sehr selbstgerecht. Aber auch sehr oberflächlich. Manchmal musste sie erleben, dass man ihr ihre Unversöhnlichkeit übelnahm, dass man sie »schnitt«, auch in Amerika, in Chicago im März 1948 zum Beispiel, wo deutsche Hotelgäste, die ihr Buch kannten, nicht mit ihr sprechen wollten. Das war peinlich und unangenehm. So peinlich wie jener Abend in New York, an dem sie plötzlich Max Lorenz wiedertraf, ihren alten Sänger-Liebling, den sie so gern geheiratet hätte.

Es war nach einer Opern-Aufführung in der »Met«. Lorenz hatte den Tristan gesungen. Friedelind und das Ehepaar Janssen gaben einen kleinen Empfang für die deutschen Sänger. Es war zu erwarten, dass auch Lorenz kommen würde. Er war schließlich der Hauptdarsteller. Und er war Deutscher. Doch als er eintrat, ging Friedelind ihm aus dem Weg, tat so, als kenne sie ihn nicht, und stellte ihn den anderen Gästen auch nicht vor. Plötzlich zog er ein verschnürtes Briefbündel aus der Tasche. Es waren ihre Briefe aus den dreißiger Jahren, in denen sie ihn bedrängt hatte, seine jüdische Frau zu verstoßen und *sie* zu heiraten. Friedelind wollte sie an sich reißen, doch Lorenz steckte sie wieder ein. Er sagte, wenn sie ihn nicht sofort angemessen vorstelle, werde er sie der »New York Times« übergeben. Dann verabschiedete er sich und ließ »eine erregt diskutierende Gesellschaft zurück«.[85]

Im Mai 1948 wird der Bayreuther CSU-Oberbürgermeister Meyer abgewählt und durch Hans Rollwagen, einen Sozialdemokraten, ersetzt. Der ist, anders als Meyer, der Meinung, dass die Wagners *nicht* von der Festspielleitung ausgeschlossen werden sollten, und verhandelt mit Landespolitikern über die Freigabe des Festspielhauses und den Wiederaufbau von Haus Wahnfried. Da Winifred kein Unternehmen mehr führen darf, zeichnet sich immer mehr ab, dass die Söhne die Leitung übernehmen werden, ein Konzept, das der neue Oberbürgermeister favorisiert. Nun geht die Angst vor Friedelind wieder um. Man müsse sich wirkungsvoll gegen ihren Einspruch schützen. Sie verbreite in Amerika, dass sie sich Bayreuth »von außen« erobern wolle.[86]

Gegen ihre »milden Gaben« haben die Wagners allerdings nichts einzuwenden und schreiben Bettelbriefe an Friedelind, obwohl sie wissen, dass sie selbst vollkommen »pleite« ist. Die Kinder in Nussdorf seien schwer krank. Diphtherie. Um die

Rechnung für ihre Behandlung bezahlen zu können, hätten »die Wielands« ihr hübsches grünes Esszimmer verkauft und Winifred ihren Pelzmantel. Es sei alles »mehr als bescheiden«, aber sie ließen sich »nicht unterkriegen« und machten schon Pläne für die Zukunft – wenn nur die Russen nicht kämen![87]

Am 1. Dezember 1948 findet im Großen Schwurgerichtssaal des Bayreuther Justizpalastes die Berufungsverhandlung gegen Winifred statt, diesmal ohne Zeugen. Man ist entschlossen, die Sache schnell über die Bühne zu bringen. Trotzdem wird Friedelinds Buch noch einmal zitiert, und zwar die Stelle, wo sie sich über den Hitler-Ludendorff-Putsch von 1923 äußert.[88] Winifred, die ihre Angst völlig verloren hat und schon weiß, dass ihr nichts geschehen wird, sagt in herablassendem Ton, ihre Tochter sei damals fünf Jahre alt gewesen und habe wohl kaum eine genaue Erinnerung an diese Vorgänge. Das Buch sei voller Unrichtigkeiten.

Am 8. Dezember spricht die Kammer ihr Urteil. Es ist, was Winifreds moralische »Mitschuld« betrifft, im Grunde härter als das erster Instanz, in den Konsequenzen aber deutlich moderater: Sie wird als »Minderbelastete« eingestuft, die Bewährungsfrist um die Hälfte verkürzt. Sie muss *keine* Sonderarbeit leisten. Ihr Vermögen wird *nicht* konfisziert. Allerdings muss sie 6000 Mark an einen Ausgleichsfonds zahlen und darf weiterhin kein Unternehmen leiten oder dessen Gesellschafterin sein.[89]

Ihr wird vorgeworfen, den »Enderfolg Hitlers« unterstützt und »zur Förderung der NS-Gewaltherrschaft beigetragen« zu haben. Sie habe »einen der berühmtesten Namen der Kulturgeschichte« missbraucht und für Hitler »in die Waagschale« geworfen. Strafrechtlich gesehen sei dies aber nur »Beihilfe«, nicht »Mittäterschaft«. Als »sühnemildernd« wurde angesehen, dass sie zur Zeit ihrer ersten Begegnung mit Hitler noch sehr jung gewesen sei und unter dem ideologischen Einfluss der Familien Chamberlain und Wagner gestanden habe.[90]

Winifred nahm das Urteil erleichtert, aber ohne eine Spur von Reue auf. Am 21. Januar 1949 unterzeichnete sie in Oberwarmensteinach eine Erklärung, in der sie sich »feierlich« verpflichtete, sich »jedweder Mitwirkung« an der Leitung der Festspiele zu enthalten. »Einer schon lange gehegten Absicht entsprechend, werde ich meine Söhne Wieland und Wolfgang Wagner mit den bezeichneten Aufgaben betrauen und ihnen die entsprechenden Vollmachten erteilen.«[91]

Damit war sie als politischer Störfaktor aus dem Spiel. Der Weg war frei für das »neue Bayreuth«. Die Töchter Friedelind und Verena waren ausgeschaltet. Die Söhne konnten mit der Vorbereitung der Festspiele beginnen.

SIEBTES KAPITEL

»Draußen vor der Tür« (1949–1966)

Keine Festspielstimmung?

Im Dezember 1948, nur wenige Tage nach dem Berufungsverfahren gegen seine Mutter, war Wieland Wagner problemlos entnazifiziert worden. Er hatte Glück, weil er in der französischen Zone lebte, wo die Dinge schneller und einfacher gehandhabt wurden als in der amerikanischen. Außerdem hatte die Zeit das Ihre getan. Deutschland befand sich im Wiederaufbau. Die Gründung der Bundesrepublik stand bevor. Ein neues Grundgesetz wurde vorbereitet. Die große Säuberungswelle begann abzuebben. So musste Wieland nur einen Fragebogen ausfüllen und nicht einmal vor einer Kommission erscheinen.

Das Urteil war denkbar milde. Trotz seiner engen Kontakte zu Hitler wurde er nur als »Mitläufer« eingestuft und musste eine Geldstrafe von 100 DM zahlen. Er sei ein Mann von »glänzender Begabung«, befand das Gericht. Man dürfe ihm seine Zukunft nicht verbauen. Beim Ausfüllen seines Fragebogens hatte er allerdings verschwiegen, dass er einige Monate im Bayreuther Außenlager des KZs Flossenbürg tätig gewesen war, einem »Institut für physikalische Forschung«, in dem Häftlinge aus verschiedenen Ländern an der Entwicklung ferngesteuerter Bomben arbeiteten. Sein Schwager Bodo Lafferentz, ziviler Leiter des Instituts, Chef der Organisation »Kraft durch Freude« und einer der Direktoren des Volkswagenwerkes, hatte ihm diesen »Job« kurz vor Kriegsende beschafft, um ihm die Einberufung zum Volkssturm zu ersparen. Wieland ging nicht gerne in dieses »Institut«, wo er wohl nicht in der Forschung, sondern an Bühnen- und Beleuchtungsmodellen arbeitete. Er machte einen gequälten Eindruck und versuchte, sich vor der Arbeit zu »drücken«, sooft er konnte, was Winifred als arrogant und empörend empfand.

Nur einen Tag nach Winifreds feierlicher Verzichtserklärung berichtet der »Spiegel« schon über die Stimmung bei den Wagners. »Neuer Griff nach dem Kranz. Kopfschmerzen der Gralshüter.« Von Nachfolgestreitigkeiten und -schwierigkeiten ist die Rede, vom seltsamen Schweigen Friedelinds, von der Anwärterschaft des »29jährigen Bühnentechniker(s) Wolfgang … und des 31jährige(n) Maler-Musiker(s) Wieland« auf den Thron. Gleichzeitig wird die katastrophale Lage der Stadt beschrieben: ein Haushaltsdefizit von 15 Millionen Mark, 5000 Menschen, die vom »Wohlfahrtsamt« leben, wilde Siedler am Fuß des Festspielparks, »schäbige Kohlstrünke« in einst prächtigen Vorgärten.[1] Noch sehe die Situation finster aus für die künftige Festspielstadt, eine Sichtweise, die Friedelind von Herzen teilt. Sie wird nicht müde zu betonen, dass es noch viel zu früh sei, wirtschaftlich, politisch und moralisch, dass in einer »halb zerstörten Stadt mit doppelter Population keine Festspielstimmung« aufkommen könne.[2] Friedelind meinte damit die vielen Flüchtlinge und Vertriebenen, die seit Kriegsende nach Bayreuth strömten.

Doch nicht nur Bayreuth, sondern ganz Deutschland liegt in Trümmern. Und trotzdem fiebert man überall nach Kultur, ob in Köln, Berlin oder Recklinghausen. Neue Museen werden gegründet, alte wieder aufgebaut. Oper, Theater und Kino »boomen«, besonders in Berlin, wo Bertolt Brecht und Helene Weigel ihr »Berliner Ensemble« gründen, Walter Felsenstein an der Komischen Oper inszeniert und die Berlinale ihr »Fenster zur freien Welt« öffnet.

Aber Friedelind bleibt unberührt von dieser Aufbruchstimmung, diesem Verlangen, ins Konzert, in die Oper zu gehen, auch wenn die Säle oft miserabel beleuchtet und kaum beheizt sind, dieser Begeisterung, Versäumtes nachzuholen und nach zwölfjähriger Diktatur endlich den Anschluss an die Moderne zu finden. Sie verschanzt sich in Schwarzseherei und beharrt darauf, dass sich in Deutschland »geistig« *nie* etwas ändern werde und sie »so gar keinen Unterschied« zum »Dritten Reich« sehen könne.[3]

Über ihrer Heimatstadt brauen sich allerdings wirklich wieder braune Wolken zusammen, und zwar mit der Gründung der »Gesellschaft der Freunde Bayreuths« im September 1949. Es sind vor allem Wolfgang und Winifred, die dafür zuständig sind. Sie haben Sponsoren gesucht, alte Beziehungen spielen lassen. Den Vorsitz übernimmt Gerhard Roßbach von der Iduna-Versicherung, Freikorpsführer, Teilnehmer am Kapp-Putsch, am Hitler-Ludendorff-Putsch, NSDAP-Mann der ersten Stunde. Ihm zur Seite steht Moritz Klönne, ein steinreicher Industrieller aus Dortmund, auch er NSDAP- *und* SS-Mann, ehemaliger »Wehrwirtschaftsführer«. Dann ist da noch Martin Schwab, Direktor der Telefunken-Gesellschaft, früheres Mitglied des »Deutschen Herrenclubs«, einer ultrarechten, ultranationalistischen Vereinigung, die gegen das »Vordringen des Marxismus« nach Deutschland kämpfte. Nur wenige Lichtgestalten zieren diese braune Runde, darunter August Roesener, CDU-Politiker aus Darmstadt, und Konrad Pöhner, ein alter Freund der Familie, Bayreuther Bauunternehmer, Freimaurer und Hotelier, FDP-Mann, Mitglied des bayrischen Senats, mit einer »Halbjüdin« verheiratet, was ihn immer wieder in die Schusslinie der Nazis gebracht hatte.

Schon im Frühjahr 1951 können die »Freunde« verkünden, dass sie 400 000 DM gesammelt haben. Die Wiedereröffnung für das kommende Jahr steht fest. Wieland Wagner erklärt in einem Interview mit der »Münchner Abendzeitung«, es seien »Verhandlungen im Gange mit den namhaftesten Wagnersängern ... von den ersten Bühnen Westdeutschlands, der Ostzone, Österreichs, ... den nordischen Staaten und Amerikas«.[4] Und Wolfgang Wagner gibt die hanebüchene Auskunft, die

Festspiele würden bald ganz ohne Subventionen auskommen, so wie sie es »von 1924 bis 1945« getan hätten.[5] Die generöse Unterstützung durch Hitler, »Kraft durch Freude«, das Reichspropagandaministerium usw. verschweigt er.

Verschollene Partituren

Friedelind im fernen Amerika weiß nichts von diesen Vorgängen, nichts von den Sammel- und Spendenaktionen der »Freunde«. Deshalb erschrickt sie, als sie am 11. Juni 1950 in der »New York Times« liest, die Familie wolle Wagner'sche Originalmanuskripte verkaufen, um die Wiedereröffnung der Festspiele zu finanzieren. Sie recherchiert nicht, fragt nicht nach, schickt kein Telegramm, sondern schreibt sofort einen offenen Brief mit Kopien an diverse Zeitungen und den bayerischen Ministerpräsidenten: »Ich las zu meinem großen Erstaunen, daß Ihr es angeblich vorhabt, Original-Manuskripte Richard Wagners anzubieten, um damit die Wiedereröffnung der Festspiele zu finanzieren. Da Ihr mit der Rechtslage des Erbes nur allzu vertraut sein müsstet, sollte es eigentlich unnötig sein, daß ich Euch hiermit darauf hinweise, daß solch ein Verkauf ohne meine schriftliche Zustimmung rechtlich unmöglich ist.«[6]

Sofort stürzen sich die Medien auf die Sache. Die »New York Times«, der »Aufbau«, die »Frankenpost«, der »Spiegel« und viele andere. Es stehen angeblich zum Verkauf: die Originalpartituren der »Feen«, des »Liebesverbots« und »Rienzi(s)«, die Reinschriften von »Rheingold« und »Walküre«, eine Orchesterskizze zum »Fliegenden Holländer« und eine weitere zum »Siegfried«,[7] ein unschätzbar wertvoller Teil des Nachlasses also. Diese Partituren soll Wagner seinem Gönner Ludwig II. geschenkt haben, zum Dank für diverse finanzielle Wohltaten. Nach dem Ersten Weltkrieg gingen sie an den Wittelsbacher Ausgleichsfonds, der sie unter »freiwilligem Zwang« an die »Deutsche Reichswirtschaftskammer« verkauft haben soll, die sie ihrerseits dem »Führer« geschenkt haben will, und zwar zu dessen 50. Geburtstag.[8] So die eine Version. Die bestreitet aber das Haus Wittelsbach, vertreten durch den Kronprinzen Rupprecht von Bayern. Friedelind und der »Spiegel« erhalten einen Brief, in dem es heißt: »Die … Manuskripte waren nie im Besitz Hitlers. … Sie befinden sich noch heute im Besitz der Wittelsbacher.«[9] Außerdem kursiert in der Familie noch die Geschichte, dass Wieland Wagner und Bodo Lafferentz kurz vor Kriegsende zweimal nach Berlin gefahren seien, um Hitler die Partituren zu entlocken, was aber leider nicht gelungen sei.[10]

Wo waren sie also? Im Krieg verbrannt? Bei den Wittelsbachern? Von den Russen verschleppt? Oder doch bei den Wagners? An diese Version schien Friedelind fest zu glauben. Doch die Brüder bestritten das und schrieben, sie würden es »außerordentlich bedauern«, sie öffentlich der Lüge bezichtigen zu müssen.[11] Außerdem bekam sie Post von einem Anwalt, der sie darüber aufklärte, dass »Frau Winifred Wagner« laut Siegfrieds Testament das Recht habe, ohne Befragung oder Zustimmung der Nacherben … über unbewegliche und bewegliche Teile des Nachlasses zu verfügen«.[12] Was in der Tat irritierend klingt, denn hieß das nicht *doch*, dass Manuskripte verkauft werden sollten oder sogar schon verkauft worden *waren?*

Friedelind war beunruhigt und wollte – so der »Spiegel« – gleich nach Europa fahren, um die Sache aufzuklären. Ließ es aber dann sein, als der Brief aus dem Hause Wittelsbach kam, und plante stattdessen eine Reise in den Nahen Osten, vor allem nach Israel, wo sie Vorträge über Richard Wagner halten wollte. Doch aus der Reise wurde nichts. Denn im September 1950 landeten UN-Truppen in der Nähe von Seoul und griffen in den Koreakrieg ein. In Amerika wurde der »nationale Notstand« ausgerufen. Friedelind, die nun endlich einen Job als Sekretärin gefunden hatte, blieb also in ihrem New Yorker Büro und widmete sich weiter dem »Kampf mit ihrer Familie«.[13]

Zur Wiedereröffnung der Bayreuther Festspiele am 29. Juli 1951 dirigierte Furtwängler Beethovens Neunte. Friedelind wäre wahrscheinlich gerne gekommen, aber ihr fehlte das Geld. Keiner aus der Familie machte Anstalten, sie persönlich einzuladen, was angesichts der jüngsten Kontroversen allerdings auch kein Wunder war.

Bundeskanzler Adenauer und Bundespräsident Theodor Heuss blieben demonstrativ fern – aus Protest gegen die Nazi-Vergangenheit der Festspiele. Doch es kamen Gäste und Journalisten aus 22 Ländern und drei Hohe Alliierte Kommissare in Sonderzügen. Besonderes Aufsehen erregte Wielands radikal entrümpelte »Parsifal«-Inszenierung, die auf geniale Art an die Konzepte der Berliner Kroll-Oper anknüpfte: eine fast leere Bühne, kein Tempel, keine Blumenaue, kein Wald, wirkungsvolle Lichteffekte, klein und einsam wirkende Darsteller, die wie vor einer Traumkulisse agierten. Konservative Wagnerianer waren entsetzt. Aber der international renommierte Kritiker Ernest Newman schrieb in der »Sunday Times«, dies sei nicht nur »der beste Parsifal« gewesen, den er je gesehen habe, sondern auch eines »der bewegendsten geistigen Erlebnisse« seines ganzen Lebens.[14]

Natürlich wurde auch in Amerika über »Bayreuth« berichtet. Und Friedelind musste es tatenlos mitansehen. Sie musste auch erkennen, dass sich keine ihrer dunklen Prognosen bewahrheitet hatte, dass Gäste aus aller Welt kamen, dass die Brüder alles phantastisch organisiert hatten, künstlerisch wie finanziell. Fast niemand sprach oder schrieb nun mehr über die Bayreuther Vergangenheit bis auf Franz Wilhelm Beidler, der plötzlich genauso »draußen vor der Tür« stand wie sie selbst. In einem Aufsatz im »Literarische(n) Deutschland« meinte er, diese Festspiele seien der beste Beweis für »die Vergesslichkeit der Menschen unserer Zeit«.[15]

Einen Tag vor der Eröffnung erschien in der »Münchner Illustrierten« der erste Teil einer Fortsetzungsserie über Friedelind. Er stammte aus der Feder von Kadidja Wedekind, der 1911 geborenen zweiten Tochter des Dichters. Kadidja Wedekind war Schriftstellerin, Journalistin, Grafikerin, Drehbuchautorin, Schauspielerin, Kabarettistin, Leiterin eines Kindertheaters, Rundfunksprecherin. Mit ihrem autobiographischen Buch »Kalumnia: Der Roman eines Sommers« hatte sie 1933 große Erfolge gefeiert. Auch sie war, obwohl nicht-jüdisch, nach Amerika emigriert, und zwar schon 1937, drei Jahre vor Friedelind. Aus tiefem Abscheu vor dem Nationalsozialismus, aber auch um ihrer Mutter, der Schauspielerin Tilly Wedekind, zu entkommen, die ihre Töchter mit Selbstmordszenarien und Depressionen erpresste.

Auch Kadidja Wedekind war eine »Vatertochter«, kannte Frank Wedekind allerdings kaum, denn sie war bei seinem Tod erst sieben Jahre alt gewesen. So gab es durchaus Parallelen zwischen den beiden Frauen, die sich 1946 in New York begegnet waren. Beide waren Emigrantinnen, beide waren Trägerinnen eines großen Namens, und beide waren auf der Flucht vor der Mutter. Sie verstanden sich gut. Allerdings hielt die Freundschaft nicht lange, vielleicht, weil Kadidja Wedekind spöttisch über Wagner gesprochen hatte, über den sie gerade ein Buch, »König Ludwig und sein Hexenmeister«, schrieb, in dem er als sächselnder Egomane dargestellt wird.[16]

Friedelind Wagner sei blond, blauäugig, lache viel und pflege auf »beunruhigende Art« laut zu sagen, was sie denke, schreibt Kadidja Wedekind zu Beginn ihrer Artikelserie. Überschrift: »Sie rettete die Ehre der Familie Wagner.«[17] Es werden einige Szenen aus Friedelinds Buch zitiert, so die Besuche in der Reichskanzlei und die unvermeidliche Vertilgungs-Episode, zu der die Autorin allerdings kritisch sagt, dass man nicht nachprüfen könne, ob sie »den Tatsachen« entspreche oder reine Fiktion sei. Sie zeigt ein gewisses Verständnis für eine Mutter, der in »Herzensangst« um ihr Kind kein anderes Droh- und Druckmittel als die »Gestapo« eingefallen sei, »so wie sie ihr vielleicht früher, wenn sie nicht artig war, mit dem schwarzen Mann« gedroht habe. Das Schlimme sei nur: Der schwarze Mann sei eine Fiktion, die Gestapo aber nicht.

Nicht alles, was Friedelind Kadidja Wedekind erzählt hat, entspricht der Wahrheit. So z.B., dass sie den Beruf des Opernregisseurs »von der Pike auf« gelernt habe, und zwar bei Tietjen. Sie muss ihr wohl auch gesagt haben, dass sie aus dem Internierungslager gleich nach London entlassen worden sei und schlimme Nächte in »brennenden Stadtvierteln« verbracht habe. Den Aufenthalt im Gefängnis hat sie ihr verschwiegen.

Kadidja Wedekinds Text über Friedelind ist sehr gut geschrieben und mit vielen Fotos schön aufgemacht. Ein reines Kompliment ist er allerdings nicht, denn er lässt zwischen den Zeilen erkennen, dass sie ihr manchmal nicht glaubt oder nicht folgen kann, darum vorsichtige Formulierungen wie: »Sie hat, wie sie sagt …«. In den letzten Sätzen heißt es, Friedelind befasse sich zurzeit viel mit Schopenhauer und dem Buddhismus, besonders mit Gandhi. Leicht süffisant wird ein Vortragstitel zitiert: »Was der Westen von Gandhi lernen kann.« Das ist sehr amerikanisch. Gandhi light. Wirklich ernst nimmt die Autorin das nicht. Fast vernichtend ist der Vorspann, der aber auch von der Redaktion stammen könnte: Dort heißt es – fett gedruckt und in einen Kasten eingerahmt –, in diesem Augenblick, in dem die Welt wieder einmal vor Wagner in die Knie sinke, verdiene Friedelind, seine tapfere Enkelin, »wenigstens eine Gedächtnisplakette des Respekts«.

Januar 1953. Wenn Friedelind in deutschen Zeitungen blättert, sieht sie Werbung für Scharlachberg Meisterbrand, Dralle-Lavendel-Seife, sieht Frauen in eng anliegenden, taillierten Kleidern, die für 4711 und Friscodent-Zahncreme Reklame machen, sieht schmal gezupfte Augenbrauen, strahlend weiße Zähne, raffinierte Wasserwellen, Perlenketten. In Deutschland, das ist nicht zu übersehen, ist das Wirtschaftswunder ausgebrochen, was sich auch am Lebensstil der Familie Wagner zeigt. Wolfgang baut sich ein Haus auf dem Festspielhügel. Wieland hat sein Nussdorfer Domizil verlassen und ist wieder in die Villa Wahnfried eingezogen, die er ebenfalls gründlich »entrümpelt« und modernisiert hat. Warum geht es den Brüdern so gut, während sie selbst hochverschuldet ist und von kleinen Jobs lebt, zurzeit als Sekretärin eines Psychoanalytikers?

Winifred hat mit ihren Söhnen einen »Mietvertrag« über das Festspielhaus und Haus Wahnfried abgeschlossen. Sie dürfen nun schalten und walten, wie sie wollen, und erwägen offenbar nicht, ihre Schwestern an den Einnahmen zu beteiligen. Das empfindet nicht nur Friedelind als ungerecht, sondern auch Verena. Sie schreibt der Mutter, sie fühle sich ausgebootet und ignoriert und erwarte von ihr, Winifred, dass sie sich *einmal* auf die Seite ihrer Töchter schlage.[18] Winifred findet das naiv, ja sogar ein bisschen paranoid, spricht jedenfalls in diesem Zusammenhang von einem »Wahn«. Die Töchter hätten doch gar keine Erfahrung und würden womöglich ihr Erbe gefährden, wenn man sie gleichberechtigt ins Team nähme?

Friedelind gibt sich mit solchen Aussagen nicht zufrieden. Sie schaltet – wieder einmal – einen Rechtsanwalt ein, und zwar nicht irgendeinen, sondern den berühmten Robert Kempner, der die USA in den Nürnberger Kriegsverbrecherprozessen vertreten hat. Ursprünglich Regierungsberater von Roosevelt, ist der aus Freiburg stammende Jurist nach den Prozessen in

Deutschland geblieben und hat sich in Frankfurt als Rechtsanwalt niedergelassen. Er ist brillant in Prozessen gegen NS-Täter. Aber Zivilrecht ist nicht sein Spezialgebiet. Winifreds Anwalt weist ihn kurz und knapp darauf hin, dass der Mietvertrag unangreifbar sei. Zu Winifreds Lebzeiten gebe es keine Aussicht auf eine erfolgreiche Klage, höchstens nach ihrem Tod. Es sei aber besser, sich schon jetzt gütlich zu einigen.[19]

Solche Töne klingen aus heutiger Sicht empörend und haben Nike Wagner zu der Äußerung veranlasst, Winifred habe ihren Töchtern wie »eine eifersüchtige alte Parze« den »Lebensfaden« durchgeschnitten, »der sie mit Bayreuth verband«.[20] Dabei übersieht sie, dass »Gleichberechtigung« damals noch kein Thema war bzw. gerade erst diskutiert wurde. Der Artikel 3, Absatz 2 des Grundgesetzes – »Männer und Frauen sind gleichberechtigt« – trat erst im Juli 1958 in Kraft, gegen heftige Widerstände der Bischofskonferenz, die ihn als der »natürlichen Ordnung« widersprechend ansah.

Doch trotz allem: Friedelind ist fest entschlossen, 1953 zu den Festspielen zu fahren, koste es, was es wolle. Zunächst hat sie wieder einmal eine Geschäftsidee. Sie will ein amerikanisches Reisebüro dazu bringen, »Festspielreisen« unter ihrer Führung anzubieten, und zwar nach Bayreuth, Edinburgh, Florenz, Luzern, München, Neapel, Paris, Rom, Salzburg und Venedig, alles in *einer* Saison, die von Juli bis September dauern soll.[21] Zuerst läuft alles ganz gut. Das Reisebüro bestellt 21 Karten für die Bayreuther Festspiele, was sogar Winifred mit Respekt erfüllt. Doch dann zeigt sich, dass die Idee nicht greift. Es finden sich nicht genug Abnehmer. Für Geschäftsleute ist die Reise zu lang und für Musiker zu teuer. Die Karten werden wieder abbestellt, was Winifred zu der halb spöttischen, halb besorgten Bemerkung veranlasst, bisher sei ihrer Tochter ja noch »kein einziges Unternehmen geglückt«.[22]

Beiden ist nicht ganz wohl bei dem Gedanken an ein Wiedersehen, dem ersten seit dreizehn Jahren. Es gehen viele erregte Briefe hin und her. Friedelind hat von Freunden gehört, dass Winifred unerhörte Dinge über sie verbreite: Sie habe sie während der Nachkriegsjahre »verhungern lassen« und durch ihr Buch beinahe »an den Galgen gebracht«.[23] Winifred dementiert. Das seien Verleumdungen Dritter. Sie habe es *immer* gewürdigt, dass Friedelind Care-Pakete geschickt habe, in einer Zeit, als es ihr selbst finanziell nicht gut ging. Und sie hoffe »von ganzem Herzen«, dass ihr Wiedersehen dazu führe, die »Vergangenheit Vergangenheit sein zu lassen« und in Zukunft eine »Einheit nach außen« zu bilden.[24]

Noch einmal: Germaine Lubin

Am 19. Juli 1953 flog Friedelind nach Paris, wo sie von Jacques Moreau, dem früheren Liebhaber von Germaine Lubin, erwartet wurde. Die Sängerin, seit vier Jahren aus der Haft entlassen, lebte nach unfreiwilligem Exil in Italien ebenfalls wieder in Paris. Friedelind hatte die beiden noch als Paar erlebt, als sie 1938/39 zuletzt in Paris gewesen war. Jacques Moreau war einer der Direktoren der »L'Editions Larousse« und der Vater von Germaine Lubins Tochter Dominique. Er hatte jahrelang eifersüchtig über sie gewacht, ihre Post kontrolliert, ihre Auftritte organisiert, ihr Detektive hinterhergeschickt und sie fast wie eine Sklavin gehalten. Bis sie sich in den schneidigen Hans Joachim Lange, deutscher Kapitänleutnant im besetzten Paris, verliebte und die Kraft fand, Moreau zu verlassen. Undenkbar, dass Friedelind und Moreau *nicht* über die Lubin sprachen. Ihr Schicksal war Thema der Weltpresse. Sie hatte in Drancy, Fresnes und Orléans eingesessen, litt unter Bluthochdruck, Arthrose und Depressionen. Man hatte ihr nicht nur ihr Vermögen genommen, sondern sie auch der »l'indignité nationale«, der nationalen Schande, bezichtigt, weshalb sie in Frankreich, Belgien, der Schweiz, Holland und den USA nicht mehr auftreten durfte. Dieses Verbot wurde zwar später gemildert, aber sie hatte ihren kraftvollen Isolde-Sopran sowieso verloren und konnte nur noch kleine Lieder- und Rezitationsabende geben.

Ihr Sohn Claude, wenig älter als Friedelind, hatte sich in der Kriegsgefangenschaft TBC zugezogen und musste im Februar 1951 operiert werden. Er blieb aber krank und depressiv. Wahrscheinlich aus Scham über seine Mutter, die völlig unbelehrt aus der Haft zurückgekommen war und beim Tod von Maréchal Pétain bittere Tränen vergossen hatte. Claude beging im Januar 1952 einen Selbstmordversuch. Germaine Lubin sagte ihm, dass sie ihn nicht mehr sehen wolle.[25] Ein Jahr später, am 13. Januar 1953, machte er Ernst und schoss sich mit einem Revolver in den Schädel.[26]

Friedelind genießt die Tage im sommerlichen Paris und reist kurz vor Beginn der Festspiele mit Jacques Moreau nach Bayreuth. Sie fahren in einem dunkelroten Bentley mit französischem Kennzeichen. Ein livrierter Schwarzer chauffiert. Auch Germaine Lubin war damals, 1938, mit einem livrierten Schwarzen gekommen, der in Bayreuth für viel Aufsehen gesorgt hatte.[27] Jetzt macht Friedelind es ihr nach. Imitiert überhaupt die Lubin bis hin zum »Augenaufschlag«, wie Winifred spitz bemerkt,[28] dieselbe leicht maskenhafte Art, sich zu schminken, dasselbe hellblond gebleichte Haar, dieselbe Frisur – kurz, zurückgekämmt und in leichte Wellen gelegt.

Das schwarze Schaf kehrt zurück

Am 23. Juli 1953 dann die Eröffnung. Es ist ein grauer Tag. Leichter Nieselregen. Über tausend Wagen nähern sich der Auffahrt zum Festspielhaus. Schaulustige Besucher, meist Frauen und Kinder, stehen trotz des schlechten Wetters an den Straßenrändern. Polizisten in neuen weißen Uniformen regeln das Chaos. Oberbürgermeister Rollwagen entsteigt mitsamt Gattin einem Dienstfahrzeug. Freiherr von Brand, Chef des Protokolls der Staatskanzlei, empfängt die Ehrengäste. »Plötzlich, nachdem die

Fanfaren bereits zum zweiten Male den festlichen Beginn verkündet haben, gibt es unter den Gästen Bewegung«, schreibt die »Fränkische Presse«.[29] – »Friedelind Wagner, blond, einen schwarzen Mantel über dem geblümten weißen Organzakleid, betritt unter den Blitzen der Fotografen das Festspielhaus. … Freudiges Wiedersehen … mit dem Komponisten Gottfried von Einem. Auf dem Balkon nochmaliges Blitzfeuer, das Friedelind Wagner, nunmehr am Arm ihres Bruders Wieland, mit sichtlicher Freude über sich ergehen lässt. Dann verschwindet sie in der Hausloge, in der bereits Winifred Wagner und auch ihre Schwester Verena mit ihrem Gatten, Dr. Lafferentz, Platz genommen haben.«

Wielands neuer »Ring«? Wolfgangs »Lohengrin«? Kaum ein Thema, jedenfalls nicht für die Regionalpresse. Alle reden und schreiben nur über Friedelind, über die Sensation, dass das schwarze Schaf endlich zurückgekehrt ist, das »rebellische Mädchen«, wie die »Münchner Abendzeitung« titelt.[30] Und das Schönste ist: Sie ist gertenschlank geworden! Das hässliche dicke Entlein von früher hat sich in einen grazilen Schwan verwandelt.

Die »Münchner Abendzeitung« darf sie als erstes deutsches Blatt interviewen.

»Erzählen Sie doch, wie Sie in New York leben!«

Nun ja, die harten Seiten des Exils habe sie durchaus kennengelernt. Aber Toscanini habe sie immer beschützt. Außerdem habe ihr natürlich der Name »Wagner« und die Ähnlichkeit mit Liszt sehr geholfen.

»Man ist nicht umsonst mit der halben Musikgeschichte verwandt!«

Sie lebe gern in New York, wenn auch in sehr bescheidenen Verhältnissen. Ihren Haushalt versorge sie ganz allein.

»Ich bin der beste Tellerwäscher von New York!«

Dass sie im Hotel lebt, verschweigt sie. Sie erzählt von ihrer Arbeit im »Aufbau«, der ihr »ein höheres Honorar zahle als

Thomas Mann«. Auch der Rundfunk reiße sich um sie. Ihre Tristan-Tournee sei an Geldschwierigkeiten gescheitert. Doch nun wolle sie ein Frühwerk von Wagner, »Das Liebesverbot«, inszenieren, und zwar am City Center Theatre in New York.

»Was halten Sie von den Inszenierungen, die Sie bisher (in Bayreuth) gesehen haben?«, fragt der Journalist.

»Ganz ausgezeichnet. Man kann, meine ich, danach kaum noch einen anderen Wagner vertragen.«

Damit meint sie Wielands neuen »Ring«, der ihr, wie sie später sagen wird, den Glauben an das Genre Oper zurückgegeben hat. In Amerika sei er ihr beinahe abhandengekommen.

Ob sie in Bayreuth bleiben und arbeiten wolle, zusammen mit den Brüdern Wieland und Wolfgang?

Darauf schweigt die »gelegentlich etwas zu impulsive« Dame. Der Artikel schließt mit einem Blick in die noch verdunkelte Zukunft:

»Wird sie weiter Außenseiterin bleiben? Wird sich die Vergangenheit … überbrücken lassen? Der gute Wille scheint vorhanden zu sein. Doch niemand weiß zu sagen, ob Friedelinds Versöhnung mit Bayreuth wirklich der letzte Akt dieses Familiendramas sein wird, das, wie die Affären einer großen Dynastie, zum Gesprächsstoff der ganzen Welt wurde.«

Die Fotografen haben viel zu tun in diesen Tagen. Friedelind in geblümtem Kleid, strahlend in die Kamera lächelnd, ihrem ehemaligen Liebhaber Gottfried von Einem beide Hände reichend. Friedelind neben Wieland, der wie erstarrt wirkt und sich sehr bleich und angespannt von ihr abwendet. Friedelind neben Winifred. Jeder Blickkontakt, jede Berührung wird vermieden. Beide lächeln, wenn auch nicht ganz so strahlend. Winifred ist alt und faltig geworden, eine Matrone neben ihrer glamourösen Tochter. Das Bild macht die Runde. Es wird zur meistverkauften Postkarte der Bayreuther Saison.

Idylle am Rande: die Kinder. Elf Nichten und Neffen hat Friedelind nun.[31] Iris, Wolf-Siegfried, Nike, Daphne, Eva, Gottfried, Amélie, Manfred, Winifred, Wieland und Verena. Alle blond, lebhaft und »reizend«. Voller Neugier, die phantastische amerikanische Tante kennenzulernen, die ein bisschen wie Marilyn Monroe aussieht. Sie »beeindruckte mich durch ihre exotische Kleidung und ihr burschikoses, lautes Auftreten«, schreibt Neffe Gottfried in seiner Autobiographie. »Sie kam mit einem Lächeln auf mich zu und begrüßte mich herzlich. Sie war die Einzige in der Familie, die mich nach meinen Interessen fragte und wie einen Jungen meines Alters behandelte.« Gottfried war sechs. »Ich lauschte begeistert, als sie mir erzählte, wie sie in der amerikanischen Prärie ›Red Indians‹ getroffen hatte. Und dann bot sie mir an: ›Nenne mich Maus und nicht Tante Friedelind.‹ Ich hätte mich gerne weiter mit ihr unterhalten. Aber mein Vater bestand darauf, mich nach Hause zu fahren. Unterwegs verbot er mir jeden weiteren Kontakt zu Tante Friedelind. … Ich forderte … eine Begründung. Ich bekam aber keine, stattdessen die lapidare Auskunft: ›Das ist eine lange Geschichte, die ich dir eines Tages erzählen werde.‹«[32]

Intellektuelle Wüste?

Nach dem Ende der Festspiele, am 24. August 1953, gehen Mutter und Tochter ein großes Wagnis ein. Nach dreizehn Jahren der Trennung machen sie eine große gemeinsame Reise. Sie fahren mit dem Auto nach Tribschen zum Wagner-Museum und von dort nach Pallanza am Lago Maggiore, wo Toscanini den Sommer verbringt. Er ist 86 Jahre alt. Friedelind hat ihn lange nicht mehr gesehen, glaubt aber fest, dass er ihr verzeihen wird, wenn sie sich überhaupt einer »Schuld« bewusst ist. Sie hat doch nur etwas »Dampf abgelassen«?[33] Doch sie hat sich getäuscht. Er will nichts mehr von ihr wissen, nicht einmal guten Tag sagen. Tochter Wanda öffnet ihnen zwar die Tür, lässt sie aber nicht ein. »Er empfing uns einfach nicht«, schreibt

Winifred ratlos an einen Freund.[34] Mutter und Tochter sind sehr betreten, als sie wieder abfahren.

Nach dieser Reise fährt Friedelind nach München, fliegt zu den neu gegründeten Berliner Festwochen, über die sie für eine amerikanische Zeitung zu berichten hat, trifft Frida Leider und ihren Mann, die inzwischen beide eine Professur haben, sieht Tietjen, ihren einstigen Vormund und Mentor, der sein altes Amt bei der Deutschen Oper wieder bekleidet, übersieht ihn geflissentlich, da sie ihm nicht verzeihen kann, wie er ihre alte Freundin Frida behandelt hat, als sie während der Festspiele von 1938 krank wurde, fliegt nach München, sieht die »Götterdämmerung« unter Hans Knappertsbusch, fliegt nach England, wo sie einige Wochen verbringt, fliegt zurück nach Deutschland, feiert Weihnachten in Wahnfried und Silvester in Nussdorf. Es ist das alte, hektische Reiseleben von früher. Kein Moment der Ruhe. Nirgends zu Hause. Überall nur flüchtige Begegnungen, flüchtige Gespräche. In Berlin sieht sie ein Carlo-Goldoni-Stück, inszeniert von Giorgio Strehler, der mit dem Piccolo Teatro aus Mailand gekommen ist, sieht »Porgy and Bess« im Titania-Palast, sieht die Stadt im Neuaufbau, hört, wie man über den Aufstand vom 17. Juni spricht. Eine unglaublich lebendige, spannende Szenerie, von der sich allerdings nichts in ihrem Bericht wiederfindet, stattdessen das übliche negative Pauschalurteil über Deutschland, mit dem sie nur die Alten, die Unbelehrbaren wahrnimmt und den kulturellen und politischen Aufbruch der Jugend übersieht:

»Die mentale, moralische, intellektuelle und emotionale Wüste, die Hitler hinterließ, ist erschütternd und schockierender als alle Häuserruinen. … Was kann man mit den geschrumpften Seelen, unreifen Gehirnen … und emotionalen Krüppeln machen, deren schuldbesetztes Gewissen sie zwingt, sich ewig zu verteidigen?«[35]

Ein Teil der »langen Geschichte«, die Wolfgang seinem Sohn Gottfried später einmal erzählen wollte, hatte im Februar 1940 begonnen, als Gottfried von Einem Friedelind Wagner den Schmuck seiner Mutter anvertraut hatte. In England angekommen, deponierte sie ihn bei einer Bank und nahm ihn bei der Ausreise nach Argentinien wieder mit. Dort ließ sie ihn unangetastet. Offenbar war sie wirklich entschlossen, ihn zu verwahren und später wieder an die von Einems zurückzugeben. Doch in New York brachte sie ihn ins Pfandhaus, wann genau, ist nicht klar, die Angaben schwanken zwischen 1942 und 1946. Gottfried von Einem erzählt in seiner Autobiographie, er habe Friedelind »nach dem Krieg« in New York getroffen und sie habe ihm gesagt, dass der Schmuck nicht mehr da sei. »Kein Groschen mehr … vorhanden«, schreibt er lakonisch.[36]

Im August 1950 schrieb Wieland an Friedelind, dass die Baronin von Einem aufgetaucht sei und ihren Schmuck zurückhaben wolle. Das Ganze war für die Wagners sehr unangenehm, denn die Baronin half tatkräftig bei der Gründung des »neuen Bayreuth«, indem sie Sponsoren warb, ohne Geld dafür zu verlangen. Trotz ihrer Haftstrafen und ihrer Karriere als »Spionin« hatte sie immer noch beste Beziehungen zu hohen Adels-, Politiker- und Industriellenkreisen, so dass die Wagners nicht auf sie verzichten konnten.

Als Friedelind 1953 zu den Festspielen kam, traf sie dort nicht nur Gottfried, sondern auch dessen Mutter wieder. Es war eine peinliche Situation, doch alle versuchten zu lächeln. Über den Schmuck wurde so wenig geredet wie über Friedelinds Buch. Irgendwann soll Friedelind Gottfried einen Zettel überreicht haben mit der Aufschrift: »I owe you 5000 Dollars.« Damit hielt sie die Sache wohl für erledigt, was sie aber nicht war, denn die Baronin befand sich selbst finanziell in der Klemme, da sie durch Krieg und Haft große Teile ihres Vermögens verloren hatte. Also verklagte sie Friedelind auf Herausgabe von Schmuck oder Geld und ließ ihr die Klageschrift Weihnachten 1953 nach Haus Wahnfried zustellen. Das war ein perfides Timing. Kein schöner Zug. Aber wenn es stimmt, dass Friedelind das Gerücht gestreut hat, der Schmuck der Baronin sei aus dem Zahngold von Juden zusammengeschweißt, war das auch nicht besonders schön.[37]

Für den 4. März 1954 wurde ein Termin vor dem Landgericht Bayreuth anberaumt. Die Baronin ließ sich durch Rechtsanwalt Karl von Raser vertreten, Friedelind durch den Familienanwalt Fritz Meyer I. Doch schon vor der Verhandlung stürzten sich die Zeitungen auf die Sache: »Wagner-Enkelin veruntreut fremden Schmuck.« – »Friedelind Wagner muß vor Gericht.«[38] Kaum wieder in Deutschland angekommen, sah Friedelind sich also einer schweren Rufmordkampagne ausgesetzt und flog Ende Januar 1954 zurück nach Amerika, um sich Dokumente zu ihrer Entlastung zu besorgen. Sie wollte u.a. beweisen, dass sie den Schmuck verkaufen *musste*, um Care-Pakete an ihre Familie schicken zu können, dass sie wirklich in Not gewesen sei. Einmal ließ sie auch über ihren Anwalt, Fritz Meyer I, erklären, ein Teil des Schmucks sei ihr während des Krieges abgenommen und als Feindesvermögen konfisziert worden.

Lokale und überregionale Zeitungen berichteten ausführlich über den »Kummer in Bayreuth« und die neuen dunklen Wolken über Haus Wahnfried. Der »Spiegel« und einige andere Zeitungen meinten, es gehe der Baronin überhaupt nicht um den Schmuck, sondern um Friedelinds Erbe. Auf dem »Schuldschein« war von 5000 Dollar die Rede gewesen. Doch nun sollte der Schmuck plötzlich 300 000 DM wert gewesen sein, eine Summe, die Friedelind niemals würde aufbringen können, es sei denn, sie träte ihr Erbe an die von Einems ab, die dadurch Miteigentümer der Festspiele werden könnten.[39] Da die Baronin jedoch keine Beweise für ihre Forderung hatte, blieb es bei 5000 Dollar und 82 Pfund Sterling, die von Friedelind an sie zu zahlen waren. Friedelind erkannte die Summe an und erklärte sich bereit, die Schuld »nach Maßgabe ihrer finanziellen Kräfte« zu tilgen.

Doch damit war die Baronin von Einem nicht einverstanden. Sie ließ durch ihren Anwalt vortragen, Friedelind sei in Wirklichkeit eine vermögende Frau, habe Konten bei Bayreuther Banken und besäße Wertgegenstände aus dem Nachlass von Eva Chamberlain. Das Gericht beschloss, zwei Zeugen zu diesem Punkt zu vernehmen, und zwar ausgerechnet Winifred und Wolfgang Wagner, die vor dem Einzelrichter Dr. Voith von Voithenberg aussagen sollten.[40] Friedelind glaubte an eine Verschwörung. Sie war der Meinung, die Affäre von Einem sei für ihre Brüder ein »gefundenes Fressen«, um sie aus Bayreuth herauszuekeln. Ohne diese Unterstützung hätte es »die alte Schachtel« – gemeint war die Baronin – niemals gewagt, gegen sie zu prozessieren.[41] In ihrer Einzelvernehmung müssen Mutter und Sohn aber bestätigt haben, dass Friedelind *kein* Vermögen besaß, sondern nur Schulden hatte, und dass sie von Eva Chamberlain enterbt worden war, als sie sich entschlossen hatte, nicht mehr aus dem Exil zurückzukehren. So konnte am 16. September 1954 ein Urteil ausgesprochen werden: Friedelind hatte 5000 Dollar und 82 Pfund Sterling, das waren rund 22 000 DM, an die Baronin zu zahlen.[42] Dagegen legte Friedelind am 4. Oktober 1954 Berufung ein, obwohl sie diese Schuld bereits anerkannt hatte. Es gehe ihr dabei nicht ums Geld, sondern darum, »ihr Ansehen in der Öffentlichkeit wiederherzustellen«, sagte sie einer Zeitung.[43]

Die Brüder, besonders Wolfgang, baten sie dringend, zu den Festspielen von 1954 *nicht* zu erscheinen, weil sie Angst vor der Häme der Presse hatten. Friedelind kam aber doch. Und zwar ohne eine müde Mark in der Tasche. Ihr letztes Geld hatte sie für das Flugticket ausgegeben. In Nürnberg erwartete sie ein Bote von Wolfgang, der ihr einen Brief überreichte. Darin stand, dass er ihr verbiete, das Festspielhaus zu betreten, und in Zukunft nichts mehr mit ihr zu tun haben wolle. Friedelind fuhr trotzdem mit dem Zug nach Bayreuth, wo keiner von der Familie sie aufnehmen wollte. Schwager Lafferentz bezahlte ihr schließlich ein Zimmer im »Hotel Post«.

Es begann nun ein furchtbares Spießrutenlaufen. Friedelind ging zu jeder Aufführung, trug »jeden Tag eine neue, schöne Toilette«,[44] setzte ihr stereotypes Lächeln auf und aß täglich im Festspielrestaurant, ohne zu bezahlen. Die Rechnungen ließ sie »anschreiben«. Wenn Winifred, Wolfgang oder Wieland sie zur Rede stellten, sagte sie, dass sie ein neues, decouvrierendes Buch, »Die Tante aus Amerika«, geschrieben habe und es jederzeit publizieren könne.[45] Einem Journalisten namens Werner Meyer schwor sie, sie werde sich Recht verschaffen, so oder so, und wenn man ihr die Kleider vom Leib pfände. Dann käme sie eben nackt nach Bayreuth, was der Reporter ihr durchaus zutraute.[46]

Doch so unbehaglich die Umstände auch waren: Friedelind *blieb* für die nächsten drei Jahre, ging *nicht* zurück nach Amerika, sondern raste zwischen Bayreuth, München, Berlin, Paris, Recklinghausen, Dortmund und vielen anderen Städten hin und her, sah hier eine Oper, dort ein Theaterstück, traf alte Freunde, darunter auch Max Lorenz mit Frau und Pudel.[47] Diesmal gab es übrigens keinen Eklat. Man hat sich wohl irgendwie arrangiert. »Man« hat sich auch in Bayreuth wieder »irgendwie« arrangiert, lässt die Störenfriedelind nolens volens im Gärtnerhaus wohnen, das sie selbst »Wahnfriedelind« nennt. Sie ist ohnehin dauernd unterwegs, kaum zu Hause, und solange sie keine kompromittierenden Interviews gibt …

Wovon lebt sie in all dieser Zeit? Darüber kann man nur rätseln. Mal spricht sie von Kolumnen für die »Fränkische Presse«, mit deren Herausgeber, einem Herrn Fischer, sie befreundet ist,[48] mal von Berichten für amerikanische Medien, mal von Vorträgen. Wenn sie »zu Hause« ist, lädt sie Freunde ein, backt, kocht oder schreibt ellenlange Briefe mit rotem Farbband – vorwiegend an Irving Kolodin, einen amerikanischen Musikschriftsteller, mit dem sie manchmal sogar ein bisschen flirtet. Aber da ist auch Sabine Rapp, eine jüdische Sängerin, die über Shanghai nach New York emigriert ist.[49] Friedelind hat eine enge, vielleicht intime Beziehung zu ihr, wartet sehnsüchtig auf ihre Briefe – wie überhaupt auf alle »news from New York«, das ihr unendlich weit entfernt vorkommt, wie auf einem anderen Planeten liegend. Warum sie überhaupt weggegangen sei, fragt sie sich manchmal. In dieses Land von Mördern und Hitler-Anbetern, die sich auf ekelhaften Oktoberfesten zum Biertrinken treffen? Sie hat die Idee, in die DDR zu gehen und sich im dortigen Musikleben umzuschauen. Vielleicht ist es da besser?[50]

Friedelinds Briefe aus dieser Zeit sind eigentlich keine »Briefe«, sondern Mischungen aus Tagebuch, Rechenschaftsbericht und Terminkalender, in denen jedes »Du«, aber auch jedes »Ich« fehlt. Form und Inhalt sind immer dieselben. Sie haben etwas Atemloses, das den Leser schwindelig macht, nichts, was über das Protokoll des »Erlebten und Absolvierten« hinausgeht, fast keine Stimmungsbilder oder längeren Reflexionen, wie sie in ihren Briefen an die Tanten oder an Toscanini immer wieder vorkamen.

Während sie von einem Ort zum anderen fährt, manchmal bei Freunden schläft, manchmal in teuren Hotels wie dem »Vier Jahreszeiten« in München, »vergisst« sie, in die Berufungsverhandlung vor dem Oberlandesgericht Bamberg zu gehen, die sie selbst »großspurig« beantragt hat, wie das »Bayreuther Tagblatt« schadenfroh berichtet.[51] »Friedelind glänzte durch Abwesenheit«, titelt das Blatt. Ihr Anwalt Fritz Meyer I hat bereits das Mandat niedergelegt. Nun tut dessen Nachfolger, Dr. Liedl, dasselbe, weil sie sich »um den Rechtsstreit nicht im geringsten mehr gekümmert und auf kein Schreiben Antwort erteilt habe«.[52] Das Gericht erlässt ein Versäumnisurteil. Sie hat

22 000 Mark zu zahlen, immerhin, aber keine dreihunderttausend, wie es der Baronin wohl vorgeschwebt hatte. Doch selbst das ist eine astronomisch hohe Summe für sie, denn sie spricht dauernd davon, dass sie »vollkommen pleite« und auf kleinste Schreibaufträge angewiesen sei. Irgendwann erledigen die Brüder die Sache und bezahlen die Schuld, kündigen aber an, sie ihr von ihrem Erbe abzuziehen.

Walter Felsenstein und die Komische Oper in Ostberlin

Wielands Ruf als Opernregisseur reichte inzwischen weit über Bayreuth hinaus. Er inszenierte nicht mehr nur Wagner und nicht mehr nur im eigenen Haus, sondern auch »Orpheus« in München und einen legendären »Fidelio« in Stuttgart, der im November 1954 Premiere hatte. Er begann mit der selten gespielten zweiten Leonoren-Ouvertüre, die Bühne war grell ausgeleuchtet, das Geschehen spielte sich auf einer kreisrunden Platte ab, bewegliche Gitterwände engten den Raum ein oder weiteten ihn, alle Darsteller bewegten sich bewusst unnatürlich und mechanisch.[53] Friedelind *erwähnt* diese Inszenierungen zwar in ihren Briefen, huscht aber doch recht schnell darüber hinweg und gibt ein echtes Interesse kaum zu erkennen. Fuhr sie, die Dauer-Reisende in Sachen Oper, nie zu den Proben? Diskutierte sie mit ihm nicht darüber? Stellte sie keine Fragen? Zu seinem tiefenpsychologischen Ansatz etwa, zu den Anregungen, die er sich aus den Werken von Sigmund Freud und C. G. Jung holte? Offenbar nicht. Sonst hätte sie nicht erst einen Psychoanalytiker darum bitten müssen, ihr »die Unterschiede zwischen Freud und Jung« zu erklären, bevor sie in Amerika Vorträge über ihren Bruder hielt.[54]

Es muss befremdlich für Wieland gewesen sein, dass sie sich in dieser Zeit ausgerechnet dem realistischen Musiktheater der DDR zuwandte und in wenigen Monaten über 70 Aufführungen in sämtlichen wichtigen Städten sah, Ostberlin,

Dresden, Halle, Leipzig usw. Ihr besonderer »Liebling« war die Komische Oper in Ostberlin, die sie am 20. Oktober 1956 zum ersten Mal besuchte.[55] Walter Felsenstein, 55 Jahre alt, war dort Intendant, ein schmaler, akribisch arbeitender österreichischer Intellektueller, der eigentlich vom Sprechtheater herkam. Nach Stationen in Wien, Lübeck, Mannheim, Köln und Frankfurt war er 1936 aus der Reichstheaterkammer ausgeschlossen worden, weil er mit einer Jüdin verheiratet war. Er fand wie so viele Theaterleute ein Asyl am Schauspielhaus Zürich, von wo ihn Heinrich George wieder nach Deutschland holte.

Die Komische Oper im Gebäude des ehemaligen Metropol-Theaters war 1947 auf Anregung eines sowjetischen Kulturoffiziers, Alexander Dymschitz, eröffnet worden. Felsenstein erhielt dort die Chance, sich ein exzellentes Ensemble aufzubauen, bestehend aus Künstlern, die in beiden Teilen Berlins wohnten. Der tägliche Grenzübertritt war damals noch kein Problem. Er war bekannt als gnadenloser Probierer, der sich für eine Produktion bis zu sechs Monate Zeit nahm. Der Begriff »Musiktheater« geht eigentlich auf ihn zurück. Denn er studierte mit den Sängern so lange an ihren Rollen, wie man es bis dahin nur von der Sprechbühne kannte. »Was denken Sie, wie lange an den Rezitativen probiert worden ist«, sagte mir sein Sohn Christoph Felsenstein. »Das war für ihn wirklich das Wichtigste, nicht *ein* falsches Wort rüberkommen zu lassen, das war eine schwere Arbeit.«[56]

Sein Stil war also dem von Wieland diametral entgegengesetzt. Auch wenn er mit avantgardistischen Bühnenbildnern wie Caspar Neher zusammenarbeitete, stand immer die Handlung im Vordergrund, nicht das Bild. Auch Friedelind, die ihn später für ihre »Meisterklassen« engagierte, sah ihn als deutlichen Antipoden zu ihrem Bruder. »Ich möchte gerne Gegensätze zu Wielands Stil lebendig vorführen, damit die armen Schüler nicht glauben, daß Wielands abstrakter Stil der Einzigseligmachende ist.«[57] Den Tag, an dem sie sein Haus zum ersten Mal betrat, bezeichnete sie später gern als ihren »Wiedergeburtstag«: »Alles, was seitdem in meinem Leben geschehen ist, hängt irgendwie mit diesem 20. Oktober 1956 zusammen – und es war nur Gutes und Schönes im Vergleich zu vorher.«[58]

»Hit« der Wintersaison 1956 war »Das schlaue Füchslein« von Leoš Janáček, eine Mensch-Tier-Parabel aus den zwanziger Jahren mit viel Sprechgesang und Anklängen an die mährische Volksmusik, die jahrelang im Programm stand und an zahlreiche ausländische Bühnen exportiert wurde. Zu Wagner hatte Felsenstein ein »gespaltenes Verhältnis«, sagt sein Sohn Christoph. »Auf der einen Seite bewunderte er ihn, aber er traute sich nie ran! Machte ihn also nie. … Wagner so insgesamt in dieses Musiktheater-Konzept, entstanden aus dieser leichten Muse …, das hätte wahrscheinlich auch nicht so reingepasst.«[59]

Walter Felsensteins Sohn Christoph, heute Kapitän und Schauspieler in Personalunion, war neun Jahre alt, als Friedelind zum ersten Mal in die Komische Oper kam. Er und sein Bruder Johannes sind, wie er sagt, im Theater aufgewachsen, traten in kleinen Rollen auf, kannten fast alle Sänger und gingen abends regelmäßig zu den Vorführungen. An Friedelind kann er sich noch genau erinnern. Sie saß »wie ein blonder Barock-Engel in der Loge, mit ihm oder auch ohne ihn. … Na ja, sie schwirrte rum und hinter Felsenstein her, nicht wahr? Sie war eine unübersehbare Erscheinung, wirklich, … eine sehr aparte, aber starke Frau, und mit dem … sagen wir mal, notwendigen Druck, und wollte immer ran, … so dass es Felsenstein auch mal ein bisschen zu viel wurde. … Wenn Vater keine Zeit hatte, sagte er: ›Du musst das mal machen, jetzt kommt wieder Frau Friedelind Wagner, und bitte, geh mit ihr dann doch in die Vorstellung oder so.‹ … Sie war aber rührend, die Friedelind, sie war sehr nett, tatsächlich.«

Die Model-Maße, mit denen sie 1954 aus Amerika gekommen war, hatte sie dank der fränkischen Kost schnell wieder verloren und sah – zumindest figürlich – aus wie früher, wenn auch die Gesichtszüge interessant und markant blieben, die berühmte Wagner-Liszt-Mischung. Sie trug gern lange, wallende Gewänder mit Hawaii-Muster, die ihre Rubens-Formen verbargen. »Eine Erscheinung war sie«, sagt Christoph Felsenstein. »Und konnte sich gut in Szene setzen. Meine Mutter war bekannt für große Empfänge, die sie immer nach den Premieren … veranstaltete, und das fand in so einem kleinen Theaterkabuff … statt, und da war die Friedelind Wagner natürlich auch. Sie passte schwer durch die Tür … Oh, ja, ja, ja, sie war ja eine Statue. Eine starke Erscheinung. Auffällig. Theatralisch, aber unvergesslich.«

Heil Hitler, Omi!

Februar 1957. Friedelind in London. Sie hört den Beethoven-Zyklus des zweiundsiebzigjährigen, aus dem Exil zurückgekehrten Otto Klemperer, isst mit ihm zu Mittag, schließt Freundschaft mit seiner Tochter Lotte, sieht Verdis »Aida« in Covent Garden unter Raffael Kubelik. Marguerita Wallmann, ihr altes Feindbild aus Buenos Aires, führt Regie. »Es war ziemlich katastrophal … Armselig, geradezu lächerlich.«[60] – Juni 1957. Friedelind in Paris. Felsensteins »Schlaues Füchslein« wird an der Opéra Comique gegeben. »Es gab nur zwei Parteien: »die es sahen und begeistert waren – und die es nicht sahen und es schrecklich bedauerten.« Zwei Tage später. Friedelind in Amsterdam. Eröffnung des Holland-Festivals.[61] August 1957. Friedelind in München. Uraufführung von Hindemiths »Harmonie der Welt«. Auch Klemperer ist dort und findet das Stück schrecklich langweilig.[62] Oktober 1958. Friedelind in Berlin. Herrliche Tage an der Komischen Oper. Zwölf Tage später. Friedelind in Paris. Hat Albert Schweitzer besucht. Wohnt am Montmartre. Jeden Tag Essenseinladungen. Findet sich zu fett.[63] November 1958. Friedelind wieder in New York kurz vor Beginn ihrer winterlichen Vortragsreise.[64]

»Atomwaffen« sind das Thema des Jahres. Doch in Friedelinds Briefen kommen sie nicht vor. Kein Wort über amerikanische Bomben auf deutschem Boden, kein Wort über Adenauers Wunsch, die Bundeswehr atomar aufzurüsten, über Albert Schweitzers weltweit im Radio ausgestrahlten Protest dagegen, über die Massendemos in vielen Städten. Wie will man Kunst, aktuelle Kunst machen bei so wenig politischem Interesse?

Winifred war über all dem Familienstreit krank geworden. Die Kräfte der scheinbar unverletzbaren Frau ließen nach. Im Winter 1955 wurde Gebärmutterhalskrebs festgestellt. Es folgten quälende Behandlungen in Erlangen. In dieser Zeit gab sie ihr kaltes, feuchtes Landhaus im Fichtelgebirge auf und zog wieder nach Bayreuth ins Siegfried-Wagner-Haus, das inzwischen von den Amerikanern freigegeben worden war. Sofort fing sie an, ihre alten Freunde aus der NS-Zeit wieder zu empfangen, Edda Göring, Ilse Heß, den »Reichskultursenator« Hans Severus Ziegler, den englischen Faschistenführer Oswald Mosley und viele mehr.[65] Es war ein Kommen und Gehen. Jeder half jedem. Man war ganz vertraut miteinander und tauschte sich gerührt über alte Zeiten aus. Nur einer fehlte: Adolf Hitler, den sie hinter vorgehaltener Hand »USA« nannten, »unseren seligen Adolf«.

Wieland fühlte sich durch seine Mutter kompromittiert. Sie war immer eine begeisterte Großmutter gewesen und hatte seine Kinder oft für Wochen oder Monate bei sich aufgenommen. Jetzt aber wollte er nicht mehr, dass sie Kontakt mit ihr hatten, weshalb er eine vier Meter hohe Trennmauer im Garten errichten ließ. Winifred war darüber sehr unglücklich und beklagte sich, dass ihr die ganze schöne Aussicht genommen sei und keine Abendsonne mehr in ihre Fenster falle. Die Kinder aber kletterten an der Mauer hoch, streckten ihre hübschen blonden Köpfe hinüber und riefen: »Heil Hitler, Omi!«[66]

Jeder war also mit jedem zerstritten. Niemand hatte Zeit. Alle waren entnervt und beschäftigt. Das war Friedelinds Chance. Denn jetzt konnte sie sich in Ruhe an einem Konzept »austoben«, das sie schon länger mit sich herumtrug: Festspielmeisterklassen. Festival master classes. Ein richtiger eingetragener Verein mit Firmensitz in New York und Büro in Bayreuth. Eine Idee, die sie den amerikanischen »opera workshops« abgeschaut hatte. Im Oktober 1958 legte sie den Brüdern ein Papier vor und brachte sie dazu, eine Vereinbarung zu unterschreiben, in der es hieß:

»Die von Fräulein Friedelind Wagner … unterbreiteten Vorschläge, während der Bayreuther Festspiele Meisterklassen für junge Dirigenten, Sänger, Regisseure, Bühnenbildner, Kostüm- und Maskenbildner, Korrepetitoren, Theaterarchitekten, Beleuchter und anderen Theaternachwuchs durchzuführen, sind für die … Festspielleitung von besonderem Interesse. Sie wird, wenn die erforderliche Organisation und Finanzierung … sichergestellt ist, alles veranlassen, damit diese Kurse während der Bayreuther Festspiele abgehalten werden (können).«[67]

Winifred sieht der Sache mit Skepsis entgegen, weil sie ihre Erfahrungen mit Friedelinds »Projekten« hat. Doch Friedelind sagt, die Finanzierung sei kein Problem. Sie habe Kontakte zur Fulbright- und zur Rockefeller-Stiftung. Sie kehrt nach Amerika zurück, fährt über Land, führt Vorstellungsgespräche, geht in Colleges, hört sich junge Sängerinnen und Sänger an und wählt schließlich 30 Teilnehmer aus. Deutsche Geldgeber anzusprechen lehnt sie ab, obwohl Vereinsmitglieder ihr dazu raten. Das Interesse der Sponsoren steigt, als im Februar 1959 ein riesiger Artikel in der »New York Times« erscheint, in dem einer der bekanntesten Musikkritiker der USA, Howard Taubman, das Unternehmen in den höchsten Tönen anpreist. Es sei »mit Klugheit« geplant, als »Post-Graduierten-Kurs«, nichts für

»Anfänger«. Theorie, Praxis und Hospitanz unter einem Dach. Dauer: zehn Wochen. »Wagner« werde zwar im Mittelpunkt stehen, aber nicht das »non plus ultra« sein. So werde es Vorträge über die Oper von Monteverdi bis zur Gegenwart geben. Taubman deutet das Ganze als eine Art Kontrastprogramm zu den Festspielen, die bei aller Innovation der Regie doch immer nur um das »Nationaldenkmal« Wagner kreisten. Schon Wagner selbst habe angeregt, dass sich die Festspiele auch den Werken anderer Komponisten öffnen sollten.[68] Es sei an der Zeit, das einzulösen und sich nicht auf starre »Vermächtnisse« zu berufen.

»Der vielleicht eindrucksvollste Gast«, ergänzt ein weiterer Journalist, sei »Walter Felsenstein, Intendant der Berliner Komischen Oper«. Als Regisseur repräsentiere er »genau das entgegensetzte Extrem der abstrakten theatralischen Methode der Wagner-Brüder«.[69] Friedelind sei der Meinung, dass es »von unschätzbarem Wert sei«, junge Künstler mit der »bis ins Letzte durchdachten realistischen Konzeption Felsensteins« ebenso vertraut zu machen wie mit der »symbolistischen« ihrer Brüder. Damit wird klar: Es geht hier um Abgrenzung, nicht um Kooperation. Wenn die Teilnehmer auch Gelegenheit haben sollen, in das Gebiet der »fast sakrosankten Festspiele« eindringen und den Proben Wieland Wagners beiwohnen zu können.

Zuerst werden Briefbögen und Prospekte gedruckt. »The Bayreuth Festival Master Classes Inc., Executive Director: Friedelind Wagner, 42 West 58th Street, New York 19.« Es handelt sich um Friedelinds derzeitige Adresse, das Hotel Wyndham. Eine richtige Wohnung hat sie immer noch nicht.

Am 18. Juni 1959 geht es los. Mit der Schauspielerin Ilse Laux, dem Bühnenbildner Rudolf Heinrich, dem Sänger Karl Schmitt-Walter, dem Psychoanalytiker Max Friedlaender, dem Komponisten Gian Carlo Menotti, dem Dirigenten Harold Byrns, dem Bühnenarchitekten Walter Unruh, den Regisseuren Heinrich von Schnitzler und Herbert Graf. Und mit Felsenstein natürlich, der einen großen Vortrag über »Partnerschaft mit dem Publikum« hält. Die Zusammensetzung des Teams gibt dem Projekt etwas Völkerverbindendes, Internationales. Die deutsch-jüdische Emigration ist genauso vertreten wie die Wiener Theaterschule und die aktuelle sozialkritische DDR-Szene. Nur Karl Schmitt-Walter, der Beckmesser der »Meistersinger« dieses Jahres, kommt aus den Reihen des Bayreuther »Personals«. Nach den Festspielen fährt die Gruppe nach Ostberlin, um sich drei Felsenstein-Inszenierungen anzusehen. Das Presseecho: einhellig positiv. Die »Schande« der Juwelen-Affäre ist vergessen. »Diese jungen Amerikaner«, schreibt die »Nürnberger Zeitung«, »die zum Teil schon in der Bühnenpraxis tätig sind, erwartet in den zehn Wochen ihres Bayreuther Aufenthaltes ein interessantes Studienprogramm. Namhafte Praktiker und Theoretiker des musikalischen Theaters wurden gewonnen, um die Kurse so vielseitig und gewinnbringend wie nur möglich zu gestalten.«[70] Auch Friedelind selbst ist begeistert von der Entwicklung des Ganzen. »Die Meisterklasse 1960 blüht und gedeiht«, schreibt sie an Felsenstein. »Frances Martin, die Ihnen die Carmen vorsingen wollte, singt diesen Sommer die Ortlinde in Bayreuth und ist dann … in Darmstadt engagiert. Mary MacKenzie, deren große blaue Augen Ihnen auffielen, … hat eben im großen Wettbewerb um einen Metropolitan-Vertrag gesiegt und wird im nächsten Winter dort im Enagegement sein.«[71]

Freunde und Feinde

Sie lebt nun fast nur noch für ihre Schützlinge, beschafft ihnen Stipendien, Engagements, Verträge, Quartiere, gründet eine »Richard Wagner Scholarships Foundation«, um ihnen den Besuch der Meisterklassen zu ermöglichen, denn das Ganze ist teurer, zweitausend Dollar pro Person, zu viel für junge Künstler, die noch ganz am Anfang sind. An eine *eigene* Karriere als Regisseurin denkt sie vorläufig nicht mehr und sagt spitzzüngig ab, als ihr eine Regie in Shreveport, Louisiana, angeboten wird – zu wenig Proben, zu provinzielle Künstler, zu wenig Mitspracherechte beim Bühnenbild.[72] Es ist ihre alte Art, sich die Dinge schwarz zu reden, wenn ihr eine Aufgabe Angst macht oder nicht behagt. So war es in Buenos Aires, so war es in New York, so war es, als Oskar Meyer sie aufforderte, bei der Gründung des »neuen Bayreuth« mitzuwirken. Nach derselben Strategie soll sie auch verfahren sein, als ihr ein wahrer Traumjob in West-Berlin angeboten wurde: Intendantin des Rundfunk-Sinfonieorchesters zu werden. Das wäre das Ende ihrer Geldsorgen gewesen, das Ende des Von-der-Hand-in-den-Mund-Lebens, aber auch das Ende ihrer Unabhängigkeit. Sie fühlt sich geehrt, lehnt aber ab. Da führt sie lieber weiter ihr Reiseleben. Allein von Mai bis September 1960 fährt sie 30 000 Kilometer, wie sie Irving Kolodin stolz berichtet.[73]

Sie fährt meistens nicht allein, sondern zusammen mit Bruce Hungerford, einem australischen Pianisten, den sie vor kurzem »entdeckt« hatte. Er ist vier Jahre jünger als sie, blass, introvertiert, ein wenig schrullig, Beethoven-Spezialist, Hobby-Ägyptologe und Porträtzeichner, Schüler von Ignaz Friedman und Carl Friedberg. Nach verschiedenen Stationen in Amerika lebt er seit 1958 in Ambach am Starnberger See und versucht, in Europa Karriere zu machen. Für ihre Meisterklassen hat Friedelind ihn als »pianist-in-residence« verpflichtet, eine Funktion, die er bis 1967 ausüben wird. Sie lobt diesen »echten« und »sensitiven« Künstler über alle Maßen, begleitet ihn zu vielen Konzerten, versucht, ihn ins Ausland zu vermitteln, fährt mit ihm nach Tribschen, Florenz, London, ja sogar nach Ägypten. Es ist eine Beziehung, die sie förmlich aufblühen lässt. In ihren Briefen macht sie Andeutungen über Veränderungen in ihrem Privatleben. Im Herbst 1960 lässt sie ihn alle Klavierwerke Wagners auf Schallplatte einspielen, in der Hoffnung, dadurch etwas Geld einzunehmen. Doch da sie die Produktion selbst finanziert hat und nicht in den Handel bringt, sondern sie privat über ihre

Meisterklassen vertreibt, bleibt es ein Zuschussgeschäft. Da nützt es wenig, dass die Presse voller Lob ist. Die Klavierwerke des jungen Wagner seien so gut wie unbekannt, schreibt das »Bayreuther Tagblatt«,[74] dürften aber gerade den Wagnerfreund interessieren, weil hier die »Wurzeln und Grundlagen seines Schaffens« lägen. Die frühsten Werke klängen fast noch wie Beethoven, die späteren »Albumblätter« wie eine »ewige Melodie«, eine »freie Improvisation auf (den) Tasten«, gemahnten an Liszt. Hungerford sei »ein Könner von hohen Graden« und mit einer »feinen, klaren Anschlagskultur« begabt. Seine Wiedergabe zeuge von »liebevoller Versenkung« in diese Werke.

Hungerford scheint etwas wie ein ruhender Pol der Meisterklassen gewesen zu sein, in denen es manchmal recht turbulent zuging, wie erhaltene Tonbandmitschnitte beweisen. Felsenstein kann kein Englisch. Friedelind übersetzt alles. Sehr flüssig, aber nicht immer ganz korrekt. Was er überhaupt in der DDR wolle?, möchten die amerikanischen Teilnehmer wissen. Er sei doch Österreicher? Ihm stehe doch die ganze Welt offen? Es war 1961. Im Jahr des Mauerbaus. Das Brandenburger Tor war gerade geschlossen, der Telefonkontakt zwischen den beiden deutschen Staaten unterbrochen, die Häuser auf der Ostseite der Mauer gewaltsam geräumt worden. Am Checkpoint Charlie standen sich amerikanische und sowjetische Panzer gegenüber.

Hüben und drüben. Ost und West. Eiserner Vorhang. Kampf zweier Weltmächte. Um nicht mehr und nicht weniger geht es in diesen Meisterklassen. Was soll Felsenstein dazu sagen? Er ist erkennbar verlegen, vielleicht auch ängstlich. Nimmt Zuflucht zu allgemeinen Aussagen wie: »Es ist gefährlich und bequem zu sagen, Theater hat mit Politik nichts zu tun. Theater hat sehr viel damit zu tun. Gibt es ein Stück, das politischer ist als ›Otello‹ oder die ›Zauberflöte‹?«

Doch beim wirklich großen Eklat dieses Jahres geht es um etwas ganz anderes: um Wagners Antisemitismus, das alte Reizthema, von dem Friedelind partout nichts hören will, was in diesem Kreis etwas schwierig ist, denn viele der Teilnehmer sind Juden, so auch Leon Stein, ein amerikanischer Komponist und Musikwissenschaftler, der als Dozent eingeladen ist. Er stammt aus Chicago, ist der Sohn eines ukrainisch-jüdischen Schneiders. In seinem Elternhaus ist noch Jiddisch gesprochen worden. Er ist Spezialist für jiddische und hebräische Musik – und für Wagner, dessen »Rassismus« er 1950 ein grundlegendes Werk gewidmet hat, »The racial thinking of Richard Wagner«. Im Vorwort heißt es:

»Es ist die Überzeugung des Autors, daß Wagners rassistische Lehren bis heute noch nicht völlig verstanden worden sind, weder was ihren Inhalt noch was ihre Auswirkungen angeht. … Wagners rassistisches Denken erreicht seinen Höhepunkt in Hitler, Goebbels, Rosenberg und dem Dritten Reich. Damit soll nicht gesagt sein, daß Hitler und Nazi-Deutschland Wagner ihre Existenz verdanken. Aber erst im faschistischen Deutschland kamen Wagners rassistische Theorien zu ihrer logischen Vollendung.«[75]

Dieses Buch, das es bis heute nicht in deutscher Übersetzung gibt, ist beileibe kein anti-wagnerianisches Pamphlet, sondern eine durch viele Fußnoten belegte Untersuchung. Leon Stein zitiert Chamberlain, die »Bayreuther Blätter«, Gobineau, er zitiert Cosima, Kant, Herder, Fichte, viele Wagner-Briefe und -Schriften, die er im Original, also auf Deutsch, gelesen hat. In einem Kapitel geht es um Mendelssohn, in einem anderen um »Volk, Kultur, Language and Music«, in wieder einem anderen um die Frage, ob Wagner jüdische Wurzeln gehabt habe.

Irgendwie muss das Buch wohl zur Sprache gekommen sein. Denn da die Schwarzen gerade um ihre Rechte kämpften und unter Führung von Martin Luther King auf die amerikanischen Straßen gingen, war das Thema »Rassismus« in aller Munde. Friedelind und Leon Stein stritten sich also. War Wagner Rassist? War er Antisemit? Leon Stein wusste viel besser Bescheid als Friedelind, hatte viel mehr gelesen. Zwei Extreme prallten aufeinander. Der gebildete, durch den Holocaust traumatisierte Jude und die Enkelin, die ihren »Opa« verklärte. Eine Verständigung gab es nicht. Stein brach für immer mit Friedelind und sie mit ihm. Es war eine der vielen Beziehungen in ihrem Leben, die sie wegwarf, ohne lange nachzudenken, nur weil da jemand anders dachte und fühlte als sie. Kritischer Diskurs oder Empathie waren nicht ihre Stärke.[76]

Gigantische Pläne

Friedelind ging immer wieder mit ihren Studenten auf Reisen, um wichtige Inszenierungen oder Opernhäuser zu sehen, denn auch »Opernhaus-Architektur« war Bestandteil des Kursprogramms. So besuchten sie im Sommer 1960 insgesamt siebzehn (!) Städte von Malmö über Kopenhagen und Hamburg bis Salzburg, eine sehr amerikanische Tour nach dem Motto »Europe in twenty days«. Am liebsten hätte sie sich ganz von Bayreuth gelöst, zwölf Monate Meisterklassen im Jahr, im Winter irgendwo in den Bergen, im Sommer auf einer einsamen Insel im Mittelmeer. »Einen ›Saal‹ in einem Gasthof, ein Kino, das tagsüber geschlossen ist, findet man ja überall.«[77]

Felsenstein sollte natürlich dabei sein. Für immer. Sollte alle Brücken in Ostberlin hinter sich abbrechen. Seitdem Ulbricht gesagt hatte, die Mauer sei ein Schutzwall gegen den Faschismus, und seitdem Volkspolizisten auf Flüchtlinge schossen, die verblutend im Niemandsland liegen blieben, hielt Friedelind die Situation in der DDR für zu gefährlich und wollte Felsenstein »den idealen Lehr- und Arbeitsplatz bieten«, so dass er nie mehr »von der Politik und Polemik des Tages abhängig« sein müsse.[78]

Felsenstein hielt sie wohl für ein wenig überspannt und reagierte auf dieses Angebot nicht. Anders als auf ihren Vorschlag, einen Frühjahrskurs in New York abzuhalten, und zwar im April 1964. Doch daraus wurde nichts. Denn er bekam kein amerikanisches Visum. Er bemühte zwar den Direktor der »Met«, Rudolf Bing, in der Sache, doch auch der konnte nicht helfen. Friedelind war jetzt tödlich beleidigt, weil sie dachte, Felsenstein habe mit Bing über sie gesprochen oder gar einen Konkurrenz-Kurs mit ihm verabredet. Das sei Vertragsbruch. Sie habe Exklusivrechte auf ihn. »Selbst wenn es Herrn Bing gelingen sollte, Ihnen schneller ein Visum zu verschaffen, als es mir bisher gelungen ist, ist es inzwischen … viel zu spät geworden, für April noch irgendetwas zu organisieren.«[79] Das war zu viel. Felsenstein platzte der Kragen. Er fuhr zwar im Sommer 1964 noch ein letztes Mal nach Bayreuth, um seinen Kurs abzuhalten, doch die Stimmung war eisig. Friedelind hatte ihm nicht einmal ein Hotel besorgt, so dass er bis zum letzten Moment nicht wusste, wo er schlafen sollte. Statt der vereinbarten 6000 Mark zahlte sie ihm nur 2000. Begründung: Sie habe Schulden. Felsenstein erklärte, im nächsten Jahr nicht mehr kommen zu wollen, und brach die in Jahren gewachsene Beziehung ab.[80]

Abschied von Wieland

Wieland wollte schon lange nur noch fort aus Bayreuth und hatte sich vergeblich um die Intendanz der Deutschen Staatsoper in Berlin beworben. Seine Ehe mit Gertrud war schwierig geworden. *Er* war der große, international bekannte Avantgarde-Regisseur, *sie* seine »Haus-Choreographin« und Assistentin, deren Arbeiten von manchen Rezensenten als »Gymnastik« bezeichnet wurden.[81] Dass er nicht sonderlich treu war, wussten alle. Doch sie blieben trotzdem zusammen. Irgendwie. Gertrud war tief verletzt, tröstete sich aber mit den schönen Kleidern und teuren Reisen. Die Show ging weiter.

Das änderte sich im April 1960, als eine junge Frau namens Anja Silja zum Vorsingen kam, groß, schlank, langbeinig, rothaarig, gerade mal zwanzig Jahre alt, kaum älter als

Wielands erste Tochter. Anja Silja war Berlinerin. Sie war von ihrem Großvater ausgebildet worden und stand schon auf der Bühne, seitdem sie zehn war. Wieland, auf dem Höhepunkt seiner Midlife-Crisis, war hingerissen. Von ihrer Erscheinung wie von ihrer Stimme. Für die Festspiele von 1960 engagierte er sie als Senta – mit sensationellem Erfolg. Sie war eine »Senta, wie sie sich der Meister gedacht haben mag«, schrieb ein Kritiker.[82]

Trotz des Altersunterschieds – er war 23 Jahre älter als sie – wurden die beiden ein Paar und traten auch öffentlich als solches auf, innerhalb und außerhalb von Bayreuth. Unter seiner Regie sang sie die Elsa, die Venus, die Eva, die Freia, die Salome, die Isolde, Elektra, Leonore, Lulu usw. und reiste mit ihm in die großen Opern-Metropolen Europas.

Winifred sprach von der »Kurfürstendamm-Hure«. Gertrud reichte nach langem Zögern die Scheidung ein. Es war quälend für alle, auch für die Kinder. »Die wahnfriedlichen Angelegenheiten entwickeln sich immer widerlicher«, schrieb Winifred an Wielands alten Musiklehrer Kurt Overhoff. »Gertrud ist ganz nach Sylt verbannt …, Wieland ist ständig auf Gastspielreisen mit Anja Silja unterwegs – die Kinder werden vollkommen sich selbst überlassen – und der Junge … schlägt nach allen Seiten über die Stränge … Er erwidert bei Vorhaltungen: ›Mein Vater tut ja auch, was er will!‹«[83]

Im Juli 1966 wird Wieland in die Münchener Universitätsklinik eingeliefert. Ein Tumor am Herzen, »morbus boeck«, wird diagnostiziert. Vom Bett aus versucht er, die Festspiele weiter zu leiten. Winifred darf nicht zu ihm. Er will sie nicht sehen. Friedelind ist mit ihrer sommerlichen Meisterklasse beschäftigt und spricht mit niemandem über Wielands Krankheit. Sie hat in diesem Jahr Lieder ihres Vaters »ausgegraben«, »Schäferin und Schäfer«, »Frühlingsblick« und »Abend am Meer«. Eine befreundete Sängerin, Hannelore Kuhse, singt sie im markgräflichen Opernhaus, am Klavier begleitet von Taijiro

Iimori, einem aus Mandschurien stammenden Meisterklassenschüler. Der Abend wird ein großer Erfolg und von der Presse gefeiert. Denn den Liederkomponisten Siegfried Wagner hatte bisher niemand gekannt.[84]

Felsenstein ist »raus«. Friedelind ist nicht traurig darüber. An den jungen Regisseur Thomas Neumiller schreibt sie, dass er so »ungebildet« gewesen sei.[85] Ansonsten: nur Ärger mit der Meisterklasse. Die Schauspiel-Dozentin Ilse Laux hat sich gemeinsam mit einem Schüler so betrunken, dass man sie aus dem Hotel herausgeworfen hat. Ein anderer Schüler ist hinter dem Festspielhaus zusammengeschlagen worden, von einer Gruppe von Kindern, die er sexuell belästigt haben soll. Es war mitten in der Nacht. Man hat Friedelind aus dem Bett geholt. Er hätte bei der Schlägerei fast ein Auge verloren. Sie hat ihn ins Krankenhaus gebracht und zugesehen, wie man ihn genäht hat. Die Staatsanwaltschaft ermittelt. Man muss abwarten. Gott sei Dank drang nichts an die Presse. Jetzt habe sie endgültig die Nase voll von »Krankenhäusern, Kranken und ›fags‹[86], von Bayreuther Hausfrauen, Volkspolizisten und den Deutschen im Allgemeinen«. Sie könne ihren Ekel vor Deutschland immer an dem Grad ihres Heimwehs nach Amerika ablesen. Diesen ganzen Sommer lang sei sie voller Heimweh gewesen.

Doch bevor sie zurückfliegt, stirbt Wieland. An einem Lungenkarzinom, doch nicht am »morbus boeck«, sagen die Ärzte. Es ist der 17. Oktober 1966. Er ist nicht einmal 50 Jahre alt geworden.

ACHTES KAPITEL

»Flucht ohne Ende«

(1966–1991)

Nach Wielands Tod

»Die Trauerfeier … vier Tage nach seinem Tod war pompös und unglaublich feierlich«, schreibt Anja Silja in ihren Memoiren. »Die ganze Bühne des Festspielhauses war überfüllt mit Blumen. … Das Festspielorchester und der Chor waren fast vollzählig aus ganz Deutschland gekommen. Pierre Boulez und Wilhelm Pitz dirigierten … Der Pour le Mérite, … den er nicht mehr persönlich hatte entgegennehmen können, lag am Fuß des Sarges.«[1] Ernst Bloch, Carl Orff, Oberbürgermeister Hans Wild und viele andere sprachen. Walter Felsenstein schrieb seinen Kondolenzbrief an Wolfgang, nicht an Friedelind:

»Mit den Angehörigen der Familie Wagner trauert die gesamte Musik- und Theaterwelt um Wieland Wagner. Einer der größten Anreger des modernen Operntheaters ist von uns gegangen, einer der wenigen, deren vorwärtsdrängender Mut und Elan durch Verantwortungsgefühl und Traditionsbewußtsein gebändigt war und der allein deshalb so Bedeutendes und Neues schaffen konnte. Wieland Wagner wird einer der größten Initiatoren moderner Opernkunst bleiben. Um ihn trauern wir alle. In tiefer Erschütterung: Walter Felsenstein.«[2]

Als die Trauergäste zum Bayreuther Stadtfriedhof gingen, blieb Anja Silja zurück. Die Gesetze des »Anstands« erlaubten es nicht, dass sie mitkam. Nach dem Begräbnis kam Friedelind auf sie zu und führte sie ans Grab. »Hat sich eben losgesagt von der Familienfeier und ist dann mit mir zum Grab gegangen«, erinnert sie sich fast 50 Jahre später im Gespräch mit mir.[3] Sie war sehr gerührt, aber auch überrascht. Diese Herzlichkeit hatte sie Friedelind gar nicht zugetraut. »Sie war eine sehr reservierte Frau. Man kam nicht wirklich an sie ran, ähnlich wie an Wieland. … Niemand kam wirklich an Friedelind ran. Friedelind hat immer auch diese gläserne Wand zwischen den Menschen gehabt. Sie ist schon eingegangen auf die Leute, aber wirklich *kennen* … taten sie die wenigsten Menschen.«

Nach Wielands Tod entbrennt ein hässlicher Nachfolgestreit, in den Friedelind sich zunächst nicht einmischt. Sie lebt still und zurückgezogen und tritt erst um Weihnachten wieder mit einem Interview hervor, in dem sie sich über die Arbeiten ihres Bruders äußert.[4] In seinen Inszenierungen habe er »grundsätzliche menschliche Fragen« gestellt, die man sich bislang nicht zu stellen gewagt habe. Das habe die junge Generation so an ihm fasziniert. Später spricht sie von seiner »unablässigen Suche nach Einfachheit«[5] und seiner ständigen Unzufriedenheit mit sich selbst. Unermüdlich hält sie jetzt Vorträge über ihn, ob in Amerika, England oder Irland. Er sei noch längst nicht an seinem »Ende« angekommen, hätte seinen Stil noch weiterentwickelt, wenn er länger gelebt hätte. Könnte man sagen, dass sie ihn erst nach seinem Tod richtig gewürdigt und »entdeckt« hat?

Im Sommer 1967 dürfen ihre Festspielmeisterklassen noch einmal stattfinden, und zwar mit einem wahren Mammutprogramm: Besuche in beiden Teilen Berlins, Gespräche mit Helene Weigel, mit Joachim Herz, Fahrt zum Leipziger Opernhaus, Besuch der Thomaskirche, Besuch des Tannhäuser-Schauplatzes, der Wartburg, Besuch Wieland'scher Produktionen außerhalb von Bayreuth: »Fidelio« in Stuttgart, »Aida« in Berlin, »Wozzek« in Frankfurt usw. Felsenstein gehört auch diesmal nicht zum Dozenten-Team. Doch Friedelind selbst hält einen Vortrag über das Thema »Brecht und die Oper – oder: kann man von der Verfremdungstheorie im Musiktheater Gebrauch machen?«

Dann zieht Bruder Wolfgang den Schlussstrich. Sie hat private und Stiftungsgelder durcheinandergebracht, Konten überzogen, das Vereinsrecht ignoriert und Dozentenhonorare nicht vollständig ausgezahlt, so dass er nun endgültig genug von diesem »Desaster« hat und ihr die Kooperation mit den Festspielen kündigt.[6] In seiner Autobiographie räumt er durchaus ein, dass sie viele junge Künstler gefördert und »namhafte, interessante und kompetente Dozenten« verpflichtet habe, darunter Felsenstein und Gian Carlo Menotti. Aber »Wirtschaften« sei eben nicht ihre Sache gewesen, was viele Schüler bestätigen. Ein junger Pianist, Alfred Kaine, der an den Meisterklassen von 1961 teilgenommen hatte, schrieb im Mai 2009 im Magazin der »Süddeutschen«, sie habe ihn und noch einige andere »mitten in der Nacht« sitzen lassen und das Geld mitgenommen, das sie ihr für die Zimmermieten gegeben hätten.[7] Man fragt sich, wie das alles zusammenpasst? Sie war doch die Ziehmutter, das Vorbild, die Mentorin? Und machte sich mit dem Geld ihrer Schüler davon? Nicht nur der gern als »böse« gebrandmarkte Wolfgang, sondern auch Freunde, Unterstützer und Kollegen redeten ihr in diesem Punkt schwer ins Gewissen. Der spätere Bundesverfassungsrichter Martin Hirsch z.B., damals Rechtsanwalt, SPD-Bundestagsabgeordneter und Vorsitzender des Meisterklassen-Fördervereins, sagte ihr klar, aber leider vergeblich, dass sie einmal pro Jahr einen Kassenbericht vorlegen und zu einer Generalversammlung einladen müsse.[8] Doch das waren Regeln. Und an Regeln hatte sie sich schon als Kind nicht gehalten. Als Wolfgang, der auch privat viele Bürgschaften für sie übernommen hatte, ihr schließlich kündigte, hatte sie es leicht, *ihm* die Schuld zuzuschieben und ihren Freunden und Schülern zu erklären, nach Wielands Tod machten die Meisterklassen ohnehin keinen Sinn mehr, da es in Bayreuth keine guten Inszenierungen mehr gebe.

Wahrscheinlich war es hauptsächlich Wielands Tod und den vielen Skandalmeldungen über die Nachfolge zu verdanken, dass Friedelind 1967 ihren ersten und einzigen großen Regie-Auftrag bekam: »Lohengrin« am Stadttheater Bielefeld. Es war kein großes Haus, aber ein gutes Ensemble. Generalmusikdirektor Bernhard Conz versprach sich eine gewisse Sensation von ihrem Engagement, egal, wie die Presse sich dazu verhalten würde.

Die lokalen Zeitungen berichteten schon Wochen vorher über die Inszenierung, allerdings nicht nur positiv. So ließ sich ein gewisser »Dr. Hans Schnoor«, 74, NSDAP-Mitglied seit 1932, ehemaliger Vorsitzender des »Kampfbundes für deutsche Kultur«, Ortsgruppe Dresden, im Bielefelder »Westfalen-Blatt«[9] zu wahren Tiraden gegen sie hinreißen, in denen sich Frauenfeindlichkeit, Antimodernismus und Antisemitismus miteinander vermischten. Diese Frau – er habe sie persönlich getroffen – sei nur imstande, »charmant zu flunkern« und über »Kater, Kätzchen und Schoßhündchen« zu reden. Von Wagner verstehe sie nichts, habe sich aber mit geradezu »ideologischem Fanatismus« vorgenommen, das Werk ihres »heimgegangenen« Bruders fortzusetzen: kilometerlange Kunststoffröhren statt eines Bühnenbildes, »endlich mal Abstraktion in Vollendung«, Chormitglieder in »Rosshaarkostümen«, der Bühnenboden als Scheibe, wie man es »längst vom Bayreuth der Nachkriegsjahre gewöhnt« sei. Nicht zu vergessen, dass sie »Amerikanerin«, also undeutsch, sei, ihre Meisterklassenschüler aus Amerika importiere und mit ihnen Orte besuche, die »uns Deutschen« leider nicht zugänglich seien: »Wartburg, Dresdner Zwinger, Weimar, Naumburg«. Auch Felsenstein wird erwähnt, Bertolt Brecht, Paul Dessau, Kurt Weill. *Das* seien die Quellen, aus denen sie schöpfe, Juden und Kommunisten, will er damit sagen, tut es aber wohlweislich nicht, um einen Skandal zu vermeiden. Im Juni 1956 hätte er nämlich beinahe seinen Job verloren, weil er Schönbergs Holocaust-Melodram »Ein Überlebender aus Warschau« als »widerwärtiges Stück« bezeichnet hatte, »das auf jeden anständigen Deutschen wie eine Verhöhnung wirken« müsse.[10] Seitdem war er vorsichtig geworden. Zumindest nach außen hin. *Inhaltlich* blieben seine Texte genauso antisemitisch wie vorher.[11] Ob Friedelind diesen »Bericht« wohl gelesen haben mag?

Noch vor der Premiere, die am 1. Januar 1968 stattfand, gibt sie dem »Spiegel« ein langes Interview. »Friedelind Wagner: Endlich Mensch!«, lautet die Überschrift.[12] Der Artikel ist bei weitem nicht so aggressiv wie der von Schnoor, aber, was die Inszenierung betrifft, fast ein bisschen ironisch. »So soll Lohengrin nicht mehr dem Kahn entsteigen, sondern vom Himmel herabschweben … Der Schwan hat dennoch nicht ausgedient – ›als Symbol der geistigen Welt‹ (Friedelind Wagner) soll er, groß wie ein Greif, auf die Kulisse projiziert werden.« Mehr hat sie zu ihrem Konzept offenbar nicht gesagt. Eigentlich schade. Stattdessen: Familienklatsch, wie man ihn zur Genüge kennt, die üblichen Vorwürfe gegen Mutter und Bruder: Wolfgang habe ihre Schüler »Amateure« genannt und ihnen die Luft aus den Autoreifen gelassen, Winifred habe ihr den Parkplatz gekündigt und sie vom »Bänkchen« in der Familienloge verbannt. Dichtung oder Wahrheit? Wohl von beidem ein bisschen. Am Schluss heißt es, dass sie nach »Nacht über Bayreuth«, dessen Inhalt ausführlich rekapituliert wird, bald ein neues, noch radikaleres Abrechnungsbuch vorlegen werde: »Pardon my return – verzeiht meine Rückkehr«.

Der Artikel löst heftige Reaktionen aus. Das »Bayreuther Tagblatt« schreibt, niemand könne Friedelind verwehren, es ihren Brüdern gleichzutun und »als dritte aus der Enkelgeneration den Griff nach der Bühne« zu wagen.[13] Aber warum diese »Trommel des Aufruhrs« schon *vor* dem Spiel? Warum diese Aggressivität? Dieser »sensationsschwangere Nimbus«? Dieses Bedürfnis nach »Rache«? Der Autor – Erich Rappl – ist spürbar verärgert und mokiert sich über diese »skandalösen Wirrnisse«, denn: »Die Festspiele nach dem Tod Wieland Wagners hätten zu ihrer Erstarkung eine Zeit des Friedens … bitter nötig. Er scheint ihnen nicht vergönnt zu sein. Der Familiendämon gibt keine Ruhe.«

Nein, das tut er tatsächlich nicht, denn kaum hat Winifred den Artikel gelesen, teilt sie schon sämtlichen Freunden und Freundinnen mit, auch sie werde jetzt ein Buch schreiben: »Friedelind go home«. Friedelind betrachte ja schließlich »die USA als ihre Heimat«.[14]

Am 30.12.1967, unmittelbar nach der Generalprobe zu »Lohengrin«, fährt Friedelind »bei Eis und Schnee« mit dem Auto von Bielefeld nach Köln, um sich im Hier-und-Heute-Studio interviewen zu lassen. Sie macht einen gehetzten und unsicheren Eindruck. Ihr ganzes Selbstbewusstsein scheint von ihr abgefallen zu sein. Das nutzt ihr Gesprächspartner aus. Er fällt ihr dauernd ins Wort, lockt sie aufs Glatteis, nimmt die »gnädige Frau« offenbar nicht ganz ernst, setzt ein beinahe schadenfrohes Lächeln auf, als sie sich in Widersprüche verstrickt, wie z.B. den, dass ihrer Regie die »Jung'sche Interpretation« des »Lohengrin« zugrunde liege, obwohl C. G. Jung gar nichts über den »Lohengrin« geschrieben hat, sondern Otto Rank,[15] ein anderer abtrünniger Freud-Schüler. Immer wieder beruft sie sich auf ihren großen Bruder und hält sich beinahe verzweifelt an ihm fest:

»Ich glaube, Wieland ist nicht zu übertreffen.«

»Ich glaube, dass für mich das Vorbild und Ideal mein Bruder Wieland war.«

Zum Schluss spielt der Reporter ihr eine Schallplatte vor. Wagner verjazzt. Er hat sie irgendwo in seinem Archiv ausgegraben.

»Was halten Sie davon?«, fragt er leicht provokant.

Friedelind sagt leise und resigniert:

»Es ist mir gleich.«

Zur Premiere kommen viele Freunde, darunter auch Anja Silja und Isabella Valli, die jetzt Wallich heißt. Sie ist inzwischen Mutter zweier erwachsener Söhne und betreibt das Schallplatten-Label »Delysé«, mit dem sie vor allem Werke von Gustav Mahler produziert. Ihre Karriere als Pianistin hat sie in den Kriegsjahren aufgegeben.

Sie bestätigt, dass »Mausi« ängstlich und aufgeregt gewirkt habe. Schon während der Proben habe sie ihr oft geschrieben und mit ihr telefoniert. Erst in dieser Zeit sei ihr klar geworden, wie sehr sie unter dem Tod ihres Vaters gelitten habe und dass sie sich damals in Bayreuth genauso fremd gefühlt haben müsse wie jetzt, nach dem Tod Wielands.

»Mausis« Inszenierung gefiel Isabella. Sie sei sehr zart, sehr weiblich gewesen, kein harter, sondern ein menschenfreundlicher Wagner.[16]

Anja Silja war weniger begeistert. »Das war wirklich nicht zu vergleichen mit dem Bruder, nein, es war ganz gut, aber es war wirklich nicht auf diesem Niveau.«[17]

Und die Presse? Die hohen Herren von der »Zeit«, der »Süddeutschen«, der »Welt«, die nahezu vollständig angereist waren, um sich anzusehen, was das enfant terrible da fabriziert hatte? Schon die Überschriften sagen eigentlich alles. »Lohengrin als Comic strip«.[18] »Elsa in der Fischreuse«.[19] »Der Schwan verschwamm«.[20] »Schwebender Schwan«.[21] »Zwischen Lattenrosten«.[22] Es war immer wieder ein gewisser Horst Kögler, der sich zu Wort meldete, nicht nur für *eine* Zeitung, nein, gleich für vier oder fünf und dazu noch im Rundfunk. »Bayreuth kann aufatmen! Die Revolution gegen das Nach-Wieland'sche Establishment am Grünen Hügel erwies sich als Sturm im Wasserglas. In der Bielefelder Lohengrin-Premiere siegte der Komponist Richard Wagner über die Prätentionen seiner Enkelin Friedelind …«

Kögler, 1927 geboren, also zu jung, um »politisch vorbelastet« zu sein, ein damals renommierter Musik- und vor allem Tanzkritiker, wird in seiner Rezension ausgesprochen beleidigend. Er nennt Friedelind eine »Walküre des Jet-Zeitalters«, womit er taktlos auf ihr Übergewicht anspielt. Ihr Buch ist natürlich ein »Pamphlet«, ihr Zugang zu »Geldern aus amerikanischen Quellen« verwerflich. Was hat das, fragt man sich, mit der Inszenierung zu tun? Über die er im Grunde nicht viel mehr sagt, als dass ihm die »oratorienhafte Stilisierung« der Aktion auf der Bühne missfalle? Und: Wenn sich Friedelinds »schon angekündigten Tristan- und Parsifal-Projekte« auf dem gleichen Niveau bewegten wie dieser »Lohengrin«, habe »Wahnfried keine ernstliche Konkurrenz« zu befürchten. »Eher schon das neue amerikanische Friedelind-Buch: ›Pardon my return!‹ Ob sich der im Premierenjubel zu hörende Ruf ›Friedelind, go home!‹ wohl schon darauf bezog?«[23] Da keiner von den Wagners im Publikum saß, muss er sich wohl vorher mit ihnen abgesprochen haben.

Beifall kam dagegen vom »Nordbayerischen Kurier«, der gerade das Statische, Oratorienhafte lobte: »Alle Bewegungen waren verhalten. Der Chor diente gleichsam als Kulisse. … Den Schwan Lohengrins ließ die Wagnerenkelin nicht auf die Bühne kommen, sondern projizierte ihn mit Lichtreflexen auf das nur aus Röhren bestehende Bühnenbild.«[24] Ein großes Lob auch von Hans Heinz Stuckenschmidt, dem mit Wagner seit Jahrzehnten vertrauten Musikkritiker der »Frankfurter Allgemeinen«: Er sprach von einer echten »Regiebegabung«, die »keine Wirkung dramatischen Spiels und theatralischer Gebärde« verschmähe.[25]

Das Presseecho auf Friedelinds »Lohengrin« war also nicht durchweg schlecht, aber auch nicht gerade ermutigend. Viel Häme war mit im Spiel. Männliche Häme. Viel Sympathie für die Wagners da oben auf dem Hügel, deren Wohlwollen »man(n)« sich nicht verscherzen wollte. Doch der »Sturm im

Wasserglas« ebbte bald ab. Friedelinds »Lohengrin« wurde zu den Akten gelegt. Es gab keine Grundsatzdiskussion. Aber leider auch keine Anschlussaufträge, jedenfalls nicht in Deutschland.

Hand aufs Herz

Am 6. Januar 1968, fünf Tage nach der Premiere von »Lohengrin«, war Friedelind schon wieder in Bayreuth, um an einer »Familienkonferenz« teilzunehmen, die von Rechtsanwalt Meyer I und Konrad Pöhner begleitet wurde. Es ging diesmal weniger um die »Nachfolge« als ums liebe Geld. Denn Wieland hatte bei seinem Tod viele Schulden hinterlassen, und auch Friedelinds Schwager Bodo Lafferentz ging es wirtschaftlich nicht gut, da die Firma, die er nach seiner Entnazifizierung gegründet hatte, ein Betrieb für Schwingfeuergeräte und Heizmotoren, in der Krise steckte. Winifred hatte schon seit einiger Zeit die Idee, Haus Wahnfried, das Archiv und das Festspielhaus in eine Stiftung zu überführen und die Erben finanziell abzufinden. Wolfgang sollte Festspielleiter auf Lebenszeit sein. Diese Regelung »sollte endlich auch den benachteiligten Töchtern zu ihrem (finanziellen) Recht verhelfen«.[26] Doch außer Wolfgang scheint niemand damit einverstanden gewesen zu sein. Weder Gertrud, die darauf bestand, Wielands künstlerische Nachfolgerin zu werden, noch ihre Kinder, die den Wunsch äußerten, »wenigstens den Oberstock Wahnfrieds« für die Familie zu erhalten,[27] noch Friedelind, die sich nicht kaufen lassen wollte und den Führungsstil ihres Bruders scharf kritisierte. Es soll sehr laut hergegangen sein auf dieser »Konferenz«, die im Ergebnis zu gar nichts führte.[28] »Das ganze Treffen mündete in einen gigantischen Stunk, in dem Wolfgang einen Wutanfall bekam und den Raum verließ. … Mutter spuckte mir ihren Hass entgegen wie in den schlimmsten früheren Zeiten«, fasst Friedelind ihre Eindrücke zusammen.[29]

Vier Tage später brachte die »Quick« einen Artikel, in dem all dies minutiös protokolliert wurde. Informantin soll Friedelind gewesen sein.[30] Wolfgang lief wieder zum Anwalt. Doch Friedelind ließ nicht nach. Sie verlangte ein genaues Verzeichnis sämtlicher Handschriften, die sich im Wahnfried-Archiv befanden, und griff ihre These von den veruntreuten Autographen wieder auf. Vieles sei ja wohl dem »Führer« geschenkt worden, jedenfalls habe sie Gespräche dieser Art vor dem Krieg selbst gehört und dagegen protestiert.[31] Diese Unterstellung ging selbst Bodo Lafferentz, der sonst immer auf ihrer Seite war, deutlich zu weit. Er schrieb ihr, es sei besser, sie fallen zu lassen, falls sie »nicht ganz besondere Beweise konkreter Art« dafür habe.[32] Ganz unrecht hatte Friedelind allerdings nicht mit ihrem Verdacht, dass mit dem Archiv vielleicht etwas nicht stimmte. Denn bei Kriegsende hatten Lafferentz und Wieland einige Partituren, darunter den »Tristan«, nach Nussdorf geschafft, um sie später verscherbeln zu können, als Startkapital für den Neuanfang sozusagen. Der »Tristan« blieb lange verschwunden. Nach längerer Zwischenstation in Barcelona, wo er 1955 plötzlich wieder auftauchte, kam er erst 1973 zurück nach Bayreuth, pünktlich zur Stiftungsgründung.[33]

Kurz nach der turbulenten Familienkonferenz muss Friedelind in einer DDR-Zeitung gelesen haben, dass in Bayreuth eine »Bücherverbrennung« geplant sei. Es war die Rede von einer größeren Vernichtungsaktion, der u.a. Werke von Heinrich Heine zum Opfer fallen sollten. Die Stadt Bayreuth werde sich »einen eigenen Verbrennungsofen« anschaffen, um »künftig ohne Aufsehen unangenehme Bücher vernichten zu können«.[34]

Das war ein gefundenes Fressen für Friedelind. Gerade jetzt. Denn der amtierende Oberbürgermeister Hans Wild war zwar ein SPD-Mann, doch die NPD hatte bei den Kommunalwahlen von 1966 8,2% aller Stimmen erhalten und war mit drei Abgeordneten in den Stadtrat eingezogen: einem General a.D., einem Messerfabrikanten und einem Arzt, Vertretern des gehobenen Bürgertums also, die natürlich auch zu den Festspielen gingen. Damit war für Friedelind klar: NPD, Festspiele, Bücherverbrennung. Es hing alles irgendwie zusammen. Als sie am 2. März 1968 von zwei Journalisten – Lovis H. Lorenz und Berndt W. Wessling – in der ARD-Sendung »Hand auf's Herz« interviewt wurde, sagte sie wörtlich:

»Ich weiß z.B., daß gerade in Ostdeutschland das sehr stark ausgenützt wird, daß die NPD in Bayreuth so stark ist.[35] Die Bücherverbrennung vor zwei Wochen in Bayreuth wurde auch wieder im Osten sehr stark ausgeschlachtet. Wir hatten immer einen großen Prozentsatz unserer Künstler aus der DDR, und das sind zwei der Hauptgründe, warum diese nicht mehr nach Bayreuth dürfen.«[36]

Tatsächlich verhielt sich die Sache aber so:

In der Bundesrepublik gab es seit 1951 einen »Demokratischen Frauenbund«, die Schwesterorganisation einer gleichnamigen Vereinigung in der DDR. Er wurde 1957 verboten und zerschlagen. Auch in Bayreuth existierte eine solche Gruppierung, die in ihren Räumen »rote Broschüren, Propagandamaterial und einen ›Leitfaden zur Durchführung von Heinrich-Heine-Feiern‹« gesammelt hatte. Alle diese Schriften waren in der DDR erschienen. Kurz nach dem Verbot des Frauenbundes war die Bayreuther Polizei aufmarschiert, hatte das Schriftgut beschlagnahmt und in die Asservatenkammer geschafft. Es soll sich um »einen knappen Zentner bedruckten Papiers« gehandelt haben. Anfang 1968 beschloss die Stadtverwaltung, es zu verbrennen, und zwar in einer Anlage des Kaufhauses Hertie, in der schon viele städtische Akten vernichtet worden waren. Die Hertie-Zentrale lehnte das jedoch ab, worauf das Papier in den städtischen Reißwolf wanderte.[37] Aus diesen in der Tat unglaublich peinlichen und provinziellen Vorgängen, die von wütendem Kommunistenhass zeugen, machte Friedelind also eine »Bücherverbrennung«. Wie so oft hatte sie sich nicht richtig – oder nicht ganz richtig – informiert.

Die Sache blieb diesmal nicht ohne Folgen für sie. Denn die Stadtverwaltung hatte längst eine Presseerklärung abgegeben. Es hieß darin, »unter dem zur Vernichtung anstehenden, … 1957 rechtswirksam beschlagnahmten Material« habe sich nicht ein einziges *Buch*, demnach auch kein Buch von Heine, befunden, sondern ausschließlich Propagandaschrifttum aus der DDR. Die »lebendige und weltoffene« Stadt Bayreuth ehre das Andenken Heines und bedaure, »daß sie durch eine missverständliche Berichterstattung in eine zwielichtige Betrachtung« geraten sei.[38] Friedelind hatte diese Erklärung nicht gelesen.

Sie bekam nun einen offenen Brief aus dem Rathaus, der an viele Zeitungen weitergegeben wurde:

»Sehr geehrte Frau Wagner! Am 2. März 1968 haben Sie vor dem Deutschen Fernsehen wörtlich erklärt: ›Die Bücherverbrennung vor zwei Wochen in Bayreuth wurde auch wieder im Osten sehr stark ausgeschlachtet.‹ Obwohl die Stadtverwaltung diese in der deutschen Presse erschienene Falschmeldung … sofort dementiert hat, habe ich am 1. 2. zusätzlich ein amtliches Dementi … herausgegeben … Ihre Erklärung vor dem Deutschen Fernsehen wurde … somit wider besseres Wissen abgegeben. Der Schaden, den Sie Ihrer Heimatstadt Bayreuth … zugefügt haben, ist unabsehbar.«[39]

Friedelind blieb aber trotzdem bei ihrer Behauptung und informierte die Schriftleitung des »Neuen Deutschland«, mit der sie in gutem Kontakt stand. In dem DDR-Blatt heißt es am 23. März 1968, der Oberbürgermeister habe sie in »heftigen Ausfällen« attackiert und ihr »bösartige Verleumdung« vorgeworfen. Auch die Falschmeldung, dass Heine-Werke verbrannt worden seien, wird wieder aufgegriffen: »Nachdem zahlreiche westdeutsche Persönlichkeiten und Organisationen gegen die geplante Verbrennung ›kommunistischer Literatur‹ – darunter Werke von Heine – protestiert hatten, bezeichnete Wild die ungeheuerliche Tatsache als eine ›Routineangelegenheit, die alljährlich in der Bundesrepublik an vielen Orten vorkommt.‹« Wild verschleiere die wachsenden NPD-Umtriebe in Bayreuth.

Doch die Sache mit der »Bücherverbrennung« war nur das Eine. Friedelind hatte auf Nachfragen von Lovis H. Lorenz hin auch bestätigt, sie befürchte, die Festspiele würden wieder in den Bannkreis von Nazis geraten.

»Heute ist Bayreuth wieder eine internationale Kunststätte«, hatte Lorenz wörtlich gesagt, »aber sind Sie sich völlig sicher, daß Bayreuth nicht wieder von einer braunen Pest … befallen und politisch missbraucht werden könnte?«

Darauf Friedelind:

»Sehr leicht, ja, ich glaube, die Gefahr besteht.«

Darauf Lorenz noch einmal:

»Das Haus Wahnfried und was sich drum gruppiert, besteht da wieder die Gefahr?«

Friedelind: »Ja, die Gefahr besteht.«

Lorenz: »Gut, das wollte ich wissen.«

»Braune Pest« in Bayreuth also. Friedelind *selbst* hat dieses »Bild« wohlgemerkt *nicht* benutzt, sondern Lorenz, der seinerseits Grund hatte, den Inquisitor zu spielen, denn er gehörte wie Schnoor zur Garde der Altnazis und wollte von seiner eigenen Vergangenheit ablenken. Bis 1944 war er nicht nur Berichterstatter der Kriegsmarine, sondern auch Chef der Zeitschrift »Die Woche« gewesen, die üble Hetzartikel über Juden und Schwarze gebracht und die »Führer« des Regimes in großen Reportagen glorifiziert hatte.[40] Nach dem Krieg wollte er es sich auf dem Chefsessel der »Welt« bequem machen. Doch ein Hamburger SPD-Mann[41] wandte ein, er »sei zwar kein Parteimitglied gewesen …, habe aber … eine der wichtigsten … Propaganda-Zeitungen des NS-Regimes geleitet und sich dadurch politisch kompromittiert«.[42] Später wurde er Mitherausgeber der »Zeit«, allerdings nur für vier Jahre. Seit 1961 moderierte er für die ARD die Sendung »Hand auf's Herz: Gespräche mit Prominenten« und gab sich als Demokrat alter Schule zu erkennen.

Friedelind war nun »erledigt«, und zwar aufgrund einer Äußerung, die sie gar nicht selbst getan hatte, was aber niemanden interessierte. Sie erhielt Drohbriefe, deren Absender sie für geisteskrank erklärten und versprachen, sie in eine Anstalt zu bringen, falls sie es wagen sollte, Deutschland noch einmal zu betreten.[43] »Sie befürchten das Heraufkommen einer neuen ›braunen Pest‹ in Bayreuth, sind aber selbst die stinkendste Pestbeule am Stamm der Nachkommen Richard Wagners.« Winifred meinte, man müsse ihr »den Po« aushauen.[44] Pöhner, inzwischen zum bayerischen Finanzminister avanciert, lehnte es ab, weiter mit ihr zu verhandeln. Und Bruder Wolfgang bat sie, das Festspielhaus künftig zu meiden, da er es »den Vertretern der öffentlichen Hand … und den mitwirkenden Künstlern nicht zumuten« könne, mit ihr zusammenzutreffen.[45]

Sie erschien aber doch. Und zwar am 24. Juli 1968, einen Tag vor der Festspieleröffnung. Es fiel ihr auf, dass alte Bekannte sie nicht mehr grüßten. Als sie sich mit Freunden in einem ihrer Stammlokale, dem Hotel Reichsadler, treffen wollte, schickte die Wirtin sie wieder fort. Es gebe Leute, die sich durch sie gestört fühlten. Friedelind packte die Gelegenheit beim Schopf und informierte die Presse. Ein paar Tage später erschienen riesige Artikel mit vielen Fotos. »Wagner-Enkelin Friedelind darf nicht ins Bayreuther Festspielhaus«, schrieb die »Münchner Abendzeitung«. »Schwarzes Schaf vom grünen Hügel«.[46]

Der Autor, Werner Meyer, beschreibt plastisch, wie sie, »nun fünfzigjährig, … unweit des Festspielhauses unter den … schattigen Bäumen eines Gartens« sitze, »der einst Bayreuths Gauleiter[47] gehörte. Fröstelnd zieht sie den Mantel über die Schulter, ist sonst aber recht vergnügt – und sagt fast nichts … Hinüber zum Festspielhaus gehe sie jetzt nicht, meint sie nur, und für alle anderen Fragen sei Dr. Servatius, ihr Anwalt in Hamburg, zuständig.«

Wie üblich informierte Friedelind auch die ostdeutsche Presse, die mit leichter Verzögerung reagierte. Im September

1968 schrieb das »Neue Deutschland«, nachdem die Enkelin Richard Wagners in diesem Jahr schon mehrfach auf die »Gefahr von rechts« in Bayreuth hingewiesen habe, seien nun »Hausverbote in den größeren Hotels, fatalerweise auch im Festspielhause« gegen sie erfolgt. Wolfgang Wagner stehe offensichtlich »stark unter dem Druck der reaktionären Kreise« und versuche »zu taktieren«, weil er »finanziell von der bayerischen und Bonner Regierung sowie der Stadt Bayreuth in beträchtlichem Maße abhängig« sei.[48]

Doch ihr selbstbewusstes Auftreten täuschte. Sie erlitt einen Zusammenbruch, wurde krank, musste mit einem schweren Infekt in die Klinik. Weder Mutter noch Bruder kümmerten sich um sie. Nur Verena kam, um sie zu pflegen. Nach ihrer Entlassung fuhr sie sofort ins Ausland, und zwar nach Brüssel. Denn nach mehreren Drohbriefen hatte sie Angst, dass man ihr etwas antun würde. Aus ihrem Brüsseler Hotel schrieb sie an Felsenstein, sie könne nun nie mehr in Deutschland arbeiten. Sie gehe zurück in die Emigration. »Vielleicht ist es gar nicht schlecht, ganz von vorne und etwas ganz Neues aufbauen zu müssen. Ich bin nicht unglücklich darüber, im Gegenteil! So schwer es momentan auch ist. Aber sehr schöne Aufgaben liegen vor mir.«[49] Felsenstein hat auf diesen Brief nie geantwortet.

So ging sie zum zweiten Mal ins Exil. Aber diesmal gab es keinen Toscanini, der ihr geholfen hätte. Sie lebte im Auto, im Flugzeug, im Hotel, bei Freunden, Kollegen, pendelte zwischen Amerika, England, Frankreich, Österreich, der Schweiz und Belgien hin und her, mied Deutschland, wo sie nur konnte, schrieb lange Rechenschaftsberichte, die schon bekannten Protokolle ihrer Ruhe- und Ortlosigkeit, hielt sich mit Vorträgen über Bayreuth, Richard Wagner und Opern-Regie über Wasser, schrieb von grandiosen Angeboten, die ihr gemacht worden seien: ein mobiles Theater in den Slums von Los Angeles zu gründen, eine Oper in einem Canyon in der Nähe von San Diego zu leiten, in Südafrika den »Holländer« zu inszenieren.[50] Aber alles zerschlug sich. Nichts wurde Realität. Bis am 2. Mai 1973 endlich die Richard-Wagner-Stiftung gegründet wurde, die sie »plötzlich und unerwartet« zu einer reichen Frau machte. Die von ihr so gehasste Bundesrepublik, das Land Bayern, die Gesellschaft der Freunde Bayreuths, die Oberfrankenstiftung, die Stadt Bayreuth, der Bezirk Oberfranken und die Bayerische Landesstiftung waren nun Besitzer des Wagner-Imperiums und bestimmten Wolfgang zum Leiter auf Lebenszeit. Friedelind erhielt eine Abfindung von zweieinhalb Millionen Mark, von denen ihr allerdings die Schulden abgezogen wurden, die sie bei ihren Brüdern gemacht hatte.

Siegfried Wagner in Teesside

Sie konnte nun endlich wieder Pläne machen, und zwar in Teesside, einer Industrieregion im Nordosten Englands. Schon lange hatte sie davon geträumt, »alle Opernhäuser zu verbrennen« und ganz neue mobile, alternative Konzepte zu entwickeln, Opern in Schulen, Zelten, Fabriken, Turnhallen, Opern für Arbeiter, Opern für Kinder, »Idiotentheater«, wie sie es einmal genannt hatte, »wo sämtliche Idioten, Idealisten sich noch zusammenfinden …, die also nicht Staatsbeamte sind, die keine Uhr besitzen, die nicht auf die Uhr gucken«.[51]

»Teesside« war der Name eines County Boroughs, eines städtischen Verwaltungsbezirks, zu dem bis zu einer kommunalen Umstrukturierung im Jahr 1974 die Städte Middlesbrough, Stockton-on-Tees, Thornaby, Redcar, Billingham und Yarm gehörten. Von einem Mitglied der englischen Richard-Wagner-Gesellschaft hatte sie gehört, dass dort genau das errichtet werden sollte, wovon sie träumte: eine »flexible« Veranstaltungsstätte für Kultur, Sport, Tagungen usw. Es sollte ein Haus mit phantastischer Akustik werden, fast so gut wie in Bayreuth, und Platz für bis zu 5000 Personen bieten.[52]

Noch bevor das Geld auf ihrem Konto war, machte sie sich auf und führte Verhandlungen mit den Behörden. Die Gegend gefiel ihr, weil sie so stark an das Ruhrgebiet erinnerte, das ihr gut gefallen hatte, als sie vor Jahren zum ersten Mal dort gewesen war: Schiffswerften, Chemie- und Stahlindustrie, gute Verkehrsanbindung, ein Flughafen in der Nähe, zwei Theater, ein Kino, Schwimmbäder, Sportplätze, reine Arbeiterpopulation, und das alles in schönste englische Landschaft eingebettet, was die Luftverschmutzung erträglicher machte.[53] Die Cleveland Hills und die Yorkshire Moors waren in der Nähe. Auch nach Schottland und bis zum Lake District war es nicht weit. Hellauf begeistert schrieb sie an ihre Freunde, die Ortsverwaltung habe ihr ein altes Pfarrhaus angeboten, in dem sie Meisterklassen abhalten könne. Sie selbst habe vor, in ein Arbeiterhäuschen zu ziehen und dort für immer zu bleiben.[54]

Zunächst wurde wieder eine Stiftung gegründet. »The Friedelind Wagner Masterclasses Scholarship Trust«. Außer einem kleinen Haus in Norton in der Nähe von Stockton-on-Tees kaufte sie noch ein hochherrschaftliches Anwesen, »Southlands«, zu dem ein riesiger Park mit Bach, Teich, Gewächshaus, Gartenhäuschen und Ställen gehörte. Sie bestellte Handwerker, Bauunternehmer, Architekten, krempelte alles um, gab unglaublich viel Geld aus, denn es sollte ein Ort für die Ewigkeit werden, für Konzerte, Symposien, Opern und vieles mehr, »Teesside Total Theatre«, »TTT«, Eröffnung: September 1973, Musiktheater, Sprechtheater, neue Medien, Elektronische Oper, das Theater der unbegrenzten Möglichkeiten, Tag und Nacht geöffnet, freier Zugang zu den Proben für alle, eigener Chor, Kindertheater, von Kindern geleitet, eigene Filmproduktion, Multi-Media-Shows, Musicals, Operetten. Sie wird gar nicht müde, von ihrem Konzept zu schwärmen, und sieht sich als Intendantin eines »wegweisenden Theaters der Zukunft«.[55]

In dieser Zeit meldet sich ein junger Mann namens Peter Pachl bei ihr, der aus Bayreuth stammt und sich leidenschaftlich für Siegfried Wagner interessiert. Er studiert Musik- und Theaterwissenschaft, arbeitet als Assistent an verschiedenen Opernhäusern, will über Siegfried Wagner promovieren und *sie* als Präsidentin einer Siegfried-Wagner-Gesellschaft vorschlagen, die gerade dabei ist, sich zu formieren. Er erzählt ihr, dass Wolfgang und Winifred ihm viel Ärger machten. Sie hätten einen Brief an alle Richard-Wagner-Verbände geschickt, in dem sie davor warnten, dieser Gesellschaft beizutreten, denn sie sei »von den Wagners nicht gewünscht«.[56] Ein Insider habe ihm aber gesagt: »Die Einzige, die euch jetzt helfen kann, ist Friedelind.« Friedelind fühlt sich geehrt und ist begeistert.

Sie überlegen, wie sie ihren Vater in England bekannt machen können, am besten durch die konzertante Aufführung einer Oper. Pachl reist mit ein paar Freunden nach England, um Friedelind zu treffen, am liebsten in Teesside. Doch das lehnt sie heftig ab. »Ich weiß nicht, wo Sie glauben, daß Teesside ist – aber wenn Sie hier irgendetwas unternehmen wollen, müssen Sie einen Tag Anfahrt (rechnen) und am nächsten Tag ... zurück nach London. Wir sind 450 Kilometer von London entfernt!«[57] Klingen da schon wieder Enttäuschung und Frustration durch? Unmut auf England, dieses »ungemütlichste« Land der Welt? Auf die Arbeiter, die ihr zu langsam sind? Auf ihre Stiftung, in der es sofort wieder Streit gibt, aus den sattsam bekannten Gründen? Auf die Verwaltung, die Gebietsreformen plant und nun plötzlich doch kein neues Theater bauen will?[58]

Das Kapitel »Friedelind oder Die Maus«

Am 10. April 1974 begannen im Bayreuther Siegfried-Wagner-Haus die Dreharbeiten zu Hans-Jürgen Syberbergs Film »Winifred Wagner und die Geschichte des Hauses Wahnfried 1914 – 1975«. Es sollte ein einziger langer Monolog werden. Nur Winifred, die sich erinnert. Keine Kommentare, keine Zwischenschnitte, keine Nebenfiguren. Ihr Enkel Gottfried hatte sie mit dem Filmemacher zusammengebracht und ihr das Konzept genau erläutert.

Als das Team kam, war Gottfried dabei, als Regieassistent sozusagen. Die Atmosphäre war angenehm und entspannt. Syberberg war damals 40 Jahre alt und gewann mit seiner leisen Art Winifreds Vertrauen. Er nahm sie ernst, unterbrach sie nie, außer wenn die Filmrollen gewechselt wurden, korrigierte nicht, wenn sie sich widersprach, ließ ihren Monolog vollkommen unzensiert und richtete die Kamera ausschließlich auf sie und ihr Gesicht. Nur beim Wechsel von einem »Kapitel« zum anderen sprach er Zitate aus dem Off oder zeigte Bilder des zertrümmerten Haus Wahnfried.

Ein ganzes Kapitel des Films ist »Friedelind oder der Maus« gewidmet. Über keins ihrer anderen Kinder spricht Winifred so ausführlich und intensiv. Ja, sie sei willenstark und sehr selbstbewusst, sagt sie zu Beginn. Und ihre Beziehung zueinander sei oft sehr schwierig gewesen. Friedelinds Problem sei wohl ihre, Winifreds, Stärke gewesen, die Führungsposition, die sie sich nach Siegfrieds Tod in Bayreuth habe aufbauen müssen. Doch sie wisse im Grunde genau, wenn sie nicht so stark, sondern »eine kranke oder invalide Frau gewesen wäre«, hätte sie in Friedelind »die liebevollste Tochter … und die reizendste Pflegerin« gehabt, die man sich vorstellen könne. Winifred spricht mit klarer, unverstellter Stimme, blickt dabei allerdings nicht in die Kamera, sondern auf ihre Hände, die in ihrem Schoß liegen. Es fällt auf, dass sie immer wieder husten muss, wenn sie über Friedelind spricht. Es ist ein starker, rauer, männlich klingender Raucherhusten.

Sehr kritisch geht Winifred mit den »Tanten« um. Sie hätten Friedelind verwöhnt und verzogen, sie ihre »Maienkönigin« genannt und ihr eingeredet, dass sie der Liebling ihres Vaters gewesen sei. Dass ein Kind dadurch »etwas verrückt« werden müsse, sei ja verständlich.

Wie »herzensgut« Friedelind schon als Kind gewesen sei, erklärt sie durch folgende Geschichte: Die Riesenschnauzerhündin Strizi hatte viele Junge geworfen und war sehr schwach. Der Tierarzt hatte ihr Lebertran verordnet, aber sie weigerte sich, ihn zu schlucken. Alle Kinder versuchten, ihr den Tran einzuflößen, vergeblich. Eines Tages sei Friedelind strahlend angekommen und habe gesagt: »Die Strizi nimmt jetzt Lebertran!« – Wie sie denn *das* fertiggebracht hätte, wollte Winifred wissen. – »Ganz einfach, ich hab' die ganzen kleinen Hunde mit Lebertran begossen, und die Mutter leckt jetzt die Kleinen sauber.«

Über Friedelinds Exil zu sprechen, fällt Winifred schwer. Sie tue es »wahnsinnig ungern«, sagt sie zu Syberberg. Sie, Winifred, sei zu Beginn des Krieges der Meinung gewesen, dass jeder seinen Dienst am »Vaterland« leisten müsse, Söhne wie Töchter. Auch Verena sei als Krankenschwester an die Front gegangen. Dafür sei Friedelind aber »nicht zu sprechen gewesen«, und zwar wegen ihres »ungeheuren Gerechtigkeitssinn(s)« und ihrer Freundschaft zu »jüdisch versippt(en)« Paaren. Das Wort »jüdisch versippt« korrigiert sie und sagt: »jüdisch *verheiratet*«. Gemeint sind Frida Leider und Rudolf Deman. »Du wirst schon sehen, wohin euer Hitler euch führt, nämlich in den Abgrund, ins Verderben«, habe Friedelind ihr damals geschrieben. Leider habe sie damit recht behalten.

Dass sie Friedelind jemals mit »Vertilgung« und »Ausrottung« gedroht habe, bezeichnet Winifred als »erstunken und erlogen«. Nein, der Abschied in Zürich sei ganz friedlich gewesen. Friedelind habe gesagt: »Gott, es tut mir leid, es ist zu spät, ich habe verschiedene Abmachungen getroffen, ich werde nie etwas gegen euch unternehmen, und ich werde stets an euch denken und in Verbindung bleiben.« Doch dann die Artikel im »Daily Sketch«. Damit sei sie wirklich zu weit gegangen. »Wären wir ... nicht Mitglieder der Wagner-Familie gewesen, wären wir ... ja alle ... ins Konzentrationslager gekommen. Das ist doch klar. ... Ich meine, sie galt ... als Verräterin sozusagen.«

Und »Nacht über Bayreuth«? Ein reines Gelegenheitswerk, eine Auftragsarbeit. Sie sei »völlig mittellos« gewesen und habe sehen müssen, »wie sie zu Geld kam«. Bestimmt habe jemand sie dazu überredet. Und sie habe es sicher auch nicht selbst geschrieben, sondern alles einem Ghostwriter erzählt, der vieles verfälscht habe. Deshalb habe sie sich später auch von dem Buch distanziert und der Spruchkammer untersagt, es als Belastungsmaterial zu benutzen – was bekanntlich so nicht ganz stimmt.

Über Friedelinds beruflichen Misserfolg im Exil geht Winifred schnell und fast taktvoll hinweg: Sie habe alles Mögliche angefangen, sei aber nie so recht »auf den grünen Zweig« gekommen. Die Idee der Meisterklassen lobt sie. Kein Wort über das Ende, über die Schulden, die Skandale. Kein Wort über 1968, die öffentlichen Auftritte und Interviews, das böse Wort von der »braunen Pest«. Nur von einem übertriebenen »Selbstständigkeitsbedürfnis« Friedelinds ist die Rede, das die Zusammenarbeit mit ihr manchmal schwer gemacht habe.

Summa summarum: *keine* Vernichtung, *kein* Dokument mangelnder Empathie. Im Gegenteil. Ein überraschendes öffentliches Bekenntnis *zu* ihrer Tochter, der Versuch, alte Wunden vergessen zu machen, vielleicht auch ein Dokument schlechten Gewissens, eine Abbitte zu später Stunde? So hat Friedelind selbst es offenbar auch gesehen, denn sie hat sich nie über »Das Kapitel Friedelind oder die Maus« beschwert, was sie andernfalls sicher lauthals getan hätte.

Der Friedensengel

Die konzertante Aufführung von Siegfried Wagners Oper »Der Friedensengel« ist für November 1975 in der Londoner Queen Elizabeth Hall geplant. Dirigent soll der Engländer Leslie Head sein, der sich mit seiner Opernkompanie »Pro Opera« für die Werke selten gespielter Künstler einsetzt. Im Vorfeld entwickelt sich eine intensive Korrespondenz zwischen Pachl und Friedelind, die allerdings dadurch erschwert wird, dass Friedelind dauernd verreist, vor allem zu Premieren ihres Neffen Wolf-Siegfried, der sich anschickt, in die Fußstapfen seines Vaters zu treten und als Bühnenbildner und Regisseur Karriere zu machen. »Ich bin am 18. 2. zu Wummis ›Kleinem Mahagonny‹ in Bielefeld, bin dann kurz in Berlin, dann kurz Bayreuth, dann kurz Bodensee, ehe ich hierher zurücksause.«[59] Es ist anstrengend, mit ihr zu kommunizieren. Manchmal behandelt sie den zweiundzwanzigjährigen Pachl wie einen Lakaien oder unmündigen Schuljungen: Er solle doch bitte nicht eigenmächtig handeln, sondern sich auf Dinge, die er »überschauen« könne, konzentrieren.[60]

Doch die Aufführung findet trotzdem statt. Vor vollem Haus. Mit über dreißig Nachfahren im Publikum, darunter Verwandte aus der Liszt-Linie, die aus Frankreich gekommen sind. Sogar Franz Wilhelm Beidler und Tochter Dagny sind eingeladen worden. Ein später Versöhnungsversuch. Auch Winifred und die inzwischen verwitwete Verena sind gekommen. Wolfgang nicht. Denn er grollt seiner Mutter. Syberbergs Film hatte großen Presserummel entfacht, weil sie so offen und ungehemmt über ihre Freundschaft mit Hitler gesprochen hatte: »Er hatte diese österreichische, absolute Herzenswärme, ich hab' in den 22 Jahren nie eine menschliche Enttäuschung an ihm erlebt. Ich meine, abgesehen natürlich von den Sachen, die draußen vor sich gingen. Aber das berührte mich ja nicht.«

Nun ist auch sie untragbar geworden und hat Hausverbot im Festspielhaus, genau wie Friedelind. Mutter und Tochter rücken deshalb wieder enger zusammen.

Der »Friedensengel« ist eine Oper aus dem Jahr 1914, Siegfried Wagners op. 10. Sie spielt im 16. Jahrhundert in Franken und handelt von Liebe, Selbstmord und Ehebruch, von der Opposition gegen das Diktat einer grausamen Kirche, von

Femegerichten, Kerkern und Engelsvisionen. Kein heiterer Stoff. Aber ein hochaktueller, heißt es im Londoner Programmheft, an dem Pachl und Friedelind monatelang gearbeitet haben. Es enthält Familienfotos, Werkeinführungen, biographische Skizzen, Urteile von Zeitgenossen, eine historische Abhandlung über das Thema »Selbstmord«, das Libretto auf Englisch und Deutsch und den berühmten Püringer-Brief aus dem Jahr 1921, auf den Friedelind so stolz war, weil sie daraus ablas, dass ihr Vater *keine* antisemitischen Ressentiments hatte.

Auch ihr Bruder Wieland spielt in diesem Heft eine große Rolle. In das Libretto sind Bühnenbildentwürfe eingestreut, die er Ende der dreißiger Jahre gemacht hat, wahrscheinlich für eine Inszenierung des »Friedensengels« in Köln, die wegen des Kriegsausbruchs aber nicht zustande kam. Das erste Bild ist noch sehr biedermeierlich-romantisch, eine behagliche Wohnstube, in die die Sonne scheint. In der Ferne sieht man eine italienisch anmutende Landschaft. Doch dann zerbricht die Idylle. Düstere Blautöne herrschen vor, strenge Säulen, kahle Berge, schwefelgelbe Wolken, Gewitterstimmung. Als Letztes der Friedhof, der »Gottesacker«, schiere Trostlosigkeit. Die Entwürfe sind vielleicht noch nicht ganz ausgereift, lassen aber schon den künftigen Avantgardisten erkennen. Es war ein schöner Zug von Friedelind, dass sie ihm auf diese Weise ein Denkmal gesetzt hat.

Die Aufführung mit Martha Mödl und Hanne Lore Kuhse in den weiblichen Hauptrollen löst großes Erstaunen aus, denn Siegfried Wagner war in England genauso in Vergessenheit geraten wie in Deutschland. Friedelind wird vom »Observer« interviewt,[61] die BBC überträgt, es kommen Glückwünsche und Briefe aus dem ganzen Land. Auch in Deutschland erscheinen Besprechungen, sogar im »Spiegel«, der von einer »freundlichen Aufnahme« spricht und Friedelinds Meisterklassen-Projekte in Teesside wohlwollend erwähnt.[62] Die »Welt am

Sonntag« wertete das Konzert als demonstrativ versöhnliche Geste von Friedelind, vor allem der Mutter gegenüber. »Mutter Winifred besucht Tochter Friedelind in London. Frieden bei Wagner mit ›Friedensengel‹.«[63]

Doch wie so oft kann Friedelind sich über den Erfolg nicht recht freuen, sondern sieht nur die negativen Seiten des Ganzen: 8000 DM Defizit, drei im Konzertsaal gestohlene Blumensträuße, 70 Programmhefte, die Pachl bei der Druckerei in Bayreuth abgeholt und an Kollegen von der Siegfried-Wagner-Gesellschaft verteilt haben soll.

Kaum zur Präsidentin gewählt, schreibt sie auch schon: »Ich möchte gerne mein Amt als Präsidentin niederlegen, denn derartige Methoden sind einfach unmöglich und wirklich nur mit Hochstapelei zu bezeichnen. So kann man nicht zusammenarbeiten, denn Sie haben jedes Vertrauen zerstört.«[64]

Die Präsidentin

Zwischen 1977 und 1983 organisiert die Siegfried-Wagner-Gesellschaft fünf weitere konzertante Aufführungen in Wiesbaden, Solingen, München und London. 1984 inszeniert Pachl die Welturaufführung von »Das Flüchlein, das jeder mitbekam« am Stadttheater Kiel. Eigentlich hätte Friedelind sich freuen müssen. Sie hatte jetzt wieder ein Forum, auf dem sie arbeiten konnte. Es gab Ausstellungen, Interviews, Zeitungsartikel, Programmhefte, Rundfunkanfragen. Es gab hochkarätige Diskussionen. Doch irgendwie passte ihr alles nicht. Die Mitteilungsblätter waren ihr nicht glanzvoll genug, Textbeiträge und Fotos entsprachen nicht immer ihrem Geschmack, sie war gekränkt, wenn Wissenschaftler sich mit ihren Fragen an Pachl wandten und nicht an sie, sie kritisierte die Kassenführung, die sie selbst am meisten durcheinanderbrachte, indem sie wie üblich private und Vereins-Gelder miteinander vermischte.[65]

Die Hauptversammlungen seien oft schwierig gewesen, erzählt Pachl. Da gab es einmal die liebenswerte, joviale, kosmopolitische Friedelind und dann wieder die »eiskalte«, »berechnende«, die plötzlich ganz spitze Lippen bekam und sehr blass wurde. Und man wusste nie: »Hat man's gerade mit der … umgänglichen oder mit der … unerbittlichen Friedelind zu tun?«[66] Das sei schwer erträglich gewesen. Für alle.

Um 1980 herum fing sie an, seltsame Typen für die Gesellschaft anzuwerben: Franz Ehgartner aus Graz oder »Hitlers letzten Staatsanwalt«, Günther Schultz, die sie mit Stolz als neue Mitglieder vorstellte. Ehgartner war Redakteur des österreichischen Richard-Wagner-Jahrbuches, das noch 1994 (!) einen unkommentierten Originalbeitrag von Joseph Goebbels brachte: »Richard Wagner und das Kunstempfinden unserer Zeit«.[67] Diese neuen Mitglieder waren Personen aus dem Umfeld von Winifred. Es waren Altnazis.

Manchmal, sagt Pachl, habe er geglaubt, im falschen Kino zu sein. Wenn Friedelind plötzlich Loblieder auf Adolf Hitler sang, obwohl sie doch immer wieder stolz von ihrer politischen Emigration sprach und sich nach wie vor von Nazis verfolgt und geächtet fühlte. »Ich weiß gar nicht, was Sie alle haben? Bei uns in England ist Hitler wieder sehr populär. Übrigens habe ich oft mit ihm zu Abend gegessen.«[68]

War das Ironie? Provokation? Realitätsverlust? Wollte sie den Mitgliedern politisch auf den Zahn fühlen? Die Jüngeren, »Linken« jedenfalls seien entsetzt gewesen und hätten Friedelind nicht mehr vertraut, erzählt Pachl. Die Gesellschaft begann innerlich zu zerfallen. Nach einer turbulenten Hauptversammlung in Kiel, die am Rande der »Flüchlein«-Premiere stattfand, teilte Friedelind ihren Mitgliedern mit, sie könne »in einer derartigen Atmosphäre weder arbeiten«, noch ihren »Namen hergeben«, noch weiterhin »große finanzielle Opfer bringen«, wenn sie zusehen müsse, wie alle ihre Mühen zerstört würden.[69] Am liebsten hätte sie die Gesellschaft aufgelöst. Doch das war laut Satzung nicht möglich. So trat sie also »nur« von ihrem Amt zurück und überließ ihren Platz einem Nachfolger, dem Komponisten Hans Peter Mohr, unter dem die Arbeit wieder in Schwung kam.

Wie von einem Albdruck befreit

Im Juni 1976, kurz bevor die ersten Meisterklassen im neuen englischen Domizil stattfanden, lud Friedelind Mutter und Schwester nach England ein und reiste mit ihnen durchs Land. Winifred spürte ihre alten englischen Wurzeln wieder und war begeistert. Nicht nur von der Landschaft, sondern auch von dem »wunderbaren Anwesen«, das Friedelind sich gekauft hatte. Eine »Art Kunstzentrum« mit Ateliers wolle sie dort etablieren, Meisterklassen, in denen auch »Bildhauerei und Malerei« unterrichtet werden sollten, schrieb sie begeistert an ihre Freunde.[70] Boulez und Stockhausen hätten ihre Mitwirkung zugesagt. Und das alles in schönster englischer Landschaft, »Dome, Burgen, Steinsetzungen, herrliche Natur überboten sich gegenseitig«.[71]

Neben Stockhausen und Boulez hatte Friedelind noch die Sängerin Cathy Berberian und deren Mann Luciano Berio eingeladen. Es konnte nicht hochkarätig genug sein. Aber keiner von ihnen kam. Stattdessen erschien der amerikanische Komponist Charles Fussell und mit ihm ein Teil der Bayreuther Meisterklassen-Dozenten: die Schauspielerin Ute Hertz, der Pianist Bruce Hungerford und die Sängerin Hanne Lore Kuhse. Felsenstein war 1975 gestorben. Friedelind selbst übernahm die Dozentur für Regie und bot Kurse über »Figaros Hochzeit« an. Wochenlang hatte sie in Amerika um Studenten geworben. Aber nur wenige waren ihrem Ruf gefolgt. Zeitweilig waren es nur sechs, schrieb sie an Thomas Neumiller. Doch es sei eine schöne, familiäre Atmosphäre gewesen und sie wolle die Kurse zu einer ganzjährigen Einrichtung ausbauen.[72]

Es gab Konzerte, es gab Liederabende, es gab Lesungen. Ein junger englischer Pianist erschien, Neill Thornborrow, der ihr Jünger, ihr Schüler, aber auch ihr Ersatzsohn wurde. Viele meinten, er habe Ähnlichkeit mit ihr, »ein zartes, aber ausgeprägtes Wagnerprofil«, schreibt Nichte Nike, »wie mit dem Silberstift nachgezogen«.[73] Carr erzählt, dass Friedelind einmal gefragt worden sei: »Wer ist der Vater?« Darauf Friedelind: »Parsifal«, und, zu Neill hinüberschauend, er sei »Lohengrin«. Doch dieser Hintersinn erschließe sich wohl nur alten »Wagner-Hasen«.[74]

Trotz solcher Lichtblicke klingen ihre Briefe jetzt immer verärgerter, immer mutloser. Den ganzen Winter sei kein Schnee weggeräumt worden, schreibt sie im März 1978 an Pachl. Man habe weder Sand noch Salz gestreut. Überall Streiks. Sie sei »eine Gefangene« im eigenen Haus gewesen. Der ganze Verkehr sei stecken geblieben. Keine Reisen, überhaupt kein Fortkommen möglich, nicht einmal ein Gang zum Arzt. Zwei Deutschlandtouren seien ihr »in den Eimer« gegangen. Sie habe genug. Ein für alle Mal genug.

»Inzwischen habe ich mich entschlossen, England ganz zu verlassen, da es wirklich keine Zukunft für meine Arbeit hier gibt. Ich bin nun dabei, alles zu verkaufen, hatte den ersten Makler vorgestern hier. Werde wohl wieder halb und halb zwischen USA und Europa pendeln. Hausbesitzer will ich auf keinen Fall wieder werden. Sicherlich wird es etliche Monate dauern, bis ein solches Riesenobjekt verkauft ist. Und dann der ganze Amtsschimmel, wenn ich Möbel, Flügel etc. zum Abtransport durch den Zoll ablösen lassen muss …«[75]

Sie habe vor, ihre Wohnung im Bayreuther Gärtnerhaus wieder herzurichten und dort so bald wie möglich einzuziehen, zusammen mit Thornborrow. Sie sei »wie von einem Albdruck befreit«, schreibt sie an Lotte Klemperer.[76]

Im alten Nussdorfer Sommerhaus findet Friedelind eine erschöpfte, mutlose Winifred vor, die sich vom Sturm um den Syberberg-Film nie mehr richtig erholt hat. Wieland ist tot. Mit Wolfgang ist nicht mehr zu reden. Jetzt bleiben ihr nur noch die Töchter, Verena und Friedelind, die sich um sie kümmern. Winifred stirbt am 5. März 1980 in Überlingen. Sie ist 82 Jahre alt geworden. Friedelind leidet. Vielleicht als Einzige in der ganzen Familie, schreibt ihr Neffe Gottfried in seiner Autobiographie.[77] Sie fährt wieder nach Bayreuth und beginnt, den Nachlass der Toten zu ordnen, fahndet nach Hitler-Briefen, verstrickt sich in Erbstreitigkeiten. Mit Freunden hat sie wenig Kontakt. Wie nach Wielands Tod versucht sie, alles mit sich selbst abzumachen. Ihr alter Freund Irving Kolodin schreibt ihr, der Tod einer Mutter sei ein einmaliges, unvergleichliches Erlebnis. Jeder Mensch sei schließlich ein Teil seiner Mutter. Er bedaure, dass ihre Beziehung so schwierig gewesen sei. Ob sie jetzt eine Mischung aus Befreiung und Verzweiflung empfinde?[78]

Nach Winifreds Tod verlässt sie das Gärtnerhaus und zieht auf die Lisztstraße. Sie hat eine schöne, große, elegant eingerichtete Wohnung, in der sie Gäste empfängt und Konzerte gibt. Aber wirklich sesshaft wird sie dort nicht mehr. Sie altert dramatisch in diesen Jahren, als wenn sie mit dem Tod der Mutter ihr Lebensthema, ihr Zentrum verloren hätte, die Kraftquelle, aus der sie immer wieder neue Energie schöpfte, und sei es zu Zank und Streit. Auf einem Foto von 1983 wirkt sie sehr müde. Sie trägt ein schwarzweiß getupftes Matronenkleid. Ihr Blick ist stumpf, ihr schlohweißes Haar ungekämmt und zerzaust.[79]

Sie ist nicht mehr so reiselustig wie früher, fährt aber gern zu den Premieren ihrer Neffen und berichtet Freunden mit Stolz darüber. Nicht nur Wolf-Siegfried, auch Gottfried inszeniert jetzt. Meistens erscheint sie im wallenden Sari oder Hawaiikleid, auf dem Arm ein Hündchen, das sie mit auserlesenen Leckerbissen füttert. Sie kann immer noch faszinieren, immer noch Mittelpunkt sein. Sie kann sogar immer noch provozieren. Sie wird auch nicht müde, gegen den Führungsstil ihres Bruders zu protestieren, nennt ihn »geistig überfordert«, nennt die Inszenierungen von Gastregisseuren wie Peter Hall »einen Skandal«.[80]

1984 löst sie ihre Wohnung in Bayreuth auf und zieht nach Luzern auf die Schweizerhausstraße 5. Schon Monate vorher hatte sie eine Aufenthaltsgenehmigung beantragt, der sie einen langen autobiographischen Bericht beilegte. Sie erzählt darin noch einmal ihr ganzes Leben, erzählt, wie der Luzerner Stadtpräsident Dr. Zimmerli ihr angeboten habe, den Krieg in der Schweiz »ab(zu)sitzen«, was sie jedoch mit der Begründung abgelehnt habe: »Selbst, wenn mich die erste Bombe erschlägt, ich muss zeigen, wo ich stehe.« Doch nun wolle sie zurückkommen an diesen Ort schöner Jugenderinnerungen, der schon ihrem Großvater so viel bedeutet habe. Sie verspricht, sich bis zu ihrem »letzten Atemzug« dem Musiktheater und »aller Kunst« zu widmen, sich weiter um das Werk ihres Vaters zu kümmern, an einer Neuauflage von »Nacht über Bayreuth« zu arbeiten und »einige weitere Bände Memoiren zu liefern und zu schreiben«.[81]

Nun bewohnt sie also eine Wohnung im ersten Stock, groß, vornehm, mit herrlichem Berg- und Seeblick. Sogar das Museum in Tribschen ist zu erkennen. Sie ruht sich aus. Liegt im Hawaiikleid auf der Terrasse, liest, schreibt, telefoniert mit Neffen und Nichten. Manchmal kommen Anfragen, ob sie ihr Buch neu herausgeben wolle. Doch obwohl sie es eigentlich vorhatte, bleibt sie unschlüssig und inaktiv. In Deutschland auf keinen Fall. Wenn, dann nur in der Schweiz. »Nichts hat sich geändert und ich werde immer noch verfolgt wie eine Kriminelle im Land der Nazis.«[82] An dieser Meinung hält sie eisern fest bis zu ihrem Tod. »Weitere Bände Memoiren« entstehen nicht.

Nach Bayreuth fuhr sie nur noch ein einziges Mal. Es war im April 1990. Sie war zweiundsiebzig Jahre alt. Der Dirigent Leonard Bernstein, ebenfalls zweiundsiebzig – sie hatte ihn vor

Jahrzehnten im Exil kennengelernt –, war zu Fernsehaufnahmen in Deutschland und wünschte Bayreuth zu besichtigen. Er war schwer gezeichnet vom Lungenkrebs. Aber er rauchte weiter. Mühsam, doch nicht ohne ein paar Witze zu machen, schleppten sich die beiden durch das Festspielhaus, den Orchestergraben, gingen nach Wahnfried, spielten ein paar Takte auf Wagners Flügel, gingen zum Grab und zur Synagoge, die in der Reichspogromnacht von den Flammen verschont geblieben war, weil sie neben dem Markgräflichen Opernhaus lag. Dann fuhr Friedelind wieder zurück nach Luzern, ihre alte und neue Heimat. Sie war selber schwer krebskrank, wusste darüber Bescheid, lehnte es jedoch ab, sich behandeln zu lassen, um sich unnötige Quälereien zu ersparen.

In diesen Wochen bekam sie noch einmal Besuch von Anja Silja, mit der sie seit Wielands Tod immer in Kontakt geblieben war. »Ich war ein Stück von Wieland für sie, und sie war ein Stück von Wieland für mich«, sagte mir die Sängerin.[83] Doch jetzt schien Friedelind sich kaum mehr zu freuen, wurde ungeduldig und aggressiv. »Sie wollte irgendwas aus dem Eisschrank haben, was ich nicht gleich fand, da hat sie sonst was aufgeführt, wie dämlich man sein könnte, wahrscheinlich aus Furcht, oder war es die Krankheit.«

War es Leberkrebs? Bauchspeicheldrüsenkrebs? Über die Todesursache gibt es unterschiedliche Aussagen. Anja Silja meinte, Friedelind sei gelb wie eine Quitte gewesen.

Im Frühjahr 1991 wurde sie auf ihren eigenen Wunsch in das Gemeinschaftskrankenhaus von Witten-Herdecke gebracht, die erste anthroposophisch ausgerichtete Klinik Deutschlands. Anja Silja besuchte sie dort noch einmal und fand sie ganz friedlich und sanft. Sie freue sich so, dass sie gekommen sei, sagte Friedelind. Bis zum Schluss waren sie beim förmlichen Sie geblieben. Friedelind Wagner starb am 8. Mai 1991 mit dreiundsiebzig Jahren. Ihre Asche wurde in der Nähe von Tribschen verstreut.

Danksagung

Mein besonderer Dank gilt meinen drei »guten Geistern« in New York und London, Frau Silvia Degelmann, Frau Vanessa Olszowski und Herrn Prof. Dr. Axel Körner, die wichtige Briefe und Dokumente aus amerikanischen und englischen Archiven für mich kopiert haben. Alle drei haben keine Mühe gescheut, um trotz zum Teil erheblicher bürokratischer Widerstände Zugang zu diesen Quellen zu bekommen.

Es handelte sich um die Briefwechsel Friedelind Wagners mit Arturo Toscanini, Thomas Neumiller und Irving Kolodin, um ihre Artikel im Londoner »Daily Sketch« (1940) und um ihre geheimdienstliche Akte in den National Archives, Kew.

Ohne die großzügige Unterstützung von Dr. Sven Friedrich und Kristina Unger, beide Richard-Wagner-Nationalstiftung Bayreuth, die mir den Briefwechsel Friedelind Wagners mit ihren Tanten Daniela Thode und Eva Chamberlain, aber auch viele andere wichtige Unterlagen, z.B. Zeitungsausschnitte und Dokumente zu den Festspielmeisterklassen, zugänglich machten, hätte dieses Buch nicht geschrieben werden können.

Wichtige Hilfe leisteten Frau Julia Glänzel, die Betreuerin des Felsenstein-Archivs in der Akademie der Künste, Berlin, und Frau Andrea Rolz, die Betreuerin des Tietjen-Archivs. Auch Ihnen meinen herzlichen Dank.

Frau Annegret Wilke vom Politischen Archiv des Auswärtigen Amtes, Berlin, stellte mir geheimdienstliche Unterlagen über Friedelind Wagner im Exil (besonders: Schweiz) zur Verfügung.

Herr Dr. Wolfram Schraml vom Richard-Wagner-Gymnasium Bayreuth öffnete mir die Schulakte Friedelind Wagners, die sich im schuleigenen Museum befindet. Sie enthielt unbekannte Briefe von Winifred Wagner und interessante Eintragungen über die Schülerin Friedelind. Frau Oberstudienrätin Luise Dietzfelbinger, die Friedelind und Winifred Wagner noch persönlich gekannt hat, ergänzte diese Quellenfunde durch einen langen persönlichen Bericht.

Frau Dr. Susanne Wittern vom Brandenburgischen Landeshauptarchiv Potsdam ermöglichte mir Zugang zur Korrespondenz Winifred Wagners mit dem Klosterstift Heiligengrabe und dessen Äbtissin.

Frau Christiane Mokross vom Evangelischen Zentralarhiv Berlin machte mir ebenfalls wichtige Unterlagen über die Schulzeit Friedelind Wagners im Stift Heiligengrabe zugänglich.

Herr Frank Schmitter von der Monacensia-Sammlung der Stadtbibiothek München öffnete mir den Nachlass Erika Manns, mit der Friedelind bei der »Voice of America« zusammengearbeitet hat.

Frau Dr. Nino Nodia von der Handschriftenabteilung der Bayerischen Staatsbibliothek München ließ mich in den Nachlass Kurt Overhoffs Einsicht nehmen, in dem sich wichtige Aussagen Dritter über Friedelind befinden.

Frau Angelika Herkert vom Stadtarchiv Karlsruhe gab mir wertvolle Hilfe bei der Recherche nach dem ehemaligen Finanzchef der Bayreuther Festspiele, Albert Knittel, dessen Rolle in »Nacht über Bayreuth« dadurch neu beleuchtet werden konnte.

Herr Lorenz Heiligensetzer von der Handschriftenabteilung der Universitätsbibliothek Basel öffnete mir den Nachlass Adolph Zinsstag und dessen umfangreichen Briefwechsel mit Daniela Thode, Eva Chamberlain und Ellen Beerli.

Frau Dr. Susanne Zimmermann vom medizinhistorischen Institut der Universität Jena gab mir wichtige Auskünfte über

Friedelinds ehemaligen Arzt Dr. Wolfgang Veil und dessen Rolle im Nationalsozialismus.

In Bayreuth selbst gaben mir die Gästeführerin Eva Ohla, der Autor, Schauspieler und Regisseur Dr. Eberhard Wagner (nicht verwandt!) und der ehemalige Oberbürgermeister Dr. Dieter Mronz unermüdlich Auskunft zu Bayreuther Lokalthemen und zur Festspielgeschichte.

Ihnen allen und meinen drei geduldigen Gesprächspartnern Anja Silja, Dr. Christoph Felsenstein und Dr. Peter P. Pachl sei noch einmal herzlichst gedankt.

Mein ganz persönlicher Dank gilt meinem Literatur-Agenten Peter Molden und meinem lieben Mann, Klaus Kammerichs, die mich in z.T. anstrengenden Zeiten immer wieder aufgemuntert und unterstützt haben.

ANHANG

Anmerkungen

VORWORT

1 Renate Schostack: Hinter Wahnfrieds Mauern. Gertrud Wagner. Ein Leben, Hamburg 1998, S. 64
2 Kosename für Verena Wagner, einer Schwester von Friedelind
3 Gertrud Wagner an Kurt Overhoff, Brief vom 3.7.1947, Bayerische Staatsbibliothek München, Nachlass Kurt Overhoff
4 Der Tagesspiegel, 13.8.2008
5 Der Spiegel, 5.5.2008
6 Nike Wagner, Wagner-Theater, Frankfurt/M. 1998, S. 417
7 Vgl. S.290.
8 Rechtsanwalt Hinrich Jenckel (Kanzlei Servatius) an Volker Dittrich, Brief vom 29.4.1994
9 Rechtsanwalt Holger Rüttgen an das Landgericht Hamburg, Zivilkammer für Urheberrechtssachen, Brief vom 4.5.1994
10 Köln 1997, überarbeitete Auflage Köln 2010
11 München 1994
12 Frankfurt/M. 1998
13 Hamburg 1998
14 München/Zürich 2002
15 München 2009
16 Hamburg 2008
17 Brigitte Hamann: Winifred Wagner oder Hitlers Bayreuth, München/Zürich 2002, S. 641

ERSTES KAPITEL

1 Cosima Wagner an Ernst Fürst Hohenlohe-Langeburg, Brief vom 22.12.1916, zit. nach: Cosima Wagner – Das zweite Leben. Briefe und Aufzeichnungen 1883–1930, hrsg. von Dietrich Mack, München/Zürich 1980, S. 735. Im Folgenden abgekürzt als: Cosima 1980.
2 Cosima Wagner an Ernst Fürst zu Hohenlohe-Langeburg, Brief vom 21.10.1917, zit. nach Cosima 1980, S. 738

3 Winifred Wagner an Dr. Ernst Schweninger, Brief vom 5.4.1917, BA Berlin

4 Siegfried Wagner an Franz Stassen, Brief vom 11.1.1917, zit. nach: Zdenko von Kraft: Der Sohn – Siegfried Wagners Leben und Umwelt, Graz/Stuttgart 1969, S. 212f. Im Folgenden abgekürzt als: Kraft 1969.

5 Zit. nach: Brigitte Hamann: Winifred Wagner oder Hitlers Bayreuth, München/Zürich 2002, S. 52. Im Folgenden abgekürzt als: Hamann 2002

6 Siegfried Wagner an Engelbert Humperdinck, o.D., vermutlich März 1896, zit. nach Peter P. Pachl: Siegfried Wagner, Genie im Schatten München 1988, S. 142. Im Folgenden abgekürzt als: Pachl 1988

7 Vgl. ebd., S. 155f.

8 Claude Debussy: Monsieur Croche, Sämtliche Schriften und Interviews, hrsg. von François Lesure, übersetzt von Josef Häusler, Stuttgart 1974, S. 99

9 Maximilian Harden in: »Die Zukunft«, 27.6.1914. Zu Maximilian Hardens Ausführungen über Siegfried Wagner s. auch: Jonathan Carr: Der Wagner-Clan, Frankfurt/M. 2010, S. 170. Im Folgenden abgekürzt als: Carr 2010

10 Harden in: Deutsche Monatszeitung, 2.6.1914

11 Houston Stewart Chamberlain an Siegfried Wagner, Brief vom 18.3.1914, zit. nach: Oliver Hilmes: Cosimas Kinder, München 2010, S. 150. Im Folgenden abgekürzt als: Hilmes 2010

12 Winifred Wagner an Ernst Schweninger, Brief vom 12.2.1918, BA Berlin

13 Daniela Thode an Friedelind Wagner, Brief vom 12.5.1938, RWNA

14 Cosima Wagner an Ernst Fürst zu Hohenlohe-Langeburg, Brief vom »Gründonnerstag« (28.3.) 1918, zit. nach: Cosima 1980, S. 740

15 Friedelind Wagner an Eva Chamberlain und Daniela Thode, Brief vom 12.2.1938, RWNA

16 Winifred Wagner an Helene Boy, Brief vom April 1918, zit. nach: Eva Rieger: Friedelind Wagner, München/Zürich 2012, S. 24. Im Folgenden abgekürzt als: Rieger 2012

17 Renate Schostack: Hinter Wahnfrieds Mauern. Gertrud Wagner: Ein Leben, Hamburg 1998, S. 65. Im Folgenden abgekürzt als: Schostack 1998

18 Winifred Wagner an Helene Boy, Brief vom 6.7.1923, zit. nach Hamann 2002, S. 102

19 Friedelind Wagner an Irving Kolodin, Brief vom 8.6.1972, Kolodin-Collection, NYPL
20 Hamann 2002, S. 560f.
21 Hans Jürgen Syberberg: Winifred Wagner und die Geschichte des Hauses Wahnfried 1914–1975
22 Zit. nach Wolf-Siegfried Wagner: Die Geschichte unserer Familie in Bildern, München 1976, S. 70. Im Folgenden abgekürzt als: Wagner, Gesch.
23 Persönliche Mitteilung Gottfried Wagners an die Autorin
24 Hamann 2002, S. 11
25 S. dazu FAZ vom 16.11.2009: »Vom Waisenhaus in die Zwangsarbeit« (Autoren: Johannes Leithäuser und Jochen Buchsteiner)
26 Zu den ideologischen Grundlagen der »Eden«-Bewegung siehe Georg L. Mosse: Die völkische Revolution. Über die geistigen Wurzeln des Nationalsozialismus, Frankfurt/M. 1991
27 Adalbert Gülzow (1862–1933), Violinist, Kammermusiker in der Königlichen Kapelle Berlin, ehemaliger Student von Joseph Joachim, war auch Komponist und vertonte plattdeutsche Texte. Für die Missbrauchstheorie spricht, dass seine Ehe ausgerechnet während Winifreds Aufenthalt in seinem Haus auseinanderging und Winifred angeblich aus diesem Grund wieder fortgeschickt wurde. S. dazu Erich Ebermayer: Magisches Bayreuth. Legende und Wirklichkeit, Stuttgart 1951, S. 158. Im Folgenden abgekürzt als: Ebermayer 1951
28 Zu Siegfried Wagners Vorliebe für »düstere« Themen vgl. Carr 2010, S. 162
29 Zu Inhalt und Uraufführung der Oper s. Pachl 1988, S. 300 und 478f.
30 Winifred Wagner an Helene Boy, Brief vom 17.11.1918, zit. nach Hamann 2002, S. 54f.
31 = Kosename für Wieland
32 Friedelind
33 Houston Stewart Chamberlain, Brief vom 1.1.1919 an ungenannten Adressaten, zit. nach: Kraft 1969, S. 223f.
34 Philipp Scheidemann vor der Nationalversammlung vom 12.5.1919. Vollständiger Text unter www.deutschlanddokumente.de/vvt-Scheidemann1919vollst.php
35 Cosima Wagner an Ernst Fürst zu Hohenlohe-Langeburg, Brief vom 11.9.1919, zit. nach: Cosima 1980, S. 746

36 Winifred Wagner an Ernst Schweninger, Brief vom 22.11.1919, BAB

37 Winifred Wagner an Ernst Schweninger, Brief vom 14.12.1919, BAB

38 Parteiprogramm der NSDAP vom 24.4.1920. Internetquelle: www.dhm.de/lemo/html/dokumente/nsdap25/

39 Winifred Wagner an Siegfried Wagner, undatierter Brief, zit. bei Kraft 1969, S. 230

40 Aufruf zur Zeichnung von Patronatsscheinen für die Deutsche Festspiel-Stiftung Bayreuth 1921. Zit. nach: Michael Karbaum: Studien zur Geschichte der Bayreuther Festspiele (1876 – 1976), Regensburg 1976, S. 61. Im Folgenden abgekürzt als: Karbaum 1976

41 Hamann 2002, S. 68

42 Z. B. in seinen Reisetagebüchern.

43 Zu Siegfried Wagners ambivalenter Beziehung zu »den« Juden vgl. Carr 2010, S. 205

44 Winifred Wagner im Filmporträt von Syberberg über Friedelind

45 NÜB, S. 155

46 Ebd., S. 14

47 Lotte Warburg: Eine vollkommene Närrin durch meine eigenen Gefühle. Tagebücher. Eintragung vom 28.1.1928, Bayreuth 1989, S. 60

48 Ebermayer 1951, S. 216f. I

49 NÜB, S. 22f.

50 Herbert Conrad: Bayreuth. Der Lebensweg einer Stadt, Bayreuth 1936, S. 150f. Im Folgenden abgekürzt als: Conrad 1936

51 NÜB, S. 14

52 Ebd., S. 19f.

53 Zit. nach Hamann 2002, S. 87

54 Carin von Kantzow, mit der Göring seit Januar 1923 verheiratet war.

55 NÜB, S. 28

56 Zu Siegfried Wagners Beziehung zu Clement Harris vgl. Carr 2010, S. 165f.

57 Ebd., S. 167

58 Zit. nach Conrad 1936, S. 153

59 NÜB, S. 33

60 Siegfrieds oft zitierter Brief an Rosa Eidam, in dem er sich mit Stolz darüber äußert, dass seine Frau »wie eine Löwin für Hitler« kämpfe, existiert nicht im Original, sondern in einer maschinenschriftlichen Kopie aus den dreißiger Jahren und ist nach Pachl 1988, S. 330, mit Vorsicht zu lesen.

61 NÜB, S. 33. Zu Siegfried Wagners distanziertem Verhältnis zu Hitler vgl. Carr 2010, S. 201

62 NÜB, S. 30f.

63 Ebd., S. 72

64 Ebd., S. 47

65 Winifred Wagner an Margarethe Strauss, Brief vom 22.1.1927, STAB

66 NÜB, S. 35

67 Friedelind Wagner an Arturo Toscanini, Brief vom 5.4.1940, NYPL, Toscanini-Colletion

68 NÜB, S. 40

69 Ebd., S. 42

70 Frederic Spotts: Bayreuth. Eine Geschichte der Wagner Festspiele, München 1994, S. 163. Im Folgenden abgekürzt als: Spotts 1994

71 Nicht »Falk Salomon«, wie er von Hamann und Heer genannt wird. Falk war sein zweiter Vorname. Seine Bücher sind unter dem Namen »Benjamin Salomon« erschienen.

72 Benjamin Falk Salomon an Siegfried Wagner, Brief vom 26.6.1924, zit. nach: siegfried-wagner.org/html/korrespondenzsalomon.html

73 Karl Holl: Bayreuth 1924, in: Frankfurter Zeitung vom 3.8.1924

74 Zit. nach: Jüdische Wochenschrift: Die Wahrheit, Wien, 15.8.1930. Siegfried Wagners Kampf um Bayreuth

75 NÜB, S. 70f.

76 Aus Hitlers Tischgesprächen von 1942, zit. nach: Berndt W. Wessling: Bayreuth im Dritten Reich, Richard Wagners politische Erben, Weinheim/Basel 1983, S. 77. Im Folgenden abgekürzt als: Wessling 1983

77 Ebd., S. 83

78 Ebd.

79 Irrtümlich für »Nickel«, Kosename von Verena Wagner

80 Joseph Goebbels: Tagebucheintrag vom 9.9.1926, zit. nach: Hamann 2002, S. 155

81 Schostack 1998, S. 90

82 Ebd., S. 91

83 NÜB, S. 75f.

84 Nike Wagner: Wagner Theater, Frankfurt/M. 1998, S. 316. Im Folgenden abgekürzt als: NWagner 1998

85 Friedelind Wagner an Irving Kolodin, Brief vom 19.2.1971. Irving-Kolodin-Collection, NYPL

86 Frida Leider: Das war mein Teil. Erinnerungen einer Opernsängerin, Berlin 1959, S. 105f. Im Folgenden abgekürzt als: Leider 1959

87 NÜB, S. 141
88 Auszugsweiser Abdruck des Testaments bei Karbaum 1976, Teil II, S. 59f.
89 Pachl 1988, S. 408f.
90 NÜB, S. 79f.
91 Ebd., S. 80
92 Friedelind Wagner: »First impressions of English Life«, Original Englisch, Archiv des Richard-Wagner-Gymnasiums Bayreuth. Dieser Bericht wurde von Friedelind im Rahmen einer informellen Aufnahmeprüfung für das Bayreuther Mädchen-Lyzeum verfasst.
93 Dorothy Stead an Mrs. Bacon, Brief vom 4.12.1940, in: Kew/Wagner
94 NÜB, S. 80
95 Ebd., S. 81
96 Ebd., S. 81f.
97 Aufsatz von Friedelind Wagner im Archiv des Richard-Wagner-Gymnasiums Bayreuth
98 NÜB, S. 83
99 Zit. nach Hilmes 2010, S. 221
100 Carr 2010, S. 162
101 Pachl 1988, S. 441
102 NÜB, S. 83f.

ZWEITES KAPITEL

1 Joseph Goebbels: Tagebücher, hrsg. von Elke Fröhlich, Teil I, Band 2/I, München 2005, Eintragung vom 5.8.1930, S. 213
2 NÜB, S. 87
3 Ebd., S. 104
4 Aus Dokumenten des Schularchivs im heutigen Richard-Wagner-Gymnasium, Bayreuth, früher Städtisches Mädchenlyzeum, zusammengestellt von Frau Oberstudienrätin a.D. Louise Dietzfelbinger. Für die Überlassung der Dokumente danke ich Herrn Oberstudienrat Dr. Wolfgang Schraml, Bayreuth.
5 Direktor Pauli an Winifred Wagner, Brief vom 25.6.1932, Schularchiv Richard-Wagner-Gymnasium
6 Winifred Wagner an Direktor Pauli, Brief vom 2.7.1932, ebd.
7 Vgl. Schostack 1998, S. 94
8 Lieselotte Schmidt an ihre Eltern, Brief vom 7.6.1931, zit. nach Hamann 2002, S. 210

9 NÜB, S. 92
10 Lieselotte Schmidt an ihre Eltern, Brief vom 18.1.1931, zit. nach Rieger 2012, S. 55
11 Winifred Wagner an Helene Roesener, 12.10.1931, zit. nach Hamann 2002, S. 207
12 Lotte Warburg, Eintragung vom 13.9.1930, S. 85
13 Die Schilderung dieser Episode stützt sich auf Gertrud Wagners eigene Aussagen gegenüber der Autorin und den Bericht von Renate Schostack.
14 Ebermayer 1951, S. 190f.
15 Heinz Tietjen an Winifred Wagner, Brief vom 8.11.1930, zit. nach Hamann 2002, S. 191
16 Karbaum 1976, Teil II, S. 82
17 Göttinger Zeitung, 29.1.1931
18 Paul Zschorlich, in: Deutsche Zeitung, 7.2.1929
19 Der Montag Morgen, 19.2.1929
20 Paul Zschorlich in: Deutsche Zeitung, 13.2.1929
21 Vgl. Eva Weissweiler: Otto Klemperer – ein deutsch-jüdisches Künstlerleben, Köln 2010, S. 203ff.
22 Daniela Thode an Evelyn Faltis, Brief vom 26.2.1931, BSTAB, Nachlass Faltis
23 NÜB, S. 15
24 Harry Graf Kessler: Gesichter und Zeiten, Frankfurt/M. 1962, S. 213
25 Dante und Goethe – Dialoge von Daniel Stern/Marie Gräfin d'Agoult, übersetzt von ihrer Enkelin Daniela Thode, Heidelberg 1911
26 S. dazu Gisela Zeh: Das Bayreuther Bühnenkostüm, München 1973
27 Vgl. Hilmes 2009, S. 78ff. Dort findet sich eine ausführliche und sehr detailliert recherchierte Darstellung der Lebensgeschichte von Daniela Thode.
28 Otto Binswanger an Daniela Thode, Brief vom 16.8.1915, zit. nach: ebd., S. 80
29 Ebd., S. 80f.
30 Winifred Wagner an Daniela Thode, Brief vom 1.11.1931, zit. nach ebd., S. 229
31 NÜB, S. 96
32 Winifred Wagner an Helene Roesener, Brief vom 26.2.1931, zit. nach Hamann 2002, S. 199
33 NÜB, S. 95

34 Vgl. Harvey Sachs: Toscanini, München/Zürich 1980, S. 292ff. Im Folgenden abgekürzt als: Sachs 1980

35 Ebd., S. 301

36 Hamburger Nachrichten vom 13.10.1931

37 Vossische Zeitung vom 1.6.1932

38 NÜB, S. 103

39 Schostack 1998, S. 117

40 Winifred Wagner an Albert Knittel, zit. nach Hamann 2002, S. 223

41 Winifred Wagner an Margarethe Strauß, Brief vom 3.11.1931, STAB

42 Jussuf Ibrahim: Über die Mütter, Jena 1917, S. 17

43 Zit. nach Rieger 2012, S. 58

44 Winifred an Direktor Pauli, Brief vom 19.4.1932, Schularchiv Richard-Wagner-Museum, Bayreuth

45 Winifred Wagner an Direktor Pauli, Brief vom 25.8.1932, ebd.

46 Zit. nach Erika von Hornstein: Adieu, Potsdam, Köln 1969, S. 145. Im Folgenden abgekürzt als: Hornstein 1969

47 NÜB, S. 112

48 Ebd., S. 117

49 Tisa von der Schulenburg: Des Kaisers weibliche Kadetten – Schulzeit in Heiligengrabe – zwischen Kaiserreich und Revolution, Freiburg i. Br. 1983, S. 28

50 Hornstein 1969, S. 119ff.

51 Ebd., S. 119

52 Klassenfoto von 1935 in: Nora Neese, Erinnerungsbuch Heiligengrabe II, S. 660, Typoskript im Evangelischen Zentralarchiv Berlin (EZA)

53 NÜB, S. 120

54 Daniela Thode an Friedelind Wagner, Brief vom 17.2.1937, RWNA Bayreuth

55 Cosima Wagner: Briefe an ihre Tochter Daniela von Bülow 1866 – 1885, hrsg. von Max Freiherr von Waldberg, Stuttgart/Berlin 1933

56 Winifred Wagner an Helene Roesener, Brief vom 14.12.1932, zit. nach Rieger 2012, S. 70

57 NÜB, S. 119

58 Aus ihren Erinnerungen geht nicht hervor, dass sie um diese Zeit schon mit Juden befreundet war. Näheren Kontakt hatte sie allenfalls zu Rudolf Deman, dem Ehemann von Frida Leider.

59 NÜB, S, 120f.

60 Vgl. S. 133f.

61 Lieselotte Schmidt an Margarethe Strauß, Brief vom 29.3.1933, STAB
62 Joseph Goebbels: Tagebucheintrag vom 1.4.1933, zit. nach: Tagebücher Teil I, Bd. 2/III, bearbeitet von Elke Fröhlich, München 2006, S. 156
63 Youtube etc.
64 Joseph Goebbels: Tagebucheintrag vom 1.4.1933, a.a.O.
65 NÜB, S. 126
66 Ebd., S. 130
67 Vgl. Programmsammlung der Staatsoper Berlin im Theaterwissenschaftlichen Institut der Universität Köln
68 Wilhelm Furtwängler an Joseph Goebbels, Brief vom 12.4.1933, zit. nach Berta Geissmar: Musik im Schatten der Politik, Zürich 1985, S. 72f. Im Folgenden abgekürzt als: Geissmar 1985
69 Kopie des Telegramms im BA Berlin
70 NÜB, S. 132
71 Ebd., S. 132
72 Daniela Thode an Friedelind Wagner, Brief vom 5.10.1936, RWNA Bayreuth
73 Daniela Thode: Toscaninis Eintritt und Austritt in Bayreuth. Kopie in UB Basel, Nachlass Zinsstag
74 Arturo Toscanini an Winifred Wagner, Telegramm vom 28.5.1933, zit. nach Sachs 1980, S. 312
75 Richard Strauss an Winifred Wagner, Brief vom 23.9.1933, zit. nach: Franzpeter Messmer, Richard Strauss, Biographie eines Klangzauberers, Zürich 1994, S. 433. Im Folgenden abgekürzt als: Messmer 1994
76 NÜB, S. 137
77 Ebd., S. 138
78 Ebd.
79 Ebd., S. 139
80 Ebd., S. 163
81 Ebd., S. 138
82 Wolfgang Wagner: Lebens-Akte, München 1994, S. 67ff. Im Folgenden abgekürzt als: Wagner 1994
83 Pachl 1988, S. 241
84 Messmer 1994, S. 197, 321 und 350
85 Pachl 1988, S. 388
86 Messmer 1994, S. 433
87 NÜB, S. 138

88 S. dazu auch Richard Strauss an Heinz Tietjen, Briefe vom 17.12.1938 und 9.1.1939, zit. nach: Dagmar Wünsche, Richard Strauss und Heinz Tietjen, in: Richard-Strauss-Blätter 2/1980, Tutzing 1980
89 Vgl. Michael Kater: Composers of the Nazi Era, Oxford 2000, S. 255ff.
90 Der Aufbau, 2.1.1942 und 9.2.1942
91 Alice Strauss an Heinz Tietjen, Brief vom 1.3.1947, ADK Berlin, Tietjen-Archiv

DRITTES KAPITEL

1 NÜB, S. 136
2 Mitteilung von Peter P. Pachl an die Autorin
3 Zit. nach Rieger 2002, S. 51
4 Hamann 2002, S. 280
5 Ebd., S. 281
6 NÜB, S. 158
7 Ebd., S. 159
8 Joseph Goebbels: Tagebucheintrag vom 24.7.1938, zit. nach: Tagebücher Teil I Bd. 3/I, bearbeitet von Angela Hermann u.a., München 2005, S. 84
9 NÜB, S. 160
10 Lieselotte Schmidt an ihre Eltern, Brief vom 27.7.1934, zit. nach Hamann 2002, S. 287f.
11 NÜB, S. 161
12 Zit. nach Hamann 2002, S. 282
13 NÜB, S. 173
14 Heinz Tietjens Stellungnahme zu »Heritage of Fire«, ADK Berlin, Tietjen-Archiv
15 Im brandenburgischen Landeshauptarchiv Potsdam
16 NÜB, S. 117
17 Vgl. Rieger 2012, S. 76
18 NÜB, S. 198; Rieger 2012, S. 77
19 Vgl. dazu Ortrud Wörner-Heil: Frauenschulen auf dem Lande. Reifensteiner Verband 1897–1997, Kassel 1997
20 NÜB, S. 195
21 Ebd., S. 202
22 Daniela Thode an Adolf Zinsstag, Brief vom 28.9.1935, UB Basel, Nachlass Zinsstag

23 Daniela Thode an Friedelind Wagner, Brief vom 12. 6. 1936, RWNA Bayreuth

24 Winifred Wagner an Helene Roesener, Brief vom 28. 3. 1936, zit. nach Rieger 2012, S. 89

25 Zit. nach Winfried Nerdinger: Bauen im Nationalsozialismus. Bayern 1933 – 1945, München 1993, S. 181

26 NÜB, S. 215

27 »Tante Eva … schreibt mir, daß Du noch in Nussdorf weilst, eine schwesterliche Liebespflicht Dich bei Wieland zurückhält.« Daniela Thode an Friedelind Wagner, Brief vom 12. 6. 1936, RWNA Bayreuth

28 Friedelind Wagner an Daniela Thode, Brief vom 23. 8. 1937, RWNA Bayreuth

29 NÜB, S. 237

30 Brigitte Hamann äußert sich auf vielen Seiten ihrer Winifred-Wagner-Biographie zu diesen Vorgängen. Ebenso Lotte Warburg in ihren Tagebüchern. Weitere Informationen in: Bayreuth – Umgeguckt und Hinterfragt. Ein kritischer Spaziergang durch die Geschichte der Stadt, Bayreuth 1992; Rainer Hambrecht: Der Aufstieg der NSDAP in Mittel- und Oberfranken, 1925 – 1933, Nürnberg 1976; Franz Kühnel: Hans Schemm. Gauleiter und Kultusminister, Nürnberg 1985; Rainer Trübsbach: Geschichte der Stadt Bayreuth, Bayreuth 1993

31 NÜB, S. 225f.

32 Schostack 1998, S. 151. Diese Episode hat Gertrud Wagner auch mir in identischem Wortlaut berichtet.

33 Schostack 1998, S. 251

34 Hamann 2002, S. 322

35 Winifred Wagner an Helene Roesener, Brief vom 5. 4. 1936, zit. nach Rieger 2012, S. 87

36 NÜB, S. 244

37 Ebd., S. 250f.

38 Ebd., S. 252

39 Daniela Thode an Adolf Zinsstag, Brief vom 15. 2. 1935, RWNA Bayreuth

40 Zu Wolfgang Veil s. Uwe Hoßfeld (Hrsg.): Kämpferische Wissenschaft. Studien zur Universität Jena im Nationalsozialismus. Köln, Weimar, Wien 2003, S. 50, 80 und 497; Susanne Zimmermann: Die medizinische Fakultät der Universität Jena während der Zeit des Nationalsozialismus, Berlin 2000, S. 194ff.

41 S. dazu Focus Magazin Nr. 45, 2000
42 NÜB, S. 256f.
43 Friedelind Wagner an Daniela Thode und Eva Chamberlain, Brief vom 29.10.1936, RWNA Bayreuth
44 W. Butomo: Über die Wirkung der intramuskulären Milchinjektion auf akute Entzündungsprozesse, in: Archiv für Gynäkologie, 19.6.1926
45 Eva Chamberlain an Friedelind Wagner, Brief vom 16.10.1936, RWNA Bayreuth
46 NÜB, S. 253
47 Friedelind Wagner an Eva Chamberlain und Daniela Thode, Brief vom 29.10.1936, RWNA Bayreuth
48 NÜB, S. 310: auch Lieselotte Schmidt wurde von Veil wochenlang unter Luminal gesetzt.
49 Stiftung sächsische Gedenkstätten (Hrsg.): Nationalsozialistische Euthanasieverbrechen. Beiträge zur Aufarbeitung ihrer Geschichte in Sachsen, Dresden 2004
50 Heinz Tietjen an Friedelind Wagner, Brief vom 24.11.1936, zit. nach Hamann 2002, S. 329
51 Friedelind Wagner an Daniela Thode, Brief vom 9.10.1939, RWNA Bayreuth
52 Heinz Tietjen an Friedelind Wagner, Brief vom 24.11.1936, zit. nach Hamann 2002, S. 328f.
53 NÜB, S. 257f.
54 Friedelind Wagner an Daniela Thode und Eva Chamberlain, Brief vom 14.1.1937, RWNA Bayreuth
55 Eva Chamberlain an Friedelind Wagner, Brief vom 16.1.1937, RWNA Bayreuth
56 Marcel Reich-Ranicki: Mein Leben, Stuttgart 1999, S. 125
57 NÜB, S. 264
58 Ebd., S. 263
59 Ebd.
60 Eva Chamberlain an Friedelind Wagner, Brief vom 4.7.1937, RWNA Bayreuth
61 Isabella Wallich: Recording My Life, London 2001, S. 49. Im Folgenden abgekürzt als: Wallich 2001
62 Friedelind Wagner an Daniela Thode und Eva Chamberlain, Brief vom 14.6.1937, RWNA Bayreuth
63 Ebd.

64 Daniela Thode an Friedelind Wagner, Brief vom 4.7.1937, RWNA Bayreuth

65 Friedelind Wagner an Daniela Thode, Brief vom 10.7.1937, RWNA Bayreuth

66 Friedelind Wagner an Daniela Thode und Eva Chamberlain, Brief vom 9.8.1937, RWNA Bayreuth

67 »Vertrag« vom 28.12.1933. Zit. nach Rieger 2012, S. 70

68 Friedelind Wagner an Eva Chamberlain und Daniela Thode, Brief vom 16.8.1937, RWNA Bayreuth

69 Friedelind Wagner an Daniela Thode, Brief vom 10.10.1937, RWNA Bayreuth

70 NÜB, S. 139

71 Ebd., S. 297

72 Joseph Goebbels, Tagebücher Teil I, Bd. 4, S. 237ff., Eintragung vom 29.7.1937

73 NÜB, S. 279

74 Daniela Thode an Friedelind Wagner, Brief vom 31.7.1937, RWNA Bayreuth

75 Friedelind Wagner an Daniela Thode, Brief vom 16.8.1937, RWNA Bayreuth

76 NÜB, S. 301

77 Ebd.

78 Friedelind Wagner an Eva Chamberlain, Brief vom 23.7.1937, RWNA Bayreuth

79 NÜB, S. 287

80 Vgl. Barbara von der Lühe: Die Musik war unsere Rettung. Die deutschsprachigen Gründungsmitglieder des Palestine Orchestra, Tübingen 1998, S. 190

81 Friedelind Wagner an Daniela Thode und Eva Chamberlain, Brief vom 12.2.1938, RWNA Bayreuth

82 Daniela Thode an Friedelind Wagner, Brief vom 2.12.1937, RWNA Bayreuth

83 NÜB, S. 290

84 Daniela Thode an Friedelind Wagner, Brief vom 24.3.1938, RWNA Bayreuth

85 Peter P. Pachl: Siegfried Wagners musikdramatisches Schaffen, Tutzing 1979, S. 140

86 Friedelind Wagner an Eva Chamberlain und Daniela Thode, Brief vom 4.4.1938, RWNA Bayreuth

VIERTES KAPITEL

1 NÜB, S. 298f.

2 Vgl. Hamann 2002, S. 356ff.

3 Winifred Wagner an Helene Roesener, Brief vom 26.4.1938, zit. nach ebd., S. 359

4 Winifred Wagner an Helene Roesener, Brief vom 7.7.1938, zit. nach ebd., S. 359

5 Vgl. ebd., S. 359

6 Sterbeurkunde Dr. Albert Knittel, Ur. Nr. 657, Konstanz. Für die Überlassung einer beglaubigten Kopie danke ich dem Stadtarchivar Dr. Klöckner, Konstanz.

7 Nach freundlicher Auskunft von Frau Angelika Herkert, Stadtarchiv Karlsruhe

8 Nicole Casanova: Isolde 39 – Germaine Lubin, Paris 1974, S. 137, im Folgenden abgekürzt als: Casanova 1974

9 Ebd., S. 139

10 NÜB, S. 312

11 Ebd., S. 313

12 Gottfried von Einem: Ich hab' unendlich viel erlebt, Wien 1995, S. 66f. Im Folgenden abgekürzt als: Einem 1995

13 Ebd., S. 58

14 Ebd., S. 18

15 Ebd., S. 16

16 NÜB, S. 309f.

17 Ebd., S. 315

18 Ebd., S. 310

19 Ebd.

20 Ebd., S. 316f.

21 Hamann 2002, S. 369

22 Todesanzeige des Stifts. EZA Berlin 22/293

23 Annemarie von Auerswald

24 NÜB, S. 134. – Rechtsanwalt Servatius hat mir am 15.12.1994 untersagt zu verbreiten, dass Friedelind Wagner BDM-Mitglied gewesen sei. Er behauptet in diesem Brief an den Dittrich-Verlag, in Heiligengrabe habe es »keine BDM-Formation« gegeben, was den historischen Tatsachen widerspricht.

25 Z.B. »Lebenswerke« – Frauen im Kloster Stift Heiligengrabe zwischen 1847 und 1945, hrsg. im Auftrag des Kloster Stift zum Heiligengrabe von Simone Oelker und Astrid Reuter sowie von der

Deutschen Stiftung Denkmalschutz, Bonn 2002, S. 46. (Im Folgenden abgekürzt als: Lebenswerke 2002.) Das Foto stammt aus dem Stiftsarchiv und befindet sich heute im Brandenburgischen Landeshauptarchiv Potsdam.

26 Lothar Oestreich vor der Gestapo Potsdam, Protokoll vom 26.5. 1934, zit. nach Nora Neese, Erinnerungsbuch II, S. 435, EZA Berlin

27 Winifred Wagner an Bernhard Rust u.a., undatierter Rundbrief, EZA Berlin

28 Marie Elisabeth Klee, geb. Freiin von Heyl zu Herrnsheim, in: ebd., S. 526; und: anonym, in: ebd., S. 109

29 Heiligengrabe 1287–1937, mit einem Vorwort von Hedwig von Saenger, Heiligengrabe 1937

30 Zit. nach: Friedrich Saathen, Einem-Chronik, Wien 1981, S. 91. Im Folgenden abgekürzt als: Saathen 1981

31 Ebd.

32 Friedelind Wagner an Daniela Thode und Eva Chamberlain, Brief vom 19.10.1939, RWNA Bayreuth

33 Friedelind Wagner an Daniela Thode, Brief vom 7.10.1938, RWNA Bayreuth

34 Friedelind Wagner an Daniela Thode und Eva Chamberlain, Brief vom 19.10.1938, RWNA Bayreuth

35 Einem 1995, S. 67

36 Friedelind Wagner an Daniela Thode und Eva Chamberlain, Brief vom 16.2.1939, RWNA Bayreuth

37 NÜB, S. 318

38 Joseph Goebbels: Tagebucheintrag vom 9.11.1938, zit. nach: Tagebücher Teil I, Bd. 6, bearbeitet von Jana Richter, München 1998, S. 210

39 Ebermayer 1951, S. 222f.

40 E-Mail von Dr. Stefan Martens an Eva Weissweiler, 29.5.2012

41 E-Mail von Annegret Wilke an Eva Weissweiler, 7.6.2012

42 Le Figaro, 8.11.1938

43 Vgl. S. 32

44 Vgl. S. 138ff., 234f.

45 Hamann 2002, S. 378

46 Vgl. dazu Helmut Paulus und Ekkehard Hübschmann: Die »Reichskristallnacht« 1938 in Bayreuth, Bayreuth 1998, S. 9ff.

47 Bayreuther Tagblatt, 10.11.1938

48 Le Figaro, 11.11.1938

49 Friedelind Wagner an Daniela Thode und Eva Chamberlain, Brief vom 15. 1. 1939, RWNA Bayreuth
50 Ebd.
51 Friedelind Wagner an Daniela Thode und Eva Chamberlain, Brief vom 16. 2. 1939, RWNA Bayreuth
52 Friedelind Wagner an Daniela Thode und Eva Chamberlain, Brief vom 17. 11. 1938, RWNA Bayreuth
53 Heute in den National Archives, Kew, archiviert unter: KV 2/1914, im Folgenden abgekürzt als: Kew/Wagner
54 Kew/Wagner 11a
55 Friedelind Wagner an Winifred Wagner, Brief vom 10. 9. 1939, zit. nach Kew/Wagner 32a
56 Friedelind Wagner an Daniela Thode und Eva Chamberlain, Brief vom 22. 12. 1938, RWNA Bayreuth
57 Friedelind Wagner an Daniela Thode und Eva Chamberlain, Brief vom 15. 1. 1939, RWNA Bayreuth
58 Le Figaro, 29. 1. 1939
59 Daniela Thode an Adolf Zinsstag, Brief vom 15. 3. 1939, UB Basel, Nachlass Zinsstag
60 Daniela Thode an Blandine Gravina, Brief vom 14. 3. 1939, RWNA Bayreuth
61 NÜB, S. 321f.
62 Daniela Thode an Winifred Wagner, Brief vom 24. 6. 1939, RWNA Bayreuth
63 Friedelind Wagner an Daniela Thode und Eva Chamberlain, Brief vom 1. 7. 1939, RWNA Bayreuth
64 Beerli-Hottinger 2008, S. 21
65 NÜB, S. 322
66 Vgl. Hamann 2002, S. 397
67 Zit. nach Ian Kershaw: Hitler 1936 – 56, Bd. 2, München 2000, S. 213

FÜNFTES KAPITEL

1 NÜB, S. 323
2 Beerli-Hottinger 2008, S. 24
3 Ebd., S. 23
4 Ellen Beerli an Adolf Zinsstag, Brief vom 9. 9. 1939, UB Basel, Nachlass Zinsstag
5 Daniela Thode an Adolf Zinsstag, Brief vom 21. 10. 1939, ebd.

6 Friedelind Wagner an Daniela Thode, Brief vom 15. 9. 1939, RWNA Bayreuth
7 Ellen Beerli an Adolf Zinsstag, Brief vom 29. 10. 1939, UB Basel, Nachlass Zinsstag
8 Winifred Wagner an Friedelind Wagner, Brief vom 10. 10. 1939, zit. nach Hamann 2002, S. 400
9 Winifred Wagner an Friedelind Wagner, Brief vom 25. 1. 1940, zit. nach Kew/Wagner 32a
10 Winifred Wagner an Friedelind Wagner, Brief vom 25. 1. 1940, zit. nach Hamann 2002, S. 402
11 Vgl. S. 121ff.
12 Friedelind Wagner an Daniela Thode, Brief vom 13. 9. 1939, RWNA Bayreuth
13 Friedelind Wagner an Daniela Thode, Brief vom 15. 9. 1939, RWNA, Bayreuth
14 Ebd.
15 Friedelind Wagner an Daniela Thode, Brief vom 19. 9. 1939, RWNA Bayreuth
16 Friedelind Wagner an Daniela Thode, Brief vom 25. 10. 1939, RWNA Bayreuth
17 Notizbücher von Wilhelm Furtwängler, Eintragungen vom 2. 10. und 6. 12. 1939, Furtwängler-Nachlass Berlin, Deutsche Staatsbibliothek, Musikabteilung
18 Friedelind Wagner an Daniela Thode und Eva Chamberlain, Brief vom 6. 11. 1939, RWNA Bayreuth
19 Friedelind Wagner an Eva Chamberlain und Daniela Thode, Brief vom 20. 12. 1939, RWNA Bayreuth
20 Wilhelm Furtwängler an Winifred Wagner, Brief vom 15. 11. 1937, zit. nach Hamann 2002, S. 351
21 Friedelind Wagner an Eva Chamberlain und Daniela Thode, Brief vom 6. 11. 1939, RWNA Bayreuth
22 Friedelind Wagner an Arturo Toscanini, Brief vom 7. 12. 1939, NYPL, Toscanini-Collection
23 Nicht das »Generalkonsulat in Bern«, wie bei Rieger 2012, S. 132, zu lesen. In Bern befand sich kein Konsulat, sondern die Gesandtschaft.
24 PAA, Berlin. Ich danke Frau Annegret Wilke für die Überlassung einer Kopie dieses Schriftstücks. Der Unterzeichner, Dr. Emil Schumburg, war kein Mitarbeiter der deutschen Gesandtschaft in der Schweiz, sondern »Judenreferent« im Auswärtigen Amt Berlin.

25 Vgl. S. 29f.

26 Friedelind Wagner an Adolf Zinsstag, Brief vom 17.1.1940, UB Basel, Nachlass Zinsstag

27 Daniela Thode an Adolf Zinsstag, Brief vom 13.1.1940, ebd.

28 Daniela Thode an Adolf Zinsstag, Brief vom 2.2.1940, ebd.

29 Wolfgang Wagner an Wieland Wagner, undatierter Brief von 1940, zit. nach Rieger 2012, S. 140. Er spricht von Hans Frank, dem »Schlächter von Polen«.

30 Wolfgang Wagner an Wieland Wagner, Brief vom 25.1.1940, zit. nach Rieger 2012, S. 146

31 Friedelind Wagner an Daniela Thode, Brief vom 25.1.1940, RWNA Bayreuth

32 Hans Berger an Eva Chamberlain, Briefe vom 23.6. und 8.7.1940, zit. nach Hilmes 2010, S. 267

33 NÜB, S. 326

34 Ebd., S. 333ff.

35 Winifred Wagner an Friedelind Wagner, Brief vom 9.2.1940, zit. nach Rieger 2012, S. 145

36 Zit. nach ebd., S. 145

37 Friedelind Wagner an Arturo Toscanini, Brief vom 13.2.1940, NYPL, Toscanini-Collection

38 Friedelind Wagner an Arturo Toscanini, Brief vom 5.4.1940, NYPL, Toscanini-Collection

39 Wallich 2001, S. 69

40 Vera Newman: Ernest Newman, A Memoir, London 1963, S. 194

41 Friedelind Wagner an Arturo Toscanini, Brief vom 13.2.1940, NYPL, Toscanini-Collection

42 Kew/Wagner 39

43 Ebd.

44 Vgl. Rieger 2012, S. 151. S. auch Friedelind Wagner an die Tanten, Brief vom 6.11.1939, RWNA Bayreuth. Wahrscheinlich handelte es sich um Baron Théodore Jean Charles Victor Bracht, drei Jahre älter als sie, aus reicher Familie stammend, den sie womöglich als Besucher der Luzerner Festwochen kennengelernt hatte. Er betrieb später einen schwunghaften Handel mit tropischen Pflanzen, Immobilien, Versicherungen und Hotelketten, war aber wohl damals schon sehr wohlhabend. Eine gute Partie, die die Tanten ihr dringend gewünscht hätten.

45 Einem 1995, S. 68

46 S. dazu auch die Einschätzung von Carr 2010, S. 289

47 »Das Märchen vom dicken fetten Pfannekuchen«, eine Orchester-Ballade von Siegfried Wagner aus dem Jahr 1913

48 Friedelind Wagner an Winifred Wagner, Brief vom 29.2.1940, ADK Berlin, Tietjen-Archiv (maschinenschriftliche Durchschrift)

49 Hamann 2002, S. 388

50 The Daily Mail vom 20.4.1940. S. dazu auch: Michael Seyfert: Deutsche Exilliteratur in britischer Internierung. Ein unbekanntes Kapitel der Kulturgeschichte des Zweiten Weltkriegs, Berlin 1984, S. 26f. Im Folgenden abgekürzt als: Seyfert 1984

51 Wallich 2001, S. 69

52 Kew/Wagner 32a

53 Ebd.

54 Friedelind Wagner an Arturo Toscanini, Brief vom 7.3.1940, NYPL, Toscanini-Collection

55 Ebd.

56 Vgl. dazu auch die Einschätzung von Rieger 2012, S. 187f.

57 S. dazu auch Arturo Toscanini an Ada Mainardi, Brief vom 14.8.1940, zit. nach: Harvey Sachs (Hrsg.): The Letters of Arturo Toscanini, New York 2002, S. 376. Hier ist ausdrücklich von einem »Vertrag« mit dem Teatro Colón die Rede. Im Folgenden zitiert als Sachs/Toscanini 2002

58 Kew/Wagner 18b, Aktennotiz vom 8.7.1940

59 W. G. Regendanz und Alex Werth-Regendanz: Deutschlands militärische Gleichberechtigung, eine völkerrechtliche Untersuchung, Berlin 1932

60 Ebd., S. 112

61 Ebd., S. 155

62 Emery Reves war 1904 als Imre Révész geboren worden. Sein Vater, ein Holz- und Getreidehändler, hieß ursprünglich Simon Rosenbaum.

63 Vgl. dazu: Winston Churchill and Emery Reves, Correspondence 1937–1964, Texas 1997, S. 2ff.

64 Hermann Rauschning: Gespräche mit Hitler, Wien 1973, S. 22. Im Folgenden abgekürzt als Rauschning 1973

65 Ebd., S. 215

66 Kew/Wagner, P. F. 49754, Notiz vom 13.5.1942

67 Friedelind Wagner an Eva Chamberlain und Daniela Thode, Briefe vom 10.7. und 19.7.1939, RWNA Bayreuth

68 Emery Reves an Friedelind Wagner, Briefe vom 10.10.1941 und 4.12.1944, zit. nach Rieger 2012, S. 156

69 Friedelind Wagner an Gottfried von Einem, Brief vom 7.3.1940, zit. nach Rieger 2012, S. 151

70 Vermutlich schon seit dem 1.1.1939 (National Archives, Kew, Akte KV 2/1914)

71 Wallich 2001, S. 68f.

72 Kew/Wagner 11a

73 Lady Barker am 18.5.1940, in: Kew/Wagner 17ax

74 Joseph Goebbels: Tagebucheintrag vom 4.5.1940, zit. nach: Tagebücher Teil I, Bd. 8, S. 92f.

75 NÜB, S. 303f.

76 Vgl. dazu S.29ff.

77 Kew/Wagner 17a, Notiz vom 17.5.1940

78 Seyfert 1984, S. 28

79 Wallich 2001, S. 70

80 Seyfert 1984, S. 22

81 Anschauliche Beschreibung bei: Detlef Berthelsen, Alltag bei Familie Freud – die Erinnerungen der Paula Fichtl, Hamburg 1978, S. 105ff.

82 Vgl. Charmian Brinson: Keine verlorene Zeit. Musik im britischen Fraueninternierungslager Rushen, in: Echolos. Klangwelten verfolgter Musikerinnen in der NS-Zeit, hrsg. von Anna-Christine Rhode-Jüchtern und Maria Kublitz-Kramer, Bielefeld 2004, S. 243ff.

83 Rieger 2012, S. 166

84 Kew/Wagner, P. F. 49754, Notiz vom 23.3.1942

85 Ebd., Notiz vom 28.4.1941

86 Ebd., Notiz vom 7.4.1941

87 Ebd., 22b, Notiz vom 12.1.1941

88 Ebd., 18a, Notiz vom 26.5.1940

89 Ebd., 35f., P. P. 49754 (mad when gauged by ordinary standards)

90 Nach Rieger 2012, S. 166f. – Da ich keinen Zugang zum Briefwechsel zwischen Friedelind Wagner und Jeanette Simon hatte, muss ich mich auf die bei Eva Rieger abgedruckten Zitate beschränken.

91 Rieger 2012, S. 170

92 Friedelind Wagner an Jeanette Simon, Brief vom September 1940, zit. nach ebd., S. 177

93 Friedelind Wagner an Jeanette Simon, Brief vom 19.9.1940, zit. nach ebd., S. 180

94 Friedelind Wagner an Jeanette Simon, Brief vom 20.9.1940, zit. nach ebd., S. 177f.
95 Rechtsanwalt Kenneth Brown Baker an Arturo Toscanini, Brief vom 5.1.1940, NYPL, Toscanini-Collection
96 Reading Eagle, 5.12.1940
97 The Cavalcade, 14.12.1940
98 Vgl. Carr 2010, S. 294
99 Kew/Wagner 32a
100 La Razón, Buenos Aires, 10.3.1941
101 Friedelind Wagner an Arturo Toscanini, Brief vom 4.3.1941, NYPL, Toscanini-Collection
102 Deutsche Botschaft Buenos Aires, 12.3.1941 an das Reichsaußenministerium in Berlin. Quelle: PAA Berlin, Inland II A/B, Akte, betreffend Tätigkeit deutscher Emigranten im Ausland 1941/42, R 99600
103 Grete Busch: Fritz Busch – Dirigent, Frankfurt/M. 1970, S. 80f. Im Folgenden abgekürzt als: Grete Busch 1970
104 Erich Engel an Heinz Tietjen, Brief vom 15.11.1941, ADK Berlin, Tietjen-Archiv
105 Friedelind Wagner an Arturo Toscanini, Brief vom 1.4.1941, NYPL, Toscanini-Collection
106 Friedelind Wagner an Arturo Toscanini, Brief vom 6.5.1941, ebd.
107 Ebd.
108 Friedelind Wagner an Arturo Toscanini, Brief vom 26.5.1941, ebd.
109 Stephan Stompor: Künstler im Exil, Teil I, Frankfurt/M. 1994, S. 647
110 Friedelind Wagner an Walter Felsenstein, Brief vom 28.2.1957, ADK Berlin, Felsenstein-Archiv
111 Zit. nach Rieger 2012, S. 194
112 Grete Busch 1970, S. 207
113 Friedelind Wagner: Aufzeichnung über die Begegnung mit Toscanini, Manuskript vom 20.6.1941. Zit. nach Rieger 2012, S. 194
114 Friedelind Wagner, ebd., S. 198
115 Friedelind Wagner: Tagebuch vom 30.7.1941, ebd., S. 200
116 Der Aufbau, 9.5.1941
117 Claudia Appelius: Die schönste Stadt der Welt. Deutsch-jüdische Flüchtlinge in New York, Essen 2003, S. 168. Im Folgenden abgekürzt als: Appelius 2003
118 Rieger 2012, S. 221
119 Sachs 1980, S. 372

120 Ruth Landshoff-Yorck: Klatsch, Ruhm und kleine Feuer, Frankfurt/M. 1998, S. 182. Im Folgenden abgekürzt als: Landshoff 1998

121 Ebd., S. 192

122 Zu Eleonora und Francesco von Mendelssohn vgl. Thomas Blubacher: Gibt es etwas Schöneres als die Sehnsucht? Die Geschwister Eleonora und Francesco von Mendelssohn, Berlin 2012. Im Folgenden abgekürzt als: Blubacher 2012

123 Ebd., S. 298

124 Ebd., S. 299

125 Rieger 2012, S. 204

126 Ebd., S. 206

127 Der Aufbau, 12. 12. 1941

128 The New York Herald Tribune, 16. 2. 1942

129 Erika-Mann-Nachlass, Stadtbibliothek München, Monacensia

130 Erika Mann: Radio-Interview mit Friedelind Wagner, New York, 13. 2. 1942, ebd.

131 Erika Mann an Thomas Mann, Brief vom 15. 2. 1942, zit. nach: Erika Mann: Briefe und Antworten, hrsg. von Anna Zanco Prestel, München 1984, Bd. I, S. 181

132 BA Berlin, NS 18/864

133 Vgl. Hamann 2002, S. 438

134 Klaus Mann an Erika Mann, Brief vom 18. 4. 1942, zit. nach: Klaus-Mann-Schriftenreihe, Bd. 5 (Trauma Amerika), hrsg. von Frederic Kroll, Wiesbaden 1985, S. 371

135 Klaus Mann: Tagebücher 1940–1943, hrsg. von Joachim Heimannsberg u.a., München 1991, S. 95, Eintrag vom 29. 5. 1942

136 Rieger 2012, S. 218

137 Der Aufbau, 17. 3. 1944

138 Vgl. S. 110f.

139 Klaus Mann: Der Wendepunkt, Reinbek 2006, S. 491 und 501. Im Folgenden abgekürzt als: Mann 2006

140 Rieger 2012, S. 222

141 Friedelind Wagner an Herbert und Erna Janssen, 23. 8. 1942, zit. nach Rieger 2012, S. 219

142 Friedelind Wagner im »Musical Courier«, 15. 3. 1945. S. dazu auch Sam H. Shirakawa: The Devil's Music Master. The Controversial Life and Career of Wilhelm Furtwängler, New York 1992, S. 304

143 Zit. nach Herbert Haffner: Furtwängler, Berlin 2003, S. 242f. Im Folgenden abgekürzt als: Haffner 2003

144 Ebd., S. 160
145 Ebd.
146 Vgl. Rieger 2012, S. 222
147 Ellen Beerli an Friedelind Wagner, Brief vom 28.9.1945, zit. nach Rieger 2012, S. 230f.
148 Friedelind Wagner an Ellen Beerli, Brief vom 2.9.1945, zit. nach ebd. S. 237
149 NÜB, S. 135

SECHSTES KAPITEL

1 Der Aufbau, 11.5.1945
2 Ebd., 5.9.1941
3 Offener Brief an Walter Molo, September 1945, zit. nach: Thomas Mann: Reden und Aufsätze II, Frankfurt/M. 1965, S. 953
4 Vgl. Rieger 2012, S. 235f.
5 Mann 2006, S. 683f.
6 Friedelind Wagner an Ellen Beerli, Brief vom 19.9.1945, zit. nach Hamann 2002, S. 514f.
7 Bericht über einen Vortrag von Friedelind Wagner, Der Aufbau, 10.10.1947
8 Ellen Beerli an Friedelind Wagner, Brief vom 28.9.1945, zit. nach Hamann 2002, S. 511
9 Ebd., S. 521
10 Ebd., S. 540
11 Wieland Wagner an Kurt Overhoff, Brief vom 6.5.1946, BASTB, Nachlass Overhoff
12 Wieland Wagner an Arturo Toscanini, Brief vom 30.9.1945, NYPL, Toscanini-Collection
13 Wieland Wagner an Friedelind Wagner, Brief vom 25.1.1940, zit. nach Schostack 1998, S. 170
14 Wieland Wagner an Kurt Overhoff, undatierter Brief (März 1946), BASTB, Nachlass Overhoff
15 Friedelind Wagner an Wieland Wagner, Brief vom 5.11.1945, NYPL, Toscanini-Collection
16 The Saturday Review, 15.12.1945
17 Arturo an Carla Toscanini, Brief vom 24.10.1946, zit. nach: Sachs 2002, S. 414
18 Vgl. Hamann 2002, S. 557

19 Berta Geissmar an Heinz Tietjen, Brief vom 22.1.1946, ADK Berlin, Tietjen-Archiv
20 Wagner 1994, S. 138
21 Wieland Wagner an Maria Dernburg, Brief vom 12.6.1946, zit. nach Schostack 1998, S. 228
22 Winifred Wagner an Friedelind Wagner, Brief vom 17.4.1946, zit. nach Hamann 2002, S. 539
23 Gertrud Wagner an Kurt Overhoff, Brief vom 3.7.1947, BASTB München, Nachlass Overhoff
24 Diese Beschreibung der amerikanischen opera workshops stützt sich auf: Herbert Graf, Aus der Welt der Oper, Zürich 1960
25 Vgl. Rieger 2012, S. 258
26 Friedelind Wagner an Jeanette Eisex, Brief vom 23.8.1947, zit. nach ebd., S. 257
27 Vgl. Schostack 1998, S. 234
28 Ebd., S. 233
29 Ebd., S. 237
30 Friedelind Wagner an Wieland Wagner, Brief vom 20.3.1947, zit. nach Rieger 2012, S. 258
31 NWagner 1998, S. 323. Diese Version schilderte mir auch Gertrud Wagner auf Sylt.
32 Ebd., S. 208f.
33 Bruno Walter an Wilhelm Furtwängler, Brief vom 13.1.1949, zit. nach: Bruno Walter: Briefe, 1894–1962, hrsg. von Lotte Walter Lind, Frankfurt/M. 1969, S. 308
34 Rieger 2012, S. 261
35 Bruno Walter an Heinz Tietjen, Anlage zu einem Brief Tietjens an den Hallwag-Verlag, Bern, 5.3.1947, ADK Berlin, Tietjen-Archiv
36 Vgl. S. 123
37 Vgl. S. 221
38 Vgl. Rieger 2012, S. 247
39 NÜB, S. 137
40 Vgl. S. 85
41 Heinz Tietjen an den Hallwag Verlag Bern, Brief vom 5.3.1947, ADK Berlin, Tietjen-Archiv
42 Hallwag-Verlag Bern an Heinz Tietjen, Brief vom 31.3.1947, ebd.
43 Volksrecht, 16.10.1946
44 Schweizer Monatshefte 27, 1947, S. 61f.
45 Casanova 1974, S. 219

46 Hamann 2012, S. 542
47 Einhard Luther: Keiner wie er. Max Lorenz, Berlin 2009, S. 73. Im Folgenden abgekürzt als: Luther 2009
48 Oskar Meyer an Friedelind Wagner, Brief vom 9.7.1946, zit. nach Rieger 2012, S. 263
49 Ebd., S. 264
50 Ebd., S. 264f.; s. auch Hamann 2002, S. 523f.
51 Tagebuch Gertrud Strobel, zit. nach Hamann 2002, S. 523
52 Friedelind Wagner an Arturo Toscanini, Brief vom 7.12.1939, NYPL, Toscanini-Collection
53 Franz Wilhelm Beidler an Thomas Mann, Brief vom 6.6.1933, zit. nach: Franz Wilhelm Beidler: Cosima Wagner-Liszt. Der Weg zum Wagner-Mythos. Hrsg. von Dieter Borchmeyer, Bielefeld 1997, S. 305. Im Folgenden abgekürzt als: Beidler 1997
54 Daniela Thode an Adolf Zinsstag, Brief vom 15.2.1936, UB Basel, Nachlass Zinsstag
55 Friedelind Wagner an Daniela Thode, Brief vom 10.10.1938, RWNA Bayreuth
56 Oskar Meyer an Franz Wilhelm Beidler, Brief vom 28.8.1946, zit. nach Karbaum 1976, S. 129
57 Franz Wilhelm Beidler an Oskar Meyer, Brief vom 21.9.1946, ebd., S. 129ff.
58 Franz Wilhelm Beidler an Adolf Zinsstag, Brief vom 2.1.1940, UB Basel, Nachlass Zinsstag
59 Franz Wilhelm Beidler an Eduard Platzhoff-Lejeune, Brief vom 25.3.1956, zit. nach Beidler 1997, S. 414
60 Franz Wilhelm Beidler: Vorschläge für die Zusammensetzung des Stiftungsrates der Richard-Wagner-Festspiel-Stiftung, 31.12.1946 und 3.1.1947, zit. nach Karbaum 1976, S. 131ff.
61 Wieland Wagner an Friedelind Wagner, Brief vom 6.3.1947, zit. nach Rieger 2012, S. 271
62 Thomas Mann: Tagebücher 1946–1948, hrsg. von Inge Jens, Frankfurt/M. 1989, S. 125
63 Winifred Wagner an Friedelind Wagner, Brief vom 8.5.1947, zit. nach Hamann 2002, S. 537
64 Friedelind Wagner an Wolfgang Wagner, Brief vom 22.4.1947, zit. nach Rieger 2012, S. 272
65 Zit. nach Rieger 2012, ebd., die sich auf eine Mitteilung von Friedelinds Schwester Verena Lafferentz beruft

66 Wagner 1994, S. 136

67 Hamann 2012, S. 539

68 Friedelind Wagner an Geoffrey Skelton, Brief vom 15.1.1970, zit. nach Rieger 2012, S. 274

69 Rüdiger Bolz: Rundfunk und Literatur unter amerikanischer Kontrolle. Das Programmangebot von Radio München 1945–1949, Wiesbaden 1991, S. 495

70 Winifred Wagner an Hans Heinz Stuckenschmidt, Brief vom 10.2.1947, ADK Berlin, Stuckenschmidt-Archiv

71 Zit. nach Hamann 2002, S. 532

72 Winifred Wagner an Friedelind Wagner, Brief vom 16.3.1947, zit. nach ebd., S. 541

73 Winifred Wagner an Friedelind Wagner, Brief vom 6.8.1947, zit. nach Rieger 2012, S. 247

74 Der Tagesspiegel, 23.5.1947

75 Der Abend, Berlin, 24.4.1947

76 Winifred Wagner an Friedelind Wagner, Brief vom 3.6.1947, zit. nach Hamann 2002, S. 545

77 Zit. nach ebd., S. 545

78 Zit. nach Rieger 2012, S. 250

79 Hamann 2002, S. 546

80 Ebd., S. 547

81 Im Syberberg-Film von 1975

82 Zit. nach Rieger 2012, S. 253

83 Wagner 1994, S. 138f.

84 Friedelind Wagner an das Ehepaar Beerli, Brief vom 11.2.1948, zit. nach Rieger 2012, S. 237

85 Luther 2009, S. 82. Der Autor stützt sich hier auf einen mündlichen Bericht von Max Lorenz, der von Svet Svanholm – einem an diesem Abend im November 1947 ebenfalls anwesenden Tristan-Darsteller – wörtlich bestätigt wurde. Natürlich ist hier eine gewisse Skepsis geboten, aber die Tatsache, dass Friedelind vor ihrem Gang ins Exil unbedingt die Briefe von Max Lorenz zurückhaben wollte (vgl. S. 107), lässt den Bericht glaubwürdig erscheinen.

86 Wolfgang Wagner an Dr. Schultz, Brief vom 1.11.1948, zit. nach Hamann 2002, S. 526

87 Winifred Wagner an Friedelind Wagner, Brief vom 27.11.1948, zit. nach Rieger 2012, S. 239

88 Vgl. S. 34f.

89 Wagner 1994, S. 140
90 Zit. nach Wessling 1983, S. 284f.
91 Wagner 1994, S. 141

SIEBTES KAPITEL

1 Der Spiegel 4/1949
2 Friedelind Wagner an Wolfgang und Wieland Wagner, Brief vom Juni 1949, o. D. zitiert bei Schostack 1998, S. 263
3 Friedelind Wagner an »Tankred«, Brief vom 22.5.1949, zit. nach Rieger 2012, S. 267 (Die Person namens »Tankred« kann offenbar nicht näher identifiziert werden)
4 Münchner Abendzeitung, Sonderausgabe, 10.5.1950
5 Ebd.
6 Zit. nach Frankenpost, 1.8.1950
7 Vgl. Hamann 2002, S. 383
8 Frankenpost, 1.8.1950; Hamann 2002, S. 383
9 Der Spiegel, 10.8.1950
10 Carr 2010, S. 320 und 322
11 Wieland und Wolfgang Wagner an Friedelind Wagner, Brief vom 10.7.1950, zit. nach Rieger 2012, S. 284
12 Fränkische Presse, 3.8.1950
13 Friedelind Wagner an Alfhild Brickbauer, Brief vom 26.6.1950, zit. nach Rieger 2012, S. 284
14 Zit. nach Frederic Spotts: Bayreuth – eine Geschichte der Wagner-Festspiele, München 1994, S. 239
15 Franz Wilhelm Beidler: Bedenken gegen Bayreuth, in: Das literarische Deutschland, Heidelberg, 20.8.1951
16 Das Buch wurde 1995 von Dirk Heißerer aus ihrem Nachlass herausgegeben. Es war die Quintessenz einer Reihe von anderen kritischen und satirischen Arbeiten, die sie über Wagner verfasst hatte, u.a. das Drehbuch zu Helmut Käutners Film »Ludwig II.« (1954/55) mit O. W. Fischer in der Hauptrolle. Kadidja Wedekind schildert Wagner als egozentrischen, sächselnden Zwerg, der von der »Walgiere«, den »Rheindechtern« und dem »Barsiwal« spricht. Das wird Friedelind nicht gefallen haben, die einen ironischen Umgang mit ihrem Großvater nicht ertragen konnte.
17 Münchner Illustrierte, 28.7.1951
18 Verena Lafferentz an Winifred Wagner, undatierter Brief, zit. nach Rieger 2012, S. 295

19 Ebd., S. 297
20 NWagner 1998, S. 344
21 Vgl. Rieger 2012, S. 298
22 Winifred Wagner an Helene Roesener, Brief vom 4. 6. 1953, zit. nach Hamann 2002, S. 580
23 Winifred Wagner an Friedelind Wagner, Brief vom 27. 6. 1953, zit. nach Rieger 2012, S. 299
24 Ebd., S. 300
25 Casanova 1974, S. 233
26 Ebd., S. 235
27 Vgl. S. 123ff.
28 Winifred Wagner an Helene Roesener, Brief vom 5. 8. 1953, zit. nach Hamann 2002, S. 579
29 24. 7. 1953
30 Münchner Abendzeitung, undatierter Zeitungsausschnitt (1953) im RWNA Bayreuth
31 Eigentlich zwölf, denn auch Franz Wilhelm Beidler hat eine Tochter, Dagny, von deren Existenz Friedelind aber erst später erfährt.
32 Gottfried Wagner: Wer nicht mit dem Wolf heult, Köln 2010, S. 47
33 Vgl. S. 220
34 Winifred Wagner an Kallmeyer, Brief vom 6. 10. 1953, zit. nach Hamann 2002, S. 580
35 Friedelind Wagner in »Lady's Home Journal«, undatiert (Oktober 1953), zit. nach Rieger 2012, S. 285
36 Einem 1995, S. 68
37 Ebd., S. 69
38 Zit. nach: Die Abendzeitung, München, 9./10. 10. 1954
39 Der Spiegel, 24. 3. 1954
40 Fränkische Presse, 28. 4. 1954
41 Friedelind Wagner an Frida Leider, Brief vom 7. 9. 1954, zit. nach Rieger 2012, S. 313
42 Die Abendzeitung, München, 9./10. 10. 1954
43 Ebd.
44 Friedelind Wagner an Herbert und Erna Janssen, Brief vom 1. 8. 1954, zit. nach Rieger 2012, S. 314
45 Die Abendzeitung, München, 9./10. 10. 1954
46 Ebd.
47 Friedelind Wagner an Irving Kolodin, Brief vom 25. 9. 1955, NYPL, Irving-Kolodin-Collection

48 Ebd.
49 Martina Eory: Zur Rolle der Musik für zentraleuropäisch jüdische Flüchtlinge in der Diaspora Shanghai 1934–1949, Magisterarbeit/Universität Wien, S. 75 und 83
50 Friedelind Wagner an Irving Kolodin, Brief vom 28. 9. 1955, NYPL, Irving-Kolodin-Collection
51 Brief vom 30. 9. 1955
52 Ebd.
53 Berndt W. Wessling: Wieland Wagner, der Enkel, Köln 1997, S. 252ff.
54 Rieger 2012, S. 325
55 Friedelind Wagner an Walter Felsenstein, Brief vom 20. 10. 1961, ADK Berlin, Felsenstein-Archiv
56 Interview mit Christoph Felsenstein, 13. 7. 2012
57 Friedelind Wagner an Walter Felsenstein, Brief vom 30. 11. 1958, ADK Berlin, Felsenstein-Archiv
58 Friedelind Wagner an Walter Felsenstein, Brief vom 20. 10. 1961, ebd.
59 Interview mit Christoph Felsenstein, 13. 7. 2012
60 Friedelind Wagner an Walter Felsenstein, Brief vom 28. 2. 1957, ADK Berlin, Felsenstein-Archiv
61 Friedelind Wagner an Walter Felsenstein, Brief vom 17. 6. 1957, ebd.
62 Friedelind Wagner an Walter Felsenstein, Brief vom 6. 8. 1957, ebd.
63 Friedelind Wagner an Marianne Kasel, 25. 10. 1958, ebd.
64 Friedelind Wagner an Walter Felsenstein, Brief vom 30. 11. 1958, ebd.
65 Schostack 1998, S. 328
66 Auskunft von Dr. Eberhard Wagner, Bayreuth
67 Zit. nach Rieger 2012, S. 326
68 Howard Taubman: New Wagnerites, The New York Times, 8. 2. 1959
69 Martin Bernheimer im »Saturday Review«, 30. 4. 1960
70 Nürnberger Zeitung, 19. 7. 1959
71 Friedelind Wagner an Walter Felsenstein, Brief vom 4. 4. 1960, ADK Berlin, Felsenstein-Archiv
72 Es ging um die geplante Uraufführung der Oper »Odyssee« von Rudolf von Oertzen.
73 Friedelind Wagner an Irving Kolodin, Brief vom 6. 11. 1960, NYPL, Kolodin-Collection
74 Brief vom 8. 8. 1961
75 Leon Stein: The Racial Thinking of Richard Wagner, New York 1950, S. VIIf.

76 Vgl. Rieger 2012, S. 350
77 Friedelind Wagner an Walter Felsenstein, Brief vom 2.2.1963, ADK Berlin, Felsenstein-Archiv
78 Friedelind Wagner an Walter Felsenstein, Brief vom 1.10.1962, ebd.
79 Friedelind Wagner an Walter Felsenstein, Brief vom 6.1.1964, ebd.
80 Walter Felsenstein an Friedelind Wagner, handschriftlicher Brief vom Juli 1964, ebd.
81 Die Zeit, 34/1962
82 Der Spiegel, 19/1966
83 Winifred Wagner an Kurt Overhoff, Brief vom 14.10.1965, BSTAB, Nachlass Overhoff
84 Münchner Merkur, 24.8.1966
85 Friedelind Wagner an Thomas Neumiller, Brief vom 29.9.1966, Fales-Library, Neumiller-Collection, im Folgenden abgekürzt als: Neumiller/Fales
86 Schwuchteln

ACHTES KAPITEL

1 Anja Silja: Die Sehnsucht nach dem Unerreichbaren. Wege und Irrwege, Berlin 1999, S. 176
2 Walter Felsenstein an Wolfgang Wagner, Brief vom 18.10.1966, ADK Berlin, Felsenstein-Archiv
3 Interview vom 14.1.2013
4 The Times, London, 24.12.1966: Bayreuth and Dream Theatres
5 Boston Sunday Globe, 23.4.1967: Family Extraordinary
6 Wagner 1994, S. 289
7 Süddeutsche Zeitung, Magazin, 22.5.2009
8 Vgl. Rieger 2012, S. 335
9 Hans Schnoor: Friedelind sucht die Bewährung, Westfalen-Blatt Bielefeld, 2.12.1967
10 Westfalen-Blatt Bielefeld, 16.6.1956
11 Zum »Fall Schnoor« gibt es eine umfangreiche Literatur. Er beklagte u.a. auch, dass der neu gegründete Westdeutsche Rundfunk von jüdischen Remigranten »versklavt« werde, was ihm scharfe Kritik von Adorno, den er nur »Theodor Wiesengrund« nannte, einbrachte. Vgl. dazu Monika Boll: Nachtprogramm. Intellektuelle Gründungsdebatten in der frühen Bundesrepublik, Münster 2004
12 Der Spiegel, 25.12.1967
13 Bayreuther Tagblatt, 28.12.1967

14 Winifred Wagner an Kurt Overhoff, Brief vom 10.1.1968, BASTB, Nachlass Overhoff
15 Otto Rank: Die Lohengrinsage: Ein Beitrag zu ihrer Motivgeschichte und Deutung, Wien 1911
16 Wallich 2001, S. 203f.
17 Interview vom 14.1.2013
18 Handelsblatt, Düsseldorf, 10.1.1968
19 Rheinische Post, 3.1.1968
20 Süddeutsche Zeitung, 3.1.1968
21 Rheinischer Merkur, 12.1.1968
22 Stuttgarter Zeitung, 4.1.1968
23 Süddeutsche Zeitung, 3.1.1968
24 Nordbayerischer Kurier, Bayreuth, 3.1.1968
25 FAZ, 4.1.1968
26 Hamann 2002, S. 602
27 NWagner 1998, S. 394
28 Winifred Wagner an Kurt Overhoff, Brief vom 10.1.1968, BASTB, Nachlass Overhoff
29 Friedelind Wagner an Dr. Wolfram, undatierter Brief von 1968, zit. nach Rieger 2012, S. 387
30 Hamann 2002, S. 603
31 Rieger 2012, S. 369
32 Bodo Lafferentz an Friedelind Wagner, Brief vom 18.11.1968, zit. nach ebd., S. 369
33 Vgl. Die Zeit, 4.1.2013: Wilde Papiere
34 Neues Deutschland, 31.1.1968
35 Die NPD hatte bei den Stadtratswahlen von 1966 einen Stimmanteil von 8,2 Prozent erzielt.
36 Typoskript des Gesprächs im RWNA, Bayreuth
37 Die Zeit, 5/1968
38 Erklärung der Stadtverwaltung, »Im Zorn über Unwahrheiten«, 24.1.1968, Stadtarchiv Bayreuth
39 Hans Wild an Friedelind Wagner, abgedruckt im Nordbayerischen Kurier vom 20.3.1968
40 Peter Köpf: Schreiben nach jeder Richtung. Goebbels-Propagandisten in der deutschen Nachkriegspresse, Berlin 1995, S. 153. Im Folgenden abgekürzt als: Köpf 1995. Siehe auch Hamburger Abendblatt, 14.10.2008, und Berliner Zeitung, 21.2.2006
41 Erich Klabunde

42 Köpf 1995, S. 93
43 Vgl. Rieger 2012, S. 387f.
44 Ebd., S. 382
45 Wolfgang Wagner an Friedelind Wagner, Brief vom 1.7.1968, zit. nach Rieger 2012, S. 383
46 2.8.1968
47 Hans Schemm
48 Neues Deutschland, 7.9.1968
49 Friedelind Wagner an Walter Felsenstein, Brief vom 2.11.1968, ADK, Felsenstein-Archiv
50 Friedelind Wagner an Thomas Neumiller, Brief vom 5.12.1969, Neumiller/Fales
51 Friedelind Wagner in »Hand auf's Herz«, ARD, 2.3.1968
52 Vgl. Rieger 2012, S. 400f.
53 Friedelind Wagner an Thomas Neumiller, Brief vom 20.10.1972, Neumiller/Fales
54 Friedelind Wagner an Irving Kolodin, Brief vom 15.2.1973, NYPL, Kolodin-Collection
55 Friedelind Wagner an Thomas Neumiller, Brief vom 20.10.1972, Neumiller/Fales
56 Interview mit Peter P. Pachl am 23.1.2013
57 Friedelind Wagner an Peter P. Pachl, Brief vom 29.1.1975, Privatarchiv Pachl
58 Vgl. Rieger 2012, S. 406f.
59 Friedelind Wagner an Peter P. Pachl, Brief vom 29.1.1975, Privatarchiv Pachl
60 Friedelind Wagner an Peter P. Pachl, Brief vom 8.10.1975, ebd.
61 How Wagner came to Stockton, The Observer, 5.10.1975
62 Der Spiegel, 49/1975
63 Welt am Sonntag, 23.11.1975
64 Friedelind Wagner an Peter P. Pachl, Brief vom 14.2.1976, Privatarchiv Pachl
65 Interview mit Peter P. Pachl, 23.1.2013
66 Ebd.
67 Der Spiegel, 33/1994
68 Interview mit Peter P. Pachl, 23.1.2013
69 Friedelind Wagner an die Mitglieder der Siegfried-Wagner-Gesellschaft, Brief vom 14.5.1984, Privatarchiv Pachl
70 Winifred Wagner an Ehepaar Köster, Brief vom 29.6.1976, BASTB

71 Winifred Wagner an Kurt Overhoff, Brief vom 20.6.1976, BASTB, Nachlass Overhoff

72 Friedelind Wagner an Thomas Neumiller, Brief vom 5.10.1976, Neumiller/Fales

73 NWagner 1998, S. 417

74 Carr 2010, S. 444

75 Friedelind Wagner an Peter P. Pachl, undatierter Brief vom März 1978, Privatarchiv Pachl

76 Friedelind Wagner an Lotte Klemperer, Brief vom 31.5.1978, zit. nach Rieger 2012, S. 410

77 Gottfried Wagner 2010, S. 208

78 Irving Kolodin an Friedelind Wagner, Brief vom 31.3.1980, NYPL, Kolodin-Collection

79 Nordbayerischer Kurier vom 12.8.1983

80 FAZ, 4.5.1984

81 Autobiographischer Bericht von Friedelind Wagner. Dieses Dokument wurde mir 1994 von der Rechtsanwaltskanzlei Servatius, Hamburg, gefaxt.

82 Friedelind Wagner an Florence (Nachname unbekannt), Brief vom 5.10.1988, zit. nach Rieger 2012, S. 437

83 Interview mit Anja Silja am 14.1.2013

Literaturverzeichnis

Appelius, Claudia: Die schönste Stadt der Welt. Deutsch-jüdische Flüchtlinge in New York, Essen 2003

Beerli-Hottinger, Ellen: Richard Wagners Nachfahren auf Tribschen, hrsg. von Katja Fleischer, Luzern 2008

Beidler, Franz Wilhelm: Cosima Wagner-Liszt. Der Weg zum Wagner-Mythos, hrsg. von Dieter Borchmeyer, Bielefeld 1997

Berthelsen, Detlef: Alltag bei Familie Freud. Die Erinnerungen der Paula Fichtl, Hamburg 1978

Blubacher, Thomas: Gibt es etwas Schöneres als die Sehnsucht? Die Geschwister Eleonora und Francesco von Mendelssohn, Berlin 2012

Boll, Monika: Nachtprogramm. Intellektuelle Gründungsdebatten in der frühen Bundesrepublik, München 2004

Bolz, Rüdiger: Rundfunk und Literatur unter amerikanischer Kontrolle. Programmangebot von Radio München 1945 – 1949, Wiesbaden 1991

Brinson, Charmian: Keine verlorene Zeit. Musik im britischen Frauen-internierungslager Rushen. In: Echolos. Klangwelten verfolgter Musikerinnen in der NS-Zeit, hrsg. von Anne Rhode-Jüchtern und Maria Kublitz-Kramer, Bielefeld 2004

Busch, Grete: Fritz Busch. Dirigent, Frankfurt/M. 1970

Carr, Jonathan: Der Wagner-Clan, Hamburg 2008

Casanova, Nicole: Isolde 39 – Germaine Lubin, Paris 1974

Conrad, Herbert: Bayreuth. Der Lebensweg einer Stadt, Bayreuth 1936

D'Agoult, Marie: Dante und Goethe. Dialoge von Daniel Stern, übersetzt von ihrer Enkelin Daniela Thode, Heidelberg 1911

Debussy, Claude: Monsieur Croche. Sämtliche Schriften und Interviews, hrsg. von François Lesure, übersetzt von Josef Häusler, Stuttgart 1974

Ebermayer, Erich: Magisches Bayreuth. Legende und Wirklichkeit, Stuttgart 1951

Einem, Gottfried von: Ich hab' unendlich viel erlebt, Wien 1995

Geissmar, Berta: Musik im Schatten der Politik, Zürich 1985

Goebbels, Joseph: Tagebücher. Hrsg. von Elke Fröhlich, München 2005ff.

Graf, Herbert: Aus der Welt der Oper, Zürich 1960

Haffner, Herbert: Furtwängler, Berlin 2003
Hamann, Brigitte: Winifred Wagner oder Hitlers Bayreuth, München/Zürich 2002
Hambrecht, Rainer: Der Aufstieg der NSDAP in Mittel- und Oberfranken 1925–1933, Nürnberg 1976
Hilmes, Oliver: Cosimas Kinder, München 2009
Hornstein, Erika von: Adieu, Potsdam, Köln 1969
Hoßfeld, Uwe (Hrsg.): Kämpferische Wissenschaft. Studien zur Universität Jena im Nationalsozialismus, Köln/Weimar/Wien 2003
Karbaum, Michael: Studien zur Geschichte der Bayreuther Festspiele 1876–1976, Regensburg 1976
Kater, Michael: Composers of the Nazi Era, Oxford 2000
Kershaw, Ian: Hitler 1936–1956, Bd. 2, München 2000
Kessler, Harry Graf: Gesichter und Zeiten, Frankfurt/M. 1962
Köpf, Peter: Schreiben nach jeder Richtung. Goebbels-Propagandisten in der deutschen Nachkriegspresse, Berlin 1995
Kraft, Zdenko von: Der Sohn. Siegfried Wagners Leben und Umwelt, Graz/Stuttgart 1969
Kroll, Frederic (Hrsg.): Klaus-Mann-Schriftenreihe, Bd. 5 (Trauma Amerika), Wiesbaden 1985
Kühnel, Franz: Hans Schemm, Gauleiter und Kultusminister, Nürnberg 1985
Landshoff-Yorck, Ruth: Klatsch, Ruhm und kleine Feuer, Frankfurt/M. 1998
Leider, Frida: Das war mein Teil. Erinnerungen einer Opernsängerin, Berlin 1959
Lühe, Barbara v. d.: Die Musik war unsere Rettung, Tübingen 1998
Luther, Einhard: Keiner wie er. Max Lorenz, Berlin 2009
Mann, Erika: Briefe und Antworten, hrsg. von Anna Zanco Prestel, München 1984
Mann, Klaus: Tagebücher 1940–1943, hrsg. von Joachim Heimannsberg u.a., München 1991
Ders.: Der Wendepunkt, Reinbek 2006
Mann, Thomas: Reden und Aufsätze II, Frankfurt/M. 1965
Ders.: Tagebücher 1946–1948, hrsg. von Inge Jens, Frankfurt/M. 1989
Messmer, Franzpeter: Richard Strauss. Biographie eines Klangzauberers, Zürich 1994
Mosse, Georg L.: Die völkische Revolution. Über die geistigen Wurzeln des Nationalsozialismus, Frankfurt/M. 1991

Nerdinger, Winfried: Bauen im Nationalsozialismus. Bayern 1933–1945, München 1993
Newman, Vera: Ernest Newman. A Memoir, London 1963
Oelker, Simone, und Reuter, Astrid: Lebenswerke – Frauen im Kloster Stift Heiligengrabe zwischen 1847 und 1945, Bonn 2002
Pachl, Peter P.: Siegfried Wagners musikdramatisches Schaffen, Tutzing 1979
Ders.: Siegfried Wagner. Genie im Schatten, München 1988
Paulus, Helmut, und Hübschmann, Ekkehard: Die »Reichskristallnacht« 1938 in Bayreuth, Bayreuth 1998
Rank, Otto: Die Lohengrinsage. Ein Beitrag zu ihrer Motivgeschichte und Deutung, Wien 1911
Rauschning, Hermann: Gespräche mit Hitler, Wien 1973
Regendanz, W. G., und Werth-Regendanz, Alexander: Deutschlands militärische Gleichberechtigung. Eine völkerrechtliche Untersuchung, Berlin 1932
Reich-Ranicki, Marcel: Mein Leben, Stuttgart 1999
Rieger, Eva: Friedelind Wagner. Die rebellische Enkelin Richard Wagners, München/Zürich 2012
Saathen, Friedrich: Einem-Chronik, Wien 1981
Sachs, Harvey: Toscanini, München/Zürich 1980
Ders. (Hrsg.): The Letters of Arturo Toscanini, New York 2002
Schostack, Renate: Hinter Wahnfrieds Mauern. Gertrud Wagner. Ein Leben. Hamburg 1998
Schulenburg, Tisa v. d.: Des Kaisers weibliche Kadetten – Schulzeit in Heiligengrabe – zwischen Kaiserreich und Revolution, Freiburg i. Br. 1983
Seyfert, Michael: Deutsche Exilliteratur in britischer Internierung. Ein unbekanntes Kapitel der Kulturgeschichte des Zweiten Weltkriegs, Berlin 1983
Shirakawa, Sam H.: The Devil's Music Master. The Controversial Career of Wilhelm Furtwängler, New York 1992
Silja, Anja: Die Sehnsucht nach dem Unerreichbaren. Wege und Irrwege, Berlin 1999
Spotts, Frederic: Bayreuth. Eine Geschichte der Wagner-Festspiele, München 1994
Stein, Leon: The Racial Thinking of Richard Wagner, New York 1950
Stompor, Stephan: Künstler im Exil, Teil I, Frankfurt/M. 1994
Trübsbach, Rainer: Geschichte der Stadt Bayreuth, Bayreuth 1993

Wagner, Cosima: Das zweite Leben. Briefe und Aufzeichnungen 1883–1930, hrsg. von Dietrich Mack, München/Zürich 1980
Dies.: Briefe an ihre Tochter Daniela von Bülow 1866–1885, hrsg. von Max Freiherr von Waldberg, Stuttgart/Berlin 1933
Wagner, Friedelind: Nacht über Bayreuth, Köln 1994 (Nachdruck der Schweizer Ausgabe von 1945)
Wagner, Gottfried: Wer nicht mit dem Wolf heult, Köln 2010
Wagner, Nike: Wagner Theater, Frankfurt/M. 1998
Wagner, Wolfgang: Lebens-Akte, München 1994
Wagner, Wolf-Siegfried: Die Geschichte unserer Familie in Bildern, München 1976
Wallich, Isabella: Recording my Life, London 2001
Walter, Bruno: Briefe 1894–1962, hrsg. von Lotte Walter-Lind, Frankfurt/M. 1969
Warburg, Lotte: Eine vollkommene Närrin durch meine eigenen Gefühle. Tagebücher, Bayreuth 1989
Wedekind, Kadidja: König Ludwig und sein Hexenmeister, München 1995
Weissweiler, Eva: Otto Klemperer – ein deutsch-jüdisches Künstlerleben, Köln 2010
Wessling, Berdt W.: Bayreuth im Dritten Reich. Richard Wagners politische Erben, Weinheim/Basel 1983
Ders.: Wieland Wagner. Der Enkel, Köln 1997
Wörner-Heil, Ortrud: Frauenschulen auf dem Lande. Reifensteiner Verband 1897–1997, Kassel 1997
Wünsche, Dagmar: Richard Strauss und Heinz Tietjen, in: Richard-Strauss-Blätter 2/1980, Tutzing 1980
Zeh, Gisela: Das Bayreuther Bühnenkostüm, München 1973
Zimmermann, Susanne: Die medizinische Fakultät der Universität Jena während der Zeit des Nationalsozialismus, Berlin 2000

Abkürzungsverzeichnis

ADK Berlin	Akademie der Künste, Berlin
BA Berlin	Bundesarchiv Berlin
BASTB	Bayerische Staatsbibliothek, München
DSTB Berlin	Deutsche Staatsbibliothek, Berlin
EZA	Evangelisches Zentralarchiv, Berlin
Fales	The Fales Library, New York
Kew/Wagner	National Archives, Kew (U. K.), Akte Friedelind Wagner
MON/Mann	Stadtbibliothek München, Monacensia, Nachlass Erika Mann
NÜB	Nacht über Bayreuth
NYPL	New York Public Library
PAA	Politisches Archiv des Auswärtigen Amtes, Berlin
RWNA Bayreuth	Archiv der Richard-Wagner-National-Stiftung, Bayreuth
STAB	Stadtarchiv Bayreuth
UB Basel	Universitätsbibliothek Basel

Personenregister

Adenauer, Konrad 246, 266
Adorno, Theodor W. 62
Agoult, Marie Catherine Sophie Comtesse d', 50, 64, 74, 106, 217
Allen, Woody 191
Alpár, Gitta 78
Aptekmann, Günther 98
Arnim, Familie von 70
Arranz, Francisco 100
Auersbach, Annemarie von 133
Auguste Viktoria, Prinzessin von Preußen 70
Bach, Johann Sebastian 53, 73
Bär, Emma 21, 25, 50
Barker, Lady Jane Ethel 172
Barnowsky, Victor 194
Baxter, Sir Beverley 166f., 172, 179, 182f.
Bechstein, Familie 41
Beecham, Sir Thomas 99
Beerli, Ellen 128f., 146, 148, 150f., 203, 206, 208, 215, 235, 308
Beerli, Herr 147f.
Beethoven, Ludwig van 61, 73, 112f., 129, 154, 186, 190, 219, 246, 265, 270f.
Beidler, Dagny 298
Beidler, Ellen, geb. Gottschalk 226, 228
Beidler, Franz Philipp 226
Beidler, Franz-Wilhelm 62, 226ff., 229ff., 246, 298
Beidler, Isolde 37, 62, 65, 74, 226f.
Benjamin, Walter 62
Berberian, Cathy 302
Berg, Alban 159
Berio, Luciano 302
Berlioz, Hector 24
Bernstein, Leonard 305f.
Bing, Rudolf 274
Binswanger, Otto 65, 161
Bizet, Georges 88, 143
Blech, Leo 78
Bloch, Ernst 62, 277
Bodanzky, Artur 79
Botticelli, Sandro 114
Boulez, Pierre 277, 302
Bracht, Herr 165, 167
Brahms, Johannes 142, 147, 154, 164

Brand, Philipp Freiherr von 252
Brandt, Alfred-Ingemar 197
Braun, Eva 205
Brecht, Bertolt 122, 140f., 278, 280
Britten, Benjamin 215
Brown Baker, Kenneth 179
Bülow, Hans von 20, 211f., 226
Busch, Fritz 186, 189, 211
Busch, Wilhelm 63
Byrns, Harold 268
Cäcilie, Prinzessin von Preußen 72
Calusio, Ferruccio 187
Carr, Jonathan 11, 303
Caruso, Enrico 191
Casals, Pablo 147
Casanova, Nicole 223
Castelbarco, Wally di 129, 192
Chamberlain, Eva 8, 12, 16f., 22, 37, 51ff., 63, 73, 95f., 105f., 108f., 111ff., 116f., 119, 126 127f., 135f., 141, 143 – 151, 154f., 161, 171, 184, 203, 221, 226f., 259, 261, 295, 307f.
Chamberlain, Houston Stewart 16f., 26, 42, 45, 106, 116, 203, 226, 239, 272
Chamberlain, Neville 135, 144, 166, 176
Cholmondelay, Lady Sybil, geb. Sassoon 116, 136
Christie, Agatha 211
Churchill, Winston 170, 176
Ciano, Edda 173
Clemenceau, Georges 45
Cocteau, Jean 124, 194
Conrad, Herbert 33
Conz, Bernhard 280
Cooper, Page 202, 213
Cortolezis, Fritz 24
Cruickshank, Joanna 178
Damrosch, Walter 79
Debussy, Claude 19, 116
Degelmann, Silvia 307
Deman, Rudolf 45, 115, 125, 256, 296
Dernburg, Maria 213
Dessau, Paul 78, 280
Dessauer, Max 17
Dew, John 14
Dietzfelbinger, Luise 308
Dittrich, Volker 9f.
Dollfuß, Engelbert 90, 173
Dostojewski, Fjodor 72
Dymschitz, Alexander 263
Ebermayer, Erich 32, 138ff., 234f.
Ebert, Friedrich 25
Eden, Anthony 173
Eden, Irene 99
Ehgartner, Franz 301
Einem, Baronin Gerta von 125f., 129, 137, 143, 164, 167, 206, 257 – 262

Einem, Gottfried von 125f., 128f., 134f., 137, 164–167, 171, 253f., 257ff.
Eisler, Hanns 62
Eisner, Kurt 25
El Greco 114
Elmendorff, Karl 53, 67, 112
Elser, Hans Georg 156
Engel, Editha s. Fleischer, Editha
Engel, Erich 185f., 188f., 221
Engels, Friedrich 117
Erös, Peter 14
Erskine, John 195
Eulenburg, Eleonore von 72
Fehling, Jürgen 88
Felsenstein, Christoph 13, 263ff., 309
Felsenstein, Johannes 264
Felsenstein, Walter 13f., 189, 263ff., 268f., 271, 273f., 276–280, 291, 302
Feuchtwanger, Lion 211
Feuermann, Emanuel 128
Fichte, Johann Gottlieb 272
Fichtl, Paula 177
Fischer, Adolf 136
Flechtheim, Alfred 62
Fleischer, Editha 185
Fleming, Ian 211
Franco, Francisco 100
Frank, Hans 67, 122, 156
Freud, Anna 177
Freud, Ernst 177
Freud, Familie 167
Freud, Martin 177
Freud, Sigmund 80, 262, 282
Freud, Walter 177
Friedberg, Carl 270
Friedlaender, Max 268
Friedman, Ignaz 270
Friedrich d. Gr. 140
Friedrich, Sven 307
Furtwängler, Wilhelm 60f., 63, 66f.,79, 94, 97, 114, 153ff., 199–202, 218f., 222, 246
Fussell, Charles 302
Gabrilowitsch, Ossip 79
Gaisberg, Fred 112
Gandhi, Mahatma 248
Garbo, Greta 189
Geissmar, Berta 60, 64, 99, 115, 167, 176, 179, 213, 220f., 233
George, Heinrich 263
Géraldy, Claude 223, 252
Gilsa, Ehrengard von 72
Glänzel, Julia 307
Gluck, Christoph Willibald 136, 154, 223
Gobineau, Arthur de 272
Goebbels, Joseph 12, 42f., 45, 74, 77, 79, 81, 84, 87, 90, 99, 104, 109, 115, 124, 138, 169, 172, 174, 197, 199ff., 203, 213, 220, 272, 301
Goebbels, Magda 99, 175

Göring, Edda 266
Göring, Hermann 35, 81, 135, 137, 173, 175, 200, 213, 220
Goethe, Johann Wolfgang von 16, 26, 72, 74, 187
Goldoni, Carlo 256
Graf, Herbert 215, 268
Gravina, Blandine 65
Gravina, Familie 106
Gravina, Gilberto 66
Gravina, Guido 65f.
Gravina, Manfredi 50
Gravina, Maria Sofia 50, 80, 95
Gründgens, Gustaf 109
Grynszpan, Herschel 138, 141
Habicht, Theo 90
Händel, Georg Friedrich 101
Haifetz, Jascha 219
Heinrich, Rudolf 268
Hale, William Harlan 195
Hall, Peter 305
Hallwag, Verlag 211, 219, 221f.
Hamann, Brigitte 11, 13
Harden, Maximilian 19
Harper and Brothers, Verlag 171, 202
Harris, Clement 20, 35
Hauptmann, Gerhart 16
Haydn, Joseph 178
Head, Leslie 297
Heilgensetzer, Lorenz 308
Heine, Heinrich 286ff.
Herder, Johann Gottfried 272
Herkert, Angelika 308
Hertz, Ute 302
Herz, Joachim 278
Heß, Ilse 76, 266
Heß, Rudolf 81, 169
Heuss, Theodor 246
Hilmes, Oliver 11
Himmler, Heinrich 146, 162, 169
Hindemith, Paul 62, 159, 229, 265
Hindenburg, Paul von 21
Hirsch, Martin 279
Hitler, Adolf 9, 13, 28, 33–36, 39–42, 45ff., 49, 56, 59f., 66f., 71, 74f., 76f., 79ff., 84, 87, 89ff., 93, 95–101, 107, 110f., 115f., 123f., 130f., 135, 140, 142, 144, 148f., 151ff., 155f., 162f., 165ff., 169ff., 172–175, 176, 180, 182ff., 200–203, 205, 207f., 211, 213, 220, 223, 239, 243ff., 261, 266, 272, 286, 298, 304
Hörth, Ludwig 75
Hoesslin, Franz von 136f.
Hofmannsthal, Hugo von 28, 124
Hofmannsthal, Raimund von 183
Hohmann-Lafferentz, Amelie, s. Lafferentz, Amelie
Honegger, Arthur 229
Hornstein, Erika von 71
Horowitz, Sonja 192
Horowitz, Vladimir 128, 147, 219
Horowitz, Wanda 129, 192, 255

Hubermann, Bronislaw 128
Hühnlein, Adolf 76
Humboldt, Alexander von 16
Humm-Sernau, Lola 211
Hungerford, Bruce 270f., 302
Ibrahim, Jussuf 69, 105
Iimori, Taijiro 275f.
Janácek, Leos 62, 264
Jannings, Emil 206
Janssen, Erna 115
Janssen, Herbert 115, 186, 199
Jaspers, Karl 206
Jean Paul 43
Johann Albrecht, Herzog zu Mecklenburg 16
Jung, C. G. 262, 282
Kaine, Alfred 279
Kammerichs, Klaus 309
Kant, Immanuel 272
Kapp, Wolfgang 243
Kappel, Peter 195
Karpath, Ludwig 30
Kempner, Robert 249f.
Kemsley, Lord Gomer Berry 166f., 172
Kennedy, Familie 192
Kessler, Harry Graf 64
King, Martin Luther 272
Kipnis, Alexander 78, 186
Kleiber, Erich 186, 188f.
Kleist, Heinrich von 109
Klemperer, Lotte 265, 303
Klemperer, Otto 61f., 75, 79, 265
Klindworth, Henriette 23
Klindworth, Karl 23
Klitsch, Edgar 120
Klönne, Moritz 243
Knappertsbusch, Hans 256
Knittel, Albert 68, 121ff., 152, 163, 221, 308
Kögler, Horst 283f.
Körner, Axel 307
Kolodin, Irving 12, 261, 270, 304, 307
Kubelik, Raffael 265
Kuhse, Hanne Lore 275, 299, 302
Laban, Rudolf 51
Lafferentz, Amélie 11, 214, 255
Lafferentz, Bodo 214, 241, 245, 285f.
Lafferentz, Manfred 214
Lafferentz, Verena 8, 28, 32, 43, 68, 87, 92f., 96, 99, 101, 117, 130, 147, 158, 161f., 213, 240, 249, 291, 298, 302, 304
Lafferentz, Verena, jun. 255
Lafferentz, Wieland 255
Lafferentz, Winifred 255
Landshoff, Ruth 193, 197, 200
Lange, Hans Joachim 223, 251
Laux, Ilse 268, 276
Lee, Ella 14
Léhar, Franz 93, 206
Leider, Frida 45f., 66, 88, 110, 115, 125, 130, 136, 220, 222, 256, 296

Lenbach, Franz von 217
Ley, Robert 81
Liedl, Rechtsanwalt 261
List, Emanuel 78
Liszt, Franz 21, 48, 50, 53, 64, 73, 106, 127, 142, 217, 253, 265, 271
Lorant, Stefan 193
Lorenz, Lotte 88, 91, 107, 260
Lorenz, Max 87f., 107, 115, 237f., 260
Lorenz, Lovis H. 287, 289
Lubin, Claude s. Géraldy, Claude
Lubin, Dominique 251
Lubin, Germaine 123ff., 135f., 222f., 251f.
Ludendorff, Erich 34f., 39, 239, 243
Ludwig II., König von Bayern 74, 127, 244, 247
Ludwig III., König von Bayern 25
Luther, Martin 26
Lutze, Viktor 90
MacKenzie, Mary 269
Mader, Anny 59
Manfred von Hohenstaufen 26
Mann, Erika 62, 184, 195f.,198, 200, 308
Mann, Heinrich 80
Mann, Klaus 62, 184, 198ff., 206f.
Mann, Thomas 194ff., 205, 227, 229ff., 254
Manteuffel, Familie von 70
Margetson, Coggie 112, 143
Martens, Stefan 139
Martin, Frances 269
Marx, Karl 80, 117
Melchior, Lauritz 34, 39, 66
Mendelssohn, Eleonora von 155, 193f., 197, 200
Mendelssohn, Francesco von 193
Mendelssohn Bartholdy, Felix 154, 193, 272
Menotti, Gian Carlo 268, 279
Mérimée, Prosper 74
Metzger, Johanna 178
Meyer, Fritz 235, 258, 261, 285
Meyer, Oskar 223 – 226, 228, 231, 235, 238, 270
Meyer, Werner 260, 290
Michel, Louis 40
Milhaud, Darius 189
Miller, Henry 211
Mitford, Unity 151
Mödl, Martha 299
Mokross, Christiane 308
Molden, Peter 309
Moltke, Familie von
Monroe, Marilyn 255
Monteverdi, Claudio 268
Moreau, Jacques 251f.
Mosley, Oswald 266
Mozart, Wolfgang Amadeus 61, 64, 78, 129, 186
Mronz, Dieter 309
Muck, Karl 53
Müller, Heinrich 156

Mussolini, Benito 67, 80, 155, 173
Mussolini, Edda s. Ciano, Edda
Mutius, Ilse von 72
Neher, Caspar 263
Neumiller, Thomas 12, 276, 302, 307
Neurath, Konstantin von 90
Newman, Ernest 163, 246
Nietzsche, Friedrich 127
Nodia, Nino 308
Ohla, Eva 309
Ollivier de Prévaux, Blandine 50
Olszowski, Vanessa 307
Orff, Carl 277
Overhoff, Kurt 8, 209f., 275, 308
Owens, Jesse 101
Pachl, Peter P. 13, 47, 293f., 298–301, 303, 309
Papen, Franz von 90
Pauli, Gustav 55, 69
Pétain, Philippe (Maréchal) 252
Pfefferkorn, Simon 98
Pfitzner, Hans 88
Piscator, Erwin 215
Pitz, Wilhelm 277
Pöhner, Konrad 243, 285, 290
Poulenc, Francis 116, 189
Preuss, Oscar 78
Prokofjew, Sergej 189
Puccini, Giacomo 66, 108, 178
Püringer, August 15f., 29f., 79, 150, 299
Rachmaninoff, Sergej 147
Raffael 114
Rank, Otto 282
Rapp, Sabine 261
Rappl, Erich 281f.
Raser, Karl von 258
Rath, Ernst vom 138f., 141
Rathenau, Walter 169
Raubal, Geli 75
Rauschning, Hermann 168f., 170f.
Ravel, Maurice 116
Regendanz, Wilhelm Gustav 168f.
Reich-Ranicki, Marcel 109
Reinhardt, Delia 75
Reinhardt, Max 28, 184, 206
Reissinger, Adolf 43f., 59
Reissinger, Gertrud s. Wagner, Gertrud
Reves, Emery 168ff., 171
Ribbentrop, Joachim von 173, 175, 183
Rieger, Eva 11f., 192
Riess, Curt 206f.
Robeson, Paul 117
Röhm, Ernst 81, 89, 91, 16
Roesener, August 243
Roesener, Helene 57, 75, 122
Rollwagen, Hans 238, 252
Rolz, Andrea 307
Roosevelt, Franklin 249
Roßbach, Gerhard 243
Rosenberg, Alfons 272

Rossini, Gioachino 129
Rothschild, Charles 113
Rothschild, Rozsika 113
Rubens, Peter Paul 114
Rubinstein, Arthur 219
Rüttgen, Holger 10
Rupprecht, Kronprinz von Bayern 245
Sabata, Victor de 142
Saenger, Hedwig von 134
Saldern, Eliabeth von 69ff., 75f., 133f., 221
Salomon, Benjamin Falk 39, 98
Sattler, Joachim 136
Sauerbruch, Ferdinand 152
Sawade, Walter 121
Sayers, Dorothy 211
Scarlatti, Domenico 142
Scheidemann, Philipp 26
Schemm, Hans 57, 65, 67
Schiller, Friedrich von 72, 104, 109
Schirach, Baldur von 133
Schleicher, Elisabeth von 169
Schleicher, Kurt von 75, 89, 169
Schlumprecht, Karl 98
Schmid-Bloß, Karl 159
Schmidt, Lieselotte 56f., 67, 69, 73, 76, 90, 131f.
Schmitter, Frank 308
Schmitt-Walter, Karl 268f.
Schmitz, Eugen 36
Schnabel, Arthur 78, 142
Schnitzler, Heinrich von 268
Schnoor, Hans 280f., 289
Schönberg, Arnold 62, 78, 229, 280f.
Schopenhauer, Arthur 215, 248
Schorr, Friedrich 41, 64
Schostack, Renate 8, 11, 44
Schostakowitsch, Dmitri 200
Schraml, Wolfgang 308
Schubert, Franz 142
Schuh, Willi 221
Schulenburg, Familie von der 70
Schulenburg, Tisa von der 71
Schultz, Günther 301
Schultze-Naumburg, Paul 99
Schumann, Robert 124, 142, 154,
Schumburg, Emil 156
Schwab, Martin 243
Schweitzer, Albert 265f.
Schweninger, Ernst 16, 21, 27
Scribe, Eugène 88
Scribner, Buchhandlung 211
Serkin, Rudolf 128
Servatius, Bernhard 10, 290
Shakespeare, William 74, 109, 178
Shaw, George Bernard 88
Silja, Anja 13, 137, 274f., 277f., 283, 306, 309
Simon, Jeanette 178, 180f., 216
Skelton, Geoffrey 231
Smetana, Bedrich 186

Speyer, Eduard (Edward) 30
Spitzweg, Carl 93
Stalin, Josef W. 160, 162
Stassen, Franz 20, 95
Stein, Edith 199
Stein, Leon 272f.
Steinlein, Betty 118, 121, 132, 145, 162
Stern, Isaac 219
Stinnes, Edmund 167
Stockhausen, Karlheinz 302
Stolberg, Familie von 70
Storch, Gisela von 72
Strauss, Alice 82, 84f., 221
Strauss, Christian 84
Strauss, Franz (»Bubi«) 82, 84f.
Strauss, Pauline 82f.
Strauss, Richard 81ff., 84f., 88, 101,124, 154, 186, 206, 220f.
Strauss, Richard jun. (Enkel) 84
Strawinsky, Igor 62
Strehler, Giorgio 256
Streicher, Julius 67
Stuckenschmidt, Hans-Heinz 61, 233, 284
Syberberg, Hans Jürgen 22f., 56, 294ff., 298
Taubman, Howard 267f.
Thackeray, William 74
Thode, Daniela 8, 12, 20, 22, 37f., 51, 53, 63ff., 73f., 80, 94ff., 105ff., 108f., 111, 113f., 116f., 119, 126ff., 135, 141, 143 – 148., 149 – 155, 157 – 161, 164, 171, 184, 188, 203, 221, 227, 261, 295, 307f.
Thode, Henry 64, 74
Thornborrow, Neill 9 – 12, 303
Tietjen, Heinz 60 – 63, 68, 73, 78f., 81, 87f., 91f., 95, 99, 101, 107, 109, 114, 117, 121f., 124f., 153, 158f., 162, 165, 172, 212f., 219 – 222, 234, 248, 256
Tietjen, Lieselott 212
Tolstoi, Lew Nikolajewitsch 72
Toscanini, Arturo 12, 38, 49, 51ff., 66ff., 79ff., 82f., 112ff., 116, 118, 126, 128f., 142, 147, 149, 153ff., 162f., 164, 167f., 182f., 185 – 194, 199ff., 206, 209f., 212, 216, 218ff., 225, 235, 253, 255, 261, 291, 307
Toscanini, Carla 66, 112f., 190f., 194, 212
Toscanini, Wally, s. Castelbarco, Wally di
Toscanini, Walter 192
Toscanini, Wanda, so. Horowitz, Wanda
Twain, Mark 192
Ulbricht, Walter 273
Unger, Kristina 307
Unruh, Walter 268
Valli, Isabella, s. Wallich, Isabella
Veil, Wolfgang 69, 103 – 106, 108, 123, 131f., 221, 309
Verdi, Giuseppe 88, 190, 265
Victoria, Königin von England 31

Voithenberg, Voith von 259

Wagner, Cosima 8, 15ff., 20ff., 25ff., 31, 33, 48ff., 54f., 62, 64, 74, 83, 89, 95, 106, 116, 127f., 158, 203, 217, 226 – 230, 272

Wagner, Daphne 254

Wagner, Eberhard 309

Wagner, Ellen 214

Wagner, Eva 214, 254

Wagner, Gertrud 7f., 43f., 58f., 68f., 100, 208, 214f., 274f., 285

Wagner, Gottfried 11, 23, 31, 254f., 257, 295, 304

Wagner, Iris 208, 254

Wagner, Isolde, s. Beidler, Isolde

Wagner, Katharina 11

Wagner, Nike 10f., 208, 250, 254, 303

Wagner, Richard 15 – 19, 20, 22, 24f., 30f., 34, 36, 38f., 42, 48, 60 – 64., 67, 73f., 79, 82, 97, 124f., 127ff., 143, 147, 154, 159, 178, 181, 184f.,188, 193, 195ff., 199, 201ff., 209, 211, 216f., 222f., 226ff., 235f., 244f., 247, 254, 264, 268, 270 – 273, 280, 283f., 291, 305f.

Wagner, Siegfried 9, 13, 16 – 20, 22, 24f., 27 – 30, 32, 34 – 39, 40ff., 45 – 51, 53f., 58 – 67, 83, 87f., 94f., 110, 112, 118f., 122, 127, 131, 136ff., 142, 150, 156f., 166, 170f., 175, 185f., 203, 209, 217, 225f., 245, 275f., 292, 294f., 297ff., 305

Wagner, Verena, s. Lafferentz, Verena

Wagner, Wieland 7f., 13, 16, 20f., 26, 29, 42, 47, 56, 58f., 68f., 73, 87, 94 – 97, 101f., 113f., 117, 119, 123, 130, 137, 145, 151, 158, 172, 208 – 211, 213ff., 217f., 225, 229f., 238 – 243, 245f., 249, 253f., 257, 260, 262f., 266f., 268f., 274f., 276 – 280, 282f., 286, 299, 304, 306

Wagner, Winifred 8, 12f., 16f., 19f., 21 – 24, 26 – 30, 32 – 36, 38, 40ff., 44ff., 47f., 50f., 53f., 56f., 59 – 63, 65 – 71, 73 – 78, 79f., 84, 87ff., 91f., 94ff., 99f., 102 – 105, 107f., 110, 113, 115, 118f., 121 – 125, 128, 131 – 136, 139f., 142f., 145, 149, 151f., 154, 156, 158 – 165, 174, 180, 182, 184f., 197, 203, 206ff., 210, 212 – 215, 223, 225, 229 – 234., 235 – 241, 245, 249 – 256, 259f., 266f., 275, 281f., 285, 290f., 294 – 298, 300ff., 304, 308

Wagner, Wolfgang 9, 11, 26ff., 37f., 68, 73, 82f., 87, 90, 109, 113, 117, 122, 130, 151f., 158, 162, 166, 214, 225, 229, 236, 238ff., 242f., 249, 253f., 257, 259f., 268, 277ff., 281, 285f., 291f., 294, 298, 304f.

Wagner, Wolf-Siegfried (»Wummi«) 208, 254, 298, 304

Waldberg, Max von 74

Waldberg, Violetta von 145, 236

Wallich, Isabella 112, 143, 163, 166, 171f., 176, 283
Wallmann, Marguerita 189, 265
Walter, Bruno 64, 79, 124, 128, 147, 183, 219, 222
Warburg, Lotte 31, 57, 98
Weber, Carl Maria von 124
Wedekind, Frank 247
Wedekind, Kadidja 247f.
Wedekind, Pamela 198, 247
Wedekind, Tilly 247
Weigel, Helene 122, 278
Weil, Bruno 40
Weill, Kurt 62, 216, 280
Weizmann, Chaim 118
Wesendonck, Mathilde 74, 106
Wessling, Berndt. W. 287
Wild, Hans 277, 286, 288f.
Wilhelm II., deutscher Kaiser 25
Wilhelmine Markgräfin von Bayreuth 140
Wilke, Annegret 139, 307
Williams, Emily Florence 22
Williams, John 22
Wittern, Susanne 308
Würzburger, Albert 98
Wulffen, Margot von 106, 108
Zieger, Hans Severus 266
Zimmerli, Jakob 128, 149, 305
Zimmermann, Susanne 104f., 308
Zinsstag, Adolf 128, 145, 150, 156f., 160, 227f., 308
Zweig, Fritz 75, 78, 219
Zweig, Stefan 84, 193
Zwirn, Isaak 17

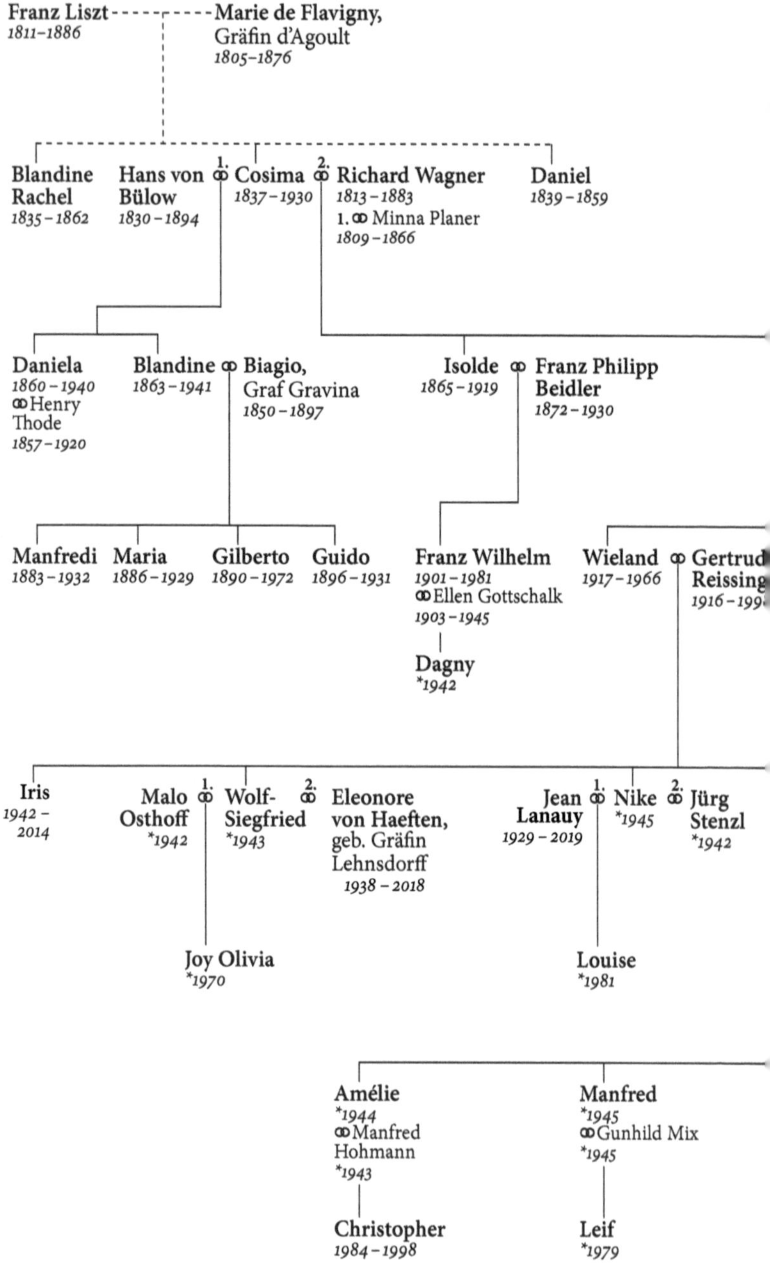
Franz Liszt
1811–1886
Marie de Flavigny,
Gräfin d'Agoult
1805–1876
Blandine
Rachel
1835–1862
Hans von
Bülow
1830–1894
1. ⚭
Cosima
1837–1930
2. ⚭
Richard Wagner
1813–1883
1. ⚭ Minna Planer
1809–1866
Daniel
1839–1859
Daniela
1860–1940
⚭ Henry
Thode
1857–1920
Blandine ⚭ Biagio,
Graf Gravina
1850–1897
1863–1941
Isolde ⚭ Franz Philipp
Beidler
1865–1919
1872–1930
Manfredi
1883–1932
Maria
1886–1929
Gilberto
1890–1972
Guido
1896–1931
Franz Wilhelm
1901–1981
⚭ Ellen Gottschalk
1903–1945
Dagny
*1942
Wieland
1917–1966
⚭
Iris
1942–
2014
Malo
Osthoff
*1942
1. ⚭
Wolf-
Siegfried
*1943
2. ⚭
Eleonore
von Haeften,
geb. Gräfin
Lehnsdorff
1938–2018
Jean
Lanauy
1929–2019
1. ⚭
Nike
*1945
2. ⚭
Jürg
Stenzl
*1942
Joy Olivia
*1970
Louise
*1981
Amélie
*1944
⚭ Manfred
Hohmann
*1943
Manfred
*1945
⚭ Gunhild Mix
*1945
Christopher
1984–1998
Leif
*1979

Stammtafel

Eva ∞ **Houston Stewart Chamberlain**
1867–1942 — *1855–1927*

Siegfried ∞ **Winifred Williams-Klindworth**
1869–1930 — *1897–1980*

Friedelind
1918–1991

Ellen Drexel 1. ∞ **Wolfgang** 2. ∞ **Gudrun Mack, geb. Armann**
1919–2002 — *1919–2010* — *1944–2007*

Katharina Friderike
**1978*

Verena ∞ **Bodo Lafferentz**
1920–2019 — *1897–1975*

Udo Proksch 1. ∞ **Daphne** 2. ∞ **Tilman Spengler**
…34–…001 — **1946* — **1955*

Eva
**1945*
∞ Yves Pasquier
**1950*

Antoine Amadeus
**1982*

Beatrix Kraus 1. ∞ **Gottfried** 2. ∞ **Teresina Rosetti**
**1950* — **1947* — **1955*

Eugenio
**1985*

Winifred
**1947*
∞ Paul Arminjon
**1941*

Wendy
**1973*

Matthias
**1981*

Wieland
**1949*
∞ Isabella Weiss
**1948*

Verena Maja
**1970*

Verena
**1952*
∞ Thilo Schnekenburger
**1948*

Die Autorin

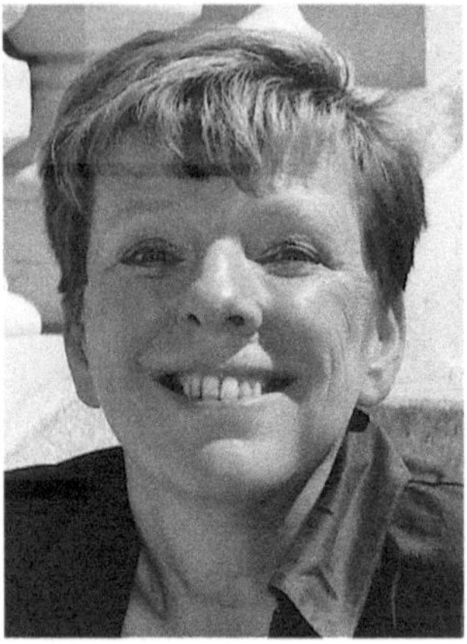

© Klaus Kammerichs

Eva Weissweiler ist eine renommierte Jounalistin, Musikwissenschaftlerin und Biographin. Zu ihren bekanntesten Büchern zählen »Clara Schumann«, »Die Freuds«, »Tussy Marx. Das Drama der Vatertochter«, »Otto Klemperer« und viele mehr. Sie lebt mit ihrem Mann in Köln.

Eva Weissweiler wird im Dezember 2023 mit dem Luise-Büchner-Preis für Publizistik ausgezeichnet.